# Le Prince, la Cour, le Peuple

Atticus

# Le Prince, la Cour, le Peuple

## Dérision ou rédemption du politique en France

*Essai*

Odile Jacob

© Odile Jacob, avril 2016
15, rue Soufflot, 75005 Paris

www.odilejacob.fr

ISBN 978-2-7381-3384-7

# Pauvre(s) politique(s)

« Les vices dans le gouvernement du Royaume étaient si vieux, et leurs méfaits si capricieux dans leur enchevêtrement qu'ils finissaient par participer des hauts et des bas qui donnent sa variété à tout spectacle naturel : si on formait le vœu parfois de les voir "s'arranger", c'était de la même lèvre pieuse dont on souhaite que le temps "s'arrange" après la grêle ou la gelée. »

Julien GRACQ, *Les Terres du Couchant*

« C'est se jouer des paroles de dire que vous êtes d'accord à cause des termes communs dont vous usez, quand vous êtes contraires dans le sens. »

PASCAL, *Les Provinciales*, première lettre

La pensée politique, ou ce qui en fait office, est souvent le produit d'un peu d'outrecuidance, touillée avec une dose de dogmatisme sur le zinc d'un café du commerce, dans l'antre d'un club de réflexion ou le cénacle d'un candidat à l'élection présidentielle. Cet essai prend le risque d'une autre forme de présomption. Il postule que de mauvaises manières de faire de la politique sont cause de l'impotence publique et que d'autres façons de procéder pourraient sortir les œuvres politiques de leurs impasses.

La France est comme une termitière, qui tient debout à condition que personne n'y touche et menace de se désagréger si quiconque intervient pour l'en empêcher. On attend tout de l'État, et la classe politique n'en obtient pas grand-chose. C'est à elle-même qu'elle doit son impuissance, droite ou gauche au pouvoir. Le peuple soupçonne ses élus de ne savoir pas diriger le pays. Il pense qu'ils dévergondent l'État, mangent à son budget, l'accablent de lois inutiles, puériles et paralysantes, abusent de ses facilités et de ses privilèges, lui arrachent les derniers lambeaux de sa dignité et de son efficacité. L'abstention des électeurs, l'enfermement de la vie politique dans quelques cercles, l'hostilité diffuse envers ses acteurs, la résignation de l'opinion publique face aux grands enjeux, son abattement quotidien, sa dérive vers des simplifications extrémistes sont le fruit de l'impudence du corps politique. Son arrogance est de fondement idéologique. Elle est aussi de comportement d'habitude, entretenu par une conception accapareuse du fonctionnement des institutions publiques. Ayant présumé de sa compétence, de son intelligence, de sa légitimité et de son autorité, la classe politique a voulu l'hypertrophie de l'appareil public et obtenu la régression de la puissance de l'État. Échouant à conduire l'État jusqu'aux buts qu'ils lui destinent, les politiques se morfondent ou s'impatientent, et multiplient les maladresses. Ils veulent tout embrasser, ne peuvent plus rien résoudre, entendent encore apporter des solutions à tout, et se perdent dans les apparences.

De ce paradoxe, et du malentendu qui en résulte, se nourrit l'impuissance. La pensée à la mode fait à la corporation étatiste reproche de cette langueur. Elle est, en fait, inoculée par un corps politique qui s'identifie de plus en plus à sa souche technocratique. L'inertie est publiquement dénoncée mais entretenue, par facilité intellectuelle et par commodité morale. Secouée ici ou là par quelques coups de boutoir, elle continue de servir des positions acquises. L'opinion publique aimerait trouver un *ailleurs* de la politique, hors des orthodoxies, des complots d'alcôves de partis, et d'où l'on puisse surplomber, pour les surmonter, les affrontements artificieux de personnages narcissiques. Tout s'oppose à la réalisation de cet espoir. L'Europe n'est plus un éden politique. Ses idéaux ont été contaminés par l'envahissement technocratique. Des chemins de sortie de crises sont tracés dans d'autres voies. Les tentations politiques radicales sont, hypocritement, désignées pour coupables de ce dont elles sont le produit. Freinées, réprouvées, contenues, elles sont ainsi renforcées.

Les intérêts personnels et les rapports de force collectifs, les structures institutionnelles, l'emprise des conformismes médiatiques se conjuguent pour empêcher l'avènement d'un *ailleurs* sans doute illusoire. Le fantasme de l'ailleurs s'exprime dans l'évanescence de quelques images : réforme, inlassablement ressassée, toujours plus décrépite ; Europe, conviction mythique devenue résignation intangible ; VI^e^ République, prétention symbolique ; troisième voie, éternellement introuvable, vérité à éclipses ; moralité des mœurs publiques, voulue et trahie par tous ; normalité, vite répudiée dans les délices du pouvoir. Les politiques gouvernementales, singulièrement les politiques économiques, alternent. Elles hoquettent, plutôt. Et la politique ne change pas.

Sauf conflagration, l'ailleurs en politique, s'il advient jamais, se construira à partir d'une autre pratique, d'un *autrement* des mœurs et de la fabrique des idées. Faire d'autres politiques, avoir, seulement, la liberté et la capacité de les concevoir autres, supposerait que le corps politique accepte, avec l'opinion publique, de jeter un regard déniaisé sur les facteurs qui déterminent l'action publique. Les programmes de candidats ou de partis, les chocs ou pactes des gouvernements, évoquent, voire mettent en avant, selon une superficialité toute tactique ou une technicité absconse, des sujets pertinents mais des méthodes dévoyées. La conformité des projets aux alchimies doctrinales importe plus que leur simplicité technique et leur lisibilité, leur capacité à nourrir un dynamisme social et économique renouvelé. La fiscalité, l'organisation du pouvoir local, de la représentation politique, de la sécurité et de la justice, les modes de fonctionnement du gouvernement et de ses administrations, au lieu de fournir matière à d'honnêtes et fructueuses disputes, nourrissent des querelles de clubs d'ambitieux. Il faut chercher des solutions hors des sociétés de pensée conformiste, des cabinets de consultants et de la tutelle des technocrates de partis ou de directions budgétaires. Les choix issus de la réflexion individuelle sont les seuls qui vaillent en démocratie.

## *Sommaire*

Aux yeux de l'opinion publique, l'activité politique est aujourd'hui dépourvue de ce qui faisait son attrait et sa respectabilité. L'État, sous les ordres d'une classe politique déconsidérée, semble dénué de force. Il se montre incapable de produire des résultats qui correspondent aux aspirations.

I. L'État est incapable de surmonter les obstacles que la société lui oppose. Son impotence est liée à l'attitude impudente de la corporation politique.

Pour elle, l'univers du politique englobe tous les aspects de la vie sociale. Il conditionne toutes les évolutions.

Les politiques ont cru pouvoir se détourner des seules exigences de l'esprit public pour satisfaire celles du bonheur privé. C'était une chimère.

Tel est pourtant le chemin qu'ils ont pris en se mentant à eux-mêmes. Ce faisant, ils ont menti à tous, en prétendant détenir et dire la vérité.

En dirigeant l'État selon cette inspiration et de cette manière, les politiques le privent de la possibilité d'une action efficace.

Ainsi, l'État vit sans force, sans vision ni détermination.

II. Pour surmonter l'impuissance de l'action publique, l'esprit du temps, pris dans un imbroglio, fournit des idées et perspectives inappropriées.

Les partis et mouvements organisateurs de la pensée publique pensent innover mais s'enferment dans leurs concepts habituels.

Les tentations que l'opinion publique éprouve pour l'indignation, la révolte et l'insurrection sont confuses et ne mènent à rien.

Les politiques parient que le temps gagné pour la paix sociale permettra de trouver des solutions, temporisent, et se résignent ainsi à la plus naïve et la plus dangereuse des options.

III. L'État pourrait établir les fondements d'un comportement efficace. Quelques édifices méritent d'être abattus pour être reconstruits.

Une première exigence conditionne tout le reste : bâtir à neuf un système fiscal. Pas en procédant bout par bout. Il faut tout reprendre, complètement, pour éviter d'ajouter de la complexité au désordre.

Sur cette première fondation, il sera possible de redessiner une carte et, surtout, un édifice de collectivités publiques qui soit clair, cohérent, sans conflits artificiels.

Cela établi, une politique de sécurité adaptée à la société telle qu'elle est devenue pourra remplacer les politiques obsessionnelles qui consomment toujours plus de moyens sans rassurer pleinement.

IV. Les autorités politiques peuvent élargir leurs capacités d'agir efficacement. Ce n'est pas hors de portée.

Il y a une demi-douzaine de façons de restaurer une liberté d'action suffisante. La plus fondamentale est de procéder à des coupes claires dans le fouillis juridique.

Sur ce terrain nettoyé, il faut poser quelques actes de réforme simples et limpides.

Ces efforts n'ont de sens que si la Loi, par son évidente nécessité, trouve une force restaurée et respectée.

Les pouvoirs publics doivent, en tant que tels et par leurs représentants, mériter d'être considérés comme dignes des valeurs démocratiques.

Unc législation convenable ne peut être produite que par une représentation politique authentique.

La capacité de décision en sera restaurée. Elle pourra s'appuyer sur des méthodes renouvelées.

Le corps politique, en désarroi face aux problèmes qu'il affronte, croit pouvoir en appeler à l'union nationale ou, au moins, à un consensus improbable. Il lui faudrait avoir d'abord pris une claire conscience de ce qui, dans la situation politique française, est permanent ou labile, inéluctable ou soluble. On peut toujours rêver d'un ailleurs mythique. Mais on doit se réjouir de pouvoir encore, si on le veut vraiment, faire de la politique autrement.

# *Le vertige*

## Art, science, éthique, pratique de la politique en France : politique sans âme, politique sans but ?

Il faut avoir de l'indulgence pour la politique. Elle n'est pas un jeu mais un art. Comme celui des échecs, cet art est de vision et de fulgurance, de méthode et d'obstination, de mémoire et de patience. Comme celui de la guerre, dont il est encore plus proche, il est de conquête, de ruptures, de cruautés, d'intelligence et d'habiletés. Il ne produit pas de la beauté, mais parfois du grandiose. Il se nourrit de petitesses et de mesquineries. Il émeut rarement. Mais l'éloquence, qui le soutient, peut toucher, troubler, emporter la passion : c'est, alors, que l'histoire est en train de s'écrire.

Parmi tous les arts, ce qui caractérise le mieux le politique est la lumière qu'il jette sur la relation entre un acte et son auteur. En peinture, en musique, en littérature, le savant et l'amateur cultivé recherchent, sous une œuvre, une intention, une personnalité, une éducation, une culture entière. La perfection est identifiable. Elle suscite le plaisir, l'émotion, l'admiration désintéressée, la louange. Le repentir lui-même fait partie de l'œuvre d'art. Il est source d'analyses et d'enseignement. En art, la glose en dit plus que l'auteur, jamais mieux. Le critique exigeant et savant étend le champ de l'œuvre et, lorsqu'elle le mérite, la hausse à la dimension de l'humain, de la pensée universelle. En politique, les zélateurs et les hagiographes font la gloire de personnages auxquels seuls l'oubli ou les historiens peuvent donner leur vraie dimension. Ce que la biographie et la psychologie fournissent de matériau sur l'artiste éclaire son œuvre, mais n'en détermine pas la qualité. À l'heure du désastre et de la mort, Néron s'admirait lui-même comme artiste. Stendhal croyait qu'il faut être grand soi-même pour être grand dans quelque chose. La démesure de l'individu fournit l'histoire en actes détestables et en réalisations remarquables. Des personnages infâmes, dans des périodes odieuses, produisent des œuvres bénéfiques et durables, pendant que de bonnes volontés ardentes et généreuses succombent sous la cruauté des mœurs. Des personnes humbles ou de médiocres âmes font, aussi, preuve de talents incomparables. En politique, en démocratie plus encore sans doute mais en tout cas pas moins que dans les régimes autoritaires, la personnalité des dirigeants politiques détermine leur notoriété, leur popularité, leur place dans le système d'autorité. Les moins pourvus en qualités honorables peuvent accéder à la confiance publique et se montrer capables d'estimables ouvrages. Parmi ceux qui ont le plus berné les contribuables, et en ont été condamnés par la justice, certains parviennent, sans opprobre ni encombre, à retourner aux emplois. C'est que la politique n'est pas seulement un art, elle est aussi une science.

La politique avait une éthique et des préceptes. Pour la morale, elle était celle de l'histoire. Elle était encore pourvue de ces attributs, et n'était qu'une discipline intellectuelle parmi d'autres lorsque l'Université l'a découverte pour une science et instituée comme telle. L'incertitude du sort politique, corollaire de l'imprévisibilité essentielle du suffrage dans les démocraties, l'honnêteté scrupuleuse de l'histoire, la générosité des utopies, la conscience morale des universitaires formés aux exigences philosophiques du droit le plus fondamental, celui qui crée et organise le fonctionnement des institutions d'État, tenaient pour l'innocence de la science politique. Son autorité est peu à peu devenue révérencielle. La science politique dispose maintenant de ses ingénieurs. Elle construit et exploite des modèles, types humains, modes de gestion des foules, catégories de comportements sociaux, structures d'opinion, prévisions d'infléchissements de votes. Au fur et à mesure que la connaissance des données sociales et la prévision de leur évolution s'éloignent de l'incertitude, que la forme et le contenu des déterminants d'opinions progressent en exactitude, la science politique se sépare de sa substance morale. Elle se rapproche de ceux qui aspirent à sa manipulation et en tirent profit.

C'est ainsi que s'est multiplié le nombre des adeptes de la politique sans mystique. La politique reste, au pire des crises, une entreprise pourvoyeuse d'emplois et de clientèle. On peut y entrer très jeune. Il y a encore quelques dizaines d'années, c'était dans la banque qu'un grouillot pouvait devenir président. Maintenant, c'est en politique que l'avenir est, comme on dit, le plus ouvert. Dès qu'on y peut compter sur quelque disposition familiale ou intellectuelle, quelque ascendant par le diplôme ou la familiarité avec le milieu, ou simplement sur le culot le plus éhonté, une carrière professionnelle y est garantie. On prétend communément ne pas faire fortune en politique mais, à tout le moins, on ne s'y appauvrit pas. On s'y immisce par le diplôme, la parentèle, les réseaux ou les appareils des partis. On s'y affirme par l'aplomb. On s'y révèle par les astuces de la communication, dont la bonne pratique maquille le conformisme du langage et confère l'illusion du talent. On s'y perfectionne par l'expérience, et on s'y dévergonde par la griserie de l'instant, la suprématie des petitesses, les ambitions de portefeuilles, l'usage de la langue appauvrie. On s'y épanouit dans le pragmatisme, mot par lequel les intellectuels font oublier le reniement des grandes causes. Une vocation individuelle y naît en se voulant héroïque ou stoïque. Il est rare qu'elle ne s'affadisse pas dans un hédonisme à peine dissimulé mais jamais avoué. Les conditionnements idéologiques, les éléments de langage produits par les appareils des partis sauvent parfois, dans l'amnésie des bonnes consciences, quelques mots estimables déviés de leur sens. L'exercice de la politique est, aujourd'hui en France, le lieu des confrontations, à usage de spectacle, entre exaltation et mépris, passion et froideur, opportunisme et raideur, exigence morale et relâchement des comportements. Ces conflits ne sont propres ni à notre temps ni à ce pays. Ce qui les distingue est qu'ils sont devenus la raison et la manière, le fondement et la trame des affrontements politiques. Ce qui les rend insolubles est qu'ils s'épanouissent au cœur même des organisations politiques. De part et d'autre, dans les camps de ceux qui aspirent à la conquête du pouvoir, les mêmes attitudes, les mêmes réflexes, les mêmes aspirations antinomiques animent les combattants. Les luttes intestines deviennent, pour les médias, les plus passionnantes, tant elles brouillent les identités collectives et suscitent à la fois curiosité malsaine et analyses savantes. Dans les batailles électorales pour la conquête des sièges, les sentiments les plus contradictoires, de ceux qui devraient pousser à se combattre impitoyablement, trouvent à se conjoindre en faveur d'intérêts communs.

Pour ces motifs, le corps politique, même lorsqu'il se réfère à de respectables idéaux, se confronte à la réprobation publique de son comportement. La vigueur du blâme va jusqu'à l'outrance. L'abstention de l'exercice des droits électoraux est un signe de ce mépris, plus que d'un quelconque incivisme. Car l'appétence pour la politique reste bouillonnante. Elle est proche de cette ancienne croyance en la beauté de la guerre pour laquelle « il n'y a rien d'autre, dans l'expérience humaine, pour exister vraiment », « pour racheter la pénombre », « les émotions anémiées de la vie et le statut moral médiocre du quotidien[1] ». On y trouve ensemble, qui la déterminent, l'influence du milieu, le sens de la solidarité, un individualisme forcené, une conception passionnelle de la justice, une fascination pour la force et le goût des privilèges. Le goût obsessionnel des positions sociales, une ambition individuelle nourrie par de fortes certitudes sur soi-même ou, au contraire, par des doutes stimulants, férocement dominatrice ou simplement incitée par le besoin de servir, marquent souvent les caractères. Parfois, une simple inclination pour des idées constructrices, exacerbée par une envie de laisser un ouvrage ou une prétention à marquer son temps, forge une psychologie portée à la politique. Ces ferments nourrissent les antagonismes. Le militantisme discret, voire humble, tout comme les carrières dites brillantes et les parcours médiocres y plongent leurs racines.

Après chaque alternance électorale vient, selon un cycle inévitable, la déception collective. Dans le langage de corps de garde des troupes coloniales, on disait jadis : « Le bordel a changé de nom, mais ce sont les mêmes putes. » L'opinion publique consent à cette vulgarité. C'est une juste rançon qu'elle fait payer à la classe politique, qui s'est oubliée dans ses propres intérêts. Péguy voulait que la « mystique ne soit point dévorée par la politique à laquelle elle a donné naissance ». Même les personnages les plus inspirés de notre histoire ont sombré face aux médiocrités de la réalité. Quelques figures s'illustrent encore par leur sincère obstination désintéressée et le mépris hautain qu'elles infligent aux petitesses de semeurs d'embûches. Mais beaucoup plus nombreux sont ceux qui, dans leurs bassesses, n'ont même jamais éprouvé « ces mille petits dégoûts de soi, dont le total ne fait pas un remords, mais une gêne obscure[2] ». Les saltimbanques médiatiques, les bateleurs d'estrades en circonscriptions n'ont aucune chance de pouvoir, un jour, s'honorer d'un héritage qui soit digne de Jeanne d'Arc ou du général de Gaulle. Ils occupent la scène et s'incrustent dans leurs rôles, dans la peur pathétique de la mort électorale.

L'appel à la mystique, ressassé dans les discours de grands rassemblements, ne suffit pas à forger l'âme d'une politique. Savoir lyrifier, à en faire pâmer les foules, un programme rédigé par des commis désigne le talent d'un animateur de meeting mais pas le cœur d'un meneur d'hommes. Les idées puissantes engendrées dans l'indépendance imaginative des esprits ont encore leur chance. Libérée du rétrécissement médiatique des idées, une conception chaleureuse de la société fondée sur des buts clairs est en mesure de convaincre une génération et de lui assigner ses tâches. Si on n'y croit pas vraiment, rien n'empêche d'essayer, au moins, d'accéder au chemin pour y parvenir.

I

# Impudence du politique, impotence de l'État

« *Quem Jupiter vult perdere, prius dementat.* »

## *Tout est politique ?*

Tout est politique. Ce devrait être le mot d'ordre de tout acteur en politique, celui qui, seul, justifie le combat d'une vie. Porté par une telle et belle conviction, le corps politique devrait pouvoir, dans l'enthousiasme et la certitude, s'enlever vers les plus grands succès. Mais, comme toutes les pensées courtes, cette vérité première, lorsqu'elle a été forgée dans la fierté de l'orthodoxie idéologique ou dans l'exaltation des beaux jours, enferme le politique dans les contradictions les plus intimes de sa foi. Dans l'échec collectif, lorsqu'il lui faut subir la passion désespérée des rêves évanouis, le politique se jette dans la démesure du verbe et de l'action, ou trouve refuge dans une modération qu'il croit sage parce qu'elle est impuissante.

### **Le politique prétend à l'hégémonie universelle mais se soumet aux lois de l'économie**

Hannah Arendt pensait[1] que le sens de la politique était la liberté, mais que cette conception, vieille comme l'histoire, simple et concluante au point de rendre toutes les autres superflues, s'était perdue dans les malheurs que la politique a provoqués et contient encore en germe. Le politique s'est exalté dans l'illusion de disposer du libre arbitre qui permet d'agir et modeler le monde, tout en se repliant honteusement sur sa capacité limitée à sculpter le quotidien.

Allez convaincre de la suprématie ultime du politique un élu que ses électeurs abandonnent pour des raisons aussi respectables que bassement matérielles ! Commerçants sans clients, agriculteurs ruinés, employés, ouvriers licenciés, dont les élus se poussent des coudes devant les caméras pour proclamer leur solidarité : comment ne seraient-ils pas désabusés devant l'incapacité de la corporation politique à jouer, au-delà des apparences, un rôle dans la société ? Ces élus aux abois, face à leur impuissance, se font une justification commode de leur erreur intellectuelle. Pour eux, désormais, l'économie, qui jadis était *économie politique*, a pris son autonomie ; elle prévaut sur la politique. D'ailleurs les économistes se mettent à donner des leçons aux politiques. La politique devient un résultat, elle n'est plus un moyen. Quand, tous les jours, recevant des électeurs dans leur permanence électorale ou lisant leurs courriels agressifs, ces élus sont confrontés à des situations humaines et sociales désespérées, il n'y a plus de doute : c'est l'économie qui détermine le sort électoral, qui vous rappelle à la réalité, faisant ou défaisant, interrompant, prolongeant ou renouvelant les mandats politiques. Quand des chefs d'État, disposant de tous les moyens publics, échouent à maîtriser une conjoncture économique, que pourrait bien faire, pour en infléchir le cours, un personnage politique parmi tant d'autres, même de bon rang ?

Pour rechercher un succès électoral, le candidat sait, sans excès de scrupule et même sans trop y croire, prendre sa part de promesses censées conduire à la prospérité générale. Dans l'échec pressenti ou subi, il pense que la crise économique lui fait payer un prix injuste, puisqu'il ne peut rien pour la combattre efficacement. La résignation au primat de l'économique sur le politique arrange ainsi, selon les circonstances, une grande partie du monde politique. Elle innocente l'incompétence individuelle. Elle absout l'inefficacité[2]. Elle justifie la difficulté de l'action. En quelque manière, elle sanctifie aussi l'engagement politique, qui exige tant de sacrifices personnels sans les récompenser. Elle permet, de surcroît, de laisser de côté, sans jamais la traiter, la question primordiale et douloureuse de la place d'une personne dans un système de décision politique. « La nécessité contraint à se trouver dans un parti pour prendre part efficacement aux affaires publiques. Mais alors cette nécessité est un mal[3] » car « lorsqu'un groupe se met à avoir des opinions, il tend inévitablement à les imposer à ses membres[4]. »

Allez dire à des économistes que le politique conditionne, détermine ou englobe l'économique ! Pour la plupart d'entre eux, les lois de l'économie s'imposent aux politiques. En quelques dizaines d'années, les économistes sont parvenus à instituer leur discipline comme une science morale donneuse de leçons. Son caractère authentiquement scientifique est discutable, mais il ne l'est pas plus que celui de la sociologie. Son autonomie lui confère un statut universitaire propre. Elle n'en est pas moins un leurre. L'économie moderne doit presque tout à l'appareil mathématique et statistique qui l'encadre et la soutient, recouvrant le substrat psychologique, sociologique et juridique qui l'explique. À la différence des sciences physiques, l'expérimentation lui est interdite. Les sociétés humaines sont des objets d'études, pas des laboratoires. Quelques démiurges se sont essayés à y déverser leurs fantasmes, au prix de désastres humains dont les responsables et leurs complices se sont amnistiés. Les conclusions tirées de maquettes, simulations et scénarios sont à la merci de la moindre erreur méthodologique. La technique scientifique réduit le champ de l'erreur d'interprétation, mais elle aggrave singulièrement les effets de l'inintelligence historique, humaine et sociale. Cela n'empêche nullement les médias de convaincre l'opinion, fût-ce très temporairement, de l'autorité de la chose prouvée par l'enquête, le sondage ou l'économétrie. Hissée sur un socle de respectabilité technique, souvent réfutable mais toujours péremptoire, l'économie scientifique a maîtrisé le corps politique. Aucun domaine de l'activité humaine n'est exempté de sa vision dominatrice. Il n'y a, pour elle, de politique, que la politique économique, exécutrice de ses prescriptions les plus contradictoires. Et peu importe le reniement : la chancelière d'Allemagne multiplie les volte-face, sur l'énergie nucléaire, sur l'exigence de rigueur budgétaire, sur le Smic, sur l'immigration ; le Premier ministre grec fonde son maintien au pouvoir sur l'acceptation par son peuple d'une austérité dont il lui avait fait refuser les disciplines quelques semaines plus tôt. La trahison des promesses, quand l'économie réelle risque de les sanctionner, est une forme d'allégeance à l'électeur.

## Le politique, tout en maintenant ses prétentions, se réfugie dans une modération sans gloire

La confrontation de l'économique et du politique n'a pas d'issue, intellectuelle ou pratique, honorable. C'est une querelle impure et insondable, un duel au dernier sang, mais invisible, rendu inapparent, délibérément dissimulé à l'opinion, dans l'intérêt manifeste de tout le corps politique. Il n'en a pas toujours été ainsi. Il existe encore une cohorte de combattants intellectuels opiniâtres. Dans le camp de ceux qui, non sans raisons palpables, proclament que le fonctionnement des sociétés humaines est soumis à la suprématie de l'économique, voisinent les héritiers du marxisme mais aussi ses contempteurs.

Les premiers, fidèles à des fondements théoriques désormais admis au rang des évidences, sont discrédités par les crimes commis au nom de leur croyance. Marxistes, et socialistes dérivés, ils ont cru, pour maîtriser l'économique, pouvoir abuser du pouvoir politique, tenu pour un instrument vulgaire mais nécessaire. Témoins indulgents ou complices des excès d'État, acteurs militants de l'échec irréversible de leur système de pensée, ils ont, en définitive, renié leurs convictions : à la base était le politique. Ils l'ont utilisé. Il s'est vengé. Ce fut la fin d'un bloc d'histoire, pas de la controverse intellectuelle. Un idéal a été trahi, il n'est pas mort.

À l'opposé, les libéraux croient à la vertu régulatrice des lois économiques. Ils en sont bien revenus. Les mécanismes économiques ne sont pas des lois universelles. Leur logique reste incertaine. Leurs effets s'exercent dans un sens connu à condition que l'univers soit organisé selon les hypothèses des lois. Changez le cadre juridique et culturel, et ce sont de tous autres modes de fonctionnement qui apparaîtront. Certains osent, sans doute par bravade, se déclarer encore libéraux. Mais ils se sont ralliés à cette idée de compromis : la puissance publique a pour rôle de mettre en place et contrôler l'application des règlements qui instituent des logiques économiques conformes à une idée libérale de l'économie. Même si c'est implicitement, le politique a donc, pour eux aussi, triomphé.

Le point d'aboutissement de ce double échec s'appelle la social-démocratie. C'est un concept médian, et moyen, tiraillé entre ses deux origines. Peu ou prou, tout le monde politique moderne en relève. Vouloir s'y soustraire, c'est se faire reconnaître comme extrémiste ; mot qui, à peine prononcé, vous renvoie, sans autre examen, à l'assimilation aux hordes les plus violentes de l'histoire. De sa nature bifide, la social-démocratie tire une fragilité particulière. Penchant d'un côté puis de l'autre – ainsi le permet, heureusement, la démocratie –, elle le fait sans jamais s'éloigner d'un axe médian. Quand les crises pèsent et tardent à se résoudre, ce léger balancement ne convainc plus personne, n'emporte plus l'adhésion, encore moins l'enthousiasme. De part et d'autre de l'axe politique médian, les partis font, mesure après mesure, reculade après reculade, le choix médiocre de leurs victimes, celles qui sont supposées être les moins perturbatrices. Mais ils ne libèrent pas, de la sorte, l'énergie des acteurs sociaux les plus productifs.

L'alternance électorale ne fournit guère de solution. Ce qui serait nécessaire, ce qui est, en secret, espéré est une sorte de révolution. Lorsque des solutions de type social-démocrate réussissent[5], c'est qu'elles sont, en réalité, le produit d'innovations puissantes. On peut, à juste titre, hurler au danger des solutions radicales mais nul ne voit poindre, dans le paysage politique français, l'aurore lumineuse de programmes politiques efficaces. Est-ce une fatalité ? Une incapacité ? Probablement, en tout cas, le produit d'une impudence : celle qui affectionne les coups de menton martiaux (vous savez : « Là où il y a une volonté, il y a un chemin », répété à satiété). Faute d'être Bonaparte, on traite les électeurs comme le ferait un entraîneur de club sportif pour restaurer le moral de son équipe à la mi-temps du match. Faut-il croire à la puissance politique des exhortations de vestiaires ?

## *Esprit public, bonheur privé*

C'est une scie de la déclamation civique, une rengaine de la vertu politique : « Ne vous demandez pas ce que votre pays peut faire pour vous mais ce que vous pouvez faire pour votre pays[6]. » Peu de politiques oseraient aujourd'hui, en France, proférer une telle phrase sans prendre le risque d'une emphase ridicule. L'élan patriotique de 1914, celui, même, de 1939, sont si éloignés de notre culture contemporaine qu'ils nous laissent stupéfaits, apitoyés peut-être. « Mourir pour des idées, mais de mort lente », chantait Brassens. Tel est le credo d'aujourd'hui. Les enthousiasmes populaires, si sincères et fraternels soient-ils, ne sont pas près d'imposer durablement[7] les résolutions prises dans une émotion collective.

## Le politique se plie à la dictature du bonheur privé

Cela a commencé, sûrement, après la Résistance, bien qu'il y ait eu peut-être, avant guerre, des signes annonciateurs, mais pas avant les années 1955-1960, au milieu de la guerre d'Algérie, dans les nausées du reflux colonial. Sait-on d'ailleurs quand s'ouvre et quand s'achève un état d'esprit ? Ce qui est indubitable est que ce sentiment diffus ne nous a plus quittés. Depuis ce jour, quel qu'il soit, le bonheur privé est exigé de la collectivité. C'est un dû. La collectivité a pour devoir, au moins, d'en créer les conditions, au mieux de le réaliser elle-même, en tout cas de le respecter avant toute autre chose. Jusque-là prévalait encore le principe, démocratique, républicain, selon lequel la collectivité a le droit d'imposer sa loi et ses exigences à la personne, si nécessaire au risque de la vie. Encore était-ce une forme atténuée des impératifs absolus, hégémoniques, issus des formes religieuse, idéologique et monarchique de l'exercice du pouvoir des humains constitués en sociétés sur les individus qui les composent. Tout aussi affaiblie fût-elle, cette notion restait, dans la ligne des idées révolutionnaires, traduite dans la tradition forte de la suprématie de la puissance publique, inscrite dans le droit et dans toutes les procédures publiques. Il n'en reste guère – expropriation, utilité publique, réquisition – qui ne soient quotidiennement contestées sans crainte, dans une collusion d'ailleurs troublante d'intérêts privés et de causes publiques.

Ce qu'il est convenu d'appeler la vague de 1968 a, ce n'est pas douteux, fortement ébréché la conception déjà modérée, laïcisée, relativisée, qu'on avait encore dans l'après-guerre, de l'empire de l'institutionnel sur la personne. Elle a fini de détruire plusieurs des fondements sur lesquels s'appuyaient les porteurs de l'idée de collectivité nationale, qu'elle fût de droite ou de gauche. Lorsque, au soulagement général, la conscription a été supprimée, après avoir été minée par tous ceux qui faisaient commerce électoral d'exemptions, pour la plupart truquées, au service militaire puis national obligatoire et universel, c'est le civisme qui a été privé d'une de ses dernières fondations. La jeunesse des cités, en mal d'intégration sociale, montre maintenant le coût de cette dégradation, parmi d'autres. L'échec de l'école dans sa mission égalisatrice, l'augmentation du nombre des enfants exclus, de fait, du milieu scolaire, l'affaiblissement des exigences des diplômes et l'affadissement de leur substance ont été consentis par le corps politique. Tout notre équilibre social en paye le prix. Il est, au bas mot, paradoxal que la constitution de substituts, qui ne disent pas leur nom, à l'ancienne fonction civique de l'école et des armées ait été souhaitée par ceux qui se voulaient, pour certains, opposés aux restrictions de liberté individuelle qu'impose la discipline institutionnelle, et, pour d'autres, à la discrimination inévitable qui ressort des règlements non universels.

La classe politique vacille sur ce paradoxe : le service public est, par essence, animé par l'idée du bonheur collectif ; mais il est redevable de toute son énergie au bonheur privé, tantôt supposé contenu dans le bonheur collectif, tantôt lié à son affranchissement des contraintes collectives. Ce paradoxe n'est sans doute pas réservé à la France. Sommes-nous embarqués, comme d'autres, pour des raisons identiques, face aux mêmes tourmentes ? Les mouvements des sociétés obéissent à des flux parallèles, souvent décalés mais de même sens. Les cultures agissent avec un discernement qui leur est propre. Elles mettent en place des feux et contre-feux avec une célérité relative, selon des réflexes conditionnés par leurs tempéraments, au sein de cadres juridiques et avec des institutions qui expriment leur génie particulier. Chez nous, le politique se croit auteur et créateur du bonheur privé. Au malheur des peuples, aujourd'hui comme jadis, il invente des parades tardives, molles et ambiguës.

## Le politique s'est emparé du bonheur des personnes et se désespère de ne savoir l'assurer

Quand un candidat se lance à l'assaut d'un poste électif, c'est avec une ardeur de conquistador. Les conquistadores étaient héroïques, pieux, capables aussi des plus ignominieuses et criminelles bassesses. Le politique en campagne serait de même disposé à des infamies, pour peu qu'elles le mettent sur la route des royaumes où l'on boit dans de la vaisselle d'or. La civilité démocratique le dispense de cruautés physiques. S'il réussit dans son entreprise, entendre par là s'il parvient, par les voies de la politique, à des positions sociales considérées, ce sera avec l'aide de ce que ses instructeurs en communication auront pu lui insuffler de ce qu'ils appellent le charisme. Le charisme était entendu, jadis, comme un don spirituel. Ce don était fait à des personnes pour le bien de l'Église. Le mot est entré en politique par la porte de la sociologie. La langue de la communication, qui affectionne les hyperboles, l'a adopté. En abusant de la diffusion instantanée, de la répétition obsédante et des procédés du spectacle, elle a aussi aboli la distance que le mot, pris dans son sens originel, impliquait entre la religion et la politique. Aucun rétiaire dans l'arène politique n'oserait se dire à lui-même que quelque chose, en lui, le rapproche du divin. Il défend sa peau, et se doit d'abattre son adversaire. Pourtant la scène politique emprunte au religieux. On y affuble de charisme tous ceux qui ont un tant soit peu de notoriété. Le charisme dénote la faculté d'une personne à occuper l'espace médiatique, remplir l'écran, s'emparer du spectateur, remuer la foule, émouvoir le gogo, la midinette, et peut-être un peu plus. Il suggère une sorte d'infaillibilité, une exceptionnelle capacité à avoir des visions justes, à faire des prophéties qui enthousiasment, voire à produire du miracle. Au sens de Weber, le prestige et l'autorité charismatiques peuvent rendre le savoir inutile, et permettre de s'en dispenser. Même les sociétés cultivées et férues de rationnel ne sont pas à l'abri de cette malédiction.

Le charisme est nécessaire à la réalisation d'un destin. Le politique n'en est pas toujours naturellement doté. Fouquet, pourvu de charme mais pas de passion, s'était donné le soleil pour emblème sur les murs de Vaux. Faute d'irradier ses électeurs avec une force à la mesure de son ambition, le politique se fait enseigner des techniques d'affirmation de soi. Comment s'imposer devant un public, passer pour un chef, intriguer pour obtenir une large diffusion de ses *messages*, faire qualifier de *forts* les *signaux* qu'il envoie, s'attribuer la paternité des idées en vogue, telles sont les recettes. Mythifié par le charisme qu'on lui prête, le personnage politique est sollicité de prendre en charge des mécomptes individuels (ah ! guérir les écrouelles !), des routines conflictuelles et des dysfonctions ordinaires d'appareil politique. À la croisée de tendances contradictoires, il prétend les dominer. Dans un bain d'individualisme, il se complaît à servir la pensée précuite que les groupes et courants lui fournissent sur étagère. Au milieu des tensions entre les appartenances et les attirances, ou il surnage ou il domine. Faible, il errera dans les couloirs de la société politique du spectacle, à l'affût d'un micro compatissant. Fort, persuadé de son ascendant sur les foules et les individus, il ressemblera, sous une forme minorée, au Kurtz[8] de Conrad : « Son intelligence était parfaitement lucide – concentrée sur elle-même, c'est vrai, avec une affreuse intensité, mais lucide (...). Mais son âme était folle. Se trouvant seule dans le monde sauvage, elle avait tourné son regard en elle-même, et, grands dieux ! Je vous assure qu'elle en était devenue folle (...). Cette âme rassasiée d'émotions primitives, avide de fausse gloire, de fallacieuse éminence, de toutes les apparences du succès et du pouvoir (...). Il électrisait de vastes assemblées... Il avait la foi. Il pouvait arriver à se convaincre de n'importe quoi... »

Le politique est soumis, comme nul autre, aux désillusions intimes. Il s'est engagé dans la vie publique avec passion, pour des buts utopiques, animé d'idéalisme, loin de l'égoïsme d'un bonheur personnel étroit ; avec cynisme, en tout cas féroce détermination, pour se hisser sur chaque marche du pouvoir. Le prix payé, dans son bonheur privé, pour avoir tant consenti au harassement de l'ambition, est parfois élevé. D'autres professions sont soumises à ce travers dramatique. Les victimes du devoir de se conformer à soi-même n'ont pas droit, en politique, à plus d'affliction que d'autres. En revanche, le coût moral est particulier. Le politique est d'emblée condamné à vendre son idéalisme pour se conformer aux alliances, mesquineries et habiletés de la discipline de parti. Il est voué à se salir les mains pour pouvoir se glisser dans des rôles, sans certitude de parvenir jusqu'aux buts qu'il ambitionnait. Il s'épargne rarement l'une ou l'autre forme d'échec de sa vie privée. Ses seuls recours contre les frustrations de sa vie publique résident dans la transgression du code moral ou dans la reconnaissance privée de son action. Rousseau savait que la contradiction entre l'homme et le citoyen fait la misère humaine : « Rendez l'homme un, vous le rendrez heureux autant qu'il peut l'être[9]. » Entre l'homme public et l'homme privé, le politique choisit toujours de ne pas choisir. Il erre dans son indécision, parfois il sombre (Cahuzac, et d'autres), le plus souvent croit résoudre le dilemme en s'immisçant dans le bonheur privé de tous. Et son rôle y prospère à la mesure de la régression de l'idée libérale, au sens que lui donnait Benjamin Constant. Ainsi croît, de même, la probabilité de son échec.

Le budget du bonheur privé est devenu le premier des budgets publics. Loin est la période où l'État ne devait s'assurer que de la police, de la justice, de la guerre et de la diplomatie, pour lesquelles il se reconnaissait un devoir exclusif et dans lesquelles il trouvait son essence. Sans même comptabiliser les dépenses d'enseignement et de santé, on trouverait sans peine, dans les transferts financiers, directs ou indirects, de la puissance publique[10] au bonheur des personnes, de quoi identifier des charges supérieures aux charges militaires ou de justice. Dans les intitulés des ministères, on a vu éclore le cadre de vie et même le temps libre ! La préoccupation publique est d'assurer le bonheur privé des personnes, avant même de garantir la sécurité et de réaliser la prospérité collective. Aussi bien échoue-t-elle à peu près en tout.

La politique du bonheur privé est ambivalente. Sous le coup d'une émotion légitime, et surtout sous la pression de sa propre incapacité à résoudre le problème par d'autres voies, le politique a sommé l'enseignement public de suppléer la carence éducative des familles. Certains, enseignants, associations, élus et familles soulagés, se sont entichés de ce faux devoir. L'appareil de l'enseignement public y a perdu, si ce n'est son âme, plusieurs degrés de sa qualité. Le bonheur privé des familles et de l'enfant est une responsabilité qui devrait être épargnée à l'enseignant. Sa prise en considération est un devoir humain et social. Mais sa prise en charge ne lui incombe pas. La fonction de l'enseignement est d'instruire. Face à la dégradation des conditions d'éducation dont la société est, dans son ensemble, responsable, l'institution publique de l'enseignement a été poussée vers l'impossibilité de maintenir son efficacité collective et individuelle. Incitée par l'État, encouragée par les familles, démissionnaires de leur fonction ancestrale, incapables de la remplir ou rendues inaptes à l'exercer, elle a dû organiser la sauvegarde des conditions nécessaires à la réalisation de sa propre mission. Elle s'épuise dans des processus sociaux (sécurité, discipline, éducation civique des familles, égalité des chances) qui la détournent de son rôle. Qui plus est, rendue comptable de cette tâche par l'État, elle se trouve en droit d'exiger de lui toujours plus de moyens humains et matériels, ce qui rend le succès inatteignable.

Lorsque la politique d'État a prescrit aux enseignants de faire en sorte que la proportion des reçus au baccalauréat atteigne 80 % des candidats[11], taux depuis dépassé, elle a organisé, au nom d'un soi-disant progrès éducatif, l'échec de ceux qui devaient en bénéficier. Le baccalauréat, obtenu par beaucoup plus en vertu de normes moindres, a été déconsidéré tant auprès des employeurs que de l'institution universitaire et scolaire supérieure. Le bachelier n'est plus perçu comme *a priori* apte à suivre avec succès des études supérieures. Les titulaires de mentions « très bien » sont, avant de pouvoir entrer dans les meilleurs cycles, priés de se soumettre à des vérifications complémentaires de leur niveau réel, sous la forme de concours subis après des entraînements supplémentaires. La rationalité économique qui avait permis, après des dizaines d'années de facilités, de maîtriser la tentation démagogique de l'inflation a déserté la politique de l'éducation. Aux drames de l'inemploi s'ajoute ainsi le ressentiment du mauvais emploi. Le jeune diplômé ne trouve un premier employeur que s'il accepte la frustration dans une tâche en dessous du niveau de qualification qu'il croyait correspondre à celui de son diplôme. Lorsque l'État, ayant, en quelques étapes, confié les charges de tous les enseignements[12] aux collectivités territoriales (aux communes l'enseignement primaire, aux départements les collèges, aux régions les lycées), s'est trouvé hors d'état de financer l'exigence de bonheur des étudiants, il s'en est remis, n'ayant plus d'autre recours, aux universités. Faute d'avoir pris, n'en ayant plus les moyens, les mesures d'équilibre qui devraient accompagner toutes les réformes, il a pourvu le bonheur universitaire, friand de franchises et de libertés, en abandonnant les universités à elles-mêmes. L'État ayant décentralisé les universités a découvert, plus tard, la nécessité de les regrouper ! Le politique s'est voulu responsable du bonheur éducatif complet. Il n'a pas trouvé mieux que de se délester d'une grande partie des charges permanentes de son devoir avant d'avouer son incapacité à y faire face.

La réduction de la durée du travail à trente-cinq heures hebdomadaires a été, en son temps, un des grands œuvres de la politique du bonheur privé. Elle était censée restaurer ou améliorer le bonheur privé du travailleur. Conduite à force de coûts publics et privés dans un moment économique inopportun, elle a pesé sur le marché de l'emploi. Elle a dégradé, pour beaucoup de cadres, les conditions réelles du travail. Son exploit le moins apparent mais le plus déterminant a été de provoquer une dévalorisation spectaculaire de la fonction sociale du travail. Le choc le plus marquant de la période triomphale de promotion des trente-cinq heures a été la formidable montée du sentiment de répulsion au travail. Le travail a été affublé d'un vêtement négatif. Pour beaucoup plus, il est devenu une contrainte plutôt qu'un mode de réalisation de soi, faveur réservée à quelques privilégiés. L'idéal du travail vécu comme une passion, comme une dépendance gratifiante, s'est rétréci aux dimensions d'une sorte de loisir rémunéré : occupation d'artiste, de sportif fortuné, de gentil organisateur de loisirs ou de *geek* génial. Entre le loisir et le travail, la valeur sociale a brutalement opté. Tout en réprouvant l'absence ou la privation du travail, la société a fait pencher ses membres vers l'interruption du travail, qui permet le loisir, plutôt que vers le travail qui obère le bonheur. La société et les personnes ont payé, par l'augmentation du chômage, le prix de ce renouveau de l'idée d'aliénation dans le travail.

Quelques années plus tard, circonstances obligent, les idéaux ont évolué. Permettre le travail passe avant bien d'autres considérations. Les pouvoirs publics sont moins regardants sur les conditions d'octroi d'un emploi, ce qui ne manque pas de faire proliférer des situations qualifiables d'abus moralement répréhensibles quoique juridiquement tolérables. Mais, quand beaucoup aspirent sans exigence de confort à un temps d'emploi qui leur permette de vivre, la pénibilité du travail est devenue un thème politique de bon goût. Tous les gouvernements préfèrent tirer un avantage politique d'une charge contre la pénibilité, qui ne coûte guère que des textes, que contre l'inemploi, ennemi qui ne cède devant aucun artifice. Dernier avatar d'une évolution conceptuelle cahotante et chaotique, une loi[13] permet le don de jours de repos à un parent d'enfant gravement malade. Elle introduit, dans la nécessité légale du repos individuel réparateur, le coin de la charité octroyée. L'État ne peut plus embrasser la diversité des problèmes du bonheur privé. Il ne renonce pas à l'illusion de légiférer, mais c'est pour s'en remettre à d'autres du soin d'assumer sa vaniteuse ambition.

Le bonheur par le salaire minimum obéit à des déterminants d'analogues confusions. L'État a institué, après le salaire minimum garanti, un revenu minimum. L'employeur paye l'un, la collectivité publique – l'État s'est déchargé de l'essentiel de ce poids sur les départements – supporte l'autre. On ne saurait mieux dire qu'il est, de fait, tolérable que le salaire garanti puisse ne pas être du niveau d'un minimum de revenu estimé vital. Pourtant la querelle sur l'utilité économique du découplage des deux notions, au nom de la réduction des charges des entreprises, divise, et subdivise, les clans. Sans doute, l'idée d'un impôt négatif serait-elle, pour sortir de l'impasse, trop simpliste ? Mieux vaut-il entretenir la confusion des buts, des coûts et des principes, et nourrir une gestion technocratique dont les incohérences détruisent un peu plus tous les jours la confiance des humbles dans le discours politique ? Le bonheur privé des personnes ne peut être étranger au revenu, le bonheur des affaires ne peut être étranger au niveau des charges, et l'ambiguïté sied à tout le monde selon l'usage qu'on en veut faire. L'imagination sociale, que le pouvoir ignore obstinément ou découvre trop tard, fait le reste : sortir légalement des cadres limitatifs et onéreux du Code du travail, réduire le salariat, protecteur mais inhibiteur d'agilité gestionnaire, cesser d'être employeur de salarié et devenir donneur d'ordres de mission, exercer plusieurs activités, bénéficier de l'état de fonctionnaire tout en étant entrepreneur individuel sans encourir les sarcasmes et tracasseries du travail dissimulé, tels sont les étranges produits des politiques du bonheur du travailleur.

Les paradoxes de la poursuite du bonheur industriel sont aussi flagrants. Tout gouvernement entend protéger l'emploi et s'affranchir du soupçon d'une indigne collusion avec les employeurs. Dans les années 1970, le mot mal soupesé d'un Premier ministre a paradoxalement fait, de l'affaire Lip, le point de départ d'une politique industrielle d'État de plus en plus confinée au sauvetage de situations désespérées. Dans l'État, la paralysie des initiatives qui avaient fondé la puissance renaissante des années d'après-guerre a culminé un peu plus tard. La politique industrielle, nationalisations de 1981 incluses, s'est détournée des grands desseins. Elle s'est réduite à un colbertisme de protection[14]. L'État n'a plus les capacités d'un actionnaire qui puisse imposer des politiques industrielles, pas même toujours des choix de dirigeants qui ne soient que d'efficacité gestionnaire en même temps que d'intérêt public. Son influence d'administrateur de bon sens s'exerce par le biais de textes de circonstance ou de jeux financiers à court terme. Le marché financier, français du temps où la corbeille ne faisait pas la politique de la France, est désormais essentiellement étranger, alors qu'on apprécierait les vertus d'une épargne industrielle nationale ou européenne. La politique énergétique qui aurait pu trouver, en France, les ressorts d'un sursaut européen, a, dans le confort des marges provisoirement procurées par la production nucléaire, abandonné trop de précautions contre la dépendance.

La politique dite de « la ville » a eu un sort aussi misérable. Gauche et droite en alternance ont essayé la prestidigitation. Fourrager dans le sentiment général de culpabilité à l'égard des mal-logés et des habitants des quartiers pauvres, coaliser, dans une superstructure puissante et centralisée, des financements publics et privés, allier des élus, des représentants des financeurs et une technocratie vite constituée, sélectionner, détailler jusqu'au pointillisme, financer, dans un accord prétendument contractuel, plutôt léonin et très contraignant, des projets de revalorisation de territoires urbains, tel était le remède miraculeux. Pourquoi pas ? Mais cette politique était un tour de passe-passe. Étouffée par sa concentration, épuisée par l'insuffisance de ses capacités, retardée par la platitude de son imagination, confrontée aux médiocrités de l'urbanisme doctrinaire et triomphant de la génération précédente, inhibée par sa propre exigence de consultation des habitants des zones sensibles et immeubles à détruire, qui ont souvent rechigné aux bienfaits promis, condamnée au rétrécissement des actions et des territoires concernés, elle a échoué, elle aussi, à apporter du bonheur dans les cités. Mais le politique parle d'autant plus haut qu'il doit faire profil bas. Confronté à son incapacité pathétique à faire le bonheur privé, il se tourne vers le soulagement du malheur particulier.

À la République qui manque des moyens d'agir utilement sur le bonheur privé, il reste les bras de ses représentants pour enlacer les victimes et les malheureux. La forme la plus achevée de l'appropriation du bonheur privé par la politique est la compassion publique envers le malheur privé. La compassion est moins vaine, moins coûteuse et mieux récompensée que l'action. La compassion religieuse est toute de générosité. Même si elle est mêlée de crainte, l'affliction est sincère. La compassion politique, elle, est une affliction mêlée, on ose à peine le dire, du plaisir du spectacle. L'avènement de la « bien-pensance victimaire[15] » devrait être commémoré. Il date de la plainte déposée, en 2004, par une jeune femme à la suite de violences infâmes exercées sur elle et son bébé dans un train de région parisienne. En dépit des doutes précoces de la police sur la mythomanie de la plaignante, les expressions d'indignation pleuvent : grandiloquentes, du ministre de l'Intérieur et du président de la République ; grotesques, du Premier ministre et du président de région. Avant que le caractère imaginaire des faits ait eu le temps d'être établi, une secrétaire d'État a été affectée à une gesticulation débordante et apitoyée. Sans doute croyait-elle justifier l'existence de son poste. Sous les ors de la République, elle a cautionné le mensonge. Ce scandale n'a servi de rien. La « gouvernance compassionnelle[16] » s'est étendue à de nombreux cas. Le filet attrape, pêle-mêle, bonnes, mauvaises, inutiles et fructueuses causes. On se souvient de la manière dont un ministre de l'Intérieur se prononça sur l'affaire Crémel[17], qui permit de stigmatiser la libération conditionnelle d'un suspect en mettant en cause *le* magistrat prétendument responsable. La compassion, repliée sur elle-même, aurait eu plus d'élégance mais produit moins d'effet. Mise en scène, comme en bien d'autres occasions depuis, elle permet au personnage public qui s'y prête de souligner les traits avantageux de sa propre personne et de concentrer la lumière des projecteurs sur un thème démagogique fructueux. La visite présidentielle ou ministérielle compassionnelle est entrée dans les mœurs de la politique. La rengaine du « tout sera mis en œuvre pour » (selon le cas) « retrouver, aider, sanctionner, etc. » est maintenant aussi routinière que celle du « une cellule psychologique a été mise en place ». Les médias ont-ils encore besoin d'être ameutés pour s'approvisionner en commentaires de compassion ?

Le pire est que cette exploitation de la souffrance devient une sorte d'incitation à son recours. Le principe de précaution, déjà, permet à tout politique de dissimuler ses lâchetés derrière le paravent de victimes possibles ou de dénoncer tantôt le service public, tantôt le capital mondialisé comme l'auteur de tous les dégâts subis par le bonheur privé. Il légitime le déversement de la compassion réparatrice. Un accident routier en octobre 2015 a mis au jour un tréfonds du cynisme dialectique dans l'art du retournement compassionnel. Une collision provoque plus de quarante morts. Un député[18] innocente la fatalité, et suggère la culpabilité (mais pas l'effet de causalité, car ce serait « obscène ») des politiques publiques. Taxé d'indécence, il renvoie cette qualification à la « vindicte des incapables ». La mise en scène de la souffrance constitue la phase ultime de la chasse que le politique mène au bonheur privé pour l'encager dans ses artefacts médiatiques. Les politiciens modernes ont détruit ce qui restait, en politique, d'un peu apparenté avec le divin. Du charisme ils ont fait un prestige d'opérette, et de la compassion un simulacre de proximité avec les personnes. Par ces manœuvres, ils ont, avec l'aide des médias, obtenu la récompense méritée : une spectaculaire rétraction de l'estime publique à leur égard.

## Le politique fait son bonheur privé dans l'action publique

Le ressort du politique est souvent dans le besoin d'exaltation. Il y a, dans ce qui le fait agir, quelque chose de presque aussi puissant que dans l'âme du combattant. Le militant, qui affectionne d'ailleurs les mots de la guerre, éprouve cet oubli de soi, ce sens de la camaraderie responsable et cette montée de sève généreuse qui donne une dimension mystique à un destin d'homme. « Une excitation qui m'enlève à moi-même, disait Genevoix[19]. Je me sens vivre dans tous ces hommes qu'un geste de moi pousse en avant, face aux balles. »

La passion de la politique peut naître, elle aussi, du sens du devoir. Elle est, pour certaines personnes, une vocation profonde, le moteur de la vie. Elle éclôt dans le désintéressement puis se nourrit d'ambition et prospère dans le succès. Elle dégénère, enfin, dans le goût des privilèges du pouvoir. La justification de l'activité politique reste idéaliste même lorsque son ressort est devenu ludique ou intéressé. Son rythme obéit en tout cas à une exigence biologique vitale. Son carburant est l'estime qu'on se porte à soi-même, fondée d'abord sur un dévouement particulier au bien public, qui entre dans l'ordre moral de la bonté. Plus tard, ce but, étranger à tout égoïsme, légitime les petites avanies inhérentes à la progression dans les échelons d'une carrière politique. À la fin, il reste une notoriété, un public, un métier, qui consiste dans l'exercice mécanique, peut-être même sans foi, de gestes appris avec patience et détermination, puis conservés dans le savoir-faire et le cabotinage, comme ceux du vieux comédien épris de lui-même[20]. Le théâtre est une scène locale, nationale, plus grande encore, peu importe. Cette vocation nourrit un travers, le narcissisme, affection tragi-comique et mineure, premier degré de la maladie qui jette des hommes respectables dans l'obsession de vivre leur biographie.

L'individu politique se donne une légitimité fondée sur l'intransigeance de ses idées. L'impératif moral, le but collectif, l'éthique personnelle sont ses guides. Asservi à de hautes valeurs, il se sent en droit d'exiger des autres l'intelligence d'y consentir et le civisme d'y obéir. La construction d'une société conforme à des idéaux constitue le sens et le but de la foi politique. Tel, qui se croit encore démocrate, peut ainsi, lorsque les circonstances et la faiblesse des sociétés s'y prêtent, poursuivre son parcours dans des pulsions doctrinaires et dominatrices, dissimulées sous le masque de l'intérêt général. Le conformisme, intellectuel, verbal, syntaxique, s'épanouit sur ce terreau. L'accès au pouvoir s'accommode très rarement de la répulsion morale pour les excès de son exercice. Mais – c'est une loi de l'histoire – des crapules subtiles ou des foules imbéciles peuvent faire œuvre nécessaire, utile, constructrice, historique, tandis que de grandes âmes ont à pourrir dans les bas-fonds de l'échec. L'illusion du pouvoir efficace n'en continue pas moins de nourrir l'ardeur à le conquérir.

Le désir de pouvoir est inhérent à toute carrière politique. Le pouvoir s'obtient. Il vous tombe rarement dans les mains. Qui reçoit le pouvoir avait, au minimum, par des manières de conjuré cotonneuses et discrètes, créé les conditions pour le recueillir. Le pouvoir est le but de l'engagement politique. En démocratie comme dans un régime despotique, il se désire, se convoite et s'acquiert. De ce point de vue, rien ne différencie les systèmes politiques. Selon la culture du moment, l'impatience et la paranoïa s'expriment dans des niveaux différents de violence et de cruauté. Mais la trame et le but sont éternellement les mêmes. Se hisser au pouvoir et le conserver, telle est la loi. La politique est à l'image de la vie sociale. Elle en est la pointe la plus dangereuse. La convoitise du pouvoir existe dans les familles, dans les associations, dans les copropriétés, dans les syndicats. Dans les organismes où s'imposent les hiérarchies les plus articulées, où la progression dans le rang est la plus réglementée, les convoitises individuelles sont, normalement, contenues, parfois désavouées et réprimées. C'est la raison pour laquelle nombre de politiques s'échappent de ces prisons. Ils fuient, par exemple, la fonction publique, ou trichent avec ses règles. Dans le monde politique, ils vivent dans des mœurs d'habiletés soyeuses. Ils prospèrent par la fréquentation des cocktails et la rémunération des services rendus. L'usage du poison, pourvu qu'il soit celui de la médisance, est légitime, voire admiré. Les appareils de partis et les cercles annexés fournissent de belles échelles aux ambitieux. Les carrières qui s'y ouvrent en valent bien d'autres. Elles mènent aux mêmes ports. Pour servir la collectivité, but de l'engagement politique, l'humble combat du citoyen est, normalement, le moyen le plus direct. Cette évidence est pour le moins contournée. Dérives et reconversions individuelles ou collectives sont tolérées, sinon recommandées. L'insuffisance de résultats concrets légitime, au nom de la maturité acquise, tous les changements d'itinéraires. Tout échec est provisoire, toute manière de retrouver un axe intelligible est digne d'estime. C'est la variante contemporaine du bel aphorisme de Guillaume d'Orange, métamorphosé par la sombre imbécillité de ceux qui se font une conviction du soin de leur bonheur personnel.

Quand « le pouvoir s'exerçait dans un ordre symbolique, note Michel Schneider, l'énonciation de l'institution politique » se faisait dans la forme du « au nom de » (l'État, le bien public). Elle est passée au « en tant que » (porte-parole de la famille politique, du groupe social d'appartenance). « À qui parlent les princes ? À eux-mêmes. Ou à leurs miroirs médiatiques. De quoi ? D'eux-mêmes. De leurs ambitions[21]. » Lorsque de Gaulle disait « la France pense », « la France veut », nul ne contestait l'identification, même abusive, de sa personne à celle de la France. En ce temps-là, sa personne pouvait être haïe tout en étant respectée. Quand un ministre des Affaires étrangères emploie ce mode d'expression devant une tribune internationale, on perçoit qu'il est mandaté, et que l'omission du « au nom de » constitue, face à une institution, dans un discours solennel, une facilité tolérable. Dans une société où le politique revendique la normalité tout en consentant au voyeurisme, l'identification de la nation à la personne, pratiquée à tout bout de champ, assumée sans retenue ni pudeur, assure la dégringolade du pouvoir public dans la sphère du privé. Elle relève de la « perversion narcissique du gouverner[22] ».

Parfois, c'est pire, le politique invoque « la République ». Il s'arroge son opinion prétendue. La République a-t-elle été consultée ? Son opinion est-elle différente de celle du gouvernement ? De celle du peuple, que les élections expriment ? Le politique expulse ainsi du giron républicain tous ceux qui ne partagent pas son opinion personnelle, au rebours du plus élémentaire des principes républicains. Cette incarnation impudente défigure la représentation du pouvoir. Elle attente à sa réalité. « L'inflation de la vie privée dans la sphère publique induit le dépérissement du politique : moins les politiques ont de pouvoir, plus ils exhibent leur personne[23]. »

Comme en économie, il y a, en politique, une loi fondamentale, celle de l'offre et de la demande. Elle a deux versants. Sur chacun d'entre eux on plante des propos et des actes différents. Leurs effets peuvent être complémentaires ou antagonistes. Ils communiquent entre eux, se conjuguent ou s'opposent, en transitant par les médias. Sur ces deux versants de la vie politique se trouvent à la fois le bonheur privé que veut le politique pour ses concitoyens, celui qu'il veut pour lui-même, et l'impuissance de la volonté politique. Ils sont, autant, facteurs et conséquences. Lorsque l'acteur politique offre des illusions, le citoyen demande du rêve. Lorsque l'opinion publique rejette des offres trompeuses, le politique révise son marketing. Le plus souvent trop tard, car son premier réflexe est d'encager ses convictions dans ses conditionnements. Alors, en toute naïveté, les politiques s'indignent d'être incompris. Il est écrit que le politique ne sait pas capter l'électorat désespéré par une offre rationnelle et modérée, et laisse les partis extrêmes s'en emparer.

Tout façonné et déformé par l'emprise de l'imaginaire et le mensonge de l'image, le modèle contemporain du politique est-il encore définissable ? Le meilleur portrait est celui-ci, emprunté à Javier Cercas : « Vers 1927, Ortega y Gasset essaya de décrire l'homme politique exceptionnel et, en fin de compte, c'est peut-être le pur homme politique qu'il décrit. Celui-ci n'est pas, pour Ortega, un homme éthiquement irréprochable et il n'a nul besoin de l'être (Ortega considère comme insuffisant ou mesquin de juger éthiquement un homme politique : il faut le juger politiquement) ; chez lui, certaines qualités considérées *in abstracto* comme des vertus cohabitent avec d'autres qualités considérées comme des défauts, sans que ces vertus lui soient moins inhérentes. J'énumère ici quelques vertus : l'intelligence naturelle, le courage, la sérénité, la poigne, l'astuce, la résistance, la vigueur des instincts, la capacité à concilier l'inconciliable. J'énumère ici quelques défauts : l'impulsivité, l'inquiétude constante, le manque de scrupules, le talent pour la tromperie, la vulgarité ou l'absence de raffinement dans les idées et les goûts ; et aussi l'absence de vie intérieure ou de personnalité définie, ce qui en fait un comédien caméléonesque et un être transparent dont le secret le plus enfoui consiste à manquer de secret. Le pur homme politique est le contraire d'un idéologue, mais il n'est pas qu'un homme d'action ; il n'est pas non plus le contraire exact d'un intellectuel : il possède l'enthousiasme de l'intellectuel pour le savoir, mais il le consacre entièrement à déceler ce qui est mort dans ce qui semble vivant et à cultiver l'ingrédient essentiel et la première vertu de son métier : l'intuition historique (...), le sens de la réalité, un don transitoire qu'on n'apprend pas à l'université ni dans les livres et qui implique une certaine familiarité avec les faits saillants (...). Ortega sait que pour un homme politique, comme pour un artiste ou un scientifique, l'ambition n'est pas une qualité – une vertu ou un défaut – mais une condition nécessaire[24]. »

La médiologie ne saurait que réprouver ce réalisme. Le politique, établi dans l'équilibre de sa complexité, défie l'image. Les médias d'image veulent enter du virtuel sur du commun, ou du réel sur de l'illusion. Ils exigent le respect des canons de la loi médiatique, et que le politique reste enfermé dans les figures imposées du narcissisme. Cercas dessine un portrait qui ne fait pas rêver. Le politique veut rêver à un destin, et se bercer de l'illusion d'être grand ; à défaut, s'épanouir dans la cour des grands. On a les grands de son temps, et qu'on mérite. Le « pipole » est le grand de la société médiatique. Emerson, qui avait, entre autres, étudié Napoléon, savait[25] que l'idée de grand homme enthousiasme les peuples. Leurs dirigeants finissent par faire que la guerre et la mort deviennent sacrées. La tragédie de la condition humaine conquiert la réalité. Mais quel est le sort de l'homme de peu de valeur ? La science disposerait, pour l'analyser, d'un échantillon très suffisant. En politique, l'homme sans consistance peut, de nos jours, progresser par son seul narcissisme exacerbé par le commerce médiatique. En régime autoritaire, il s'ouvre les voies de l'assujettissement le plus vil. En régime de démocratie professionnalisée, bonne mine, beau ou fort-parler, maternage médiatique et aplomb d'ignorant suffisent à surmonter le handicap d'une vacuité culturelle insondable (nul n'oubliera le « Zadig et Voltaire » d'un secrétaire d'État qui ne lisait que des affiches publicitaires). On en a vu atteindre des sommets aux accès improbables. Inconsistance et excès de grandeurs aboutissent aux mêmes effets : le peu de prix des hommes est une tragédie quotidienne.

## *La vérité n'est bonne à rien*[26]

De la vérité en politique, ou de son revers, le mensonge, Platon et Aristote, Machiavel, Gracian[27], La Fontaine[28], Arbuthnot[29] et son compère Swift[30], Montesquieu, Condorcet, Constant et Kant, Orwell[31], Milosz[32], Hannah Arendt ont pensé tout ce qui était possible et dit tout ce qu'il fallait. La vérité a, de nos jours encore, une valeur morale. Le politique la reconnaît, et se proclame son adepte loyal et obstiné. Mais le mensonge a fait des progrès. Fidèle aujourd'hui aux préceptes d'hier, il est, grâce à la science, parvenu au comble du raffinement. Il sait, selon la recette de Gracian, « se servir de la vérité même pour tromper ». Il peut, à l'instant, le faire pour berner un très grand nombre de lecteurs. Plus le temps passe, plus la technique le sert. Plus la technique étend son empire, moins le scrupule le retient.

### Conquérir est mentir, ou subjuguer

Tromper le peuple embarrasse les âmes bien élevées. Le politique hérite d'une culture qui lui en impose néanmoins le devoir. Nulle élection ne se gagne, nul pouvoir ne se conquiert sans quelque part de mensonge. « Faire rêver », ou « raconter une histoire », disent les docteurs en communication. Mensonge, dit l'histoire. Lorsque le général de Gaulle adresse son « Je vous ai compris » à une foule en délire, il n'exprime pas ce qu'il a compris ni ce qu'il en fera. Le contenu de son mensonge n'est pas identifiable. Seule son ambiguïté constitue le mensonge et, comme toute ambiguïté, c'est un mensonge dont l'origine est partagée. Ce qui est entendu par les uns résulte d'une ferveur abusée. Ce qui sera le lot de l'histoire est l'œuvre d'un cynisme qui, de toute façon, a toujours le dernier mot. J. Chirac aimait, dit-on, rappeler que les promesses n'engagent que ceux qui les écoutent. Ainsi, lorsqu'un pouvoir, après avoir suscité puis enrichi une illusion, substitue sans vergogne une reculade à ses promesses initiales, il n'a pas à renier son aveuglement. S'il écrase brutalement sa méthode de gouvernement sous une nouvelle version antinomique de la précédente, il s'exempte de reconnaître son incompétence ou sa mauvaise foi. La tromperie paie.

L'ancienne sagesse enseigne que le meilleur moyen de combattre un mensonge est de lui opposer un autre mensonge. Lorsque, en 1981, une ministre clamait ne pas avoir été appelée pour tenir des comptes, l'incident passait presque inaperçu. Quand, en 1983, le gouvernement retourne sa politique économique après deux ans de laisser-aller, ceux qui avaient applaudi à la première version persistent dans le même goût du pouvoir pour rouler en sens inverse. Le basculement, en 2014, d'une politique économique de demande, avec des freins serrés, vers une politique de l'offre conduite à rênes fermes est du même acabit. Curieusement, le cycle de maturation des intelligences s'arrête, décidément, à deux ans. Le même type de mensonge se répète, mais en sens contraire. Les mêmes faveurs électorales peuvent-elles être réservées à des mouvements contraires ? F. Mitterrand sut tirer parti de sa volte vers la rigueur. Mais rien ne dit que la tactique inverse – commencer par des disciplines pour pouvoir, ensuite, lâcher des facilités – obtiendra, de l'opinion, une gratitude suffisante. Churchill, dont un ancêtre fut un des plus grands artistes britanniques du mensonge politique, disait vrai lorsqu'il promettait du sang et des larmes. En exaltant la fierté de son peuple, il a gagné la guerre. Puis, il fut renvoyé.

L'horreur produite par les mensonges des totalitarismes récents et contemporains a dégradé la propagande, l'a habillée de plus de subtilité et rebaptisée communication. Pourtant, le vade-mecum des ambitieux est intact. Le mensonge nourrit encore toute politique. Trois virus s'y sont introduits, qui, en combinant et démultipliant leurs effets, perturbent, autant qu'ils enrichissent, le spectacle : l'image, l'instantanéité et la transparence. L'image s'est constituée, aux yeux des journalistes (et, trop souvent, des magistrats), comme le seul témoin irréfutable de la véracité des événements. L'instantanéité de la diffusion est, elle, devenue la seule preuve, bien qu'illusoire, de l'absence de contrôle politique de l'information. Et *la transparence* est connue, désormais, comme seul héraut de l'honnêteté. Ensemble, elles détruisent un peu plus les convictions morales attachées à la vérité. L'image ment. Mais en montrant, elle dit vrai. Aucun rempart ne peut s'opposer à ses premiers assauts. C'est un bienfait pour les hommes de loi spécialistes de la diffamation. C'est un pactole, de notoriété ou de trésorerie, pour des prestidigitateurs de la provocation visuelle. Combien de victimes, en revanche, ne se remettront jamais, parce qu'on ne les écoute plus, des souffles dévastateurs qui accompagnent le jet d'une image, son commentaire complaisant au scandale et sa diffusion instantanée. Au nom de la transparence, dissimuler quoi que ce soit ne serait pas vertueux. Retenir l'image, l'entourer de précautions, lui fournir d'autres éclairages, travailler à d'autres preuves serait vouloir dissimuler ; accessoirement, perdre l'avantage commercial de la primeur de diffusion. La transparence, dont on suppose qu'elle veut dire « pouvoir tout voir », revient ainsi à son sens originel : si tout est rendu transparent, il n'y a plus rien à voir. Reste la version qui arrange. Dans l'usage médiatique quotidien, le mot « opacité » a remplacé le mot « mensonge », comme le mot « transparence » a remplacé le mot « vérité ». Quand un journaliste bute sur l'opacité de telle ou telle affaire ou procédure, le soupçon se met en marche et tiendra lieu de vérité.

Politique et vérité ont une relation d'essence perverse : l'une et l'autre se desservent réciproquement dans un éternel et délectable combat. La vérité entretient, entre des camps politiques, un affrontement plutôt veule. Elle est un idéal moral, de foi humaniste ou d'exigence éthique, dont chacun aime à se parer, de préférence avec exclusivité. Jamais un politique ne s'insurge contre la vérité, et celle qu'il endosse n'est pas celle de son adversaire. Il est exceptionnel qu'un politique reconnaisse la vérité dans les propos d'un concurrent. Au point que l'on pourrait, presque, reconnaître un politique à ce que, après des siècles d'enseignement du doute rationnel, il reste seul à prétendre encore détenir la vérité. En réalité, « la vérité et la politique habitent rarement sous le même toit » (Stefan Zweig[33]). Dans Machiavel, les mots de la politique sont : mensonge, stratagème, ruse, scélératesse. « Par ces moyens on peut conquêter quelque seigneurie, non pas honneur[34]. » Avec sa « franchise d'acier », Machiavel « a la loyauté de proclamer, avant que tous les débats ne commencent, qu'ils seront essentiellement présidés par la mauvaise foi. Il ne s'occupe que de la stricte vérité[35] ». Voilà la vérité renvoyée, hors des cours de flatteurs et d'adulateurs, aux soins des commentateurs, et non pas des acteurs de la politique. La franchise, en politique, n'est que dans l'exposé de principes machiavéliques. On est instruit que la dissimulation et le mensonge sont les armes principales des ambitieux : « Un prince qui veut parvenir à de grandes choses doit apprendre l'art de tromper[36] » et « pour s'élever d'une condition médiocre à la grandeur, la ruse sert plus que la force[37] ». Le monde politique ne se peut diviser ni organiser d'après un critère moral. Celui des protagonistes qui avancerait au combat derrière son seul bouclier moral serait anéanti par la puissance de la mauvaise foi.

Par l'image, le mensonge politique a conquis sa pleine légitimité. L'image ment. Mais peu importe. Car ce n'est plus le politique qui ment, c'est l'image. Ce n'est pas l'acteur qui est pris en flagrant délit de tromperie, c'est une image qui ment. Qui fait mentir l'image ? Cette société veut à toute chose un coupable, mais on ne saurait dire, en l'espèce, qui est coupable : le cadreur, le journaliste, le monteur, le rédacteur en chef, le producteur, le décorateur, le diffuseur, le communicant ? On le sait d'autant moins que l'image est mensongère par ce qu'elle suggère plus que par ce qu'elle est. Le spectateur devient complice du mensonge à cause de l'évidence de l'image. Le mensonge qui progresse est de plus en plus facile et de plus en plus innocent. « À cause de l'imperfection du langage, il y a toujours quelque chose de vilain (voire d'avilissant) dans l'exhibition de la vérité toute nue[38]. » Recourir à l'image, qui fait rêver, plutôt qu'à l'écrit, qui fait penser, est l'ultime espièglerie de la communication politique. Le mensonge a gagné. La fausse authenticité de l'image s'est substituée à l'imperfection du langage.

## Exiger la transparence est ne pas vouloir la vérité

La vérité, disait-on dans les chaumières, finit toujours par triompher. Cette morale avait deux versants : l'un de résignation et d'espoir passif, l'autre de foi et d'obstination dans la recherche de la vérité. Dans tous les cas, celle-ci était promise à l'emporter sur la dissimulation des faits. On sait qu'il n'en est rien. Quand les faits sont patents, il reste à suggérer leur sens. Dans Alexandre Dumas, un innocent est victime d'un arriviste, substitut d'un procureur du Roi. C'est que le travestissement du langage peut tout légitimer : « En politique, on ne tue pas un homme : on supprime un obstacle, voilà tout[39]. » Une fois habillée de transparence, la vérité ne triomphe pas davantage que dans son sens premier. Pour « faire accroire des faussetés salutaires, et cela pour quelque bonne fin[40] », la communication s'exprime en des formes subtiles et scientifiques. Ses finesses discréditent la propagande, désormais réservée à des idéologies servies par des esprits grossiers, et s'y substituent. L'exigence constante de la transparence fait partie de cette panoplie. Imaginer la politique comme un possible îlot diaphane de l'activité humaine est un mensonge en soi. Ce mensonge répété a fini par fabriquer le meilleur des leurres modernes de l'authenticité.

La vérité en politique est comme une particule dont on ne connaîtrait l'existence que par la théorie. Encore virtuelle, elle rayonne, émet des signes et signaux qui font déjà le contenu de l'information. Avant qu'elle apparaisse, on diagnostique ses effets, quand personne ne sait encore déceler son exacte consistance. Si elle se montre enfin, bien avant qu'elle ait refroidi et qu'on puisse l'approcher, on ne sait déjà plus ce qu'elle porte. Mais son apparition subjugue et fait vibrer. Ainsi de la gesticulation politique : elle n'est qu'un signe, qui devient un fait en soi. Ce fait est sans substance. Du moment qu'il est chargé d'hypothèses de signification, il est censé exister. Le discours politique, s'il est cru, ne l'est pas tant pour son fond que pour sa forme, ou en raison de la séduction qu'inspire l'image de son auteur. L'aveu d'un coupable (au choix : dissimulation fiscale, escroquerie en spéculation financière, complicité de proxénétisme, corruption de procédure judiciaire ou de marché public, infraction aux règles de financement des campagnes électorales) peut, en un instant, et pour un instant peut-être, devenir une geste médiatique. Une victime à défendre ? Ultime soubresaut d'un pauvre esprit qui n'était pas à la hauteur de ses méfaits ? L'expression publique du repentir[41] touche les cœurs. Elle peut aussi exaspérer les honnêtes gens. Le repenti, acculé aux aveux par l'évidence des preuves ou par la dénonciation de complices qui ne veulent pas porter le chapeau, peut encore protéger ses commanditaires par une apparence digne ou larmoyante. Tout un chacun sera sensible aux accents sincères, sous le discours maquillé, d'un imbécile repentant. Peut-être l'avenir lui sera-t-il reconnaissant ? Avoir honorablement payé sa dette en épargnant les plus responsables a parfois valeur d'amnistie médiatique, surtout lorsque les vrais coupables ont eu le mauvais goût d'exciper de leur vertu.

Montaigne prétend que « la naïveté et la vérité pure, en quelque siècle que ce soit, trouvent encore leur opportunité et leur mise ». Il se montre présomptueux. Parce que, dans un épisode de sa vie, il s'en est trouvé bien, il se convainc, à son propre exemple, que l'honnêteté est la plus utile des voies pour traiter entre les princes. Il croit, ne parlant que de sa propre expérience, forger une leçon générale. En démocratie moderne, dans les décisions politiques, « ce qui est recherché n'est pas la bonne solution mais l'adhésion[42] ». La vérité absolue est inatteignable. La vérité d'une conviction politique peut mobiliser des foules mais pas rassembler durablement tout le monde. Puisque tout est soupçonnable ou incertain, faisons mine de réclamer la divinité « transparence », et de ne faire confiance qu'à elle seule. La transparence est un produit méphitique. Dans une société politique transparente, ouverte à la communication par tous ses pores, le complot s'épanouit et se répand comme jamais. Le bricolage des mensonges et des fausses rumeurs est révolu. Jadis les sociétés de menteurs pouvaient diffuser perfidies et calomnies, mais elles ne disposaient pas de la puissance d'amplification des réseaux sociaux. Aujourd'hui, l'image volée, à diffusion instantanée, porte le sceau de la vérité. Une prétendue information reçue d'un familier inspire confiance. Jadis un libelle volait vers le caniveau.

Les gouvernements aiment, avant de commettre l'irréparable, tester l'avenir possible de leurs intentions. Avec une mine innocente, ils font lancer par une « source généralement bien informée », tantôt par des gazouillis faussement maladroits une indiscrétion insignifiante sur les conclusions d'un rapport non publié, quelque ballon d'essai en forme de confidence soigneusement étudiée (« comme une première charge que l'on met dans une pièce d'artillerie pour l'essayer[43] »). Dans ce jeu malsain, des collaborateurs peu scrupuleux, trop zélés ou trop heureux de s'attirer la reconnaissance d'un journaliste, se prennent parfois les pieds dans le tapis. Quoi de mieux, néanmoins ? Ces « *proof-lies* », Swift[44], bon et fidèle tory, les imputait ironiquement à la sagesse des whigs. Ils éprouvaient « la crédulité du peuple par des choses incroyables, pour se mettre en état de juger plus sûrement jusqu'à quel point on peut lui en imposer, et de quel fardeau ils pourront le juger dans la suite ». Avec quelques habiles contorsions de cette sorte, un ministre peu satisfait d'un collègue jette en pâture à la presse sa désapprobation de tel ou tel projet juridique ou budgétaire. Il crée une occasion d'imposer un arbitrage décisif dont la demande était, jusque-là, prise en peu de considération. Un lobby peut laisser à entendre qu'une démission collective de hauts responsables pourrait protéger, ou sanctionner, un gouvernement mal aimé. Il fabrique ainsi une inquiétude factice mais efficace. Une collusion d'intérêts peut se former discrètement autour d'un ministre menacé, pour soutenir et sauver un dossier trop vite mis à l'écart.

La transparence fait sortir les processus de la décision publique de son cercle délimité. Elle offre des proies vivantes à la vindicte populaire. Elle manœuvre la crédulité et influence l'efficacité. Ces procédés ont beau être déplorés, désavoués, dénoncés, ils sont irrépressibles. La transparence veut l'indiscrétion. Mais l'indiscrétion est la meilleure alliée du mensonge. Pour interrompre les méfaits quotidiens de ces piqûres minuscules qui, accumulées au même endroit, deviennent paralysantes, il faut user de la solidarité des subordonnés. À défaut de conviction unanime, au moins sont-ils soudés par leurs intérêts personnels communs. Il est douteux que l'effet soit durable. Dans un jeu collectif, la vanité offensive de l'un ou l'autre des équipiers surgit toujours pour le pousser au défi de la discipline. L'autorité exige alors l'exemple, qui connaît une seule forme, l'éviction. J.-J. Servan-Schreiber, ministre, croyait pouvoir se comporter en turlupin. Cela n'a pas duré. Il arrive aussi qu'un retrait, piteux mais honorable, prévienne le conflit, ou en dissimule les fonds. Il y a parfois des avantages à en retirer : J. Chirac, Premier ministre, pouvait, en 1976, se poser en victime de l'autoritarisme du président de la République pour recouvrer sa liberté de le faire tomber. Parfois, aussi, il y a peu de conséquences à subir d'un claquement de porte qui ressemble à un prudent placement d'épargne. Depuis quelques années, une réforme opportune et discrète a permis qu'un ministre démis redevienne parlementaire sans élection nouvelle. Autant dire qu'il peut s'offrir, sans frais, sa liberté de conscience. C. Duflot, cessant d'être ministre afin de rester pure écologiste, pouvait, sans angoisse électorale ni pécuniaire, ne plus avoir à s'obstiner dans le double jeu.

La transparence pervertit la sincérité politique. Par elle, une attitude politique se travestit en posture. Par elle, l'ambition est mieux récompensée que l'action. Devient obscène[45] cette société où « s'exhibe ce que l'on doit cacher ou éviter », « qui confond l'ambition (...) et l'ambitieux (...), qui fait passer la personne de l'écrivain avant son écriture, l'homme d'action avant son action (...) ». Et dans ce phénomène, on trouve l'illustration de ce que redoutait Orwell : par les mensonges véridiques qu'elle impose, la transparence anéantit ce qui devrait être rendu visible. En justice, elle pervertit, parfois anéantit le secret de l'instruction, principale garantie de la protection de l'innocence. Et tant qu'à faire, ayant détruit le secret, elle s'empare de la protection des suspects ou de la défense de victimes. Elle préfère le lynchage médiatique à l'obscurité provisoire des faits et à la confiance dans le magistrat. Elle livre les juges et les jurés à la manipulation. Elle dénie, d'ailleurs sélectivement, ce qui est encore plus grave, le droit à la prescription, dont le champ d'application général[46] forme un des soutiens fondamentaux de l'équilibre des sociétés. Les frontières de la rancune publique sont effacées. Le devoir d'oubli est abrogé. La justice est ébranlée sur ses fondements. La prétention à une transparence absolue altère l'idéal du bonheur des peuples et empiète sur les prérogatives d'enquête réservées à l'histoire.

Dans l'univers de la transparence, l'image passe avant le verbe, et la forme prime sur le contenu. Transparence et modération des propos, jusqu'au lénitif, sont de concert. L'homme de Cour selon Gracian sait s'abstenir de ce mauvais goût, de cette « petitesse de l'entendement », qui force exagérément le trait. Tony Blair définit[47] de même la ligne de conduite qu'il observait pour ses attaques contre ses adversaires tories lorsqu'il était Premier ministre : « Je n'ai jamais été très violent. En revanche j'essayais d'être efficace. L'objectif consistait à obtenir l'approbation du non-politicien. (…) Ces attaques semblent plates, presque banales et pas vraiment enthousiasmantes (…) c'est tout leur intérêt. Ces accusations, si elles sont crues, se révèlent fatales. Oui, il ne s'agit pas de traiter votre interlocuteur de menteur, d'escroc, de scélérat ou d'hypocrite, car les électeurs flottants écartent ces déclarations d'un haussement d'épaules. Elles n'ont aucun impact. Elles sont trop fortes, trop lourdes, elles tiennent de l'insulte plus que de l'argument. Des accusations plates se révèlent plus précises et, en raison de cette tonalité assez terne, elles collent à leur victime. Si c'est le cas, le boulot est fait. Car, de façon régulière, elles montrent qu'ils ne sont pas de bons chefs. »

## Impudence et décence

En politique, la vérité sert à pouvoir mentir. F. Mitterrand, dont l'inclination à la transparence était faible, s'est acquis, au cours d'un débat télévisé de la campagne pour les élections présidentielles de 1981, un crédit de vérité. Face à un adversaire embarrassé, il affirma son intention d'abroger la peine de mort. Pendant la guerre d'Algérie, garde des Sceaux, il n'avait pas flanché devant son application. Vingt-cinq ans après, la majorité de l'opinion publique était encore défavorable à son abolition. Son intention d'aller à l'encontre de l'opinion majoritaire comportait des risques. Il l'affirma néanmoins. Il disait vrai. Il se tint, d'ailleurs rapidement, à son engagement. Fort de ce crédit de vérité, il obtint, plus tard, d'être cru sur parole lorsque, entre les deux tours de l'élection présidentielle, il assena, « les yeux dans les yeux », à son Premier ministre et adversaire médusé qu'il contestait sa version d'une affaire de terrorisme. Mentant de manière éhontée, ce qu'il reconnaîtra plus tard, mais sachant pouvoir être cru, il fut réélu. Des deux candidats, le perdant fut le naïf. On dit la vérité pour pouvoir impunément user du mensonge[48].

Quand l'aplomb ne manque pas, l'indécence est facilement constituée. Des journalistes et des magistrats ont beau vouloir faire œuvre de redressement moral, les mœurs politiques restent dignes des tripotages du temps des Rougon-Macquart. À la fin du XIX^e^ siècle, Jules Grévy, président de la République, eut un gendre, Wilson, qui, député, faisait commerce, et par milliers, de médailles de la Légion d'honneur. Grévy fut poussé à la démission. La justice, en toute rigueur, ne trouva pas de bonne qualification juridique pour condamner Wilson. L'ignominie de son trafic n'empêcha pas ses électeurs de le réélire à l'Assemblée nationale. Depuis lors, le Code pénal s'est enrichi de l'incrimination de « trafic d'influence ». Plus mollement, ou plus habilement, que jadis, avec d'autres leviers, nombre de politiques exercent encore impunément cet art. C'est une routine d'élus. Le bon service de leur clientèle est un impératif. Leur réélection est parfois à ce prix, peu onéreux et facile à payer. L'opinion publique pardonne les exactions personnelles mieux que les erreurs ou les méfaits dans la gestion publique. Le politique est excusable : « Il ne tient pas à son argent, il ne tient qu'à l'argent des autres[49]. » La corruption de l'argent public revêt des formes institutionnelles savantes, qui furent longtemps tolérées. Après la Libération et jusque dans les années 1970, les communes dirigées par des communistes, staliniens et poststaliniens, alimentaient les bénéfices et les emplois de bureaux d'études réservés. Le parti socialiste a payé sa part d'imitation de ces pratiques mafieuses, qui ont enrichi le parti et nourri des séides. Il faut reconnaître à la droite une plus convenable répulsion à ces mœurs, compensée, pendant son long règne depuis 1958, par l'usage sans retenue des fonds spéciaux gouvernementaux. Une première cohabitation entre un président de la République et un Premier ministre qui se vouaient réciproquement une défiance sourcilleuse a, dans un bon esprit de tolérance au sein d'un même monde de complicités, dévié cette pratique sans y mettre un terme. Puis cette ponction a été rendue plus difficile, voire impossible.

À titre individuel ou pour le compte de leurs amis, des élus dirigeants de sociétés ou intéressés à leurs résultats ont accordé à ces entreprises des marchés des collectivités territoriales qu'ils présidaient. Pris la main dans le sac, parfois condamnés, ils ont, souvent, été triomphalement réélus. Emploi à usage privé d'agents ou de biens publics, décisions d'autorisation d'implantations de grandes surfaces commerciales, contrats, de travaux publics et construction, de communication et de formation, ont rémunéré élus entremetteurs, proches, parents, intermédiaires. Dans des marchés d'armement, des dirigeants de l'État ont reçu, directement ou indirectement, leur part. Dans ces affaires minables et répugnantes, le commentaire médiatique a introduit une curieuse délimitation, avec gradation de la réprobation, entre celles qui ont produit un enrichissement personnel et celles qui ont directement profité au portefeuille de personnages politiques sans scrupule ! Même après que l'argent public eut été légalement admis à subventionner partis et campagnes électorales, l'appel aux générosités et complicités privées, en dehors des limites légales ou au-delà des plafonds légaux, a encore fait des progrès.

De nos jours, en France, les partis politiques vivent et font vivre le personnel qu'ils rémunèrent grâce aux dotations publiques apportées en contrepartie du nombre de leurs élus et des voix obtenues dans les scrutins. Ils pourraient se dispenser de tendre leur sébile, mais ne l'ont pas fait. Au-delà des cotisations, ils peuvent appeler des dons au secours de leurs détresses. Les petits bienfaits de la générosité privée cimentent encore dans la douceur les relations d'influence, de clientèle, de coterie. Les partis pourraient ne plus dépendre de la sympathie des personnes fortunées, dont la loi plafonne les faveurs. Mais ils sauvegardent le recours aux sollicitudes indirectes et discrètes, et en conservent les politesses. Ils n'ont plus à quémander aux entreprises la prise en charge de feuilles de paie fictives, et s'en gardent, vivant désormais, en somme, comme une administration pour leurs ressources, comme un clan pour l'emploi qu'ils en font et comme une association pour les comportements comptables. L'abus de bien social, ou quelque chose qui en est bien proche, y est, pour les notes de frais, pour les dépenses de communication, pour les voyages, pour les tâches assignées au personnel, florissant. Malgré les contrôles, malgré les sanctions possibles, peu de personnes arrivent à croire à la probité en politique. Des donneurs de leçons, qui, pour être si bien instruits des procédés employés, ont dû les approcher de près sans les empêcher, élaborent des projets de remèdes toujours plus perfectionnés, dont ils abreuvent les candidats aux élections présidentielles. La clameur leur donne raison. La France continue de passer pour un des pays développés les moins à l'abri de la corruption des élus. Dans quelles racines plonge cette dramatique perversion des mœurs ?

Le terreau est le même que celui sur lequel a prospéré la revendication de transparence. Régis Debray pointe[50] avec raison « ce vérisme pointilliste et pulvérisateur » auquel « on doit une certaine évanescence des notions de bien public et d'intérêt général ». Comment ne pas reconnaître, dans l'actualité quotidienne, la lucidité d'une analyse qui observe que « sans secrets, plus d'État, et des gesticulations au lieu d'une action »,

« une politique de la posture », « des rodomontades humanitaires ». Les hommes politiques ne peuvent pas, ou plus, changer le monde à volonté. Ils se sont privés des moyens de pouvoir le faire. Beaucoup croient, ou font mine de croire, que c'est une grâce démocratique, et que la reine vérité, avec son ardente soldatesque armée sous la bannière de la transparence, serait à l'origine de ce prétendu progrès. Il faut craindre que ce ne soit l'inverse. Si les sociétés répugnent à répondre aux injonctions des politiques c'est parce que ceux-ci ne méritent pas leur estime. Le réalisme des peuples pousse le monde politique à la tentation de s'en prendre à la seule chose qui peut encore être changée : la vérité. Travestir la vérité est à la portée de n'importe qui. C'est le premier des actes innocents de l'enfant en butte à ses parents. La passion des politiques pour la transparence s'en déduit. C'est un mirage. Mais la vérité ne peut être crue que si les peuples croient en la volonté de transparence de leurs élites politiques.

Les idéologies totalitaires ont prospéré sur leur capacité à changer la vérité des faits. « Le mensonge n'est un vice que quand il fait du mal ; c'est une très grande vertu quand il fait du bien », disait Voltaire. La transparence, animée de vertueuses intentions, est moins droite. Elle permet de présenter comme opinion des faits travestis ou, comme vérité, une opinion péremptoire. L'organisation monarchique de l'État encourage les comportements de cours. Les flatteurs de tous les siècles ne se donnent pas facilement à dire la vérité, car celui qui la prononce manque à la révérence. Les dérives s'accentuent parce que personne n'ose en informer le prince, encore moins entraver la progression du navire fou. Celui qui en est initié ne les dénonce que trop tard, et seulement quand apparaît la nécessité de se protéger. Lorsqu'il a été révélé, sous une pression judiciaire tardive, que l'UMP avait abondamment subventionné, hors des plafonds légaux[51], la campagne de son candidat aux élections présidentielles de 2012, un directeur adjoint de campagne éploré a soutenu que le candidat et les autres autorités dont il relevait ne le savaient pas. On ne l'a pas cru. Pourquoi n'aurait-il pas dit vrai ? Sans doute, l'idée de s'offrir à la vindicte, en vue d'un remerciement de la part de ceux qui lui devaient tant, entrait-elle en part dans son propos. Mais l'essentiel de la cause tient en ceci : le système était organisé autour du monarque par des courtisans zélés. Dans une pareille basse-cour devenue un cloaque, on n'ose pas dire la vérité. Rendons hommage à ce courtisan pour avoir, dans son immaturité, dévoilé, même trop tard, ces vérités éternelles. Faisons procès de la vraie culpabilité. Ceux qui ont organisé une machine perverse, fait injonction de ne pas indisposer le monarque et ainsi promu le détournement des volontés sont les authentiques auteurs de ce désastre de la moralité publique. Ils ont été récompensés[52] de leurs méfaits.

Flaubert professait que la seule méthode pour n'être ni dupe ni charlatan était de vivre dans une tour d'ivoire. C'est hélas la seule méthode qui soit interdite à la personne politique. Celui qui se propose de peser un tant soit peu sur l'organisation du monde, citoyen ou dirigeant, militant ou spectateur engagé, est tout sauf isolé. C'est une lâcheté de s'en remettre aux juges de la correction des fautes de la société. Condamné, emprisonné, relevé de ses mandats, inéligible pour un temps, l'homme politique ardent obéit aux forces de son instinct. Il se relève, et se fait réélire. Rien n'est plus choquant que de prétendre substituer la loi au choix libre et responsable du citoyen, du contribuable, de l'électeur. Accrocher au dos de l'élu condamné une interdiction d'éligibilité, c'est priver l'électeur de son choix. Le faire automatiquement revient à noyer dans un même casier des condamnés pour des causes d'importances diverses. Laisser à la justice le soin de proportionner à la gravité de la cause la durée de privation de mandat électif, c'est confier à des magistrats le soin de dicter son choix à l'électeur. Une démocratie qui voudrait se faire plus morale grâce à des mesures de restriction du choix des électeurs ne serait plus tout à fait stable sur ses fondements. Des prête-noms peuvent contourner les interdictions. Le souverain peuple a le droit, s'il lui plaît ainsi, d'élire un escroc. L'appareil complet des peines accessoires ou connexes n'a nullement résolu la question du rétablissement, certes immoral mais légal, de l'autorité politique d'élus condamnés. Liberté électorale oblige !

La transparence, tant invoquée, se suffirait d'une obligation faite à tout candidat à une fonction élective de mentionner les condamnations qu'il aurait subies. Le dévoilement de condamnations pour corruption, abus de pouvoir ou détournement de fonds, pourrait, mieux que des jugements mal connus et vite passés par pertes et profits, dissuader les suffrages. Les crapules de la gestion publique, si elles avaient à traîner des boulets afflictifs et infamants au moment de se soumettre, humblement, aux prérogatives de l'électeur, seraient accessibles à la rédemption. Cette façon d'accéder aux honneurs serait plus légitime que le recours aux trucages de la communication politique. Des banquiers, des hommes d'affaires ont endossé la bure des juges pénitents. Les personnages politiques ont aussi à entrer dans ce rôle. Des professionnels du redressement des torts exigent et enseignent les mots de la repentance individuelle et collective. Se conformer à ce vocabulaire, c'est sustenter son crédit moral. Il est encore mieux de se joindre à la cohorte de ceux qui lancent des appels à « l'engagement pour une véritable éthique de l'action publique ». Au besoin, on peut s'attribuer quelques torts mineurs pour mieux laisser à d'autres les responsabilités qui desservent une réputation. Le procédé ne marche pas toujours. J.-F. Copé, secrétaire général de l'UMP, s'est, au printemps de 2014, accusé de naïveté. Ses collaborateurs, en lui dissimulant leurs pratiques, auraient fait de lui une victime expiatoire. Son sort n'en a pas moins été livré aux couteaux de ses amis. La vertu retrouve des accents d'inquisition. Au cours de la campagne pour l'élection présidentielle de 2012, un éditorialiste de radio a sommé les « vertueux autoproclamés » d'adopter purement et simplement « le mode d'emploi » élaboré par une association de référence, Transparency. « Ils n'ont plus qu'à signer », exigeait-il ! Ces remèdes, perfusés à la hâte, n'ont pas empêché, depuis, l'enrichissement de la chronique des indélicatesses publiques.

Les conflits d'intérêts sont des situations anciennes, aujourd'hui jugées intolérables avant d'avoir été bien définies. Des carrières peuvent s'y briser, après s'en être construites. L'évidence du conflit est rare, même sur des constatations *a posteriori*. Le soupçon est facile. La démonstration du fait reste complexe. Le bon moment de la révélation, un jour ou l'autre, relève trop bien d'un choix d'opportunité pour que l'indignation puisse être toujours considérée comme sincère. Le cumul d'un mandat de ministre et de trésorier d'un parti politique est-il, en soi, constitutif d'un conflit d'intérêts ? Le conflit serait direct dans le cas de détention d'un portefeuille de ministre (ou d'une haute fonction dans l'État[53]), investi de délégations de décision ou de capacités d'influence sur des décisions liées aux ressources des partis (en matière de fiscalité, par exemple). Cette configuration serait claire, l'indécence avérée. Mais il y en a de moins facilement qualifiables. Le cumul de fonctions ministérielles et de fonctions partisanes est, de manière générale, douteux. Il fait peser un soupçon d'influence malsaine. C'est une licence inconvenante mais inévitable dans un régime où le Premier ministre est chef de majorité. L'addition de pouvoirs d'État et d'autorité partisane devrait être réprouvée : intérêt général et intérêt du parti ne se confondent pas. La connivence quotidienne des milieux de puissance et d'influence est pourtant plus réelle, plus ancrée et plus lourde de conséquences malhonnêtes que le conflit d'intérêts théoriquement constitué. Par le côté juridique on veut s'attaquer au conflit d'intérêts mais on ne prévient pas la connivence. Cette démarche augmente la défiance à l'égard de l'indépendance d'esprit et de l'intégrité individuelle des autorités publiques. Elle nourrit la calomnie (« tous pourris »), qui s'alimente déjà à bien assez de sources. Celle-ci dégrade à son tour la respectabilité de toutes les professions publiques. La connivence devrait être extirpée à la racine plutôt que combattue dans les apparences du conflit d'intérêts.

L'interdiction du cumul d'un mandat de parlementaire et d'une activité d'avocat d'affaires est contournable, donc abusivement restrictive. Toute une profession, au demeurant libérale, doit-elle être interdite d'accès à l'activité politique ? Mieux vaudrait rendre obligatoire, plutôt qu'un empêchement préventif, une recommandation motivée et publique d'une commission d'examen du Barreau, établie au cas par cas. L'établissement de déclarations d'intérêts précises et publiques imposé à une liste de responsables publics relève aussi d'une sorte de persécution. Pour le président de la République et les ministres, soit. Mais veut-on que, sur simple doute, en restreignant l'égalité d'accès à des fonctions électives, une candidature soit empêchée ? Parmi les élus il faudrait, à tout le moins, distinguer ceux qui exercent des fonctions exécutives de ceux qui participent à une délibération collective. Dans une commune, l'interdiction de délibérer sur des objets liés à un intérêt personnel est connue, et appliquée. Elle n'a jamais nécessité une déclaration préalable d'intérêts. Certes le contrôle social est plus dense et les infractions plus visibles dans une bourgade qu'à Paris, mais les recours contre les décisions vicieuses y sont aussi plus inhibés. Au niveau national de quel parlementaire peut-on dire qu'il ne serait, peu ou prou, lié par un intérêt direct ou indirect à aucun des textes qui lui seront soumis au cours d'une législature ? Le lobbying est une façon efficace d'introduire l'intérêt de l'élu là où il n'y en avait pas encore. La déclaration préalable peut servir à aggraver de dissimulation la faute ultérieurement établie, mais elle est, par elle-même, sans efficacité[54]. Le caractère collégial et majoritaire d'une délibération écarte de la responsabilité individuelle et directe d'une mesure. Il faut plutôt chercher des solutions du côté du contrôle du lobbying.

Pour les hauts fonctionnaires, à quel niveau faut-il arrêter la liste des assujettis à déclaration préalable ? Est-il réaliste de la restreindre à ceux dont la responsabilité est délimitée par une délégation de signature[55] ? Chacun sait que nombre de décisions de gestion sont déterminées par l'instruction préalable des dossiers. Des agents subalternes orientent les options, plus que la volonté propre de hauts décideurs. Faut-il descendre bas dans la hiérarchie ? Entre un ministre et le dernier bénéficiaire d'une délégation de signature, il peut y avoir, dans une administration centrale, dix niveaux de subordination. La barre pourrait être placée, de manière théoriquement homogène, partout, à niveau hiérarchique égal. Les administrations connaissent des modes différents d'organisation de la responsabilité, et ce serait un chaos d'irresponsabilités. Le critère pourrait être sélectif, sectoriel. Mais ce serait, sans certitude d'efficacité ni logique d'égalité de traitement, faire coexister une absence d'entraves avec une étroite réglementation.

Que dire des décisions financières ? Aucune déclaration préalable de possible conflit d'intérêts n'aurait empêché que parvienne au ministre de l'Économie une proposition d'accepter, dans l'affaire dite Tapie, un arbitrage à la charge du contribuable. L'octroi, malgré la recommandation défavorable d'un service du ministère, de plusieurs centaines de millions d'argent public à une personne privée prétendument lésée par une banque nationale a été prescrit, dans un contexte frauduleux, grâce à des complaisances insoupçonnables *a priori*. C. Lagarde, alors ministre responsable, a justifié sa décision par l'intérêt public d'un compromis. Son expérience d'avocate d'affaires dans la culture américaine a sans doute encouragé la faveur donnée à ce raisonnement. Les règles d'emploi de l'argent public excluent formellement, sauf habilitation législative, la transaction. La faute la plus grave est constitutionnelle. Elle a été commise à l'encontre des pouvoirs du Parlement, jamais consulté. Il faut croire que, à de nombreux échelons, la déontologie a été étouffée par l'esprit de connivence. Des formalités juridiques d'apparence n'auraient pas dissuadé ce que les règles constitutionnelles les mieux établies n'ont pas pu empêcher.

La déclaration préalable de possibles conflits d'intérêts serait, peut-être, dissuasive à l'égard d'esprits timorés. Elle est inefficace à l'encontre des personnes sans scrupule. La vigilance devrait s'exercer selon des modalités moins illusoires. Des interventions de commissions propres aux assemblées sur alertes déontologiques protégées par le secret, des revues de situations et d'actes par des inspections générales au sein des services gouvernementaux, des pointages de régularité et de sécurité par sondages effectués dans toutes les activités des titulaires des emplois de décision seraient plus efficients. Au bout de la réflexion, il reste à se demander si la bonne vieille procédure de désignation aux emplois publics de la démocratie antique, conjuguant volontariat aux emplois, droit de récusation puis tirage au sort, ne serait pas la meilleure source d'inspiration pour recouvrer la probité publique en danger.

Dans le fatras des idées moralisatrices court aussi celle qui consisterait à renforcer le caractère dissuasif des peines d'inéligibilité en rehaussant leur durée. Le mot d'ordre est : « Élu corrompu, dix ans d'inéligibilité incompressibles. » Pour quelques-uns, la leçon aurait été bienvenue. Mais la fixation de la peine à niveau minimum fixe serait contraire au sage principe d'individualisation de la peine. Son uniformité d'effet inégal, excessif dans certains cas, susciterait recours infinis et campagnes d'appel à l'indulgence. La position ne serait pas tenue longtemps. L'hypothèse, rebattue, d'interdiction du cumul des mandats et fonctions réclamerait aussi, naturellement, des distinctions. Des responsabilités de ministre s'exercent à plein temps. Ce devrait en être fini de ces ministres qui, en se donnant l'apparence de ne pas cumuler leurs fonctions avec un mandat local, entretiennent dans leur cabinet un ou plusieurs collaborateurs chargés des affaires locales et qui, chaque semaine, font visite à leur port d'attache. Une simple vérification des rubriques comptables d'imputation des frais de déplacement aurait raison de ces comportements. Un mandat parlementaire rempli en dilettante devrait être, normalement, sanctionné par la lucidité du corps électoral. C'est à elle, en tout cas, qu'on devrait s'en remettre. La professionnalisation complète des activités politiques qui résulterait de l'interdiction de tout cumul n'est pas souhaitable. Il est utile et légitime qu'un parlementaire garde contact avec sa profession et son milieu social. Les situations relèvent en outre d'analyses différentes selon le mode de scrutin. Déjà, malgré un mode de scrutin personnalisé et localisé, la filière partisane impose ses choix. On se fait connaître dans le parti par le militantisme qui est un foyer d'éclosion de talents vigoureux. On peut y parvenir aussi par une collaboration discrète mais bien documentée (fonctionnaires à la recherche d'une rampe de lancement de carrière politique) ou par le recrutement (employés de partis, assistants de parlementaires), puis par les réseaux dans lesquels on s'enrôle. À la fin, on se fait élire grâce à l'investiture des partis. Un mode de scrutin proportionnel ajouté à l'interdiction du cumul des mandats aboutirait à l'accaparement de la vie politique par des personnes qui pourraient n'avoir jamais connu l'exercice d'un mandat local (voir le profil des députés européens).

La communication et le lobbying sont à l'origine de nombre de dérives individuelles. Bien que ces deux activités soient distinctes, leur marché est commun. Ce marché est vaste, extensible et perpétuellement renouvelé. Les clientèles sont soumises au même type de démarchage. Communicants et lobbyistes s'entremêlent dans les couloirs et les antichambres. À la longue ils font une corporation unique. Ils sont, avec les permanents élus ou employés des partis politiques, au cœur des réseaux qui forment le système de la connivence politique. Les intérêts se recoupent, les facilités offertes sont séduisantes. Le politique reçoit des suggestions, dont il croit être indépendant. Il achète des services. Le statut et les moyens des sociétés permettent de fabriquer du produit avec célérité. Une bonne sous-traitance vaut mieux qu'un collaborateur inexpérimenté. L'acceptation implicite d'une mission d'influence, refinancée par des commanditaires, est la contrepartie invisible des prestations qu'il reçoit. La rémunération de prestations commerciales par les partis, ou les comptes de campagnes, est une façon d'authentifier la compétence du prestataire. Tout cela se noue et se solde dans quelques restaurants des VII^e^ et VIII^e^ arrondissements parisiens. Face au défi que ces manœuvres posent à la rectitude, la grande kermesse de la transparence propose de « rendre publique en temps réel la liste des personnes et organisations rencontrées ou consultées par les décideurs publics » ! Tout projet public connaît des phases informelles. Formaliser la totalité de l'activité d'une autorité publique est une idée vaine. C'est même une prétention préoccupante par sa volonté dogmatique et dominatrice. On peut, en revanche, imaginer des formes ouvertes de consultation sur des grands projets. À l'instar de ce qui est fait pour les marchés publics ou pour les déclarations d'utilité publique, elles devraient donner lieu à publicité.

## Décence et déontologie

Le fond de la décence politique est ce qu'on appelle la déontologie. Un des premiers gestes du président de la République élu en 2012 a été de décider la création d'une commission de rénovation et de déontologie de la vie publique présidée par un ancien Premier ministre, L. Jospin. Cette commission était, excusez du peu, chargée de proposer « des réformes (pouvant) trouver leur traduction dans une modification de la Constitution, mais aussi dans la loi organique ou dans la loi ordinaire ». Sept sujets, considérables[56], étaient distingués. Leur liste établissait des compartiments pour la réflexion. Elle décrivait aussi l'écheveau d'un projet réformateur d'ensemble. En tirant sur les fils du thème de la déontologie, on pouvait définir tout un système politique. Une loi de proclamation[57] (« Les membres du gouvernement, les personnes titulaires d'un mandat électif local ainsi que celles chargées d'une mission de service public exercent leurs fonctions avec dignité, probité et intégrité et veillent à prévenir ou à faire cesser immédiatement tout conflit d'intérêts ») et une institution rénovée, la Haute Autorité pour la transparence de la vie publique, sont en définitive issues de ces travaux et du cataclysme de l'affaire Cahuzac. Deux ans plus tard, un projet de texte, de champ limité à la fonction publique, s'emploie à mettre de l'ordre dans la répartition des tâches entre la Haute Autorité et la commission de déontologie (un exemple supplémentaire des encombrements de procédure dans l'univers de la prolifération juridique et institutionnelle), et rappelle (il était temps ? !) l'obligation d'intégrité des fonctionnaires. Après la guerre, et il y a encore une trentaine d'années, sans qu'il y eût besoin de loi ni de construction doctrinale spécifiques, on ne se considérait pas, dans la vie politique et dans la fonction publique, comme exempté des obligations civiques et morales de la déontologie. La décence allait de soi. Il n'y fallait pas des commissions, des recommandations et des textes préventifs. La France était regardée comme ayant la fonction publique la plus honnête du monde, un modèle pour les pays en voie de développement et pour bien d'autres. L'imprégnation des esprits par la culture historique, juridique, philosophique et littéraire classique faisait admirer comme des modèles « ces stoïciens romains qui administrent de manière désintéressée les provinces de l'Empire qui leur sont confiées et sont les seuls à prendre au sérieux les prescriptions des lois édictées contre le luxe[58] ».

Or la réputation de la France est devenue trouble et continue de se dégrader. Comme rien n'échappe plus à la notation et à l'évaluation chiffrée, il existe un classement des pays en fonction de l'indice de perception (*sic* !) de la corruption. La France se situe au-delà de la vingtième place. La vertu publique reconnue ne cesse de reculer. La déontologie, dont les enjeux sont considérables, est, elle-même, une chose assez simple. « Comme art, c'est faire ce qu'il est convenable de faire ; comme science, c'est connaître ce qu'il convient de faire en toute occasion[59]. » Dans son acception moderne, plus étroite, la déontologie est le recueil des obligations d'une profession. Son domaine est à cheval, si l'on peut ainsi dire, entre principes et réalités, entre morale et pratique de la fonction. Dans les grandes organisations privées, la conception et le contrôle de la déontologie sont souvent placés sous l'autorité d'un organisme collégial, car son domaine enjambe le métier, le juridique et la discipline. C'est un objet intellectuel, éthique et réglementaire, avec lequel on n'est pas, heureusement, en contact quotidien au long d'une carrière. Cet objet est sensible. Il peut, une fois ou l'autre, manifester des tendances éruptives imprévues. Il vaut donc mieux en avoir observé l'aspect, le contenu et les mécanismes avant qu'il n'explose près de vous car personne n'est à l'abri de ses projectiles. Or l'enseignement préventif de la déontologie est, dans la fonction publique, récent, parcellaire et inégal, et, dans le monde politique, qui n'a pas d'école, évidemment inexistant.

Bien que leur domaine d'intervention, celui des affaires publiques, soit le même, la déontologie du fonctionnaire et celle de l'acteur politique ne doivent pas être confondues. Un pan important de la déontologie du fonctionnaire concerne d'ailleurs les précautions qu'il doit prendre dans sa relation avec le politique. On ne peut pas dire que les préceptes, essentiellement jurisprudentiels, en soient toujours strictement respectés. Mais ils constituent un des socles les plus solides des règles de comportement du fonctionnaire public et protègent, plus qu'on ne l'imagine, nos libertés publiques. Le politique, de son côté, n'est pas instruit autrement que par sa relation avec des fonctionnaires dignes de leur état, des limites à l'intérieur desquelles il devrait se tenir. Son tempérament le guide. Son statut d'élu du peuple souverain est antinomique d'un consentement à une restriction de sa liberté de comportement. Cette vanité, devenue certitude, poussée à l'extrême, peut l'emporter loin des frontières de l'admissible[60]. Depuis 2003, la Constitution[61] limite le président de la République dans ses choix : pour une cinquantaine d'emplois dans l'État, « en raison de leur importance pour la garantie des droits et libertés ou la vie économique et sociale de la nation », son pouvoir de nomination « s'exerce après avis public de la commission permanente compétente de chaque assemblée ». Cette disposition assure une couverture de légitimité à des choix de personnes. Compétence minimale, volonté de féminisation et de diversification des origines étant gagées par ailleurs, les désignations aux emplois, majeurs comme, souvent, moindres, demeurent inscrites dans un polygone de faveurs. Les réseaux, les copains, les victimes à repêcher, qu'elles soient réelles, précédemment maltraitées ou écartées par le camp adverse, ou posées comme telles par une bonne campagne de coterie, déterminent le périmètre d'intervention. Les élus anciens fonctionnaires, ils sont légion, ne sont pas toujours les plus respectueux de la distinction entre le registre de la compétence et du mérite professionnels, et celui de la complaisance aux facilités ou aux expertises politiciennes. Dans l'Athènes de la période classique, des esclaves publics travaillaient pour la Cité. Ils avaient une fonction et un statut publics mais, « exclus de la communauté politique », ils ne risquaient pas, même s'ils exerçaient une forme d'expertise, « de menacer l'ordre civique[62] ». Peu de pas sont à franchir pour imaginer une forme moderne d'asservissement de l'énarchie qui nous aiderait « à affronter notre malheur politique » contemporain, constitué par « le dessaisissement quotidien de l'expression démocratique » au bénéfice du « règne de l'expertise[63] ». Et s'il n'était que de revenir aux sages préceptes de la tradition éthique républicaine ?

Le but de l'action de l'État, et les principes, moraux et civiques, des exigences de l'intérêt général, éclairées par la devise de la République, sont communs à tous les responsables publics. Dix mots forment l'armature de la déontologie publique, dignité, exemplarité, honnêteté, impartialité, intégrité, incompatibilité, objectivité, probité, responsabilité et, bien sûr, ce qui englobe le tout implicitement, mais qu'il est encore mieux de rappeler expressément, intérêt général. Ces mots peuvent servir de tests pour qu'une personne, une situation, une parole soit reconnue en infraction. Il suffit qu'un seul d'entre eux soit blessé pour que l'acte commis soit jugé non conforme. À ce prix, à part quelques individus impudents, on ne connaît guère de personnes qui, ayant touché de près aux décisions publiques, se sachent vierges de toute erreur. Les élus ont ou devraient avoir en commun avec les fonctionnaires une rigoureuse éthique de responsabilité. Max Weber croyait devoir la réserver aux politiques, cantonnant le fonctionnaire dans un rôle de stricte exécution, devant s'acquitter de sa tâche avec abnégation, « *sine ira et studio*, sans ressentiment et sans parti pris[64] ». L'histoire a démontré que, si leurs déontologies doivent rester indépendantes, il est du plus grand intérêt que leurs motifs d'agir soient fondés sur des valeurs communes. Être à l'œuvre pour l'intérêt général, c'est toujours résoudre des conflits de fins et de moyens selon des principes de morale publique. On débouche ainsi, à chaque détour de la réflexion, sur le conflit d'intérêts. Cette difficulté nourrit une grande partie de l'actualité. Sous le règne de la transparence absolue, des médias font, de lanceurs d'alerte, des objets de vénération. Mais peu sont des Antigone de notre temps. Ils sont, avant tout, des symptômes d'une crise du politique horrifié de sa responsabilité face au secret abhorré par l'esprit de l'époque.

Dans le champ, très vaste, de ce qui relève de la probité et de l'impartialité, le conflit d'intérêts trouve (en attendant mieux ?) sa traduction juridique dans l'incrimination de prise illégale d'intérêts. Cette notion est un peu plus précise que l'ancienne ingérence, mais elle recouvre une mosaïque de cas possibles, avec une vaste amplitude de gravité. Le versant juridique de la question est couvert par de multiples codes. Ils encadrent l'exercice de professions, enserrent les carrières par des statuts. L'article 15 de la Déclaration des droits de l'homme et du citoyen (« La société a le droit de demander compte à tout agent public de son administration ») est le fondement de toutes les obligations publiques. Mais les codes de déontologie sont propres à des métiers, et les fonctions politiques ne sont pas un métier. Normalement, des professeurs, des gestionnaires et des supérieurs hiérarchiques sont à même d'enseigner, à de jeunes agents publics, les règles et les usages que leur apprentissage antérieur ne leur aurait pas fournis. C'est encore bien embryonnaire. Parmi les plus de soixante-dix codes juridiques qui constituent le droit positif français, un seul, concernant une profession réglementée, porte un titre qui comporte le mot « déontologie ». Depuis 1986, la fonction publique de l'État n'apparaissait que pour un seul Code de déontologie, celui de la police nationale, depuis noyé dans un autre texte. Il existe d'autres textes législatifs ou réglementaires, des guides, des recueils d'obligations, des chartes et des instructions techniques qui ont un contenu ou une portée déontologique. Les grandes sociétés privées, banques, institutions financières font figurer sur leurs sites internet une rubrique consacrée à leur déontologie. Les procédures dites d'alerte éthique y sont minutieusement décrites. Les recommandations faites au personnel vont de la conduite à tenir si on vous remet un cadeau jusqu'à la procédure à suivre quand on désapprouve un ordre reçu. Ce sont des exemples parfois savoureux de la conjonction entre la déontologie et l'intérêt commercial. Il s'agit d'inspirer confiance au client et aux bailleurs de fonds en affichant (en rendant transparent, comme on dit maintenant) le comportement attendu du collaborateur. Dans le service public, le client, l'actionnaire et le banquier du fonctionnaire public, c'est le citoyen contribuable. L'exigence déontologique, même implicite, est absolue. L'enjeu en cause, c'est la démocratie elle-même. Il n'existe aucun texte qui prescrive la déontologie dans les activités publiques non professionnelles, c'est-à-dire politiques. Est-ce seulement envisageable ?

Jusque dans les années 1960-1970, le mot « déontologie » était presque sans usage. Les obligations les mieux respectées sont celles sur lesquelles on ne s'interroge pas. La forte progression de la fréquence d'utilisation du mot, constatée dans les années 1980, aurait dû sonner l'alarme. On use et abuse maintenant du mot, on crée des fonctions de déontologues. Leurs missions sont mal distinguées de fonctions déjà connues en gestion de ressources humaines, ce qui n'éclaircit pas la notion, et affadit, à la mode du jour, la clarté de formulation des fonctions de ceux qui exercent un pouvoir sur les emplois et carrières des personnes. C'est à un « déontologue » que Renault avait confié de notifier leur licenciement aux personnes soupçonnées d'avoir livré des informations sur des projets secrets, et qui seront plus tard réhabilitées ! La commission chargée de faire des recommandations pour prévenir les conflits d'intérêts a préconisé la création d'un réseau coordonné de déontologues implantés dans les grands services de l'État.

Cet engouement pour la déontologie, en tout cas pour l'emploi du mot, affecte le secteur privé autant que le secteur public. L'expression « État de droit » a connu une progression spectaculaire de sa fréquence d'emploi depuis les années 1980. La coïncidence de la régression de la vertu avec une progression du règne du droit est d'autant plus significative que, en même temps, le sens des mots a glissé. Parler d'État de droit donne à entendre qu'un État pourrait ne pas être constitué que de droit, hypothèse dénuée de sens en démocratie : le droit y est constitutif de l'essence même de l'État. En somme, la moralité publique a connu une dégradation mais cette dégradation, ou ce délitement, se mesure sur une échelle dont la longueur a été raccourcie et dont les barreaux se sont rapprochés. Ce qui a été admissible ne l'est plus. L'exigence morale dans la vie publique s'est raidie et son champ s'est rétréci. On exige une sanction rapide et exemplaire des fautes. Quand on déplore l'impuissance du droit, c'est dans un contexte où, par ailleurs, à toute faute on veut un coupable, une sanction, des excuses et une réparation.

C'est ainsi qu'on multiplie les voies de droit. Une saisine directe devrait permettre aux citoyens de pouvoir dénoncer à une autorité de déontologie les abus dont ils ont connaissance. Ceux qui ont émis cette idée avaient choisi le parti de contourner la voie judiciaire, elle aussi ouverte à tout citoyen. Il est vrai que son accès est complexe. Mais ne vaudrait-il pas mieux ouvrir, en le simplifiant, l'accès à une procédure judiciaire, plutôt que de conforter la réticence à son emploi ? Les dénonciations anonymes doivent-elles être prises en considération ? On sait que des affaires sensibles n'ont été relancées que grâce à des dénonciations anonymes opportunément parvenues à l'autorité judiciaire, si ce n'est autoproduites pour réactiver une procédure embourbée. Le danger d'abus, d'encouragement à la délation, existe. Ne faudrait-il pas le juguler ? Par la sanction judiciaire des dénonciations abusives ? L'équilibre est, en somme, difficile à trouver. Aucune commission préventive ne serait à même de prémunir, avec une absolue certitude, un conflit d'intérêts. Mais si on lui refuse la saisine anonyme, mieux vaudrait cantonner son intervention éventuelle à une capacité d'observation publique et laisser à l'autorité judiciaire, sans intermédiaire, toute compétence de sanction des abus.

Vouloir légiférer, c'est, aussi, admettre la capitulation des mœurs. Bentham disait que « là où les récompenses et les punitions légales cessent d'intervenir dans les actions humaines, là viennent se placer les préceptes moraux et leur influence. Les actes dont le jugement n'est point déféré aux tribunaux de l'État tombent sous la juridiction du tribunal de l'opinion. Il y a une infinité d'actes qu'il serait inutile de chercher à réprimer par des peines légales, mais qu'on peut et qu'on doit abandonner à une répression non officielle. Une grande portion des actes nuisibles à la société échappe nécessairement au châtiment de la loi pénale ; mais ils n'échappent pas au contrôle et au regard tout autrement vaste et pénétrant de la justice populaire, et celle-là se charge de les punir[65] ». Traiter de la déontologie, c'est aller au cœur de la réflexion sur le domaine de l'œuvre politique, et s'y engager par une conception cohérente : « On peut considérer la Déontologie ou morale privée comme la science du bonheur fondé sur des motifs extra-législatifs, tandis que la jurisprudence est la science par laquelle la loi est appliquée à la production du bonheur[66]. »

Un homme, une femme d'État, bientôt un simple personnage politique de moindre rang, ne peut plus rien cacher. *Volens, nolens*, il, ou elle, fait don de son image, voire de sa personne, au public. C'est par une sorte de prévenance[67] qu'il se livre. Sans doute se soumet-il aussi à un exercice de prévention. Il veut se mettre à l'abri de tout soupçon de duplicité, éviter que ses administrés aient un jour l'impression de s'être fait berner par une personnalité dont ils n'auraient pas soupçonné les imperfections. Seule une restriction consentie pourrait désormais faire obstacle à l'étalage de l'intimité. La loi permet des canonnades de retardement des révélations. Elle ne peut s'opposer au progrès de l'indécence. Une partie de la presse a prétendu retenir un haut-le-cœur lorsqu'une ancienne *première dame*, investie dans ce rôle ridicule par des confrères intéressés, a publié le journal des secrets d'alcôve de sa répudiation.

Le public, lui, a accordé un franc succès à ses droits d'auteur. Depuis toujours, les foules se passionnent pour ces histoires sordides qui font le décor des choses politiques, et parfois le soubassement des grands désordres. Mémoires, libelles et chansons populaires ont toujours nourri le quotidien des peuples qui s'ennuient ou qui désespèrent.

La médiocrité et le méprisable ne font pas toujours un succès de librairie. Mais ils appartiennent à l'histoire et, un jour, étayent la vérité. La loi, dans cet état des mœurs, peut-elle accommoder la déontologie de la presse et celle du monde politique ? Les avocats et observateurs confondent allègrement le respect de la vie privée que protège le Code civil avec les intrusions que réprime le Code pénal. La Déclaration universelle des droits de l'homme (« Nul ne sera l'objet d'immixtions arbitraires dans sa vie privée, sa famille, son domicile ou sa correspondance »), la Cour européenne des droits de l'homme ont introduit leurs propres formulations. Les politiques ont ouvert la porte de leur chambre à coucher. Ils se sont servis de leurs compagnes dans leur vie politique. Ils ont eux-mêmes élargi les droits d'accès des éditeurs à leurs familles, à leurs collaborateurs. Il faut s'attendre à ce que les juges, dans la confusion d'usage de la règle de droit, fassent une plus grande place aux mœurs et tiennent compte de l'attitude de chacun pour admettre ou rejeter les indignations particulières. « Si l'innocence avait un langage qui lui fût propre, elle ne le garderait qu'un moment : le moment d'après, le vice l'aurait usurpé[68]. »

## *Le corps politique revendique le pouvoir et s'accommode de son impuissance*

Quand on passe le Rubicon, ce n'est pas pour s'y laver les pieds. Quand on va au pouvoir, c'est pour agir. Mais, les premières portes à peine franchies, le politique cède, souvent, et consent à se vautrer dans le stérile. Après la victoire, l'impatience d'agir, mêlée du soulagement d'en avoir fini avec la bataille, suscite une gesticulation brouillonne. Jusque-là, pour grimper, il fallait ardeur, calcul, souffle et résistance. Une fois au sommet, dans l'enthousiasme de la conquête qui croit pouvoir emporter tous les obstacles, il faudrait lancer sans attendre le premier assaut réformateur. Car le second sera, déjà, mieux contenu par des forces adverses reformées, et au troisième, on ne saura plus par où passer. Il faut avoir l'instinct juste, lancer le sprint au centième de seconde. Trop tôt, on se met en ligne de mire et on risque de manquer d'air avant l'arrivée. Trop tard, trop de longueurs auront été cédées d'emblée, et l'écart ne sera pas comblé. Contenir l'impétuosité, attendre le moment idéal du démarrage, préparer des leurres, choisir le bon axe réclament plus de température cérébrale que d'agitation, et de maîtrise sur soi plus que de logorrhée. Au-delà d'une certaine durée d'inertie et de parlote, la probabilité de l'échec devient forte et la paralysie menace. L'enlisement dans les sables de l'impuissance a commencé.

La coexistence de la volonté politique et de l'impotence publique est un problème à clés multiples. Dans toute activité collective, lucrative, désintéressée (ou prétendument telle), directement productive ou purement intellectuelle, il y a une place pour une forme de passion conquérante, dominatrice et captatrice. L'intensité de cette disposition psychologique peut être forte alors qu'elle s'applique à un objet minuscule, comme elle peut être modérée pour un enjeu universel. Les folies de pouvoir domestique sont-elles plus ou moins exaltées, plus ou moins dangereuses que les démences de despotes d'État ? Cette question pourrait être réservée aux sciences de la psychologie de l'individu si les conséquences de ces travers n'étaient, en politique, de portée sociale générale. Dans la vie privée, les dégâts commis sur les personnes sont proportionnés à la violence exercée. Les bienfaits, eux, le sont aux gestes de la raison, que les motifs soient affectifs ou calculés. En politique, ce devrait être la même chose. C'est rarement le cas.

## Le corps politique construit ensemble l'abus et la régression de son pouvoir

L'essence de la politique, sans doute aussi, n'en déplaise aux tenants des causes structurelles, le moteur de l'histoire, est le désir de pouvoir. Vouloir acquérir l'ascendant sur les autres est un versant de ce désir. Ce sentiment, exacerbé, produit, dans le monde politique, un penchant pour l'histrionisme ou l'accablement, une capacité de démesure et d'inanité, une inclination pour le terrible et pour le dérisoire, une sympathie simultanée pour le faux et le vrai. Le sens commun rapproche cela d'une pathologie confusément connue : « Une des particularités les plus étranges des natures hystériques ou teintées d'hystérie est non seulement de mentir étonnamment mais encore de se leurrer elles-mêmes. Ce qu'elles prétendent est vrai à leurs yeux du fait qu'elles le disent, et leur mensonge est parfois d'autant plus redoutable qu'il est de bonne foi[69]. »

La démocratie permet, en principe, la régulation des pulsions extrêmes auxquelles mène la dissolution des frontières morales. Quand la démocratie cède du terrain, Caligula peut renaître. Quand elle se perfectionne, elle organise la répression des abus de puissance. Ce faisant, elle ouvre la voie à toute une instrumentation qui soutient l'inefficacité. Quelques drames historiques et tous les mélodrames politiques récents trouvent, peu ou prou, leur origine dans un déséquilibre momentané entre ces tensions. Le parlementarisme dévoyé des partis politiques de la IIIe et de la IVe République est, par ses bêtises, à l'origine de formes rétrogrades de monarchisme gérontocratique. Aux yeux de certains, il les a légitimées. La droite pompidolienne a entretenu, au milieu de quelques ébauches modernistes, un étouffement conservateur. La paralysie de l'imagination explique ces élans soi-disant révolutionnaires dont les bavardages inextinguibles se répandent encore dans de nombreux cercles, culturels ou écologistes en particulier. Avec plus de fantaisie et de légèreté, la droite giscardienne a, de même, cédé sans trop tarder au poids des conformismes, ce qui lui a valu son renvoi.

Le mouvement de ce balancier est une loi. Elle ne peut être transgressée. L'amplitude du mouvement peut être réduite, ou augmentée, et le rythme ralenti, ou accéléré. Là peuvent œuvrer la volonté et l'intelligence politiques. Comme bien d'autres avant elle, la génération politique actuelle, installée dans sa myopie, laisse courir le marteau. Que ses mouvements inverses prennent une élongation non maîtrisée et il faudra se jeter à terre pour éviter de le recevoir en pleine face. Car la vie politique est un paradis pour les lieux communs. Ils sont la trame du discours des notables. La pensée des dévots s'y incarne. L'élite s'y complaît. Sur cet horizon de platitude, la moindre aspérité prend des allures d'événement. C'est la performance de communication qui est recherchée au milieu du brouhaha du café du commerce. Des spécialistes cisèlent et mettent en valeur, à force d'honoraires, la formule qui fera mouche. Un des grands mystères de l'époque ouverte en politique par la révolution introuvable de 1968 est ce qui a poussé quelques-uns des meilleurs esprits de cette génération, parmi les mieux instruits et les plus cultivés d'entre eux, à vouloir, avec autant d'appétence, se couler dans un océan tiède de banalités, et ainsi dissoudre leurs propos dans une pauvreté de langage qui rejette tout écart dans l'opprobre des extrêmes. Cette étrange unanimité résulte, d'abord, d'un scrupule moral et historique.

La corporation politique dotée, en 1958, d'institutions qui assuraient, au pouvoir en place, une capacité de manœuvre depuis longtemps inconnue, inhibée qu'elle était par les précédents régimes, a semblé vouloir, depuis, se racheter de cette commodité. C'est la gauche qui a manifesté le moins de complexes. L'auteur du *Coup d'État permanent*, le critique invétéré du pouvoir personnel, n'a, au pouvoir, jamais concédé quoi que ce soit sur ses prérogatives propres. L. Jospin, Premier ministre socialiste d'une cohabitation tolérante, ne cessait de déplorer la dyarchie à la tête de l'État. La recherche de la concentration du pouvoir fut à l'origine d'un raccourcissement de la durée du mandat présidentiel, façon d'instaurer une sorte de monarchisme de législature. Les résultats ont été au-delà des effets attendus. La droite au pouvoir fut plus laxiste, fournissant gage après gage à tous ceux qui conspuaient les insuffisances du pouvoir parlementaire. Ces gestes estimables auraient pu rasséréner les mœurs. Ils les ont débilités. L'impuissance à décider de la IIIe République, la substitution chronique des décrets-lois aux procédures législatives régulières avaient justifié, aux yeux du pouvoir de Vichy, un mode de fonctionnement de l'État dont on retrouverait, s'il n'était malséant de le signaler, des empreintes et emprunts dans la Constitution de 1958. Les jeux parlementaires de la IVe République, l'habileté des partis à contourner les règles de la question de confiance pour renverser des gouvernements à peine investis, avaient, de même, convaincu le monde politique de la nécessité de doter l'exécutif de meilleures chances de conduire des politiques cohérentes et durables. Pourtant, une comparaison des bilans politiques de la Ve et de la IVe République laisse perplexe. Elle permet d'aligner, en faveur de la IVe, quelques belles réussites. Quelques-unes d'entre elles seraient-elles encore, aujourd'hui, possibles ? La reconstruction du pays, la croissance de son économie, la restauration et la modernisation de ses infrastructures et de son industrie, la force de supporter des guerres prolongées, le lancement de programmes déterminants, dont la capacité nucléaire, les premiers pas concrets de l'Union européenne : ces résultats ont été obtenus dans et par un pays que la guerre laissait exsangue, et malgré les gigantesques imperfections du régime des partis. Ils ne sont pas dus aux institutions, que tout le monde jugeait inefficaces. Chaque parti utilisait avidement leurs possibilités de nuisance. Sont-elles à mettre au seul crédit des qualités d'une classe politique qui, dans la Résistance, s'était forgé une valeur maintenant tombée en déshérence ?

Dans la Vᵉ République, singulièrement depuis les années 1970, une longue et forte houle a porté des progrès de démocratie et de libertés. Ils font une suite aux chocs salutaires qui ont, dans notre histoire, ouvert les étapes majeures de cette évolution : la fin de deux empires, la Libération, 1958, 1968, l'ouverture de 1974 puis l'alternance des partis au pouvoir. Entre deux étapes, des reptations lentes et courtes, des épisodes qui, parfois, repartaient d'un peu en arrière, ont confirmé le cap, tenace. Pan par pan, par pratique quotidienne ou par grignotage législatif, des prérogatives que l'exécutif, monarque ou gouvernement, avait reçues par la voie constitutionnelle lui ont été arrachées. Les procédés qui le montrent sont peu spectaculaires, parfois microscopiques, mais nombreux. Les institutions ne sont déjà plus celles de la Vᵉ République, alors que d'aucuns en réclament une VIᵉ ! Les Premiers ministres nouvellement nommés par le président de la République présentent à l'Assemblée nationale une déclaration de politique générale. À cette occasion, ils sollicitent un vote de confiance. Cette procédure est absente de la Constitution. Elle est parente d'un vote qui serait d'investiture. L'investiture d'un gouvernement par la représentation nationale est, en son sens strict, inconcevable dans l'équilibre des pouvoirs institué de la Vᵉ République. Le Premier ministre et les ministres doivent au président de la République, seul, leur accès et leur maintien au gouvernement. La concession de révérence faite aux parlementaires, invités à écouter puis à voter, est un pur simulacre, auquel le général de Gaulle, lui-même, avait d'ailleurs consenti. Aucune majorité qualifiée n'est en mesure de se dresser face au Premier ministre et au président de la République dans les circonstances où ce dernier a choisi de nommer un nouveau gouvernement. Mais enfin une crise, qui couronnerait une maladresse insigne, est toujours possible. On n'en a pas été, en 2014, très loin. Cette consultation solennelle sanctionnée par un vote est devenue traditionnelle. Dans les premières années de la V^e^ République, un Premier ministre s'y est refusé, franchement, sans conséquence. D'autres ont évité la difficulté et maquillé leur dérobade. L'omission de cette formalité serait désormais relevée comme un raidissement du pouvoir exécutif, voire reçue, par le législatif, comme un défi. Un Premier ministre a cru pouvoir, avant 1981, se faire donner une large approbation des députés pour asseoir l'autorité de sa politique, dite de construction d'une nouvelle société. Le président de la République lui a fait payer sans trop tarder l'audace de son autonomie conceptuelle. Ce cas a servi de leçon. Même en situation de cohabitation, le Premier ministre se garde d'abuser de la force que lui confère sa majorité parlementaire. Il demeure que les parlementaires ont reçu des bienfaits que la Constitution leur avait retirés. Le vote de confiance de début de mandat, que rien n'imposait, est devenu une institution. Le jour viendra peut-être où son inscription dans la Constitution constituera la suite naturelle d'une habitude irréversible, ouvrant la porte à de nouvelles dérives.

Sur cette lancée, les assemblées ont obtenu des prérogatives symboliques. La Loi a étendu abusivement son domaine, limité par la Constitution. Il n'est plus rare que le Conseil d'État et, maintenant, le Conseil constitutionnel, sous le régime de la question prioritaire de constitutionnalité, sanctionnent ses effractions. Dans le domaine le plus secret et le plus compartimenté des responsabilités d'un gouvernement, celui de la sécurité extérieure, des parlementaires ont pu, marchandage après marchandage, obtenir des accès de moins en moins limités aux informations dites classifiées. Les ministres ont autorisé la comparution personnelle de hauts responsables devant des commissions dont les débats n'ont pas toujours protégé les sources d'information. Dans une affaire de prise d'otages français à l'étranger, un Premier ministre a cru devoir organiser l'information quotidienne de parlementaires par les services concernés, au risque soit de provoquer la dissimulation de faits en cours de développement et de fournir une impression d'inefficacité, soit de laisser compromettre des données ou procédés au détriment de l'intérêt des otages. Lorsque le président des États-Unis a, en 2014, fait libérer quatre détenus afghans en échange d'un soldat américain, des parlementaires se sont indignés de l'absence d'autorisation préalable du Congrès. Ce genre de tentatives d'empêchement d'agir nous menace aussi, désormais. C'est par l'indignation préventive d'un parlementaire informé par ses sources administratives directes, et par une habile manœuvre de communication du ministre de la Défense, que le président de la République, chef des armées, aurait été, au printemps 2014, convaincu de renoncer à de nouveaux abattements sur le budget des armées. La phrase annonciatrice de cet arbitrage donnait cependant à penser que la partie était très provisoirement remise. Le ministère des Finances sait, inlassablement, tirer parti des moindres ambiguïtés d'expression politique pour conditionner puis bloquer tout engagement de crédit hors de l'objectif qu'il s'est fixé, en marge des lois ou dans leurs interstices. L'effritement des décisions et le grignotage des acquits font la réputation des États qui consentent à ce que leur parole soit mise en doute. C'est l'équivoque de la relation entre exécutif et législatif qui encourage et nourrit ces procédés délétères.

Les sciences du psychisme se sont, depuis longtemps, intéressées à l'organisation du travail. Récemment introduites dans les structures publiques, elles ont fait peu d'intrusions dans le monde politique. C'est peut-être, en somme, heureux. Les choix politiques sont libres et les processus qui y conduisent doivent rester exempts de jugements experts mais étrangers à leur objet. Des diagnostics pourraient passer pour des opinions qualifiées, et celles-ci constitueraient des immixtions dans le domaine sacré des libertés publiques. Il serait indigne, en démocratie, de subordonner la liberté d'opinion à une scientificité qui prétendrait se substituer au sens commun du citoyen. Mais l'éclairage psychologique objectif manque[70]. Faute de cet apport scientifique, l'analyse des procédés de la démocratie pratique est cantonnée au domaine de la science politique, à cheval sur le juridique et le sociologique, toujours entaché de préférences. En se limitant à une couche, superficielle mais assise sur des bases profondes, de pratiques contemporaines, on peut définir trois modes de fabrication du produit politique. Le premier est doctoral. Il s'agit de faire la leçon à l'adversaire : lui montrer qu'on est capable de réaliser ce que lui a été incapable de concevoir ou a échoué à mettre en œuvre. C'est un ressort au fond très puéril, mais fondamental. Il donne raison à l'adage que la droite seule peut mener à bien des politiques de gauche et la gauche imposer des politiques de droite. Il y a ainsi presque autant de trompe-l'œil que de projets politiques. Il faut désarmer son adversaire en faisant son jeu, et ne le pas reconnaître, surtout si c'est vrai. Maquiller la réalité, quitte à user du vocabulaire adverse, permet à la gauche, et à la droite, de se prévaloir, tour à tour, d'avoir été à l'origine des seules bonnes mesures, réforme des retraites, impôt sur les transactions financières, sauvegarde du budget de la défense nationale, transition énergétique, préservation de l'équilibre financier de la sécurité sociale, dégraissage de l'État (on dira plutôt : réorganiser le service public, réviser les politiques publiques), augmentation du volume de construction de logements, recul de l'insécurité : un peu tout, ainsi, appartient à tous. Ce mode de fabrication du produit politique a un inconvénient : il fait disparaître la valeur intrinsèque de l'objet, car plus personne ne sait le décrire clairement. Il ne lui reste plus qu'une valeur faciale, vite démonétisée.

Le second mode d'élaboration du produit politique est consultatif. Quoi de plus naturel en démocratie ? La consultation politique est une ingestion d'informations. La production de mesures politiques, elle, résulte de la digestion de ces informations. En principe, en démocratie représentative, le Parlement est le lieu de la consultation, puis de la décision, celle-ci étant éclairée, nourrie, enrichie de qualité par la consultation qui l'a précédée. S'il se contentait de regarder avec autant de simplicité objective les phénomènes qu'il prétend gérer, le producteur politique ferait preuve de plus d'humilité. Mais il ne se reconnaîtrait pas assez de dignité. Ce n'est donc pas ainsi que les choses se passent. Dans la consultation parlementaire, un gouvernement procède tantôt par force, tantôt par évitement ou par concessions. Il accepte plus rarement l'enrichissement de qualité de son projet, malgré son honnête intention, car l'opposition, à vrai dire, aime à corrompre le processus. La saturation de la discussion par l'abondance des amendements vicie le sens et le principe mêmes du débat. Telle une organisation gréviste obstinée, une opposition peut noyer un projet dans la bêtise procédurale. Le but du jeu est qu'il ne soit plus même nécessaire de compter sur un vote pour écarter un projet. L'objet retiré, contre toutes les affirmations de détermination la plus extrême, ou dénaturé, sans substance ou informe, deviendra un symbole d'impéritie prétexte à de nouvelles joutes. Pour éviter ce funeste sort, les projets de lois, avant d'être présentés aux parlementaires, sont nourris par les injections de tous les lobbies, professionnels et idéologiques, que les cabinets de ministres ont mélangées et diluées dans un excipient adapté. On croit que, bien ficelés, ils seront épargnés par les inconséquences destructrices du débat et par la censure juridictionnelle, le Conseil constitutionnel étant devenu le dernier recours, presque systématique, de la contestation de vraie ou mauvaise foi. Le vote majoritaire ou la négociation de couloirs permettent d'écarter des amendements. Parfois quelque concession, inspirée par la raison technique ou tactique, vient apaiser ou récompenser tel ou tel parlementaire méritant ou influent. Mais souvent la vraie consultation a lieu… après. La réalité, méprisée, reprend, un jour, le dessus. Une ministre abandonne le navire du gouvernement et confie à son successeur, en legs et lest, une loi de cent articles qui appellent deux cents mesures d'application. Il suffira d'un peu de roulis pour noyer cette embarcation surchargée. L'équipage, sentant le naufrage proche, aura, peut-être, avant le désastre et s'il peut le faire discrètement, jeté à la mer l'excédent de la charge. Dans la rue, le moment venu, les intérêts corporatistes savent manifester leur force mieux que dans le théâtre parlementaire. Selon le cas, la démonstration aura lieu avant, pendant, ou même après la représentation, selon qu'il s'agit d'obtenir vraiment, exiger avec résignation ou perturber pour le principe. Pour s'épargner le risque d'avoir à céder sous une pression qui dessert son prestige et défie son autorité, le politique multiplie encore plus, et souvent en vain, les consultations préventives. Avant toute décision, parfois encore avant la mise en œuvre de décisions prises, il consulte, par précaution, pour sa couverture. Une grande partie de l'appareil public se consacre à faire plonger et remonter un grand chalut de maille fine dans lequel le politique pense pouvoir capter toutes les données d'une politique intelligente et tous les éléments qui en assurent la maîtrise. C'est un terrible signe de la rupture du lien entre le politique et la réalité.

M. Copé a avoué, avec coquetterie, ce complexe de l'homme politique coupé de la réalité lorsqu'il a, dans les débuts de sa carrière, augmenté sa notoriété balbutiante en reniant ce que l'École nationale d'administration lui avait appris, et en louant ce que son « aventure » (*sic*) de maire, au contact le plus proche du peuple électeur, lui avait enseigné. Praticien assidu de la langue dite de bois, il s'en est, avec la même sincérité, repenti en promettant, dans un accès de démagogie sans frais, d'arrêter de l'employer, ce qui lui fut un effort inaccessible. M. Raffarin, Premier ministre, s'exprimant avec la subtile simplicité d'un pair à vie, voulait se réconcilier avec « la France d'en bas ». Que de lourdeurs consultatives découlent vainement de cette obsession : les politiques se prévalent de leur élection pour prétendre à une relation intime avec le citoyen et, en réalité, se défient de leur propre sensibilité aux choses de la vie commune. Ils se sentent en devoir de multiplier les canaux de captage des opinions publiques.

L'administration d'État avait jadis des ramifications territoriales au service de la population, considérées comme de bons senseurs. Dépecée, elle est devenue aveugle et réputée indifférente aux besoins des « gens de la base ». Les ministres sont censés mettre leur intelligence au service des questions auxquelles ils ont à répondre. Mais leur nombre, taillé par des transactions personnelles, est toujours excessif et ne permet aucune délibération collégiale sincère sur les thèmes qui importent à l'opinion publique. Leurs attributions, négociées à la proportion des ego au lieu d'être conformées à des délimitations fonctionnelles claires, entremêlent les possibilités de se mêler de ce qui ne vous regarde pas et les occasions de se dérober aux causes malsaines. La variété, discrétionnaire, de leurs origines devrait fournir une vision large de l'horizon mais elle est, à gauche comme à droite, rétrécie à quelques cénacles. Leurs cabinets, mélanges composites et trop nombreux de fonctionnaires sympathisants, avides d'ascension ou de revanche, et de jeunes militants ou vieux chevaux de retour sous contrats, dictent à une administration tétanisée des orientations successives contradictoires. La puissance budgétaire tutélaire et subreptice des bureaux de Bercy suffit à paralyser ou étrangler une orientation, voire une décision supérieure, même affermie. Quand une décision est prise, peut-être ne pourra-t-on même plus retrouver sa trace. Huit ans après que B. Tapie a obtenu du contribuable un dédommagement de quatre cents millions, on a bien identifié qui a voulu et permis cette décision depuis annulée, qui a été complice de ce qu'elle fût prise. Mais, alors qu'elle ne pouvait être déléguée, on ne sait pas encore qui, dans l'appareil de décision public, en a eu la responsabilité. Une bonne vieille méthode consultative, normalement destinée à éclairer les choix publics, a, par l'abus désordonné de son emploi, obscurci le cheminement des incitations pressantes à la décision souhaitée et brouillé les hiérarchies les mieux établies.

Devant les périls de cette dérive, les gouvernements annoncent, de temps à autre, leur inébranlable volonté de simplifier la vie sociale. La déconstruction d'un système abstrait de lois, décrets textes, directives, circulaires, normes et habitudes est un ouvrage plus complexe que l'ajout d'une brique supplémentaire. Depuis quarante ans et plus, des ministres de la réforme administrative ont contribué à superposer des couches. Aucun n'a obtenu de simplification décisive. Le statut d'autoentrepreneur, que l'on a voulu élémentaire et en cela innovateur, a été enrichi de complexités fiscales et procédurales. Des ministres ou secrétaires d'État ont été inclus, en supplément, dans le dispositif gouvernemental, avec, selon l'intitulé de leur portefeuille, une mission, explicite et spécifique, de simplification administrative. On a désigné des directeurs d'administration pour s'y consacrer. Mais a-t-on jamais vu une structure modeste, nouvelle, en outre, la plupart du temps détournée de sa mission, obtenir le sabordage d'un réseau ancien de structures prestigieuses ? Dans le réseau des commissions administratives consultatives, le scalpel pourrait en revanche exercer, sans tourment insurmontable, des ravages. Ces commissions bourgeonnent en toutes saisons politiques. Elles fleurissent à la sollicitation de tout nouveau gouvernement. Elles foisonnent inlassablement au gré de l'imagination consultative, qui est autant politique que, à son image, l'imagination administrative. Il y a quelques années un gouvernement s'était pris de la fantaisie de se faire proposer des suppressions de commissions[71], puis de limiter la durée de leur existence afin, à chaque échéance, d'examiner l'opportunité de leur maintien. Las, aux échéances, la triste obligation de proroger les mandats, bien sûr provisoirement, est apparue dans la plupart des cas. Les commissions soumises au processus de réduction de leur nombre ne sont, au surplus, ni celles qui sont composées d'agents de l'État, ni les instances d'expertise, pas plus que les organes qui, au sein des établissements publics, assistent leurs autorités : ceux-là prospèrent librement. Il en resterait donc encore bien assez à supprimer. La simplification administrative pourrait d'ailleurs s'exercer sur un terrain de jeu plus étendu : celui des procédures administratives. On ne peut pas dire que l'intention fasse défaut, ni même la volonté. Mais le corps politique français n'accepte plus le risque. Il a donc inventé l'expérimentation juridique qu'il met à toutes les sauces de son indécision. Réduire la vitesse maximale sur les routes, fusionner des procédures d'instruction d'autorisations qui touchent à l'environnement, tout est susceptible d'expérimentation, alors même que l'évidence suffirait.

Le dispositif consultatif de l'État a, au demeurant, peu de chances de se résorber autrement que par désuétude. Il a été, petit à petit, transformé en une sorte d'appendice déformant du dispositif représentatif. La plus haute des assemblées consultatives, le Conseil économique, social et environnemental, fournit un bel exemple de dérive paradoxale. Proche, par son statut constitutionnel, des assemblées parlementaires, il est pour elles, dans le processus consultatif, un concurrent possible. Il a donc été destiné à l'inanition. Traité avec condescendance et négligence, il a cependant sauvegardé la révérence due à son statut et à sa commodité. Quelques dizaines d'emplois rémunérés pour personnalités qualifiées figurent à son budget. Les nominations dans ces bénéfices laïcs sont un enjeu d'équilibre politique et de faveurs personnelles. Le pouvoir peut tendre à ses amis, ou à ses ennemis, une compensation de représentativité, ou une feuille de paie sans excès mais convenable pour une sinécure irréprochable de belle tradition monarchique. Toutes les commissions consultatives, dès lors qu'elles sont institutionnalisées, sont des champs de manœuvres pour lobbies. Alors qu'il n'y a normalement point d'autre objet que d'y exprimer une opinion libre, les intrigues de pouvoir s'y épanouissent. Elles atteignent des sommets d'intensité dans les épisodes de recomposition. Selon les usages de l'obsession consultative, la composition des commissions consultatives est elle-même sujette à consultation. Les représentants des associations, ceux des syndicats, y sont très attentifs aux équilibres de représentativité. Dans ces lieux de simple expression d'opinions dont chacune devrait être équivalente à une autre, on en vient à délibérer sur des projets de décisions, voire, par les voies de la communication publique, à exercer un pouvoir dévolu à d'autres institutions. C'est la sournoiserie introduite en démocratie par une conception extensive de la consultation. Dès lors que des structures officielles, institutionnelles, permettent de s'affirmer et de se faire reconnaître, la plupart des participants attachent plus d'importance à l'influence qu'ils tirent de ces tribunes qu'au débat ouvert sur les idées. Il faut rallier ou influer, plutôt que faire preuve d'imagination libre et fondatrice. Ces instances connaissent ainsi des moments plus conflictuels que créateurs, sort qui sera toujours évité à celles qui ont un pouvoir collégial de décision, dont la compétence prime sur les apparences. Anesthésiée ou productive, une instance politico-administrative de consultation est soumise au risque de récusation ou de retrait des participants qui n'y trouveraient plus leurs lots de victoires. À ces périls de la consultation, porteuse de contradictions intimes, le pouvoir politique a cru pouvoir, un temps, porter remède par la *concertation.*

Comme en toute dialectique, il existe, entre les deux voies d'exercice du pouvoir contemporain, le magistral et le consultatif, un interstice. Le pouvoir politique a éprouvé, dans les années 1970, de l'engouement, dont il ne s'est jamais défait, pour la concertation. Cet exercice tient de ce type d'illusionnisme qui s'incarne dans le jeu de bonneteau : il peut rapporter gros au prestidigitateur lorsque le client croit avoir affaire à un honnête partenaire. Il fut un temps où, dans tout l'appareil public, État, administrations, pouvoirs locaux, il était de bon ton de n'avoir à la bouche que la concertation, méthode miracle d'élaboration pacifique de la décision publique consensuelle. C'était le temps où J. Chaban-Delmas, Premier ministre, conseillé par J. Delors, syndicaliste responsable et modéré, s'efforçait de conformer à sa nature souriante et encore optimiste un mode de fonctionnement du processus de décision publique qui fût apaisé. À la sortie de 1968, où le monde conservateur sentit passer le vent d'un boulet vite refroidi, le secteur privé avait, de son côté, sorti de ses cartons une méthode de direction participative par objectifs. Le secteur public se devait de ne pas rester à la traîne. Si la consultation avait déjà pris, dans le monde politique, toutes les allures du simulacre, la concertation pouvait permettre de sortir d'un dilemme scandaleux entre autoritarisme et parlementarisme. La concertation est, par essence, préventive, donc préalable. C'est aussi son premier vice : dès lors qu'on en adopte le principe, il devient anormal d'y faire excepter des décisions, bien que certaines soient insusceptibles d'y être soumises. Pour aller aux extrémités, voit-on que des décisions de guerre pourraient être subordonnées à concertation publique ? Sagement, une loi de 1978 a, plus tard, excepté de la liberté d'accès public les documents préparatoires à une décision publique en cours d'élaboration, les faisant ainsi, selon un principe mal respecté puis quasiment abrogé depuis, échapper, normalement, à toute concertation publique préalable. En dehors de cette restriction incertaine, la concertation reste par nature équivoque. Pour se concerter, comme pour négocier (ce à quoi cela ressemble), il faut un objet. Et pour élaborer l'objet, encore faut-il se concerter, car d'aucuns ne manqueront pas de remarquer que, s'il a été élaboré sans concertation, c'est qu'il aura été distrait de la concertation promise. La concertation promet donc, par elle-même, des prétextes à contestation. La clé du processus fructueux serait-elle d'en revenir à une consultation initiale, le plus en amont possible, sur l'idée même de tout projet avant toute formulation écrite ? La question se pose encore aujourd'hui. Elle pourrait être, à vrai dire, résolue par un concept plus authentique, inventé, dans l'opposition, par la gauche (qui, au pouvoir, peine à le mettre en œuvre) : celui de coproduction de la décision publique. Cette idée constituerait, à elle seule, un changement de régime politique. Elle est, comme la concertation, inappropriée pour certains champs de décisions, et il est impossible de prévoir toutes les exceptions nécessaires. Son processus même fait plus que supprimer à l'exécutif son quasi-monopole de la direction des affaires publiques ; il scie le socle de ce pouvoir. Dans leur inconscience, les promoteurs de cette façon de faire échouent, nécessairement. Ils parviennent toutefois à déséquilibrer, peut-être irréparablement, le fonctionnement des institutions, fût-ce au détriment de leurs propres idées, à l'avantage de toutes les forces de contestation d'un pouvoir à la manœuvre. La coproduction n'a, au demeurant, pas de meilleures chances de produire de bonnes décisions, adaptées aux questions à résoudre, si elle se déroule sans une honnête consultation préalable des besoins réels.

Au printemps de 2014, le président de la République a fait publier son projet de réorganisation des régions. Ce projet a été élaboré en quelques heures d'une réunion, qui fut, croit-on savoir, à la fois consultative et délibérative. Les retournements successifs furent connus de toute la presse par laquelle, en temps presque réel mais indirectement, le monde politique, haletant, a pu les découvrir. La méthode employée s'illustre par la confusion, l'incertitude et l'équivoque. Le projet de loi sur le regroupement des régions a été fabriqué sur un coin de table, dans un exercice de concertation et de coproduction limité à quelques partenaires influents, après des consultations informelles peu discrètes. Le projet publié, présenté pendant quelques jours comme la future réalité, semblait ne pouvoir donner lieu à aucune modification, comme un acte d'autorité marqué à la jugulaire. Naturellement il n'en sera rien. Ce schéma pourrait d'ailleurs n'avoir été conçu dans une telle incohérence que pour mériter des rectifications opportunes, sur lesquelles il serait de bon ton de consentir des concessions. Son élaboration a mélangé toutes les méthodes, n'en assumant aucune et démontrant en quoi une procédure contient le fond. Ainsi, pour éviter des antagonismes qui eussent pu être inexistants, en est-on arrivé à préconiser de grandes régions tout en préservant des petites. La Corse n'a, certes, pas de grande communauté d'intérêt avec le Vaucluse ou les Alpes de Haute-Provence, mais elle aurait pu, dans une très grande région tout entière tournée vers la Méditerranée, retrouver les atouts d'une solidarité continentale. La Bretagne a, certes, une personnalité ardente qui la garde de toute confusion normande ou vendéenne, mais elle aurait pu, dans un ensemble atlantique, ancrer son développement sur un territoire plus étendu. L'Alsace n'aurait rien à renier de ses particularités linguistiques et juridiques en s'adossant à un intérieur plus profond afin qu'un grand Est puisse se confronter et tirer le meilleur parti des atouts d'un voisin extérieur puissant. L'abandon implicite d'objectifs économiques qui justifiaient le projet récuse la méthode ambiguë de son élaboration. Il jette le soupçon sur le contenu futur des attributions de l'institution régionale. Il ne pourra plus être évalué qu'au regard du rôle dévolu aux autres collectivités territoriales. Trop ou pas assez de consultation, trop ou pas assez de concertation, trop tôt ou trop tard : la bonne mesure est introuvable. Il faut savoir choisir un moment et une voie, et s'y tenir. Réforme de l'organisation du transport ferroviaire, réforme du régime de protection sociale des intermittents du spectacle fournissent des exemples de méthode aussi confus et improductifs. Il s'agissait, dans le premier cas, de restaurer l'autorité de l'État sur la politique ferroviaire, et voilà l'État consentant à un établissement autonome le droit de réemployer les dividendes à son gré ; de satisfaire des syndicats partisans, avec raison, d'une unité de gestion, et voilà l'État défié dans un projet de restructuration qui va dans ce sens ; de rénover un cadre social, et voilà l'État sommé de conserver un statut dérogatoire. D'une loi habile, on a fait, par une fausse consultation dévoyée en concertation tronquée, un instrument provocateur. Quant au régime des intermittents, plus de dix ans d'atermoiements et d'apaisements démagogiques ont dissimulé la réalité objective : l'intermittence des activités n'est pas propre aux activités culturelles et l'égalité juridique entre les professions culturelles bénéficie aux abus de quelques-uns.

Parvenu aux limites ultimes des capacités de la consultation, de la concertation et de la coproduction, en outre inapte à la prestidigitation prolongée, le politique a cru pouvoir trouver, dans l'expérimentation, une solution douce à son impuissance. Ce procédé est pacificateur : « Ça n'engage à rien de regarder comment ça se passe avant de généraliser... » Il retarde la mise en œuvre de mesures qu'on n'a pas eu l'audace d'imposer. C'est, en quelque manière, renoncer au choc de simplification que l'on ambitionnait de provoquer. Ce retard est certes regrettable, mais expérimenter, c'est toujours faire un peu. Un peu, c'est mieux que rien. Au nom de ce terrible principe de précaution, dont on a fait une obligation juridique quand ce devrait être un facteur moral naturel de la décision, laisser mijoter un peu plus est devenu un recours contre toute adversité. L'expérimentation produit un autre effet, inapparent mais au fond plus sérieux. Si la mesure expérimentée s'avère bonne, on aura, certes, perdu du temps avant de la généraliser. Si, au contraire, elle est mauvaise, le résultat est pire : on aura, au détriment d'un autre principe sacré, celui de l'égalité, fait des victimes au sein d'un échantillon de population qui n'avait rien demandé. Que répondre à un plaideur victime d'une mesure en cours d'expérimentation si, les mauvais effets de celle-ci une fois constatés, elle est retirée après expérimentation ? Si la mesure est, au contraire, confirmée et généralisée après expérimentation, que répondre à tel autre qui aurait subi un préjudice pour n'avoir point bénéficié à temps d'une mesure dont les bienfaits étaient déjà connus ? Et que dire des expérimentations inutiles ? Elles sont les plus nombreuses, sans doute, et créent des coûts pour rien. Quand le bon sens impose une mesure, par exemple, la fusion des autorisations administratives prévues par le Code de l'environnement, dont le juge administratif lui-même ne comprend pas la séparation, il est superflu d'en faire l'essai. Lorsque, dans sa généralité, une mesure outrepasse la nécessité, car il aurait suffi d'une mesure réglementaire locale et circonstancielle (par exemple, une limitation de vitesse sur certains tronçons d'itinéraires), le pouvoir se déconsidère. Le politique donne une trop faible portée aux conséquences que ces renoncements à son autorité ont sur sa réputation.

## Le corps politique, pour sa propre survie, abdique sa responsabilité

La volonté de pouvoir est la raison d'être du corps politique. Cette force est vitale. Elle peut être négative, et s'exercer comme un empêchement du pouvoir d'un autre. Elle se prive d'ailleurs rarement de cette faculté. Mais, soit qu'on oblige, soit qu'on interdise, l'exaltation du pouvoir est la même, et dans sa version protestataire, le pouvoir entonne des airs de victoire aussi convaincus que dans sa version conquérante. Atteindre un objectif, qu'il soit, d'un côté ou de l'autre de l'axe, positif ou négatif, a des vertus euphoriques presque identiques. Cette symétrie est imparfaite : le succès n'a pas tout à fait le même goût selon que le plaisir des privilèges se mêle à l'appétit du pouvoir ou à la crainte de le perdre. Le sentiment du pouvoir est toujours enrobé du sens des privilèges. Des convictions peuvent céder à la tentation des privilèges, ou s'en accommoder. De très fortes convictions peuvent repousser les privilèges, c'est une forme d'honnêteté héroïque. Elles peuvent aussi les endosser. Des partis fournissent aux amateurs de privilèges, au sein de leurs appareils et par des investitures honorables, des satisfactions de vanité et des facilités logistiques agréables. Lorsqu'ils sont très structurés, installés dans une opposition politique permanente et systématique, on se dit que, au-delà de toutes les apparences polémiques, ils ne veulent pas vraiment accéder aux responsabilités. Ce qu'ils offrent, en matière de privilèges, suffit à ceux pour qui ils auraient été, autrement, inespérés. Longtemps, le parti communiste entretint ainsi une nomenklatura bien pourvue, qui avait accès, en contrepartie d'une discipline infaillible, à des honneurs et conforts de ministres. Les partis étroitement liés au pouvoir savent, de même, faire pourvoir, en prébendes ou facilités de (presque) tous genres, des personnages qui s'estiment traités à un rang inférieur à leur valeur.

Dans quelque pouvoir qu'il campe, le politique est celui qui, prétendant avoir absolument raison, peut aussi se satisfaire de son impuissance à mettre en œuvre ses idées. Avec quelque complicité médiatique, il peut même s'en faire une marque de courage. Un Premier ministre pour qui la France ne pouvait être tenue d'accueillir toute la misère du monde appartenait à un parti qui appelait au devoir impérieux de le faire. Un autre, contraint d'avouer que l'État ne pouvait pas tout en matière de sauvetage d'emplois industriels, tenait son mandat d'une élection gagnée en faisant accroire le contraire. Un président de la République et un ministre acharnés à défendre une solution industrielle qui soit européenne plutôt qu'une autre qualifiée d'américaine en appellent à la contribution d'un actionnariat japonais avant de se ranger, en définitive, aux arguments français d'une belle campagne de communication américaine. Le conflit entre des convictions affichées et des concessions à la réalité heurte la fierté, d'ailleurs souvent véridique, d'œuvrer, en politique, pour des buts désintéressés, selon une foi doctrinale étayée, défendue par un parti constitué par une fraction de peuple engagée dans une sensibilité[72] commune, censée assurer la cohésion d'une troupe militante. Ce qui serait inacceptable pour des personnes attachées à la gratuité des convictions est, pour des politiciens de profession, exploitable ou inavouable. On veut le pouvoir pour en faire quelque chose. En utiliser les moyens est un mal nécessaire, inévitable. Jamais on n'a vu un détenteur de pouvoir être retenu, dans sa capacité de domination sur les autres, par la répulsion qu'une éthique exigeante imposerait. L'ascendant sur les personnes, qu'il soit offert ou conquis, dévore les âmes les mieux construites. Un peu de décence suffirait à faire pardonner la suffisance. Mais toujours, le détenteur du pouvoir subit les séductions d'un statut social prééminent. Même *normal*, il s'accommode et jouit des privilèges, petits et grands, de la fonction dite d'autorité.

Bien que la formule soit récente, la politique est, depuis la nuit des temps, un art du possible. Il ne suffit pas de vouloir. Il faut encore pouvoir. On peut vouloir avec authenticité et sincérité, concevoir soi-même l'objet et le but de sa volonté, savoir intimement ce que l'on veut. On peut aussi croire vouloir : à défaut d'une pensée autonome, en exprimer une captive, prisonnière des idéologies, des préjugés, des conditionnements, l'avoir trouvée sur une étagère, la réciter conforme aux slogans d'un parti politique, ne pas même être conscient de son orthodoxie, de sa dépendance, de son asservissement. On peut aussi ne pas vouloir, ou ne pas pouvoir vouloir, n'en avoir pas la force physique et morale. Pouvoir, c'est une tout autre affaire : pour pouvoir, on doit vouloir pouvoir. Est homme d'État celui qui veut vouloir et qui, quand il veut, sait aussi pouvoir, le moment venu, face à toutes les adversités. L'homme politique, lui, se satisfait de vouloir le pouvoir. Il le veut assez pour savoir y parvenir. Et après ?

Dans les années 1990, une ministre, acculée, émit, en forme d'excuse jugée médiocre et dérisoire, une sentence (« responsable mais pas coupable ») demeurée célèbre. Il est rare qu'un apophtegme balise l'histoire politique lorsqu'il émane d'une personne vite oubliée. Sans doute avait-elle omis de cultiver d'assez puissantes sympathies, car cette formule lui valut un lynchage médiatique expéditif. Quelle injustice ! Sa proclamation manquait de panache mais, au moins, revendiquait-elle sa responsabilité. Combien de ministres sans reproche ont, depuis, fait payer à des collaborateurs le prix de leur propre inconsistance ! Sa parole ne manquait pas, non plus, de vérité, morale et juridique : chef d'une administration, chargée de la conduite d'une politique, elle se considérait, à juste titre, responsable des fautes commises. La culpabilité, elle, requiert, pour être reconnue, une intention, et que cette intention soit qualifiable de criminelle par la morale commune et par le droit. La ministre oubliée avait raison. D'ailleurs, la leçon a porté, même si personne n'ose s'en réclamer.

L'art du défilement caractérise textes et pratiques politiques. À propos du mot, simple et grandiose, de Joffre (« Je ne sais pas si c'est moi qui ai gagné la bataille de la Marne. Mais il y a une chose que je sais bien : si elle avait été perdue, elle l'aurait été par moi »), Marc Bloch[73] rappelait, dans une méditation tragique, qu'« un chef est responsable de tout ce qui se fait sous ses ordres. Peu importe qu'il n'ait pas eu lui-même l'initiative de chaque décision, qu'il n'ait pas connu chaque action. Parce qu'il est le chef et a accepté de l'être, il lui appartient de prendre à son compte, dans le mal comme dans le bien, les résultats ». Accepter la responsabilité, qui est un élément de l'autorité, est devenu la marque d'une personnalité exceptionnellement forte. On se réclame donc de l'une simplement pour affermir son image dans l'autre. M. Valls a, un temps, fondé sa popularité sur sa réussite dans cet exercice. On peut encore se dérober dès que le terrain devient glissant. Une mise en scène avantageuse, la scansion inlassable d'un « moi, je » qui commence toute réponse à la question d'un journaliste signalent de médiocres personnages mais font illusion. Se tenir droit dans ses bottes, oui, mais pas pour mourir debout. Il ne s'agit plus seulement d'échapper à la culpabilité que notre société, à l'imitation de l'américaine, s'est prise de la manie de rechercher à tout bout de champ. Le vrai défi, en politique, est désormais d'exercer des responsabilités sans en payer le prix. Le fondement de toute autorité respectable est d'accepter, quoi qu'il en soit, la responsabilité des actes. On connaît des chirurgiens, des médecins, des banquiers, des hauts fonctionnaires qui s'assurent, de différentes manières, contre les conséquences possibles de leurs responsabilités. Que n'évitent-ils d'exercer un métier qui leur fait si peur ! En politique, circonstance aggravante, les collaborateurs, par leurs actes, engagent vos intérêts et votre réputation. Mais un responsable de parti, un candidat aux fonctions suprêmes osent faire payer par le contribuable les conséquences du mauvais choix de leurs collaborateurs. Telle est la contrepartie du voile de droit qui recouvre les sociétés. La « juridicisation », la « juridictionnalisation », et plus encore la « judiciarisation » des mœurs, sont les mots barbares qui dissimulent des lâchetés qu'on n'aurait pas eues du temps des duels d'honneur. Ils dressent un paravent de procédures et de délais à l'abri desquels prospèrent des intérêts personnels et financiers. De ce mouvement irrésistible, qui pousse les personnes politiques à ne vouloir agir que dans la sécurité absolue, est née l'inflation des lois, codes et textes. Sous couvert de moralité publique, elles protègent le personnel politique de la responsabilité qu'il revendique par ailleurs. Le corps politique peut ainsi aller « le cœur empli de paix, avec cette chaleur douce par tout le corps que donne la légitimité : tel est le bonheur juridique[74] ».

Après la naissance triomphante de la Ve République, on a cru, d'une foi naïve, en avoir fini avec la succession vaine et ridicule des alliances de partis politiques. Les défuntes IIIe et IVe Républiques avaient fini, croyait-on, d'explorer la gamme des combinaisons. Cette illusion a duré dix ans. Depuis ont défilé au pouvoir : la droite, en ordre serré (« si nous ne faisons pas de bêtises, nous sommes au pouvoir pour quarante ans », disait-elle encore dans les années 1970) ; le centre droit en ouverture ; la gauche refermée sur son monopole du pouvoir tout en cohabitant avec elle-même, puis cohabitant avec la droite ; la droite suicidaire cohabitant avec la gauche, elle-même plurielle, puis en cohabitation avec elle-même ;

enfin la gauche en monopole absolu mais en confrontation avec tout le monde, y compris elle-même. Reste-t-il des hypothèses possibles et qui soient acceptables ? Dans les enseignements de science politique, on ironise encore sur l'instabilité des régimes politiques de la IIIe et de la IVe République. Le précédent fut en tout cas celui du redressement d'après guerre et, malgré les épreuves des guerres d'Indochine et d'Algérie, d'une croissance maintenant inaccessible. À ce jour – qu'on voue aux gémonies ceux qui avouent leur désarroi ou qu'on se complaise avec aigreur dans un discours défaitiste, peu importe –, chacun perçoit un glissement continu vers un déclin pénible à admettre par ce qui reste de notre fierté nationale, mais que pas grand-chose n'a ralenti et rien n'a empêché. Le corps politique a échoué. Était-ce inéluctable ?

L'illusion historique la plus communément répandue dans le corps politique français est celle de la *puissance publique*. En France, l'héritage de Louis XIV, Colbert et Napoléon l'a faite éminente. Tout personnage politique pense que gouverner consiste à injecter ses préjugés et convictions dans les structures de la puissance publique. C'est le prolongement logique de la façon de procéder de qui veut s'octroyer un brillant destin. Il cherchera à constituer un appareil, ou à en prendre un en possession. Sur cet appui, il s'efforcera d'établir un corpus idéologique propre à faire adhérer le plus grand nombre possible de personnes. Son succès électoral acquis, parvenu au pouvoir, détenteur d'un instrument d'action publique, il peut enfin passer aux actes sérieux. Mais, là, il se heurte à ce qu'il ne soupçonnait pas. Les institutions ont leur vie propre, leurs mécanismes vitaux et leurs processus de production, qui défient les injonctions de la passion militante. Alors, le personnage politique se braque, s'indigne, gesticule, voue aux gémonies ces technocrates (*i.e.* selon la formule connue, des « techniciens que l'on n'aime pas », des rangs desquels il est souvent issu), fabrique des procédés, contourne des évidences, bricole des habiletés[75]. Né à la politique dans l'idéal et l'ambition, il s'y développe et parfois s'y accomplit dans le pragmatique, l'ambigu, l'incomplet, l'insuffisant, et une communication qui se substitue à ses convictions. L'impuissance publique a frappé. Personne, parmi ceux qui ont cru pouvoir faire épanouir leurs idées dans des réalisations publiques, n'a échappé à ces obstructions qui défient l'impatience. Et plutôt que reconsidérer les formes de sa volonté politique et les voies d'exercice de l'autorité publique, il préfère désigner un ou des coupables, pour les vouer à la vindicte ou au mépris public. Le technocrate est un coupable universel, et la société civile, détentrice des authentiques valeurs, est appelée à la rescousse.

Cette échappatoire, au lieu de la modérer, a accentué une des caractéristiques les plus extravagantes des pratiques de pouvoir : engendrer ou allonger des lois. Des lois sans foi : leur objet principal est de constituer une réforme, il importe donc de, au sens strict, dérégler des traditions. Des lois probatoires : publier pour publier. Tel le chercheur qui doit sa réputation à la multiplication d'écrits publiés, le politique se constitue une réputation de géniteur de textes. Des lois sans préparation intellectuelle suffisante, sans application effective, qui ne sanctionnent pas, mais qui expriment, ou témoignent. Comme ces auteurs qui finissent par ne plus savoir raconter une histoire ou soutenir une thèse, le législateur parle de lui-même dans une inlassable psychanalyse avec le public pour témoin. Il exprime ses fantasmes et abominations, ce pourquoi les lois sur la sécurité et la justice, fragmentées, accumulées, les lois sur la famille, découpées, camouflées, incarnent au mieux, sous les quinquennats successifs, des déséquilibres intellectuels dont la jonction ne fait pas un ouvrage respectable.

On louait autrefois, dans l'État, ce qu'il avait de continu. La parole juridique devait être tenue, d'une période politique à l'autre. L'administration, neutre de principe et de devoir, avait, quoi qu'il dût lui en coûter, à tenir cette continuité. Ce principe a été bien entamé. L'administration, par ailleurs affaiblie, bousculée dans sa neutralité, a été dépassée par l'instabilité juridique. Mais, de cette garantie du droit permanent, il survit quelque chose, comme une nécessité vitale. Au nom de son respect, on camoufle tant soit peu les reculades et on confie à d'autres le soin des décisions nouvelles. C'est avec ce regard que l'on doit, aussi, observer les processus de dessaisissement de la responsabilité des politiques, même ceux qui ont, bien entendu, reçu d'autres justifications. L'organisateur, le régulateur, celui qui édicte la règle juridique, qu'elle soit générale ou particulière, est de moins en moins l'État. Une grande part de la production juridique quotidienne, législative et gouvernementale, a pour objet de confier à d'autres le soin des décisions de la puissance publique. Non content d'une décentralisation qui, sur un socle juridique surabondant, a confié aux collectivités territoriales des responsabilités considérables, l'État s'est aussi délesté de compétences multiples confiées à des opérateurs, agences, établissements, associations, comités, concessionnaires, partenaires. Il s'est, en outre, en confiant à l'Union européenne, toutes représentations confondues, Parlement, commission, Banque centrale, des attributions de plus en plus diverses et consistantes, dépecé lui-même. Le terrible paradoxe de cette évolution est que, ainsi allégé de pesantes responsabilités, le politique d'État ait trouvé le moyen d'endetter à ce point le contribuable. Le consternant résultat de cette tendance apparemment irrépressible est aussi que la confusion des responsabilités, une fois installée, ne peut plus régresser que par des méthodes auxquelles tout le monde répugne. Les bénéficiaires de ces transferts de pouvoir, même lorsque leur compétence dans le domaine est irrécusable, perçoivent eux-mêmes leur incapacité à prendre la place de l'État dans ses responsabilités. Un comité chargé de réformer les programmes scolaires a jeté l'éponge après avoir buté sur un obstacle de cet ordre.

Le pouvoir est contesté par une opposition. Une opposition ne peut, sans se renier, consentir aux actes du pouvoir. En revanche, elle peut influer sur les excroissances[76] d'un pouvoir affaibli et en prendre le contrôle. Elle apporte donc sa contribution ou sa coopération à ce mouvement continu de démembrement de l'autorité politique. Une fois détentrice des rênes du pouvoir, elle se trouve, dans ce flot, engagée par ce qui embarrasse son action et affaiblit son propre pouvoir. C'est ainsi que s'est construit un État languide, limité, entravé ou accaparé, pauvre, délégué, irresponsable et confus. Le politique, lui, exsude son irresponsabilité dans le commentaire. Ministre, il accepte des questions qui ne sont pas de son ressort, répond sur des mesures étrangères à sa responsabilité par quelques phrases fades et convenues. Tout son art de la parole se concentre dans l'habileté à respecter les limites du jeu collectif. Il ne lui déplaît pas, à l'occasion, de les infléchir un peu, et de laisser filtrer quelques indices d'un ego menaçant. En somme, il ressemble à un analyste, sinon à un simple journaliste d'actualités, mais donne à entendre qu'il a ses propres intérêts. Il commente la vie politique, et suggère plus que la part qu'il y prend. Député, responsable d'un parti non représenté au gouvernement, il répond à tout et, tout entier dans les joies de l'irresponsabilité, il commente inlassablement les faits et gestes. Il commente les commentaires des autres et commente ses propres commentaires. Rien d'étonnant à ce que les mondes de la presse et de la politique se soient conjoints, avec d'autres, dans un monde de la notoriété (« microcosme », « people ») : le politique, ne sachant plus être un chef, est devenu un commentateur politique.

## *Les politiques dans l'État, État sans politique*

Dans un roman magnifique transcrit en un film mémorable[77], des soldats britanniques prisonniers sont, pendant la Seconde Guerre mondiale, contraints par les Japonais de construire un pont en pleine jungle birmane. Leur colonel refuse que les officiers soient astreints au travail. Il est mis à la torture, s'obstine et obtient gain de cause. La hiérarchie rétablie, il dirige le chantier que le chef de camp japonais était incapable de mener à bien. L'ouvrage est achevé dans les délais prescrits. Quand un commando allié survient pour le faire sauter, le colonel tente d'empêcher le sabotage. Avec un courage exceptionnel, soutenu par la force de ses préjugés, ce chef exemplaire a empêché que ses hommes soient placés sous des conditions contraires aux conventions de la guerre. Il les a rétablis dans leur dignité et a sauvegardé leur honneur. Contre l'autoritarisme inepte d'un officier ennemi, il les a maintenus sous la responsabilité de leurs officiers. Refusant de consentir à un travail inefficace, il leur a fait réaliser, à temps, un ouvrage dont il est fier. Il a démontré la supériorité des méthodes de sa culture. Il a suppléé un officier japonais incapable. De son propre gré, il a rempli la mission de son ennemi. Il a engagé la troupe dont il avait la charge dans un acte au bénéfice de l'adversaire. Soldat héroïque, il a commis une trahison.

L'absurdité honorable est une des plus graves possibilités de la conduite politique. La politique a pour fonction de produire des décisions publiques, d'utilité sociale. Une décision qui engendre des résultats inférieurs à ceux qui sont attendus est erronée. Il en est de même lorsque son coût est disproportionné. Quand la méthode ou les moyens mis en œuvre ne correspondent pas au but recherché, qui ne sera donc pas atteint, la décision est absurde. Les causes des mauvaises décisions sont structurelles et intellectuelles. Le motif le plus fréquent des décisions erronées est une intention perverse. Il ne s'agit pas de la perversité morale qui veut le mal pour le plaisir de faire le mal. Cette forme de dépravation est normalement étrangère aux démocraties, et reste le propre de la folie tyrannique. Une perversité moins franche consiste à choisir sciemment des solutions inappropriées. Les décisions de cet ordre sont par exemple celles qui fournissent un apaisement provisoire à un problème gênant. Elles ne le résolvent pas ; elles le masquent pour un temps. Elles sont coûteuses mais on espère d'elles qu'elles puissent éviter, dans l'immédiat, un conflit ouvert, au bénéfice, peut-être, d'une bonne solution ultérieure. Les tergiversations gouvernementales de dix années dans le conflit dit des intermittents du spectacle illustrent ce cas, à la caricature. Les décisions médiocres peuvent aussi résulter de l'imbécillité collective. Une majorité imbécile (l'unanimité dans l'imbécillité est improbable) se constitue ou par discipline idéologique ou par aveuglement inconscient, ce qui revient au même. Les réalités sociales ne sont pas vues, ou elles sont perçues avec déformation : c'est une erreur de diagnostic. Les moyens employés sont inopérants : c'est une erreur de choix thérapeutique. C'est, en France, le terrain de jeu favori des politiques du logement. Les décisions absurdes, elles, sont celles qui mènent ailleurs qu'à l'objectif. Le but est ignoré, occulté, ou inconsciemment trahi. Le chemin s'en éloigne ou emmène en sens inverse. Un objectif secondaire a pu, insidieusement, se substituer à l'objectif principal. Le colonel britannique montre que, de cette absurdité, les causes peuvent se nommer courage, obstination, préjugés, conditionnements, volonté de pouvoir. En politique, une des causes principales de l'erreur absurde est l'usage immodéré, ou déréglé, qu'on fait de l'État.

## État accaparé, État aveuglé

Tout nouveau pouvoir se donne pour tâche immédiate de s'emparer des rouages de l'État. Il se défie, *a priori*, de la loyauté de ceux qui les font tourner. Le système des dépouilles consiste, aux États-Unis, à changer tous les titulaires des hautes fonctions administratives après un renouvellement électoral. Jusque dans les années 1970-1980, ce système était, chez nous, regardé comme abominable. Il eût été inconcevable qu'un pouvoir neuf changeât massivement les titulaires des hautes fonctions administratives. C'eût été se tromper de régime politique. En France, on le sait, l'équivoque règne encore sur un régime trop confusément parlementaire pour être franchement présidentiel. Pendant longtemps, avant la Ve République, il n'y a pas eu d'alternance. Quelques partis se partageaient le pouvoir. Les gouvernements se formaient par des combinaisons nouvelles ou des pondérations réajustées, avec les mêmes personnes, comme une équipe de onze ou quinze joueurs est formée à partir d'une sélection préalable de vingt ou trente. Entre des combinaisons successives, on n'avait pas le temps de changer un groupe dirigeant, ni intérêt à le faire. Il n'était pas nécessaire d'introduire dans nos mœurs des imperfections venant de démocraties dont nous n'avions pas à recevoir de leçons. Les ministres s'entouraient de cabinets, formés de collaborateurs choisis personnellement par eux. Leur mission, ouvertement politique, était limitée à la durée du mandat du ministre. L'administration, elle, restait théoriquement pure, et la fonction publique immaculée. Sa probité servait de preuve à l'innocence du corps politique. Dans la carrière d'un fonctionnaire, la compétence et la qualité primaient sur l'allégeance politique. Les opinions politiques des fonctionnaires étaient dissimulées. La loyauté leur en interdisait la manifestation publique. L'absence de cette retenue aurait jeté le doute sur leur impartialité. Il suffisait à l'autorité politique de contrôler l'attribution de quelques fonctions administratives stratégiques. Les ministres, alors, dirigeaient leurs appareils. Les directeurs avaient accès au bureau ministériel.

L'avilissement a pris trente ans. L'État a été comme accaparé par la vulgarité politique. N. Sarkozy aimait, dans ses discours, invoquer de grands noms. Sa plume avait, pour son compte, lu leurs écrits. Gambetta, Jaurès, Clemenceau, de Gaulle furent appelés à la rescousse. Ils portèrent haut une conception de l'État inscrite dans les gènes de la République. Leur escorte pouvait-elle décemment accompagner celui qui a dévoyé l'État comme peu avaient osé avant lui ? La révérence pour ces grandes figures était peut-être sincère. Elle ne pouvait compenser l'avalanche des preuves de mépris pour l'appareil public. Une ardente obligation de rupture avec les inerties s'opposait à des traditions désuètes. Elle légitimait la violence réformatrice. L'impératif d'économies budgétaires justifiait la guerre aux conservatismes. Mais le dédain des subordonnés, le débraillé du langage dans l'exercice des fonctions, les offenses aux corps constitués, tous ces comportements ont indisposé contre la personne du président de la République beaucoup de ceux dont il avait besoin. Après son échec électoral, dans l'adversité, le personnage exige encore le dévouement de ceux qui l'ont servi. Accoutumé à une dévotion sans partage, le jugement obscurci par l'estime qu'il se porte à lui-même, il est inaccessible à la logique des devoirs d'une charge publique lorsqu'elle pourrait être opposée à son intérêt. Affectant de refuser tout privilège, il sollicite des informations privilégiées. Il entend recevoir les marques d'une déférence qui serait due à son ancien rang. Accusé de trafic d'influence, il se défend d'avoir effectué une démarche qui aurait pu être ainsi qualifiée, mais pas d'avoir permis qu'il fût sollicité en ce sens. Il jette l'opprobre sur celui qui a demandé son appui mais pas sur l'état des mœurs qui permet que cette faveur lui soit demandée.

Quelques semaines avant l'élection présidentielle de 2012, un opuscule[78] avait illustré, en temps opportun, les abus commis sur l'État. Est-ce indulgence, est-ce retenue professorale, l'auteur dit de l'État qu'il a été blessé. On peut juger plus dru. Déprisé, souvent dégradé, dévoyé dans beaucoup de cas, parfois violé, accaparé en permanence : soumis à ce traitement, l'État a commis des décisions absurdes. Mais l'accaparement de l'État, qui conduit à son avilissement, a des fondations profondes. N. Sarkozy s'est offert le bon plaisir de délices dont la cuisine est ancienne. Il ne les a pas inventés. Sa culpabilité est historiquement bien partagée. Il reste que l'État doit ne pas être traité « comme un arbre dont sont rongées les racines[79] ».

Depuis l'Empire et ses usages népotiques, le service public avait fini, dans l'ère républicaine, par se constituer une dignité convenable. Sous la IV$^{e}$ République, on disait de l'administration qu'elle assurait, face à l'instabilité ministérielle, la continuité de l'État. L'État se gardait d'intrusions trop ouvertes. Les partis introduits dans des gouvernements éphémères n'avaient pas le temps de l'investir. Ils constituaient des réseaux instables. Les talents se détectaient assez ouvertement, se réunissaient plus spontanément que maintenant. Les membres des écuries vendaient leurs qualités intellectuelles plus qu'ils n'achetaient leurs intérêts de carrière.

Sous de Gaulle, puis, surtout, sous Pompidou, une génération de fonctionnaires de cabinets a découvert les amusements de la politique électorale. Devenus caciques, ils ont disséminé dans l'appareil d'État des graines de fidélité conservatrice. C'était aussi le temps où l'esprit de compagnonnage et de combat faisait accorder à quelques crapules du SAC[80] des privilèges redoutables d'information et de présence dans les rouages de l'État. La période giscardienne fut de détente. La carrière de quelques futurs hauts personnages a été à peine troublée ou accélérée par les hostilités entre chapelles de dévots. Le soi-disant gaullisme incarné par un J. Chirac entré en dissidence du giscardisme a connu quelques revers puis s'en est *illico* vengé. L'étape la plus notable de la chute dans l'accaparement du service public date de 1981.

Six mois après l'élection de F. Mitterrand, une envolée proférée à un congrès du parti socialiste a suffi. Elle a été entendue comme un appel à des traitements robespierristes à l'encontre des fonctionnaires qui n'apporteraient pas leur collaboration enthousiaste aux nouveaux maîtres. Leur auteur a dit[81] plus tard avoir voulu empêcher toute « chasse aux sorcières » de la part de « certains cadres socialistes » saisis de la « tentation de parler haut et fort dans leurs départements ». Y a-t-il eu travestissement médiatique des propos tenus, inculture historique, tour de passe-passe faisant de la critique une incitation ? Peu importe : l'expression « chasse aux sorcières », dans son tour moyenâgeux, a été brevetée. Elle sera maintes fois resservie. La machine était lancée et ne s'arrêtera plus. L'injure faite au service public s'est, depuis, renouvelée sous tous les régimes. Quand une pratique se reproduit sans obstacle, elle devient implicitement respectable. Une sorte de routine s'est installée. À la longue, la fonction publique s'est mithridatisée contre ce poison insidieux. Elle accepte ces pratiques. Nombreux sont ceux qui en jouent à leur propre bénéfice. Le corps politique y a pris goût. Ses multiples indignations de toutes origines contre les purges sont factices. Leur démesure est d'intérêt médiatique ; leur compassion, affectée et circonstancielle.

Le sort des très hauts responsables administratifs relève de la délibération du Conseil des ministres. Il est rarissime qu'il s'y dise quelque chose sur des sorts individuels. Ils sont scellés par des tractations antérieures. Les emplois discrétionnaires (*i.e.* dont la désignation des titulaires est laissée à la discrétion du gouvernement) sont attribués ou retirés au gré des réputations, des inimitiés, des faveurs à accorder ; et même de l'intérêt public. Les titulaires de ces emplois se savent tenus à un mode de comportement et à une forme de loyauté que les uns interprètent avec hauteur et dignité, et d'autres avec opportunisme et bassesse. Sur leurs cas, en général, s'engagent des joutes subtiles. Ambassadeurs, préfets, recteurs, procureurs généraux, directeurs d'administration centrale savent que, parvenus à ce stade, ils encourent de mauvaises manières. C'en serait une inconvenance, de leur part, que de gémir sur leur sort. Les politiques s'emparent avec gourmandise de ces pratiques. Aucun pouvoir n'y fait preuve de vertu mais pas, non plus, à peu de chose près, d'illégalité. Les uns dénoncent l'État UMP, les autres l'État PS. Les uns et les autres qualifient solennellement de chasse sans précédent des purges qui dénieraient l'impartialité de l'État. Le moment venu, ils mettent bon ordre, pour leur compte, aux intérêts qui les lient à telles ou telles corporations ou personnes. Ils font, selon l'animal et la saison, des prises ou des lâchers. Le sujet prélevé connaîtra, plus tard, la faveur extrême, le renvoi indifférent ou une réorientation avantageuse. Car les emplois publics sont négociables. Ce n'est pas ce que l'on peut rêver de plus pur, mais ce à quoi mène, un jour ou l'autre, la marge, nécessaire, du choix discrétionnaire. Celui qui s'y prête peut bien y apporter des restrictions et s'entourer de scrupules, de critères objectifs, de conseils et de procédures, il est complice de gestes malséants. Qu'un haut fonctionnaire soit limogé est loin d'être assimilable à un licenciement sans faute. Ni la faute qui lui serait reprochée, ni la convenance politique ne sont indispensables. C'est un monde dans lequel il n'est pas de bon ton de faire des recours. Ils manqueraient d'ailleurs de bases légales. Il suffit que la confiance du politique pour la personne concernée soit en défaut, ou que son poste soit requis pour satisfaire commodément un autre appétit. Il serait cependant, plus que convenable, raisonnable que les choses se fassent avec considération. Combien d'ambassadeurs ou de préfets sont, en permanence, inemployés ! Le pouvoir, n'ayant en somme rien à leur reprocher, leur devrait, ainsi qu'au contribuable, la politesse d'un emploi décent. Quelques-uns, au bénéfice d'une loi de circonstance, peuvent, eux, prolonger leurs activités au-delà de la limite d'âge. Dans les épisodes de changement de pouvoir, la complaisance des directions de ressources humaines est sollicitée. Même en période de restrictions budgétaires, elles ont à nettoyer ou créer des emplois supérieurs pour recaser, avec promotions spectaculaires, des membres de cabinets ministériels. Des chefs de service et sous-directeurs sont ainsi, en période de dégraissage de mammouths administratifs, responsables d'unités administratives de taille minuscule. Elles seraient, dans les armées, commandées par un sous-officier. De proche en proche, toute la chaîne des emplois est contaminée, inhibée, déqualifiée, entravée. L'ensemble de la fonction publique, jusqu'à des rangs parfois modestes, se sait désormais pris dans des processus interminables de gestion des emplois. Ils sont à l'image de la tenue de l'État.

Pendant que l'emprise politique sur l'appareil public se renforce, la capacité de l'État à résoudre les problèmes sociaux connaît des échecs répétés. La technique de la gestion des crises est construite de longue main. Une bonne préparation permet de déclencher rapidement des processus de maîtrise du développement des événements. Une planification gigogne permet que chacun sache ce qu'il a, en permanence et surtout le moment venu, à faire. Tout cela paraît de bon sens et de bonne efficacité. Cette discipline est récente. Dans les années 1980 on balbutiait dans ces méthodologies. Les outils sont devenus performants. Ceux qui ont à exercer un rôle ont travaillé à l'élaboration des consignes. Ils connaissent leurs missions, dans leur étendue, dans leurs limites et dans leurs spécifications. En 2009 survient une menace de grippe aviaire pandémique. Le chef de l'État connaît la sensibilité de l'opinion au risque. Il veut extirper à la racine la possibilité d'une perception d'attentisme de l'État. Il mesure le potentiel destructeur d'une communication mal maîtrisée. Les ministres concernés, bousculés et terrorisés par l'impatience suspicieuse, vétilleuse et quotidienne du chef de l'État imposent à leurs administrations un mode de traitement de la crise des plus précautionneux. Les membres des cabinets ministériels, empressés aux ordres des conseillers du président de la République, contrôlent et valident toutes les décisions de communication, qui elles-mêmes précèdent les décisions d'actions. Ce processus est lourd et craintif. Une fois prise la décision initiale de vaccination généralisée, une fois passées les commandes massives de vaccins aux laboratoires, plus aucune donnée objective ne sera reçue. On finit par comprendre que l'épidémie n'aura, en définitive, pas plus d'ampleur qu'un épisode de grippe saisonnière. Mais la stratégie proclamée et les résultats exigés resteront les mêmes. Rien n'y fera. L'attitude des médecins généralistes et hospitaliers, les expériences étrangères connues, la régression manifeste de la menace, l'incrédulité de l'opinion, la réticence généralisée à l'acceptation de la vaccination, le scepticisme sur son utilité, les rapports des préfets déplorant l'indécision prolongée sur la prise en charge des coûts, proposant de déconcentrer la fixation des règles, trop uniformes, d'amplitude d'ouverture des centres de vaccination, rien ne pouvait être opposé à la crainte révérencielle du regard présidentiel. L'intuition sacrée du président de la République guidait l'État. Sous une chape politique rigide jetée sur une organisation tétanisée par la colère présidentielle, ce mode de fonctionnement a produit des résultats absurdes. Les commandes de vaccins ont été passées selon des modalités spécifiques erronées et inutilement employées, à un prix excessif pour des quantités inutilement élevées. Une fois les commandes passées, il est devenu manifeste que les objectifs pouvaient être révisés à la baisse. Jamais les modalités n'ont évolué. L'organisation de la vaccination généralisée était strictement étatique, la prise en charge étatique et la mise en œuvre sous-traitée à des centres constitués de bric et de broc. Ni le système hospitalier ni la médecine de ville n'ont été admis à intervenir mais le bénévolat a été sollicité. Les coûts arrêtés en fin d'opération par la ministre de la Santé ont été dépassés. Chaque personne vaccinée l'a été pour plus de 110 euros, plus de dix fois le coût de la dose vaccinale livrée. Le but était de vacciner tout le monde ; moins de 10 % des personnes l'ont été. L'État a plongé, sciemment, dans l'absurdité.

Dans l'inconnu d'une crise, l'aberration peut trouver des motifs d'atténuation de la responsabilité. Il y en a moins dans des politiques de long terme. Ce que l'on dénomme politique de la ville[82] a plus de trente ans. Plusieurs vagues de lois et décrets ont multiplié les structures, les zones, les régimes financiers adaptés, superposés, pour des quartiers particuliers, aux dispositions communes. La durée de ce mûrissement, encore infructueux, dénote une faiblesse remarquable de la capacité de prise en compte de réalités connues[83]. Le nombre des acteurs, la multiplicité, l'enchevêtrement et la dilution des responsabilités dans ce champ d'action expliquent en partie l'échec. Interviennent : l'État dans ses compétences sociales, sanitaires, policières, judiciaires, éducatives, urbanistiques, avec ses services et opérateurs locaux ; les collectivités territoriales, toutes, communes, départements, régions, pour les mêmes compétences. L'identité des rubriques de compétences traduit, et dénonce, l'accumulation des structures administratives, le partage inextricable de leurs attributions et l'irresponsabilité collective qui en résulte. Sont aussi concernés : les organismes du logement social, les compagnies consulaires, des services publics de transport, entreprises de travaux, commerces locaux, des associations mandatées et subventionnées par les collectivités publiques, etc. La politique de la ville est, comme on dit dans le jargon socio-administratif, pluridimensionnelle, interministérielle, globale et multipartenariale. À la fois déconcentrée et décentralisée, elle est, aussi, participative, contractuelle et territorialisée. Sous tous ces qualificatifs, elle incarne, à elle seule, la synthèse des complexités qu'une organisation politique devrait savoir éviter pour pouvoir être efficace, et qu'elle accumule pour pouvoir mieux dire qu'elle s'efforce de les résoudre. L'Agence nationale de rénovation urbaine devait tout résoudre. Sa création a été un coup politique réussi. L'opinion publique a eu l'impression qu'on venait d'inventer la rénovation urbaine, concept jusque-là réservé à des réalisations pilotées localement, parfois de qualité, toujours onéreuses. Une structure juridique centrale allait dorénavant réunir des acteurs publics et des partenaires privés, invités à alléger la charge du budget d'État en participant au financement des projets. Cette habileté pragmatique présentée comme une innovation de génie a donné un espoir et un élan. L'enthousiasme s'est heurté, sans trop tarder, à l'ampleur des demandes. Selon un mécanisme au demeurant prévisible, les besoins connus ont été renforcés par d'autres, suscités par la perspective de moyens nouveaux. La politique de la ville dopée par cette concentration des moyens trouverait, croyait-on, une cohérence politique, stratégique et tactique. C'était prendre la partie pour le tout. Les opérations de rénovation urbaine engagées chaque année constituent moins de 10 % du financement que l'État consacre à la politique de la ville. Confiée à des mains technocratiques, sous une vague supervision politique, au moins constitue-t-elle une action visible, qui répond à des besoins concrets. Elle est la pointe et l'incarnation d'une politique confondue avec un de ses aspects. Les autres domaines d'action sont nombreux : intégration et cohésion sociale, développement des emplois locaux, projets de territoires, assiduité et niveaux scolaires, etc.

Des montages administratifs variés se sont succédé pour les aborder : sur le plan local, création des préfets délégués à l'égalité des chances, des sous-préfets à la ville, des délégués de l'État, enfin des délégués des préfets dans les quartiers ; à l'échelon central, Conseil national des villes, Agence de cohésion sociale, puis Commissariat à l'égalité des territoires. Les résultats sont peu probants et d'ailleurs, pour beaucoup de rubriques, non mesurables. Sous ces médications multipliées, la misère dans les cités et les quartiers n'a pas régressé. Plus de dix ans après une grande loi sur la politique de la ville suivie de deux ou trois autres, la preuve reste à faire que les milliards d'une politique spécifique peuvent résoudre ces problèmes. L'invention récente d'une nouvelle structure, de nouveaux zonages et de nouveaux critères d'attribution des crédits, d'ailleurs plus restrictifs, sera-t-elle enfin à la mesure du grand défi ?

L'engouement qui valut à une secrétaire d'État l'attention de la presse mondiale s'est éteint mais les gouvernements, de gauche comme de droite, manifestent à la politique de la ville une sollicitude appuyée. Pendant la période de révision générale des politiques publiques, dans cette tempête de la restriction budgétaire qui détruisit de nombreux emplois locaux de l'État, quelque trois cents délégués des préfets dans les quartiers ont été institués. Cette mesure d'ampleur modeste, mais utile, s'inscrivait à contre-courant de l'austérité publique. Par là, elle était remarquable, même si un de ses buts cachés était d'affecter dans ces nouveaux postes des fonctionnaires dont l'emploi était supprimé. Quelques gestes, un peu de solennité dans la communication, une visibilité renforcée, sous la droite, par le choix d'une secrétaire d'État qui captait l'attention de la presse et, sous la gauche, par un regroupement des structures centrales : la politique de la ville et de la cohésion sociale était désignée comme de celles qui bénéficient d'une priorité durable, maintenue et démontrée. L'échec, pourtant, est là. Il n'est pas total, mais global. Des zones d'habitat ont été rénovées. C'était nécessaire. Mais la mixité sociale y a-t-elle été introduite ou préservée ? Y sera-t-elle reconstituée ? Les erreurs des urbanistes ont-elles été corrigées à leur racine, qui est sociale ou politique, ou seulement réparées dans leur apparence technique ?

Pendant que la politique de la ville s'est développée, les migrations sociales se sont amplifiées. L'image de villes et de quartiers a été transformée. Des groupes de population dont le niveau de ressources faisait obstacle à la modernisation de leur habitat ont été évacués vers des banlieues plus éloignées. Les valeurs foncières à Levallois-Perret ont atteint, en vingt ans, le niveau de celles de Neuilly. En expropriant presque tout l'habitat ancien, confié à la reconstruction par des promoteurs, le maire s'est assuré d'une sociologie qui lui compose, au travers de ses mécomptes judiciaires, un électorat dévoué. Des bureaux ultramodernes ont repoussé au-delà de la plaine Saint-Denis l'insalubrité d'immeubles soumis à des risques d'incendie. Après s'être époumonés pour faire rénover et construire des habitats sociaux, des édiles ont sombré en accueillant les déshérités de leurs voisins. D'autres, pressentant cette ingratitude, s'efforcent de réserver à leurs clientèles l'accès au parc immobilier restauré. L'État traîne derrière lui les promesses inaccessibles du droit au logement. Il dissimule ses dettes morales et pécuniaires derrière un paravent de contentieux judiciaire, provisoirement maintenu à distance par les coûts et longueurs de procédure. Tel est le revers d'une politique du territoire : maîtriser le territoire implique de le maîtriser totalement. Une restauration de quartier transfère ailleurs une partie, au moins, du problème social traité. Une politique de la ville appliquée à des zones spécifiques laisse subsister les conditions d'une inégalité des territoires. En tout cas elle les diffuse. Parfois elle les aggrave, dans de nouvelles zones d'accueil de la misère.

L'échec prolongé de cette politique aurait dû inspirer des leçons radicales. L'expérimentation sociale s'est heurtée à des réalités obstinées. Ce système perfectionniste et tâtonnant, instable sur ses assises et inconstant dans ses modalités, peut-il corriger ce que des facteurs invariants ont déterminé ? La politique de la ville est la production d'un système politique qui accapare les instruments de l'État. D'abord, il les met au service de la notoriété de quelques-uns. Prenant en main l'outil budgétaire, il lui fait dégager des moyens particuliers, preuves de sa détermination. Cette résolution affichée est supposée efficace par elle-même. C'est une illusion. Le politique, disposant des outils juridiques de l'État, lui fait fabriquer, sans jamais se lasser, de nouveaux cadres légaux et réglementaires. Pour mettre en place et gérer ces dispositifs, il invente de nouvelles structures, et s'y insère. Un système spécifique, complexe, enchevêtré, est plaqué sur des réalités usées à la corde. Il n'a ni résolu ni contenu le problème. L'échec de la politique de la ville trouve son fondement dans la préservation de l'organisation sociopolitique de droit commun. Si cette organisation a laissé se construire les problèmes, il faut s'en prendre à elle, et non pas y superposer des appendices. Les structures locales de droit commun ont été dispensées de remise en cause. On n'a pas manqué de gloser sur leur nombre et leur configuration. Les questions en substrat, celles des compétences et de la fiscalité, de l'organisation de l'éducation et de la sécurité, de l'accueil et de l'encadrement sanitaire et social, qui portent, en somme, sur les fondements, la portée et l'efficience du système de décision, sont restées en friche. L'État, accaparé par les préoccupations de ses agents politiques, obsédé, dévoyé par l'idée de parvenir rapidement à des résultats de bonne rentabilité électorale, aveuglé par lui-même, a oublié de mettre en place la réforme décisive des compétences territoriales, foncières, fiscales qui auraient éclairci le terrain. Des moyens considérables ont été engagés pour un piètre résultat : une absurdité d'État. Si une organisation d'ensemble, commune à tous, à la fois homogène et libre, dans laquelle l'initiative pourrait mobiliser tous les moyens nécessaires à résoudre des problèmes locaux, avait été mise en place, cette absurdité d'État aurait pu être évitée. Aucune médecine d'urgence ne répare un corps livré à une maladie de fond.

Rendre à l'État sa lucidité, ouvrir son angle de vision, ce serait le rendre indépendant des conditionnements que lui imposent les entraves corporatistes et l'excès de l'emprise politique. Distinguer l'État du Politique : ce principe heurte des politiques qui, par vocation, aspirent à diriger l'État. Ils croient tenir son avenir entre leurs mains. Peuvent-ils reconnaître comme un rétablissement d'autorité ce qu'ils percevraient comme un dessaisissement ? Le politique commande, l'État obéit ; mais n'est pas asservi. Tel est l'idéal ; et d'ailleurs la règle normale, autrement formulée. Tel n'est pas l'état d'esprit dominant dans le milieu politique. Il faut donc s'attaquer aux choses concrètes : laisser à l'État une faculté de perception et d'imagination libre, lui conférer une capacité d'exécution qui soit à sa mesure. Tout ce qui concourt à mélanger l'État et les intérêts privés, ou l'État et les intérêts politiques particuliers est, on y consent maintenant avec une certaine hypocrisie, répréhensible. On appelle cela le risque de conflit d'intérêts.

Il y eut un temps où l'on voulait une distinction claire et une séparation rigide entre deux mondes, le public et le privé. Cette différenciation était plus intellectuelle que réelle. Elle constituait néanmoins un puissant frein moral, juridique et pécuniaire à une perméabilité que l'on est convenu, plus tard, d'encourager. Le fonctionnaire, s'était-on convaincu, était trop ignorant des questions du privé. La meilleure façon de l'initier était, faisait-on croire, de l'autoriser à changer de milieu au moins pour un temps. Les corps les plus prestigieux de la fonction publique ont, les premiers, pratiqué ce nomadisme. La réintégration dans les cadres d'origine était, pour leurs ressortissants, moins inconfortable que pour d'autres. Le départ était souvent précoce ; le retour, rare. Quelques dirigeants privés ont été courtisés pour entrer dans des fonctions publiques. Trois, quatre ou cinq valeurs de contrats publics cumulées, avec les accessoires, pour en faire un, pouvaient faire l'affaire. Mais ces expériences n'ont pas duré longtemps. Les transferts entre milieux de cultures différentes ont contribué à une meilleure compréhension. Un agent public acculturé aux valeurs du secteur privé peut aussi devenir une proie pour des manipulateurs d'indulgences, alors que des intérêts privés ne cèdent jamais à des arguments publics qui ne soient pas de force. La confusion des genres et l'obscurcissement des objectifs commencent en deçà du seuil juridique du conflit d'intérêts. C'est pourquoi une réglementation spécifique est, en ce domaine comme en d'autres, moins utile qu'un bon code implicite de déontologie. Aucune réglementation n'empêche un haut fonctionnaire d'adhérer au Siècle ou à d'autres clubs de pensée. Dans certaines corporations, à certains niveaux, il est passablement suspect, voire contraire à ses intérêts de carrière, de ne pas en être. C'est là pourtant que se forge la confusion des esprits et des intérêts. La haute fonction publique est, dans des salons ou lieux de chasse peu observés mais de haute réputation, corrompue par l'interpénétration des sphères privées et publiques. Et voilà que l'on découvre, dans la prévention et la répression éventuelle du conflit d'intérêts matériel, le remède potentiel à une maladie dont les poisons réels sont l'influence, le milieu, la notoriété, les cercles de fortune et de doctrine : toutes choses de libre approche !

L'accès à de petits privilèges est, pour ces milieux, un signe de confraternité. Le Préfet de police a longtemps entretenu une cellule spécialisée dans les indulgences. Les contraventions étaient jetées dans un gouffre vers lequel des subalternes avaient creusé, de leur côté, des galeries d'accès. Des centaines d'acteurs, chanteurs, journalistes, hommes d'affaires et personnages politiques ont obtenu à Paris un coupe-file nominatif. On en a vu traîner, négligemment, sous le pare-brise de véhicules de bonne gamme. Ce papillon sans valeur juridique donnait à son détenteur un sentiment d'impunité qui, en ce siècle, n'est plus de mise. Michel Poniatowski, alors ministre de l'Intérieur, avait, contre ce type de procédé, commis deux lettres circulaires comminatoires. Napoléon eût menacé de démettre, voire de faire fusiller, ceux qui ne les respecteraient pas. Il eût été pris au sérieux. Il y a quarante ans, la naïveté de ces instructions fut, incontinent, soupçonnée, puis démontrée. Le ministre de l'Intérieur avait été, à juste titre, indisposé dans son sens de la rigueur publique par l'attribution sélective de numéros d'immatriculation. Des numéros caractéristiques étaient aisément reconnus par les forces de l'ordre. Des véhicules banalisés du service public étaient exonérés de désagréments inutiles. Des particuliers bien en cour en abusaient aussi. Ils évitaient contraventions de stationnement et d'excès de vitesse. L'interdiction d'attribution de ces numéros dits privilégiés fut respectée. D'autres chiffres, ou lettres, furent choisis afin que la maréchaussée fasse preuve d'un discernement maintenu. Seule l'attribution automatisée et aléatoire des immatriculations a pu, récemment, mettre un terme à ces insoutenables médiocrités. Quelques notables, et leurs épouses, hésitent aujourd'hui à se séparer d'un véhicule ancien qui exhibe encore le signe ostentatoire d'une influence ridicule.

Par une autre injonction demeurée sans effet, le ministre de l'Intérieur avait prescrit à ses subordonnés d'avoir à s'abstenir de faire appel à des parlementaires pour seconder leurs demandes de mutation ou de promotion. Cette exigence de dignité vertueuse avait une pleine justification et un charme républicain estimable. Elle supposait possible d'endiguer la tendance immodérée des notables à vouloir subordonner le zèle des fonctionnaires à la suprématie de la position sociale d'élu du peuple. Des carrières de service public sont facilement entravées par quelque dénigrement allusif. Des mutations flatteuses sont obtenues par quelque compliment susurré à la bonne oreille. Les pratiques de gestion du personnel tolèrent les interventions des politiques dans la carrière des fonctionnaires. Elles ont même tendance à interpréter ce qui s'apparente à un trafic d'influence comme un indice de la manière de servir. La courtoisie envers les élus se mêlant à un penchant naturel pour la sérénité, leurs responsables ont élevé des recommandations indécentes au rang d'injonctions respectables. Ces mœurs ont dévoré l'État. Quand N. Sarkozy a été mis en examen pour trafic d'influence, il était indigné que l'on s'en prît à un ancien chef de l'État. Les magistrats instructeurs ont stupéfié le monde politique. Leur vindicte supposée avait un sens. L'objet de leur accusation était encore plus sidérant. Des magistrats dénonçaient l'illégalité d'une pratique malheureusement usuelle. Illustrée par un de leurs collègues de haut rang, elle prenait une signification éminente. D'autres coups de hache tomberont peut-être. Les résultats sont douteux. Des saccades discutables de sanctions acharnées n'auront pas raison de mœurs multiséculaires, et l'État continuera probablement de se corrompre par sa complicité dans ces jeux truqués.

Dans les manières de s'emparer des structures et des moyens de l'État, l'absence de vergogne est parfois dissimulée, parfois révélée comme signe de force. Quand F. Mitterrand était président de la République, des officiers de gendarmerie qui se prenaient pour des mousquetaires au service du roi ont été emportés par leur arrogance : ils ont menti sur l'objet d'une intervention judiciaire et truqué une perquisition. Dans la même période, faste pour les faveurs, des statuts d'inspections générales de ministères ont été révisés pour permettre d'y nommer à des sinécures et sans condition de compétence des collaborateurs personnels de hautes autorités politiques. En 1988, une décision non publiée du Premier ministre a permis que les présidents de la République disposent, à la fin de leur mandat, d'un logement ou de locaux professionnels, ainsi que d'une dizaine d'emplois de collaborateurs pris en charge par le budget de l'État. Membres du Conseil constitutionnel rémunérés en tant que tels, les anciens chefs d'État pouvaient ainsi, de surcroît, conserver un statut, ni réel ni professionnel, mais qui leur donnait des facilités privées pour exercer des activités politiques ou personnelles aux frais du contribuable. La Ville de Paris s'est inspirée de ces mauvaises manières. Une élue vaincue aux élections de 2014 y a été nommée inspecteur général. « Tous les élus ne peuvent pas être fonctionnaires », s'est-elle justifiée. Suggérera-t-on bientôt que tous les élus malheureux aient droit à un réemploi de fonctionnaire ? Le statut de la fonction publique provient de la volonté de la protéger des abus possibles du pouvoir. Il n'a pas été conçu pour protéger les élus de la sanction du suffrage universel. Grâce à une délibération de la municipalité élue en 2014, un ancien maire de Paris a pu bénéficier de la mise à disposition d'un bureau, d'un secrétariat, et des frais de fonctionnement correspondants. D'anciens ministres, notamment des Affaires étrangères, ont, de même, profité discrètement d'une faveur analogue. Il est difficile d'affirmer qu'elle soit conforme à l'objet social de l'institution qui la consent. La collectivité peut trouver un avantage légitime à bénéficier de conseils éclairés par l'expérience. Mais il y a bien d'autres façons de l'obtenir. La régularité juridique de ces situations équivoques est très discutable, car leur motif est bien plus personnel que d'intérêt général. Leur existence révèle des poisons dégradants. Leurs méfaits paraissent superficiels et sans portée, car les institutions anciennes ont l'estomac solide. Elles manifestent une insensibilité à la douleur qui trompe le diagnostic, et une capacité de digestion qui supporte tous les outrages. Mais les organes sont atteints.

Dans l'ultime état vers lequel elle est poussée par les politiques, la République s'aliène dans le ridicule. Le langage de la communication de style américain, capable d'être si exemplaire dans sa débilité, y est accueilli avec ferveur. L'idée d'une exception culturelle française a beau recevoir de la presse les faveurs les plus mielleuses, rien n'est opposé par elle à l'usage de traits de langage qui nourrissent le commerce médiatique. La marque *première dame* s'est ainsi imposée, pendant plusieurs années. C'était un produit commercial importé et naturalisé. Sa valeur ajoutée a été dopée à la française. Il a eu ses articles dérivés et ses contrefaçons. Le flot de ses sous-produits grotesques a été, heureusement, asséché par les circonstances malheureuses de la vie amoureuse du chef de l'État, qui l'avaient précédemment porté à son plus haut niveau. Ce « concept » était de pure bêtise. Les médias, encouragés par le site Web de la présidence de la République, se sont repus de ce vocabulaire. C'était une injure à notre culture historique. Il y avait dans tout cela des relents tragiques du destin de Marie-Antoinette et le souvenir pitoyable de la mort, en pleine affaire Dreyfus, d'un président de la République qui avait « perdu sa connaissance », sortie par l'escalier de service en oubliant son corset à l'Élysée. Tous ceux qui ont accès aux vitrines de la communication, jusqu'aux plus austères, ont aidé à ce travestissement progressif des institutions. Ce fut d'abord par une montée lente, encore décente, de la curiosité ; puis, par une mise en scène complice, jusqu'à un embrasement de ferveur médiatique. Dans ce théâtre du réalisme affecté, on n'avait accès qu'à l'avant-scène, pas aux à-côtés sordides. La gêne le disputait à l'éblouissement quand, en toute autonomie, une épouse développait sa propre politique étrangère de la France, sans s'embarrasser de légitimité, en disposant de moyens substantiels de l'État. La sympathie l'emportait sur l'inquiétude quand, pour une autre, on faisait mine de croire qu'elle avait su trouver des mots de diplomatie secrète pour extraire des infirmières bulgares des mains d'un tyran alors choyé (un peu plus tard, un intrigant de talent fera, pour les besoins de sa notoriété, humilier un ministre chargé des Affaires extérieures en obtenant directement que le despote soit abandonné à la vindicte de son peuple). Le président de la République exerce, désormais, son office sans compagne officielle. C'est, pour lui, une façon de se rapprocher de l'irréprochabilité. Ce mouvement de dignité aurait pu lui être compté en bien, s'il n'avait laissé son passé le rattraper. La mère de ses enfants, restaurée dans son rôle médiatique, use de tous les éclats que permet sa résurgence pour chasser hors de l'image un ministre des Affaires étrangères stupéfié par tant de culot.

L'appareil public recèle encore de bonnes niches de « pipolisation ». On comprend l'engouement de la presse. Contre gages, l'État se fait envahir. L'esprit de publicité devient une aliénation. Les plus nobles protecteurs du silence d'État sont, eux aussi, saisis par un délire de communication, attisé par la pénurie budgétaire. À l'occasion de la fête nationale, un sous-marin nucléaire d'attaque en mission est brusquement détourné de son plan d'emploi, et l'équipage privé d'un congé d'escale en famille, pour pouvoir être honoré d'un reportage de télévision. Les armées, menacées de coupes budgétaires, multiplient, comme jamais, les invitations de journalistes dans des enceintes d'où ils se prévalent d'une faveur exclusive à obtenir des images spectaculaires. À son atterrissage d'un saut en parachute en tandem, c'est par le ministre de la Défense lui-même, accompagné du chef d'état-major des armées, qu'un présentateur de journal télévisé est accueilli sur la pelouse de l'esplanade des Invalides. Le magazine d'un grand journal consacre cinq pages complaisantes aux activités des services dits secrets. Des responsables s'y font citer par leur nom. Ces moments d'exclusivité sont consentis en contrepartie d'un peu de complicité. On n'ose pas même en évoquer le coût financier tant serait grande la mesquinerie. C'est le juste prix à payer pour aider au sauvetage d'un budget. C'est, pour une communauté tenue à bien des exigences, la marque de reconnaissance d'un rôle éminent, quoique discret, avec, à la clé, l'expression de quelque admiration consolatrice du devoir d'humilité. Cela vaut bien une exception à l'éthique qui devrait tenir pour dégradant de jouer un rôle devant des caméras. Des vocations pour le métier sont, dit-on en guise de justification, suscitées par ces images, en oubliant que mystère, légende et certitudes acquises par soi-même sont de meilleures raisons pour des vocations saines. En temps de scepticisme, il est difficile à des autorités publiques d'entretenir sans artifice cette dose de fierté et de confiance en soi dont toute institution a besoin. Tout se passe comme si la communication, dans l'État, dispensait du devoir. Il pourrait y avoir, comme en toutes choses, une mesure intelligente qui évite l'aliénation de la culture d'État.

Dans les « pays de la nouvelle Foi » (soviétiques), un individu pouvait, selon Czeslaw Milosz[84], être entraîné à s'identifier à son rôle au point de ne plus pouvoir distinguer son moi du personnage incarné. « Le succès dans le jeu devient une source de joies[85]. » De nos jours, dans les sociétés de peu de foi, le jeu est, humain, trop humain, le même. En vertu de *la* transparence, le travestissement politique est impératif. Il est la condition de la survie. L'appareil d'État, accaparé par le politique, organise, paradoxalement, son propre dessaisissement, et ce dessaisissement renforce l'emprise exercée sur lui. Dans une première vague, l'État s'est délesté de missions sociales, confiées à des associations. Depuis, il ne sait plus les exercer lui-même. Ensuite, c'est à des promoteurs et constructeurs qu'il a été convaincu de confier gestion et entretien de prisons ou de stades. Les contrats de partenariat public-privé ont pris leur envol, après de longs combats retardateurs de la pensée administrative orthodoxe, arc-boutée sur le principe de l'unité de gestion financière de l'État. Au nom de l'innovation, les politiques ont su imposer ce mode de dissimulation de l'emprunt public. En retirant les moyens de gérer des situations complexes, en imposant des contraintes qui rendaient la tâche encore plus difficile, ils ont pu démontrer l'inefficacité des services et des procédures traditionnels face à diverses missions. Enfin, l'État a été prié d'entrer dans la voie de la privatisation des missions policières et militaires, quitte à les superviser pour, au moins, y contrôler le réemploi de ses propres agents. Des professionnels privés assurent maintenant la sécurité de bâtiments publics, y compris militaires. Ils protègent par les armes des navires commerciaux contre la piraterie dans des eaux internationales dangereuses. Bien d'autres tentations se sont inscrites dans ce mouvement d'abdication des responsabilités politiques. Les nominations de hautes autorités peuvent susciter des conflits, d'alcôves, d'écoles, de partis. Qu'à cela ne tienne : les assemblées parlementaires auront un droit de regard ; mais selon une règle telle que leur accord est acquis si leur opposition n'est pas exprimée par une majorité inaccessible. Le politique garde la main, mais efface la responsabilité de sa décision. La prévention des crimes terroristes inquiète. Qu'à cela ne tienne : on pourrait la confier à la justice, indépendante, plutôt qu'à la police dont les fautes éventuelles entachent toujours l'action politique. Le rôle de la justice est de sanctionner des actes, pas de détecter des intentions. Mais, pour exonérer la police des défaillances éventuelles du renseignement, pour organiser l'innocence du pouvoir politique, mieux vaut risquer le détournement des fonctions judiciaires que d'engorger le circuit du renseignement préventif.

Le pouvoir politique, comme s'il était inspiré par une lâche volonté de survie, s'immunise contre sa responsabilité en multipliant les gestes d'une autorité dérisoire. « Un pouvoir ne tombe pas quand on ne lui obéit pas plus ou moins complètement, mais quand il cesse de donner des ordres. » « Un pouvoir ne cesse d'exister que lorsqu'il renonce à donner des ordres[86]. » Un pouvoir est aveuglé par les masques qu'il porte. Il les change périodiquement, croyant éviter la lassitude du spectateur. Mais l'acteur répète inlassablement les mêmes mots. Comme la comédie est ancienne, des scénaristes adaptent le langage aux modes du jour. Quand l'État est accaparé, c'est un procédé vain. On ne devient pas plus lucide sur les choses parce que la manière de les dire est plus actuelle. Mais on reste assurément aveuglé si on confie son sort à ses masques.

## Politique connue, politique perdue

L'homme politique est le seul adepte du lancer de boomerang avec retour dans la figure. Son appétence pour cet exercice idiot répond à une exigence morale. Annoncer ses intentions, s'engager pour leur réalisation, décrire par avance les étapes de leur mise en œuvre est, pour l'homme public, zélateur de la transparence, un devoir d'État. Donc, il lance les objets qu'il a sous la main, dès qu'il les a sous la main, quitte à ce qu'ils lui reviennent, à pleine vitesse, à hauteur de décapitation[87]. La politique n'aime plus la dissimulation. Le politique réprime, par éthique, par prudence et par expérience, les penchants qu'il pourrait encore avoir pour elle par raison et sagesse. Tout se sait, par trahison ou par maladresse. Il serait donc inutile de taire quelque intention prétendument secrète. Affaire de morale ou affaire d'efficacité, le politique n'ose, en tout cas, hors de son domaine intime, cacher ses projets. Le secret est proscrit. « Je fais ce que je dis, je dis ce que je fais » : toute autorité politique s'en flatte, tout candidat veut en convaincre l'opinion. C'est un des ressorts favoris des campagnes de promotion des étoiles de la politique. Certaines, maintenant déclinantes, l'ont, elles-mêmes, peu illustré. Mais le marketing politique, une certaine forme de fidélité aussi, enseigne la nostalgie des clartés fugaces qui ont illuminé quelques parcours. Les parler-vrai de Pierre Mendès France et de Michel Rocard inspirent de jeunes conquérants, de gauche comme de droite.

L'opinion publique est sceptique. Elle accorde rarement à un homme politique un crédit de confiance absolue fondé sur l'assurance qu'il tiendrait ses promesses. Quelques-uns, parfois une majorité d'électeurs, consentent à être fascinés par de telles affirmations. La communication politique excelle à susciter cet emportement des âmes simples ou intéressées. Il faut donc toujours, à tout hasard, charger le sac, en rajouter dans le verbe et la force de l'assertion. Le politique aimerait, sincèrement, passer pour un parangon d'honnêteté intellectuelle. L'illustration qu'il donne de sa personne compose l'essentiel de son existence. Parvenu à un certain niveau de notoriété, il traverse ses journées avec le visage maquillé, au cas où, impromptu, il faudrait livrer son image aux caméras. Il vit en la compagnie permanente du souci de sa réputation, qu'il doit nourrir de substances roboratives. Il parle d'abondance, de ses desseins, de ses émotions, de son *moi je*. Lorsqu'il est ministre, il *annonce*. Dans l'histoire d'une politique, surtout lorsqu'elle a réussi, son annonce est un événement secondaire. Dans la vie d'un personnage politique, elle est l'occasion d'une affirmation de soi. L'impatience le ronge de montrer, au sein d'une équipe où, sous l'œil du maître, chacun pousse l'autre du coude, que sa politique existe, a une forte armature, un destin, trace un sillon. Un peu de retenue sur les détails permet, en distillant leur révélation ultérieure, de maintenir l'attention. Des révélations mesurées permettent de sonder l'opinion sur les orientations de quelques chemins qui restent à ouvrir. Il arrive que l'impréparation du contenu soit manifeste. C'est un mal pour ce qu'on croit un bien. Ce dilettantisme est camouflé par l'événement que, croit-on, l'annonce constitue par elle-même. Dictature de la mise en scène ! Mieux vaut décrire ses intentions prématurément que les dissimuler trop longtemps, dans l'attente du mûrissement, au risque d'une indiscrétion destructrice.

Il y a loin de l'annonce à la bonne fin. Ce qui compte, c'est le résultat. Mais l'annonce crée un espoir, de l'impatience. Elle suscite réactions et rejets. À l'automne de 2013, le Premier ministre proclame vouloir remettre à plat la fiscalité. La surprise est grande. Nombreux sont ceux qui se prennent à croire que l'ouvrage sera ambitieux et la refonte du système globale. Cette initiative est une habileté en soi, dans un moment où la passivité semblait dominer le quotidien. Jusque-là, le chef du gouvernement s'était, si l'on peut ainsi dire, illustré par un style plutôt terne. Quelques jours après, des indiscrétions révèlent un catalogue d'intentions peu révolutionnaires. Quelques mois plus tard, le doute sera levé. Le grand soir fiscal serait un patchwork de retouches. Jusqu'au bout du bout de la résignation à son sort, le Premier ministre persistera, dans la commisération générale, dans le « je fais ce que j'ai dit ». Son caractère inattendu avait, seul, fait le succès de l'annonce. Son impréparation technique a fait son échec. Ceux qui avaient soupçonné une simple diversion ont, en définitive, eu raison des motifs intelligents de l'intention. Une autre destinée aurait pu être allouée à un projet qui eût été mûri dans un travail discret, couvert par une bonne et saine dissimulation jusqu'au moment favorable à sa révélation. Mais les certitudes idéologiques, même dépouillées de leur essentielle substance, sont obstinées : l'idée centrale, fusion de la cotisation sociale généralisée et de l'impôt sur le revenu, ressurgira deux ans plus tard d'un puits parlementaire sans autre effet qu'une petite revanche médiatique de l'ancien Premier ministre sur son successeur, chef d'un gouvernement à son tour autiste et affaibli.

En septembre 2014, la presse publie l'opinion d'un ancien conseiller du président de la République sur l'application de la loi dite des trente-cinq heures. Ses propos auraient pu, telle était leur innocence, passer inaperçus, si leur auteur n'était, quelques jours plus tard, devenu ministre de l'Économie. Pour avoir évoqué la possibilité, modérément hétérodoxe, d'une dérogation aux règles, il s'est fait prestement reprocher de remettre en cause une législation qui, à gauche, vaut dogme. Le Premier ministre sortait à peine d'une procédure de licenciement de quelques-uns de ses ministres. En pleine phase d'affirmation de son autorité, fallait-il qu'il administre une nouvelle médication d'urgence pour incontinence verbale ? Il subissait, au même moment, le délire frondeur et désordonné de sa majorité parlementaire. L'occasion était trop belle. D'un coup, deux effets : replacer dans le bon cadre, selon l'analyse complaisante de la presse, le ministre jugé imprudent plus qu'impudent, et jeter en pâture aux grognons de son parti que le gouvernement n'a pas l'intention de revenir sur la durée légale du travail à trente-cinq heures. Le communiqué sans force de son cabinet niait une orientation qui n'avait pas lieu d'être supposée. Dans un exercice d'ambiguïté digne des meilleures stances de la communication politique, il rappelait que « l'organisation du temps de travail peut déjà être modulée dans les entreprises *via* des accords collectifs ». Le ministre de l'Économie en devenir n'avait pas dit autre chose. Ainsi, traité sans faiblesse apparente mais aussi sans désaveu ni humiliation, le ministre, politique novice mais technocrate averti et habile gestionnaire de sa réputation, pourra poursuivre son chemin sur les rails juridiques que la droite avait mis en place sans oser, alors, forcer l'allure. Quant à l'ancienne ministre auteur de la loi en cause, incarnation du dogme, et qui vouait, dit-on, au Premier ministre, une hostilité farouche, elle a reçu, ce faisant, un message d'apaisement implicite, méprisant, et inutile car les félins rendent rarement grâce aux mignardises.

Au cœur de la communication politique, au débouché du marché des produits politiques, on trouve la clé de cette réalité devenue un truisme :

la droite fait des politiques de gauche et la gauche des politiques de droite. On peut même dire : la droite s'illustre par des politiques de gauche, tandis que la gauche se résigne à des politiques de droite. Le système est peu symétrique : la droite endosse avec facilité des politiques de gauche ; la gauche peine à faire admettre par ses troupes des politiques de droite. La source de ce paradoxe est dans l'art de l'annonce. Il est, dans tous les partis, à la fois fruste et maniéré. Susurrer à l'opinion ce qui la flatte dans le sens du poil, c'est l'enfance de l'art. On appelle cela la démagogie, d'un mot qui disparaît tant son usage ne peut plus être décrié puisqu'il est généralisé. Sur la pente de la facilité, la pensée dite de droite emprunte à la générosité dite de gauche (se souvenir du « monopole du cœur ») le langage que la raison lui refuserait. À l'approche des désastres comptables, la pensée dite de gauche s'empare de la rationalité de la droite conservatrice pour enrayer ses propres errances. D'un côté, le clairon appelle à la marche à l'abîme. De l'autre, toujours trop tard, la flamme « errante et volage » se perd dans la division des forces et la restriction de pensée. Savoir dissimuler ses intentions profiterait à un côté mieux qu'à l'autre ? Le corps électoral peut, on le sait, confier à la gauche le soin de lui procurer quelques aménités, en refusant de voir qu'il lui faudra s'arrêter au bord du précipice, et payer un prix qui le ramènera vers la droite. Il peut aussi vouloir confier à la droite le soin, en bonne épicière, de restaurer les comptes, en sachant qu'elle n'ira pas au bout de ses talents et utilisera les marges de générosité nécessaires à sa réélection. Un jour, l'électorat enjoindra aux partis politiques de rentoiler, pour plus d'authenticité, leur conception de la transparence et de la communication. Au-delà de la distinction entre la gauche et la droite, c'est sur la différence de leurs aptitudes à cet exercice que se fera, aux yeux de l'histoire, la distinction entre les fondateurs et les destructeurs. « Les journaux apprennent aux ministres ce que le public dit, chose fort indifférente ; ils apprennent au public ce que les ministres font, chose fort intéressante, ou ce qu'ils veulent faire, encore meilleur à savoir. Il n'y a nulle parité ; le profit est tout d'une part. Outre que les ministres, dès qu'on sait ce qu'ils veulent faire, aussitôt ne le peuvent ou ne le veulent plus faire. Politique connue, politique perdue ; affaires d'État, secrets d'État, secrétaires d'État !... Le secret, en un mot, est l'âme de la politique, et la publicité n'est bonne que pour le public[88] », ironisait Courier. Sur notre temps, cet acariâtre aurait encore plus à fulminer en vain.

L'État transparent de nos modernes politiques est un État inexistant. Le politique est obsédé par le cauchemar de sa propre inconsistance. Il donne des gages répétés à la prétendue transparence pour échapper au silence. Pour résister à la dictature des mœurs de la transparence factice, il lui faudrait croire que seul l'acte réussi donne de la substance. Ce n'est pas par son annonce que l'acte politique existe. Sa réalisation seule importe. Pourtant l'annonce est aussi un acte en soi, et ses effets sont parfois désastreux, jusqu'à détruire des projets honorables. Les conseillers en communication, les professionnels des relations publiques et les parlementaires savent que, dans la vie publique, la discrétion fait une façon de ne pas exister. Ils convainquent le politique que le secret est une ignominie. Celui-ci leur cède, quitte à refouler ce qui lui reste d'intuition du sentiment public. Puis il paye le prix de sa crédulité. Il craint de déroger à des *valeurs*. Il retourne naïvement à une sorte de morale chevaleresque de la révélation du dessein, comme si on l'eût convaincu que le cynisme était une infamie au lieu d'une franchise devant la réalité, comme s'il pouvait vivre pur de tout reproche hostile à ses intérêts électoraux au milieu de mœurs dignes des principautés italiennes du XV^e^ siècle. Le politique confond les principes d'une relation affective, ou de simple société, avec ceux d'une entreprise du bien public. Il fait, tout simplement, fi de l'art élémentaire de l'efficacité en se laissant prendre dans les rets des chasseurs de transparence. Il lui faudrait savoir clairement séparer les fins et les moyens, organiser les cheminements différents des engagements de processus et des méthodes de réalisation, identifier le moment et le stade de la révélation d'intention, distinguer l'influence individuelle et la relation collective. Ce n'est pas qu'il en soit incapable mais il est éloigné de ces exigences par la pression de la relation de presse, qui est déséquilibrée. Du temps de Courier, le pouvoir achetait les journaux. Aujourd'hui la presse relève, plus que jamais, des processus de pouvoir. Le pouvoir la finance, directement ou indirectement. Avec celle qui se donne les moyens de son indépendance, il entretient les relations les plus obscures ou hostiles ; avec celle qui le sert, il fraternise dans un mode servile. Entre les deux types de situation, l'ambiguïté avantage ou désavantage alternativement chaque partenaire, et les groupes de pression s'emparent des situations au mieux de leurs intérêts dans une gesticulation équivoque. Personne n'est dupe. Quand un ministre connu pour ses foucades médiatiques voit arriver sur son bureau les conclusions d'une enquête à charge de l'inspection générale des finances sur les rentes financières dont bénéficient les professions dites réglementées, il les jette immédiatement en pâture à l'opinion publique chez qui les envieux font une bonne partie de l'électorat. Il manque bien, dans ce rapport, une des professions les mieux protégées, pas des plus vertueuses quoique des plus onéreuses, celle des dirigeants de banques. Les inspecteurs des finances n'eussent pas été des plus légitimes à traiter ces intérêts-là, pour lesquels nombre d'entre eux ont eu des faiblesses et même des culpabilités. Cette exception ne fait pas querelle. Le rapport est presque *illico* publié, au moins dans la transcription des plus caricaturales de ses invraisemblables révélations. Enfin l'heure sonne des grandes heures de la libéralisation des professions qui abusent de leurs rentes de situation et de réglementation. Aussitôt, les manœuvres, prévisibles et d'ailleurs attendues, des groupes de pression se déploient. Quelques jours après, il est révélé que tout le chantier sera réservé à quelques secteurs, les situations les plus conflictuelles sont prudemment mises de côté. Dans cette ébauche de débat, des réglementations étatiques de professions, comme le *numerus clausus* de formation des médecins, sont par ailleurs soigneusement mises à l'écart, bien que cela aboutisse aussi à des situations absurdes et inacceptables. La sainte transparence agit ainsi, dans le système de forces de l'action politique, en sens inverse de l'équilibre. Le corps politique existe pour vouloir le pouvoir, c'est sa raison d'être. Cette force vitale l'emporte sur celle qui vient de la conviction mais se justifie hypocritement par cette même conviction. Chaque camp, en politique, peut avoir à perdre, mais il prétend persister à avoir raison, ce qui nourrit sa foi en la victoire. Il s'accommode, voire se satisfait, de son impuissance, mais pas de sa défaite intellectuelle. Les exigences de la lucidité peuvent être sacrifiées à l'emprisonnement de la vérité par les partis, à l'orthodoxie des idées publiées, à la protection des intérêts de caste, aux jeux de capture des institutions. L'objectivité peut être encore, plus simplement, masquée par la dictature des moyens. La réalité, sans être jamais refusée, et tout en étant érigée au rang de valeur supérieure (« c'est vrai que », répètent-ils inlassablement), peut être occultée, rendue introuvable, indiscernable.

L'étiquette sociale, qui est le masque du conflit inutile, disparaît sous les artifices de la com'. La rigidité du protocole d'État se dissout dans les frasques de la familiarité. La distance des conventions d'élégance s'efface devant les révélations rocambolesques arrachées aux heures de la couette. Régis Debray pointait, avec justesse, la nécessité de « créer une nouvelle colonne dans les bilans comptables de fin d'année : frais d'authenticité[89] ».

## État entravé, État sans imagination ni raison

Après la Libération, l'État, à reconstruire, fut doté d'une institution remarquable, le Commissariat du Plan. Le génie réformateur pouvait alors s'exercer sur une table presque rase. Jean Monnet, qui fut le premier des commissaires au Plan, s'accommoda de ce que, dit-on, il jugeait ses fonctions « indéfinissables ». Le Commissariat du Plan a vécu soixante ans. Il a accompagné la croissance économique du pays pendant toute la durée des Trente Glorieuses. À la quarantaine, dans les années 1990, il a été poussé vers l'agonie. Le pouvoir politique commença par étouffer les plans. Puis il donna au Commissariat d'autres noms. Devenu « général » (était-il « particulier » ?), le Commissariat fut chargé de l'« analyse stratégique » et de la « prospective ». Ces intitulés fournissaient des soins palliatifs en donnant une apparence mieux assortie à l'air du temps. La responsabilité, amoindrie, fut confiée à des chefs dont l'envergure ne se comparait pas à celle des personnalités marquantes des débuts. Les premiers étaient installés pour plus de cinq ans. Les derniers furent expédiés en deux ou trois années d'une demi-durée de ce qui n'était déjà plus un plan. Suivant la pente la plus facile de la réforme quand elle est prisonnière des cadres doctrinaux, animés aussi par l'envie de régler des comptes personnels, les gouvernements ont fini par tuer ce qui restait d'un organisme en décrépitude.

Le Plan, dans sa conception française, fut un « réducteur d'incertitudes[90] », un instrument d'« anti-hasard[91] ». Selon de Gaulle, il « embrasse l'ensemble, fixe les objectifs, établit une hiérarchie des urgences et des importances, introduit parmi les responsables et même dans l'esprit public le sens de ce qui est global, ordonné et continu, compense l'inconvénient de la liberté sans en perdre l'avantage ». Élevé au rang d'une foi collective par le choix miraculeux d'un adjectif évocateur, devenu « ardente obligation », le Plan pouvait se permettre de n'être qu'indicatif, et pas impératif, à la différence du plan soviétique, irréel et bureaucratique, mais, en ce temps-là, encore très respecté dans l'intelligentsia française. Il incarnait une conception gaullienne de la société, dans laquelle, pour ce qui est de l'économie, l'État tient une place éminente pour y remplir un rôle conducteur et régulateur : « Nous ne nous livrerons plus à la discrétion effrénée du capitalisme libéral, et personne ne croit que nous nous soumettrons jamais à la tyrannie écrasante du communisme. »

Le Plan français avait (n'était-ce pas son apport essentiel ?) une formidable valeur pédagogique. Son contenu provenait d'un appareil ramifié de consultation et de concertation qui fournissait les idées. Il n'était, à l'époque, pas encore question de réunir, à tout bout de champ, des états généraux. Les forces vives s'exprimaient, et se confrontaient pacifiquement au sein du système planificateur. Leurs idées y infusaient. Le cadre d'action du plan était quinquennal, élaboré après de longues phases de recueil des besoins et des préférences, auprès de tous les secteurs et de tous les acteurs. L'exécution se référait sans cesse à sa matrice, stable pour cinq ans mais révisable. Au moment des premières tentatives d'étranglement du Commissariat, Pierre Massé disait que « supprimer le Plan au nom d'un libéralisme impulsif serait priver le pouvoir d'une de ses armes contre la dictature de l'instant ». C'est la dépendance de l'instant qui caractérise, de nos jours, le mode d'élaboration et de mise en œuvre des politiques économiques. Un seul, le président de la République, détient les pouvoirs ultimes d'appréciation de l'efficacité des politiques, de leur orientation, d'éclairage de l'opinion publique, de révision des options, de retournement des mesures, et le choix du moment pour y procéder. Le plan faisait-il obstacle à cette concentration du pouvoir ? Nullement. Il était un document d'État, approuvé par les pouvoirs, connu, accessible, partagé, support et garant de la continuité des politiques d'État. Il offrait une probabilité de réalisation bien meilleure que celle d'un programme en forme de liste démagogique, lancé sur des tréteaux de campagne présidentielle et dont les formules sont corrigées à la va-vite dans les secondes qui précèdent l'entrée en scène. Ces engagements-là sont, plus tard, invoqués ou révoqués par des ministres sur les ordres de conseillers élyséens, remis en cause d'après les conclusions préétablies d'un séminaire gouvernemental, ou sur la foucade d'un monarque aux colères dignes d'un lion de Gétulie.

Accaparé et alourdi par ses coteries et leurs impedimenta, perdu dans le maelstrom de ses intentions inabouties, l'État, entravé, anesthésié, condamné à l'étouffement administratif, a perdu l'imagination que l'exercice d'élaboration du plan lui permettait d'entretenir. Même quand il maintient un cap, coup de barre après coup de barre, l'État, conduit sous influences, donne encore l'impression de n'avoir d'autre perspective que le jour d'après. La Commission européenne, ordonnatrice des basses œuvres de l'orthodoxie, s'époumone à faire entendre ses objurgations et ne cesse d'en retarder, pas à pas, l'échéance d'exécution. La Banque centrale européenne paraît s'être arrogé le monopole des vues lointaines. Non sans élégance, par des signes sans violence, elle assigne la route à suivre, dont le choix n'a plus rien d'autonome pour les gouvernements. Quand l'État a consenti à scinder la politique économique en dissociant les autorités qui en sont responsables, il a condamné la politique budgétaire à courir après la politique monétaire, ou réciproquement. Le mot d'ordre de tous, qui tirent, chacun, le bât dans leur sens, reste pourtant celui de *la* réforme, dont les leviers ne sont plus exclusivement détenus par personne, et qui ne se conçoit pas sans durée. De là cette impression de grande désespérance, et d'une sorte d'indifférence de l'appareil public devant son propre échec. « On ne peut pas s'en empêcher, disait Orwell, quand on est sur un bateau qui coule, on pense à un bateau qui coule. »

Il y a un abîme entre le besoin ressenti et la possibilité acceptable des réformes. Depuis quarante ans, pas un président de la République, pas un ministre, pas un parti politique n'a manqué d'annoncer des intentions réformatrices, voire d'en faire la substance exclusive de son discours. Beaucoup de ces projets ont subi des rebuffades, parfois violentes. Abandonnés ou bloqués, ils ont engendré des rejetons honteux dont la prolifération a profondément transformé le paysage institutionnel et attenté à son unité. Toute une génération politique a eu pour seul viatique le langage de la réforme, et on ne voit pas qu'elle l'ait réalisée. Quelques transformations compteront, aux yeux des historiens, pour fondamentales, mais présentement elles pèsent pour rien. L'habitude s'en est prise. Personne n'oserait les remettre en cause. La multiplication des annonces de réformes persiste malgré ses effets perturbants, aggravés par l'évolution rapide des projets, l'indiscrétion permanente sur les épisodes de leur mise au point et l'instabilité de l'agenda. La lassitude est devenue une raison suffisante pour interrompre des processus de réforme. Dans tous les camps, on est loin de l'adhésion unanime, voire de la simple conviction qui devrait accompagner tout acte novateur. Gouverner, c'est choisir : enserré dans une contrainte binaire, le politique oscille entre consentir à des abdications démagogiques (pragmatisme) ou passer outre aux discordances d'opinion (fermeté sur les principes) sans se donner la peine de les analyser (« il n'y a pas d'alternative »). La réforme ne peut se bâtir que sur un préalable : avoir rendu acceptable le processus même des réformes, par là produire de la réforme et non pas de l'instabilité. Les plans gouvernementaux successifs sur les retraites, sur l'équilibre de la Sécurité sociale, sur l'allégement des charges des entreprises, cohérents dans leur contenu technique, ont été conçus dans un malaise informulé. À peine décidés, ils sont déjà considérés comme inachevés. Même réformatrice, l'opinion publique ressent le besoin de stabilité des cadres juridiques qui organisent l'avenir individuel. La non-rétroactivité des législations n'a pas d'autre sagesse. Il ne suffit pas de railler les tenants des *avantages acquis* pour se constituer réformateur incompris.

L'obstacle majeur à surmonter est évidemment celui de l'avenir des financements publics. Depuis de nombreuses années, l'action des pouvoirs publics a été, et elle le demeurera pour encore de nombreuses années, entravée par des perspectives de financement étroites. De tous les éléments qui caractérisent la situation actuelle, le déficit des finances publiques n'est ni le plus accablant ni le plus difficile à retourner. Constitué, réforme après réforme, par la fuite en avant ou l'évitement devant chaque difficulté, délibérément obéré à l'occasion de la crise économique, il ne comporte plus désormais qu'une variable utile, la restriction des moyens, alors que de nombreux pans de l'appareil public sont déjà en ruine. L'inspiration réformatrice a été, la plupart du temps, de courte vue : face à tout problème, une nouvelle loi, puis une nouvelle organisation pour la mettre en œuvre, de nouveaux moyens pour la sustenter et d'innombrables contentieux à soutenir pour en assurer, ou en dénaturer, l'exécution. La crise devrait obliger à restreindre les moyens ? Mais c'est l'édifice entier qui serait à démonter ! Tout l'appareil public est surchargé dans les hauts. Au fil de l'eau, au gré de chaque exigence législative ou réglementaire nouvelle, la surcharge s'est alourdie. Pour tenter de poursuivre les réformes en évitant l'interdit budgétaire, on a fabriqué de la matière juridique sans armature, sans guère de substance, en tout cas dépourvue de sanction plausible. Cette manière de faire a pris sa part dans le discrédit de la règle et du droit.

L'autorité politique d'État ne peut agir seule. Elle n'a barre ni sur les partenaires sociaux et les instances européennes, pas davantage sur les collectivités décentralisées. Mais au moins a-t-elle les moyens d'inscrire la relation de l'État et des collectivités décentralisées dans un registre de coopération et de solidarité. Pour le moment, de part et d'autre, on dénonce des coupables. Des remontrances puériles ne convaincront personne. La restauration de l'équilibre des financements publics se heurte à des obstacles connus. Le premier est de morale publique, mais la maladresse, l'arrogance, l'inculture ne sont pas propres à ces temps. Redécouvrir sous la pression de médias inquisiteurs et avec un effarouchement pudique que « les sujets ne sont assurés du nécessaire que lorsque les princes s'interdisent le superflu », c'est jouer une piètre partie. La RGPP[92] et ses épigones n'ont pas mis fin à la multiplication des abus de comportements dépensiers. Des structures allégées n'évitent pas la reconstitution de coûts mal répartis : sous-traitance onéreuse et mal dirigée, créations masquées de postes dans le haut de la pyramide des traitements, maintien, renforcement ou édification de structures sans réel plan de charge, accumulation des rangs hiérarchiques.

La décentralisation a été voulue dans des modalités ambiguës, initialement commodes pour tous. Elle a introduit tant d'équivoques dans la répartition des compétences publiques que toute réforme voulue par l'État pour lui-même se trouve affecter aussi les collectivités. Comment s'étonner que chaque tâtonnement réformateur, et encore plus chaque percée tant soit peu novatrice, soulève des tempêtes ? Au nom de leur autonomie de décision bafouée, en vertu de l'instabilité de leurs ressources financières, les collectivités décentralisées sont fondées – peu importe que ce soit à tort ou à raison – à se retourner contre l'État. Le principal obstacle à l'évolution des financements publics est constitué par la lourdeur, la confusion et l'obscurité qui, malgré ou à cause de multiples aménagements, produisent un sentiment généralisé d'iniquité et d'insuffisance. Comment faire encore progresser le niveau des ressources publiques ou, à niveau équivalent, voire réduit, redistribuer les ponctions et les produits, alors que la structure de prélèvement et de redistribution est, à ce point, perçue comme archaïque, injuste et inefficace ? Dans ce décor, toute corporation tient à ses privilèges. Il est vain de penser pouvoir en finir avec eux en les démontant, un par un, dans une atmosphère de vindicte à l'égard de bénéficiaires qui pourraient se targuer de moindres ignominies que d'autres, ou en les rabotant tous à la fois sans s'attaquer aux sources de leur caractère inacceptable. Quant à la réorganisation des ressources, elle est maintenant indissociable de la redistribution des compétences avec les collectivités territoriales.

Comment faire le charroi des réformes en sortant des ornières ? Devant l'obstacle juridique, l'imagination tactique et technique est toujours flamboyante, tandis que l'imagination stratégique est souvent abandonnée sur le bord de la route. Le contrat d'impôt pour la compétitivité et l'emploi[93] (CICE), inventé, à la ramasse, fin 2012, est clair par son intention, complexe dans ses modalités, subtil dans son opportunité fiscale, mesuré quant à sa technicité budgétaire. Sa conformité à la stratégie économique annoncée par le futur président de la République au cours de sa campagne a été pour le moins controversée. De fait, la probabilité de bonne réalisation des intentions était impossible à évaluer : nulle certitude sur les effets techniques de gestion ; nulle option claire entre la préférence à l'investissement ou à l'embauche par l'entreprise ; nulle règle de redistribution des marges. À quel objet a-t-on affaire ? Une subvention à la valeur ajoutée, une dévaluation fiscale, un soutien à la charge des faibles salaires, une incitation à leur augmentation ? Une règle d'interdiction, seule, est clairement affichée, dans son principe : les marges dégagées ne sauraient être affectées à la distribution de dividendes. Barrière purement dogmatique, car l'identification analytique de la source des profits pourrait bien, sauf excès manifeste, être impossible. De ce « un peu de tout » a fini par éclore, par effet d'aubaine sans doute plus que par rationalité économique, un coût horaire de la main-d'œuvre moindre en France qu'en Allemagne. Le moment venu, pourra-t-on mettre fin sans danger vital à cette transfusion de sang fiscal aux coûts de revient du secteur privé ? Peu importe, au fond, cette confusion conceptuelle. On peut, en pratique, déterminer que, selon le taux d'intervention prévu, respectable mais affecté sous plafond de rémunération, le concours public apporté à l'entreprise sera de l'ordre de moins de 1 000 euros par salarié et par an. Le marché, extérieur en particulier, dira tout seul, sans besoin des commentaires de la communication gouvernementale, si la manne a été conservée pour améliorer le résultat d'exploitation, répercutée sur les prix à l'exportation ou réinvestie dans les facteurs de production. Pour chaque entreprise concernée, il est douteux que la subvention, marginale et provisoire, soit un encouragement décisif et durable à des recrutements supplémentaires. Comme pour les emplois aidés, c'est un filon inespéré qui a été ouvert au lieu d'un acte de gestion raisonné en faveur du long terme. La mesure dégagera des marges de trésorerie bienvenues, soit qu'elles permettent un désendettement, soit qu'elles autorisent une augmentation de la masse salariale par augmentation des rémunérations, ce qui alors serait sans incidence sur le niveau des recrutements. Elles peuvent aussi permettre une affectation supplémentaire aux investissements, et ce serait un ultime paradoxe que ces investissements de compétitivité améliorent la productivité en détruisant des emplois !

L'imagination technique des administrations fiscale et budgétaire ne peut être prise en défaut. Quitte à sculpter des chefs-d'œuvre de technocratie molle, elle peut, toujours, fournir avec complaisance des projets articulés pour se conformer à des propos sibyllins. Où se situe une stratégie de réforme dans tout cela ? Elle reste confinée, quels que soient les gouvernements, entre des interdits. Entre privatisation des fonctions publiques et intrusion du domaine public dans le domaine privé, l'État erre. Les gouvernements veulent passer entre ces deux écueils, redoutant d'être drossés aux sévérités du libéralisme ou aux rigidités des vieilles lunes du marxisme. Leur chemin est médian, mais tantôt vers un côté, tantôt vers l'autre. À chaque dérive, le courant les renvoie vers l'autre bord. De même ne choisissent-ils pas entre une société livrée à tous les excès de la juridictionnalisation des faits ou conflits et une forme de rapports juridiques dans laquelle la libre contractualisation civile épargnerait à l'État une intrusion permanente dans les liens privés entre les personnes. Enfin, entre concentration des pouvoirs et démembrement de l'autorité, l'État ne sait pas fixer des limites utiles et tolérables. Il opte pour les deux à la fois !

Pour la réforme de son propre appareil, celui de l'appareil d'État dont il dispose, le politique méprise ou craint de voir ce qu'une extrême décentralisation des responsabilités et des financements apporterait à la capacité d'adaptation d'énormes vaisseaux. Il les laisse rouler et tanguer dans une houle sociale profonde sans disposer du droit de se dérouter. Le système éducatif, de la base au sommet, le système de santé et le système hospitalier plient. Ils ne résolvent plus les problèmes de masse auxquels ils sont confrontés. Le diagnostic est connu. L'imagination refuse de s'en emparer. Car libérer des responsabilités est une idée éloignée d'une culture toute faite de défiance et de contrôles *a priori*. Dans le même temps, de grands pans d'action de l'État sont confiés à des associations ou à des sociétés, avec, parfois, une légèreté confondante et sans garanties d'efficacité. Il y a, dans ces processus contradictoires, de l'aveuglement et quelque chose d'un simulacre d'autorité, en cours de désagrégation sur un chemin d'impuissance. Le temps de l'impuissance est indéfiniment extensible, tandis que celui de l'impatience se condense à grande vitesse. « La maîtrise politique est une maîtrise du temps, tantôt par excès, tantôt par défaut. Faire de la politique, c'est fabriquer du temps – du temps à sa mesure[94]. »

Le législateur a, au fil de l'histoire, essayé de dompter quelques-unes des abominations de la guerre. C'est à lui, législateur des pays de droit démocratique et de culture humaniste, que le terrorisme lance le défi le plus difficile de tous ceux jamais affrontés. Le terroriste hait la vie. Sa cause balaie la personne. Le nihiliste pensait tuer, en l'homme, le despotisme. Le terroriste moderne veut, après l'avoir humilié, anéantir l'ennemi de sa foi, religieuse ou séculière, au service de laquelle il enrôle son envie de crime. Le meurtre qu'il commet peut l'atteindre lui-même. Parfois il se suicide. Son sacrifice atteste qu'il n'est pas un lâche. Dans toutes les civilisations, le don de soi est estimable. Le terroriste croit en une cause, et même en une justice, dont la valeur supplante celle de la vie. Par là, son crime acquiert une sorte de justification morale. Si l'on peut, ainsi, oser juxtaposer le crime et la morale, c'est que leur lien dans le terrorisme était une idée soutenue, il n'y a pas si longtemps, par d'excellents esprits. Ceux qui l'ont propagée sont et resteront coupables de leur inconscience, qui, de surcroît, prenait toute l'apparence de la pire des arrogances. Ils ont ensemencé une légitimation de la violence infligée à des innocents. Le terrorisme était, pour eux, l'arme des faibles contre la force de ceux qui disposent des moyens techniques de la destruction de masse. Il avait, à leur sens, une légitimité tirée d'une éthique quantitative : le terrorisme, même à grande échelle, produit moins de morts que les armes collectives. Son levier psychologique vaut, à lui seul, des milliers de victimes et, en quelque manière, les *économise*. La cruauté de certains crimes a fini par faire lever une épouvante qui cherche à se protéger derrière les murs de la loi.

La loi du droit commun est taillée à la mesure d'infractions à l'ordre social qui restent, en gros, dans la gamme de la violation individuelle. Le délit et le crime peuvent aussi, bien entendu, ne pas être individuels et sont, souvent d'ailleurs, l'œuvre de bandes organisées. C'est, aux yeux de la loi pénale, une circonstance aggravante. Le terrorisme, à l'instar de l'action de guerre clandestine ou du meurtre mafieux, sait revêtir des formes individuelles tout en s'adossant à des organisations, structurées ou fluides, qui aient la dimension, la puissance ou l'appui d'États. Il ajoute, à ce schéma, un fondement de croyances d'ordre sectaire. Le cadre habituel du droit criminel semble dépassé. Depuis toujours, les origines et les modalités de la violation de la loi n'ont cessé de se diversifier. Pour y faire face, le législateur a élargi, jusqu'à la surabondance, la gamme et le nombre des interventions de l'appareil judiciaire. Seules les lois pénales du domaine de la guerre, en y incluant la répression de l'espionnage et de ses variantes, prennent en compte des actes constitués par l'hostilité entre États. Pour ce qui est des menaces terroristes, il y a une trentaine d'années, d'aucuns ont prétendu pouvoir les résorber par des actes judiciaires normaux. Puis, police et justice – s'étant, dans les circonstances qui les rendaient nécessaires, pourvues de structures spécialisées – ont demandé à pouvoir disposer de textes répressifs particuliers et de procédures dérogatoires du droit commun. Ceux qui s'étaient, jadis, indignés de l'existence même de règles de droit érigées hors du cadre général (législation, tribunaux d'exception) ont, devant des faits d'évidence, admis cette prétention, sans trop barguigner. Ce faisant, ils ont consenti au terrorisme une victoire. Le but des terrorismes (anarchiste, révolutionnaire, nationaliste, autonomiste, indépendantiste, fasciste, islamiste) est d'enfoncer dans le cœur des démocraties des poisons qui rongent leurs viscères. La loi de circonstance sert leurs stratégies.

La répression spécifique est, par principe et jusque dans ses modalités (le lieu de détention des personnes incarcérées, par exemple), présentée comme une injustice ou comme un martyre. Elle aide, de la sorte, à engendrer de nouvelles vocations. Certains mettent l'accent sur cet effet pour expliquer que, en somme, la répression du terrorisme soutient son extension. Ils se jettent dans un piège et ne suggèrent plus aucun moyen sage et efficace de le rompre. Complices conscients ou naïfs de la violence aveugle, ils prétendent montrer par où s'alimente son flux et ils lui ouvrent les portes. Ils négligent de voir que, si la cause terroriste se nourrit de la répression qu'elle subit, son intérêt est de la pousser aux excès. Ces ignominies s'enchaînent en spirale. Le terrorisme a besoin de la répression, et un État qui se respecte ne saurait y renoncer. Son devoir premier est de sanctionner toute menée criminelle. C'est ainsi que, parvenues à un certain stade de gravité, les menées criminelles terroristes ne peuvent trouver d'issue judiciaire. Il n'en est plus d'autre que la guerre, qui doit les éteindre sans pitié, puis, à la fin, l'amnistie, qui doit les effacer, sans retour, de la mémoire collective, à moins que le « crime contre l'humanité » ne les rende ineffaçables.

En 2001, face à la crise de longue durée déclenchée par l'attentat massif commis à New York, le pouvoir politique français avait à choisir entre la guerre, par solidarité[95], ou une posture juridique. Il a fait un peu des deux : participation à la guerre en Afghanistan, quitte à négliger un peu trop longtemps les foyers qui s'allumaient en Afrique ; perfectionnement des dispositifs judiciaires sur le territoire national, quitte à s'en remettre un peu trop à leur ouvrage. Vingt ans plus tôt, Pierre Mauroy, Premier ministre, avait exposé[96] une conception de la lutte antiterroriste audacieuse[97] et prémonitoire[98]. Cette intuition a été plusieurs fois viciée. Une cellule élyséenne de triste mémoire a enfermé l'idée dans ses médiocrités manipulatrices et failli anéantir l'ouvrage. Heureusement, l'esprit de mobilisation générale a continué d'inspirer le travail des planificateurs. Puis on a vu grandir, jusqu'à susciter une notoriété médiatique contre nature, le gabarit de l'appareil policier et judiciaire spécialisé. Celui-ci réclama des textes, lois et décrets, mieux adaptés à l'objectif. Dans les débuts de la guerre d'Algérie, de malheureux gendarmes et juges s'étaient aussi échinés à poursuivre de leurs procédures des égorgeurs du même acabit que ceux dont, bien plus tard, l'armée algérienne, aux méthodes pourtant moins retenues, n'arrivera pas à venir à bout. Depuis 2014, la guerre au terrorisme, au Mali, en Irak, a été ouverte et proclamée. Elle a été fondée en droit international, mais pas en droit constitutionnel français. La « déclaration de guerre », ça ne se fait plus ! Un propos bravache suffira. Conséquences mal mesurées, logique amputée, et l'acte juridique d'ouverture de la guerre est devenu une chose négligeable. Des bombes, des policiers et des magistrats feront l'affaire. On a oublié cette règle qu'énonce la raison élémentaire : « Je fonde mon ennemi si je lui fais la guerre. Je le forge et je le durcis[99]. » Alors, autant vaudrait la déclarer vraiment ou en rester au crime.

Le terrorisme fait, dans le Code pénal et le Code de procédure pénale, l'objet de dispositions particulières. Était-il nécessaire de les identifier ? En le faisant, on a établi une commodité procédurale, répondu à un empressement médiatique plus qu'opérationnel. Chaque acte nouveau, chaque mode d'opérer mis à jour, inspire des répliques juridiques toujours mieux circonscrites et plus efficaces. Ces perfectionnements juridiques circonstanciels révèlent l'incohérence, troublante, des langages du droit et de la politique. Le terrorisme est une façon, pour des esprits pervertis, d'assouvir des logiques froides de stratège en même temps que des pulsions criminelles d'homme de main. C'est sa dimension pénale. Ses aspects psychiatriques n'interdisent pas à la société de s'en prémunir, par la dissuasion et la sanction. Le crime terroriste est un crime, pas un mode d'expression tolérable. Comme le crime de droit commun, il comporte ses circonstances aggravantes ou atténuantes, mais c'est un crime pur et simple. Si ce crime est inspiré par des motivations, ou prend des formes, qui portent atteinte à la sûreté de la nation, il appelle la guerre contre lui. Dès lors qu'on met en œuvre des moyens militaires, c'est bien que la guerre est ouverte. Il ne sert plus de rien d'en masquer la réalité. Or il existe un droit de la guerre. Et c'est une erreur que d'être, d'un côté, en opérations de guerre, et, d'un autre, en cavalcade policière et judiciaire. Lorsque des jeunes gens français vont, les armes à la main, servir le camp de ceux que la France a reconnus pour ses ennemis et qui se déclarent ennemis des Français, il n'y a plus matière à définir des catégories juridiques factices. Que la guerre à laquelle ils se livrent soit civile ou non importe assez peu : ces distinctions ne sont plus de mise quand des ressortissants de vingt pays sont mêlés dans un bourbier sanglant. Faut-il s'encombrer d'une loi spéciale pour des gamins retors ? Sont-ils des criminels ? Si oui, ils peuvent être jugés par des juridictions françaises pour des crimes commis à l'étranger. On objectera que les poursuites ne peuvent être engagées que sur plaintes, peu probables, de victimes. Une condition restrictive que la loi a posée, une autre loi peut, d'un mot, l'abroger, pour autoriser le ministère public à se saisir d'initiative. Sont-ils des combattants au service, librement choisi, d'une cause étrangère ? Si oui, cela ne suffit pas à les constituer criminels. Poursuivra-t-on les volontaires français qui sont allés, en Ukraine, s'opposer aux Russes ? Aurait-on poursuivi les volontaires de la guerre d'Espagne ? Admettrait-on que soient poursuivis les volontaires étrangers de la Légion ? Alors, pourquoi leur jeter l'opprobre ? Et au nom de quoi leur interdire le départ de France ou les emprisonner à leur retour ? Parce qu'ils sont manifestement devenus dangereux pour nous-mêmes ? Alors pourquoi ne pas leur appliquer les lois de la guerre, celles dont sont justiciables ceux qui trahissent leur pays et se font complices des ennemis de leur propre pays.

Le summum du ridicule est atteint lorsque, en septembre 2014, au moment même d'un débat parlementaire et médiatique savant sur la bonne manière d'empêcher de nuire, en France, des jeunes gens saisis par le démon de la guerre étrangère, la police manque à s'emparer de trois d'entre eux répertoriés et attendus de pied ferme. Ce vaudeville policier est dû au dilettantisme d'une politique de communication par le faire-valoir. Il révèle, mais personne ne s'en empare, le concubinage de la presse et de responsables publics dans des affaires que la nécessité opérationnelle devrait conserver secrètes. Au cœur de cet épisode, un haut responsable policier affirme, en une phrase qu'il croit intelligente parce que contournée, sa certitude d'un prochain attentat ! On ne saurait plus maladroitement brouiller la confiance que l'opinion devrait avoir dans les capacités de ses autorités pour anéantir des menaces terroristes. Non content de laisser le doute et la crainte se répandre, et tout en s'affirmant armé en suffisance, l'État assiste indifférent, en tout cas sans réponse politique ni juridique, à une autre pièce dérisoire mais destructrice : celle d'une campagne internationale, formidablement relayée par la presse, inaccessible à l'intelligence du citoyen, sur les restrictions à apporter à l'intrusion de l'État dans des données téléphoniques et informatiques personnelles. L'État devrait-il s'interdire d'y accéder ? Les grandes sociétés de prestations informatiques disposent, elles, avec le consentement de leurs clients et à des fins de marketing, de toutes les capacités de rapprochement de données personnelles et d'identification des déplacements ou achats individuels. Quelle naïveté !

Brandir le langage de la guerre, en employer les moyens militaires, et s'abstenir de recourir aux moyens juridiques adaptés à la guerre, qui existent, pour la plupart à suffisance, forment une inconséquence. Les frappes aériennes françaises en Irak et en Syrie peuvent atteindre de nos compatriotes fourvoyés dans ces combats. Nos armes auraient ainsi tué des nationaux. Les responsables de ces morts pourraient constituer des cibles juridiques appropriées pour les familles des victimes. Et la justice instruira les plaintes, ne pouvant se renier en repoussant des plaintes qualifiées. Les combattants, ou les complices de causes que le pays combat, sont des ennemis, au moins coupables d'intelligence avec l'ennemi : le proclamer ne heurte pas la Liberté. Ils sont aussi, peut-être, d'éventuels criminels en gestation, soupçonnables d'intentions hostiles. Vouloir ériger le soupçon en fondement de la restriction de liberté individuelle étonne, de la part de milieux politiques qui ont souvent plaidé pour la suprématie de la liberté sur la suspicion. La prévention du crime par des mesures administratives est à la merci de la distraction ou du discernement divinatoire d'agents d'exécution. Les supputations sur les omissions des banques de données, la restriction de leur usage, la contestation même de leur existence ou, au contraire, sur la levée d'entraves excessives à leur emploi, ne peuvent fonder une action efficace. Viendra le moment où, comme les États-Unis sont encombrés de l'absence de droit pour réglementer la détention dans le camp de Guantánamo, nous serons embarrassés par des situations hors du commun.

Il n'est point besoin, en matière de terrorisme, d'une incrimination spéciale. Elle fait la gloire de ceux auxquels elle s'applique. La législation spécifique a été, sans doute, une erreur. Il n'est plus temps de revenir sur des dispositions auxquelles l'appareil d'État s'est accoutumé. Mais on peut les englober dans des chapitres de droit commun et, pour le surplus, user aussi du droit de la guerre. Le terroriste, puisqu'il agit pour une cause qui le transcende, ne se considère pas comme un assassin. Il ne veut pas être présenté comme tel. Le traiter comme un cas particulier, dans des rubriques et avec des règles particulières, c'est lui donner une faveur qu'il a voulu arracher au prix du sang. Le traiter comme un ennemi aussi, dira-t-on. Mais, qu'on le regarde comme un assassin vulgaire, et non spécial, ou comme un ennemi de la nation, c'est la seule façon de nier sa légitimité en tant qu'égorgeur tout en se donnant le droit, pour la protection du pays et de ses habitants, de le détruire par les moyens de la guerre.

II

# Face à l'impuissance

> « Les rois font des hommes comme des pièces de monnaie : ils les font valoir ce qu'ils veulent, et l'on est forcé de les recevoir selon leur cours, et non pas selon leur véritable prix. »
> « La dévotion qu'on donne aux princes est un second amour-propre. »
>
> François de La Rochefoucauld, *Maximes*

Une eau-forte de Goya représente une petite cohorte de personnages blanchâtres qui avancent en colonne, dans une direction sans but, dans un paysage sans repères. Leur allure est digne. Le visage est concentré, austère, l'attitude vaguement condescendante. L'un d'entre eux est un peu à l'écart de la tête de colonne. Il adresse à ses compagnons de route, ou d'infortune, un regard oblique, l'œil interrogatif, la silhouette inclinée en une esquisse de rébellion ou une amorce de chute, on ne sait. Ce sont des fous, sans doute. Ils sont ensachés jusqu'au cou, un cordon retient leur camisole au-dessus des épaules. Les régimes politiques totalitaires traitent les déviants politiques comme des malades mentaux. Dans leur logique, absolue, ils n'ont pas d'autre choix, hors l'exécution immédiate, que l'éloignement humiliant et la mort programmée de l'individu. Au sein des univers sanguinaires, la folie est moins une forme de protestation que la quête désespérée d'un refuge contre les règles et le conformisme. L'ironie d'Érasme exprimait les deux, en un temps qui n'avait pas encore connu le règne sans partage des religions séculières.

La représentation de Goya, elle, est, au contraire, et au plus près de la réalité politique, à l'image de la soumission des individus au sens dominant. Un personnage divague un tantinet à l'écart de la troupe. Il ne tardera pas, on le sent, on le voit, à rentrer dans le rang. Le contraire ne lui serait pas pardonné ; il n'est même pas envisageable. Ce personnage restera un complice silencieux et consentant d'une folie collective qui se prend pour une marche civique et philosophique.

## *L'enfermement des idées entrave les réformes*

Au café du coin, dans les conversations du matin, on dispute, comme dans les chroniques de France Culture, des remèdes à apporter à l'impuissance des gouvernements. Les mots ne sont pas les mêmes mais l'idée commune est qu'il revient à l'État de tirer le pays hors de sa torpeur. En regroupant les malaises sociaux sous un terme générique, *la crise*, on les postule permanents, comme l'État, qui semble n'avoir plus d'autre rôle que de les soigner. Dans presque toutes les parties de l'opinion, il se trouve cependant des fractions pour penser que seule l'activité privée pourrait être le moteur d'un renouveau d'ardeur et de prospérité. Ceux qui professent cela posent aussi en condition nécessaire que la puissance publique ait d'abord établi les réformes qui rendent ce bonheur possible. C'est à l'État de nous conduire vers moins de malheur. Cette conviction unanime surplombe les divergences, sans les faire disparaître. Les Français veulent, aujourd'hui comme en d'autres temps, des réformes auxquelles ils ne sont pas prêts à consentir dès lors qu'elles les atteignent. Les politiques leur en proposent presque chaque jour, en un excès d'abondance qui déroute et désole. La fébrilité réformatrice fait soupçonner le manque d'efficacité qui, ainsi, se démontre, car on ne réussit pas des réformes sans confiance en leur succès. Ce bouillonnement est sans issue. Il peut, selon qu'on le contient ou qu'on en détourne l'énergie, s'achever en explosion, servir une cause électorale ou s'affadir et dépérir au profit d'une nouvelle vague d'impatiences.

Un des motifs de l'impéritie de la puissance politique est la difficulté à sortir des schémas de pensée du vieil édifice. Marx le disait, les philosophies ont interprété le monde, mais ce qui importe, c'est de le changer.

Pour le changer, il faut choisir son camp. Or nous ne choisissons guère nos appartenances. Nous ne sommes pas responsables des facteurs qui, principalement, nous déterminent, époque, hérédité, milieu, éducation. Il y a ainsi du chemin, au sein des idées politiques, entre le préjugé et la lucidité. Le tableau des attitudes politiques est établi depuis des lustres. Ses rubriques sont enracinées dans le passé et les cultures. La crise, qui est un déséquilibre ressenti, dorénavant, comme l'état le plus probable des sociétés qui nous régissent, apporte un éclairage nouveau. Les couleurs sont plus crues, plus fragmentées et plus entremêlées. Les écoles de pensée se donnent l'illusion d'exister par elles-mêmes, et pas seulement comme surgeons des vieilles souches. Elles répugnent à la procuration et la déjouent. Les opinions publiques se nourrissent d'une substance plus proche des faits que des théories, qui n'ont su dénicher aucune issue et tentent de s'en venger.

## Le retranchement des clans étouffe les idéaux

Les idéaux rassemblent et séparent. Si l'occasion leur est donnée de passer à la pratique, ils divisent. À la longue, les moyens deviennent le but. L'immobilisme crée souvent, en politique, de moindres dangers que le volontarisme. Gouverner est l'art de savoir attendre. Le volontarisme est le nom d'un idéal dégénéré. Souvent, après ses premiers déboires, il s'écrase sur un mur, après avoir survécu, appauvri, comme mythe mobilisateur. Les mythes perturbent et tuent mais ne résolvent rien. Les réalités finissent toujours par avoir raison des certitudes les mieux construites. L'agitation effrénée des thèses et doctrines exacerbe les douleurs sans soulager les inflammations. L'art de passer entre les mythes et les réalités nourrit les dissertations mais il est irréductible à tout apprentissage. En 1995, la droite a voulu imposer des réformes nécessaires en passant en force. Son échec ayant servi de leçon, la gauche revenue au pouvoir, et qui voulait, sans le dire, faire des réformes analogues, croyait tenir la clé de la réussite dans la pratique confiante du consensus social. Mais, pour y parvenir, elle devait en rabattre sur ses objectifs. En les plaçant trop haut, elle se serait condamnée à l'affrontement, puis au renoncement. En les situant trop bas, elle se serait résignée à renoncer au nécessaire. De là, un hoquet de rodomontades et de reculades.

Un bon antagonisme, habilement engagé, hardiment soutenu, peut être plus productif qu'une amourette de passade avec des partenaires sociaux entêtés de leurs intérêts. Évidemment la joute est inégale. D'un côté le gouvernement, porte-drapeau d'une majorité parlementaire qu'il exige à ses ordres, incarne ce qu'il croit être l'intérêt supérieur et général ; de l'autre des négociateurs, libres de leur parole mais redevables de leurs mandats, expriment des intérêts instables, fracturés, fractionnés. Il est possible que, entre les deux camps, se noue une complicité provisoire. Il est plus probable que chacun reste prisonnier de ses clans. La négociation interne au clan est moins souple, et moins ouverte, que la négociation publique. Devant chaque hypothèse de concession, il se trouve, dans le clan, quelqu'un pour avoir un haut-le-corps de réprobation. L'emprisonnement dans les clans est, à gauche et à droite, de même nature et de même force, sur un fond différent. À gauche, la férocité des inimitiés le cède toujours à l'unité dans la défense sacrée du mythe de la générosité pour les classes populaires. Quand cette unité sacrée paraît compromise, les fêlures restent de façade. L'adversité revenue, les vieilles affinités se ressoudent. Un Premier ministre peut, sans dommage prolongé, faire aux chefs d'entreprise des serments d'affection sans lendemain. Le président de la République peut, sans dégradation supplémentaire de son image, endurer la bassesse d'une dénonciation de son vocabulaire méprisant pour les pauvres, auquel ne croient que ceux qui le haïssent déjà. Le clan reste établi. À droite, le seul fait d'être constitué en une majorité dominante, ou en une opposition parlementaire pleine d'espoir pour les conquêtes électorales à venir, revigore bien assez les troupes pour que les rivalités individuelles soient sans conséquence. Les solidarités, idéologiques (même sans doctrine), sociologiques (même sans support consistant) ou tactiques (un jour ou l'autre, on trouve son compte dans l'unité), sont plus puissantes que les personnalités isolées.

Dans le camp des responsables socioprofessionnels, en revanche, les cercles sont cloisonnés, refermés sur l'intérêt de chaque corporation. Il se peut qu'une ligne d'assaut commune puisse être constituée entre eux. Les tranchées d'approche ou de repli de la zone des combats peuvent être séparées. Il n'y a que l'inspection générale des finances pour confondre dans un même opprobre des pharmaciens et des huissiers, des notaires et des médecins, des avocats et des mandataires judiciaires, et des taxis avec tous. En ouvrant, par la publicité donnée à un rapport sur les professions dites réglementées, un front artificiellement large, composite, forgé de situations disparates, en même temps tellement incomplet qu'il donne à soupçonner la protection de quelques autres corporations, le gouvernement s'est, en 2014, montré prisonnier de son clan encore plus que de la nécessité budgétaire. En allant par ailleurs chercher, dans l'abattement de crédits sociaux en faveur de la famille, des éléments d'équilibre des comptes publics, il s'est mis en péril de confirmer le soupçon d'une hostilité aux traditions familiales, dont son clan avait déjà fourni tant d'indices maladroits.

Dans le retranchement des clans, plus il y a d'arrogance, moins il y a de résultats. Les politiques les plus ambitieuses se fourvoient dans le bricolage d'orthèses vite usées. La politique économique cesse d'être un remède, elle pèse comme une charge. Une organisation politique vertueuse et plus ouverte ne garantirait pas, à elle seule, une politique économique de qualité. Mais, prise dans le système des clans, toute structure politique échoue à produire le bien public.

## La pensée politique est réduite au langage binaire

L'expression « ni droite ni gauche » a été, parallèlement à la publication en 1983 d'un livre marquant[1], l'occasion d'une joute intellectuelle sur un sujet que rien, ni une interprétation de l'histoire des idées ni une réflexion sociologique contemporaine, ne peut épuiser. L'histoire de notre Révolution a fourni au monde une distinction, droite-gauche, dont l'universalité flatte notre vanité nationale. Le concept se transpose aisément d'un domaine à l'autre. La philosophie, la religion, le théâtre, la chanson, la sociologie en usent, mais pas les sciences exactes, lorsqu'elles sont préservées de l'emprise du politique. La plasticité de cette idée en politique permet de lui donner des sens différents selon les pays auxquels on l'applique, depuis les plus proches de nous par le régime démocratique jusqu'aux plus éloignés par le sort réservé aux libertés publiques. Autant dire que son emploi n'est pas près d'être abandonné.

Les tentatives pour y échapper ont été, et sont encore, multiples. Une formule célèbre, celle d'Alain, a brillamment discrédité la mise en doute de la coupure entre partis de droite et partis de gauche : « L'homme qui pose cette question n'est certainement pas un homme de gauche. » Depuis, l'homme de gauche se réfugie dans cette distinction intangible, entée sur l'histoire de notre Révolution. Les écologistes, plus doués pour la division que pour l'harmonie, ont échoué à s'imposer comme une nouvelle catégorie politique. L'homme de droite cherche à surmonter l'idée de cette frontière entre la droite et la gauche, et celui d'extrême droite à la nier. Nicolas Sarkozy, annonçant à la télévision, en septembre 2014, son retour sur la scène politique, a éludé cette distinction, dans laquelle il ne retrouve probablement pas l'idée qu'il se fait de l'universalité de sa personne. Des universitaires cherchent aussi d'autres lignes de clivage, par exemple celle de l'attitude face au risque. Le monde pourrait s'organiser en adeptes de l'esprit de précaution d'un côté et proactifs[2] de l'autre, les uns plus attentifs aux dangers, les autres à l'innovation. La vision verticale, simple et bien hiérarchisée, en a tenté plus d'un : de Gaulle, du haut de ses nuées méprisant ceux du « marécage » ; Raffarin, Premier ministre découvrant, du sommet de sa condescendance, la compassion due à ceux d'« en bas ».

La pensée politique bifide nous est comme une nécessité. Les partis abattent leur hache dans la fente la plus infime pour élargir la séparation qui permet de constituer les orthodoxies. L'univers est réduit à l'essentiel. En chacun d'entre nous, le désir de simplification est profond, naturel, utile en outre à la clarté d'expression, indispensable à l'exercice de la décision. Le monde de l'informatique vit de l'analyse binaire, de même que le monde de la rentabilité. La spéculation politique devient plus rapide. Elle accède à ses références par réflexe, presque sans délai. C'est inoffensif, car elle est, de toute façon, sans effet. Tel, qui a du sens commun dans les affaires lorsqu'elles touchent à sa personne, peut ainsi, en politique, s'en abstraire sans scrupule. Jusque dans les années 1970-1980, celui qui n'était pas marxiste était « facho », un point c'est tout. Au fur et à mesure que culture et instruction cheminent en sens inverse, la pensée pauvre et les idées courtes séduisent plus que la pensée profonde, réservée à quelques intellectuels. L'expression plate est à meilleure portée du public que la langue riche, la communication plus fluide dans le dénuement du vocabulaire, le commandement mieux compris dans la brièveté que dans la nuance, et le stéréotype plus utile à l'apprentissage rapide des codes utiles du comportement en politique que l'invitation à la réflexion personnelle.

Cependant quelques aspects, dans la contraction binaire de la pensée politique, sont éminemment positifs, en outre inévitables. Il serait dommageable, par ailleurs illusoire, de croire pouvoir s'en détacher. Le langage binaire de la politique structure le débat, organise la controverse, révèle les contradictions et invite à les dépasser. Ce processus est dialectique, truffé d'impuretés mais encore dialectique. Il est, en cet état, le seul accessible à tous les esprits. Peut-il permettre de surmonter les blocages conceptuels ? La forme la plus usuelle de l'échange entre camps politiques est le dialogue de sourds. Une forme atténuée, le dialogue par onomatopées, a quelques faveurs. Au-delà, il faut recourir à un langage codé. Dans un débat, la réfutation d'une thèse atteint son ultime degré de perspicacité lorsqu'on dénie à l'interlocuteur d'avoir seulement lu, ou été capable de comprendre, la thèse adverse. Dans une démocratie normalement civilisée, dénoncer une idée comporte plus de valeur marchande que la décortiquer, et la déplorer plus que la scruter. Dès lors qu'on a emporté une adhésion, on est réputé avoir convaincu, sans qu'il soit nécessaire d'explorer les soubassements des convictions. Les partis se complaisent dans ces limites et s'y bornent. La politique n'échappera pas à sa gangue binaire, bien que la société aspire confusément à autre chose. La découverte en laquelle elle espère, sublime et improbable, est inaccessible. Le conflit sommaire d'idées caricaturées est une façon, grossière mais stable, d'assurer l'équilibre du dialogue politique. Cet équilibre est approximatif mais, en permanence, il se rétablit de lui-même et assure au système une survie insatisfaite mais pacifique, autant que faire se peut.

## La sclérose idéologique incite à la révolte

Napoléon détestait les idéologistes. Par le vain et l'abstrait de leur pensée, ils contaminaient son pouvoir. L'idéologie ambitionnait de se substituer au lien de fidélité entre le sujet et le monarque. Bientôt elle détruirait et remplacerait la tradition. Au sens de Marx, l'idéologie servait à justifier, par le mensonge et la dissimulation de la réalité, la domination d'une classe sociale. Des idéologues ont alors envahi les pouvoirs d'État et construit des appareils d'asservissement. L'idéologie fournissait la caution intellectuelle de la dictature. Elle en moralisait la finalité. Une fois la croissance économique devenue le but de tous les États, la fin des idéologies, un peu confondue avec celle de l'histoire, a été proclamée. Prématurément, car l'intelligence libre n'a pas encore eu raison d'elles. Leur absence d'égard pour la personne, leur échec philosophique, humain, militaire, économique, n'a pas anéanti la prétention des idéologies, pas davantage que celle des sectes qui leur sont apparentées par leur mépris de l'humanité. Des idéologues, par peur de l'usure de leurs valeurs, dictent encore des lois. Ils célèbrent, voire… sanctifient (!), la laïcité mais sacrifient à l'intolérance. Ils vénèrent la liberté mais veulent en interdire certains signes. Les idéologies n'en finissent pas de s'annihiler dans la sclérose des idées.

Dans l'univers politique, l'individu trouve sa position au carrefour de trois déterminants : l'univers naturel, familial, tribal, et les artefacts de complément, qui le situent ; le langage et l'art, qui lui donnent ses moyens d'expression à l'égard des autres personnes ; le mode d'échange entre les individus et les groupes, qui fournit la charnière entre la personne et le monde. Le domaine d'appartenance politique de toute personne est délimité par ces éléments, dont le premier est aussi l'objet même de l'action politique. En chacun de nous, l'un de ces facteurs est prédominant. Ce déséquilibre a peu d'effet par lui-même. La combinaison des facteurs se fait dans des choix individuels typés, inertie ou militantisme, engagement ou jugement, ambition ou abstention. Le mouvement, l'action sont un mode d'établissement de l'équilibre individuel. Le système global de la politique, lui-même constitué par l'articulation des trois composants, est, lui, en crise lorsque l'un d'entre eux prend l'ascendant, au détriment des autres. L'art de la politique est d'assurer en permanence, à chaque moment, au repos et en mouvement, l'équilibre de ce système. Lorsque le tripode, en chacun de ses soutiens, porte à faux, la crise est à son niveau supérieur. Nous y sommes.

La pensée idéologique a pour fonction de réguler ces équilibres. Elle est de l'ordre du sacré, inaccessible à la raison froide, et dépend d'archétypes intangibles. Elle s'exprime dans un langage spécifique. On ne peut attendre de ce langage, même s'il y prétend, qu'il énonce le vrai et le faux. Il est, à cet égard, invalide. L'approche de la vérité est dévolue à la science et à la philosophie, dont les fondements se trouvent d'ailleurs dans le doute, ce que l'idéologie ne peut autoriser. Le langage idéologique est plus proche de l'invocation, du souhait, de l'imprécation ou du commandement que de la réflexion et de la raison. Le discours politique prétend pourtant pouvoir, à la fois, annoncer le vrai et le faux, le souhaitable et l'impossible, le but de l'action et les moyens d'y parvenir. Il a un but, mobiliser les énergies vers le pouvoir, et procède par assertions, procédé habituellement indifférent à la vérité et à la fausseté des choses.

Les idéologies séparent. Leur sclérose divise. Leur impuissance révolte. Les cercles qui se veulent de libre expression, clubs, fondations, *think tanks*, s'effondrent sous le poids des dogmatismes, qui en reprennent, tôt ou tard, le contrôle. Denys, tyran cruel de Syracuse, entendit un jour, par indiscrétion, une vieille femme dire du bien de lui. Elle expliqua avoir précédemment prié pour la mort du grand-père, puis du père du roi. Ses vœux avaient été exaucés. Mais la méchanceté avait chaque fois redoublé. C'est pourquoi, instruite par l'expérience, elle souhaitait que Denys conservât le pouvoir. Il en va des idéologies comme des tyrans. Devenues odieuses, elles valent encore mieux que l'inconnu, alors même que leur sclérose rendrait nécessaire une révolte indéfinie.

Max Weber, qui opposait l'éthique de la conviction à l'éthique de la responsabilité, les croyait complémentaires et non pas contradictoires. Pour lui, elles constituent, ensemble, « l'homme authentique », « qui peut prétendre à la vocation politique », au lieu de « ces outres pleines de vent qui n'ont pas réellement conscience des responsabilités qu'ils assument, mais qui se grisent au contraire de sensations romantiques[3] ». On sait aujourd'hui que l'homme responsable ne peut calculer toutes les conséquences de ses actions. Il ne peut, pour autant, ni se cacher la tête dans le burnous en attendant que passe la tempête de sable, ni rester impassible. Encore moins peut-il se jeter dans une nouvelle foi, qui n'existe pas, dans une réforme spirituelle que personne n'accrédite, ou se croire obligé d'adhérer au résidu de culture d'une coalition d'ambitieux abêtis. Il lui faut trouver seul, dans le règne des masses et des pensées rétrécies, les chemins de la clairvoyance et de la révolte utile.

## *La révolte serait légitime si elle n'était vaine*

Les années qui ont précédé la Révolution ont été, disait Tocqueville[4], marquées par « le dégoût du temps ». Les esprits étaient imprégnés de « l'idée vague d'un changement prochain sans en imaginer même le moment et la forme ». Des signes analogues se retrouveraient sans peine dans notre histoire plus récente, avant des épisodes de bouleversements mémorables : dans la période de l'entre-deux-guerres, dix ans avant la débâcle ; dans les quelques années qui ont précédé mai 1958 et mai 1968. Depuis quarante ans, hormis quelques interruptions illusoires et passagères, sommes-nous jamais sortis de l'état calamiteux d'une société dont on ne sait si elle est au bord du cataclysme ou en état d'épuisement ?

Tous les facteurs sociaux convergent vers une espèce de désagrégation à laquelle sont opposés des freins qui lâchent les uns après les autres. Le lien social est, depuis longtemps, perturbé par la progression de l'individualisme. La famille ne fournit plus ni la structure hiérarchique ni l'équilibre institutionnel qui le contenait. Entre l'individu et l'État, des intermédiaires collectifs ont disparu. Ceux qui subsistent et qui captent l'individu sont choisis par l'individu seul. La tradition ne l'en fait plus dépendre. Le tissu social qui était soudé par des certitudes n'est maintenu que par des consentements librement rétractables à tout moment. Les idéologies occidentales se sont délestées de leurs préjugés successifs. Elles ne se reconnaissent plus de droit ni à la supériorité, religieuse ou morale, ni à la domination, scientifique ou économique. Régis Debray pense[5], à l'inverse, que « seul l'Occident a la faculté de présenter et de se représenter ses intérêts particuliers comme l'expression des intérêts de l'humanité en général (liberté, émancipation, progrès) », et que ce « monopole de l'universel », caractéristique d'« orgueil, excès et morgue » correspond à une « *hubris* du global ». Mais il méconnaît la force du scrupule « droit-de-l'hommiste[6] », l'érosion des certitudes par les troubles de la « religion du droit[7] » et de l'« envie du pénal[8] ». Ce qui est certain, c'est que l'idée de nation s'est érodée. Après avoir incarné le peuple tout entier, elle est emprisonnée par des mains suspectées de vouloir assassiner l'Europe. Des festivités sportives ont réveillé l'enthousiasme pour l'hymne et le drapeau, mais l'idée que des étrangers puissent figurer, en mercenaires, sous le maillot d'un autre pays que le leur fait de rapides progrès. Notre concept de civilisation contemporain reconnaît aux cultures une équivalence de principe. Il en est récompensé par le retour fracassant d'une croyance religieuse passionnelle, qui défie la tolérance, la récuse pour ses ennemis et méprise la prévalence de l'individu. En ennemie de toutes les idéologies séculières, elle voudrait rétablir un gouvernement du monde relié à la transcendance. Le renouveau de la barbarie qu'elle a inspiré stimule quelques sursauts de dignité démocratique ou humanitaire. Mais la fierté de vivre en société a reculé, et la culpabilité collective est érigée en valeur.

Quinze ans avant la Révolution, « l'amour instinctif et le respect pour ainsi dire involontaire que les hommes de tous les temps et de tous les pays portent en général aux institutions qui leur sont propres, à leurs mœurs traditionnelles, à la sagesse ou à la vertu de leurs pères, ne se rencontraient presque plus parmi les classes éclairées. Partout on ne s'entretenait que des infirmités des institutions, de leur incohérence, de leurs ridicules, des vices des contemporains, de la corruption de la société, de sa pourriture[9] ». Au milieu des grands désastres du monde, les propos de dîners en ville, l'égoïsme bêta du peuple des bobos, les interpellations du pousse-café au zinc du bistrot et la presse, « people » ou d'investigation, n'expriment pas autre chose.

## L'indignation est une protestation sans fruit

En 2010-2011, un appel d'une trentaine de pages (*Indignez-vous !*), placé sous la signature prestigieuse de Stéphane Hessel, résistant notoire et respecté, a connu, avec une diffusion millionnaire, un succès d'édition international époustouflant. Le slogan a, sans l'avoir vraiment suscité, soutenu et illustré, par médias interposés, un mouvement d'extension planétaire. Entre deux crises économiques sans précédent comparable, il a offert comme une seconde vie aux altermondialistes enlisés dans leurs utopies. Sa puissance mobilisatrice a été, dans certains pays, importante, mais toujours sans effet réformateur sérieux. En France, des nostalgiques et des étudiants se sont exaltés, près de soixante-dix ans plus tard, pour les thèmes du programme du Conseil national de la Résistance.

La déférence renouvelée pour l'œuvre riche et méconnue de la Libération fut une chose excellente, mais sans utilité. Les anciens résistants qui se sont exprimés au travers de ce petit ouvrage à portée de toutes les bourses ont mis leur respectabilité au service des sans-papiers. Une partie de l'opinion déjà acquise à leur indignation a aimé recevoir leur caution, face à l'indignation adverse qui couve sa propre révolte contre l'envahissement. On n'a pas vu que ces propos généreux aient, par leur influence morale, obtenu que soient changées d'un iota les politiques gouvernementales de l'immigration, depuis renouvelées. Le mélange de ces thèmes avec la défense vigoureuse de la cause des réfugiés palestiniens et la dénonciation haineuse de la politique d'Israël à Gaza a laissé quelques sceptiques pantois et sans voix. Ils espéraient trouver, sous une plume auréolée de gloire, une nouvelle idéologie qui pût combler toutes les aspirations contradictoires produites par le dégoût du temps. Ils ont eu à lire un manifeste, semblable à tant d'autres. Libertaires et moralistes de salons, professionnels de l'action sociale dans les associations subventionnées, militants de la charité, activistes de l'agitation de rue, prophètes de la révolution, utopistes de la reconstruction spirituelle y ont cherché leur compte. Aucune faction ne l'a, en définitive, trouvé dans cette indignation.

Fût-elle d'âme romantique et de pratique révolutionnaire, jeune par le dynamisme, sage par la maturité de ses inspirateurs, destructrice de l'ordre établi mais réaliste par expérience, l'indignation ne suffit pas à changer une politique gouvernementale, encore moins la société entière. En 2006, c'est un mouvement de grande ampleur, insaisissable dans son inspiration et violent dans ses manières, qui finit par s'asphyxier dans des subtilités politiciennes. Les manifestants revendiquaient, au-delà de l'abandon du contrat de première embauche, la suppression de tous les contrats d'emploi précaire, l'augmentation des subsides de l'État aux universités, l'abandon de poursuites judiciaires à l'encontre d'émeutiers. De vieilles lunes antiéconomie de marché, autogestionnaires et anarchistes, venaient les rejoindre dans la rue, aux côtés de détrousseurs de quartiers. Par-dessus et après le vote des parlementaires, ce mouvement avait réussi à mettre en scène une bonne série de simulacres. Il conjuguait, dans l'opposition au gouvernement, des étudiants et des enseignants, des lycéens et des parents d'élèves, des syndicats et des partis politiques, des politiciens opportunistes et des élus respectables, pour avoir raison d'une loi votée par des parlementaires qui n'avaient rien senti venir. Le château de cartes s'est effondré sous le simple retrait de la loi déconsidérée. Trois mois de troubles quotidiens sur la voie publique, dans les lycées et dans les universités, pendant une durée plus longue que les manifestations de 1968 et dans une tension chaudement entretenue, se sont évanouis, sans autres conséquences que politiciennes, dans la rivalité d'un Premier ministre et de son ministre de l'Intérieur. Le ministre chargé de l'Éducation, qui avait une opinion, avait été prié de regarder passer les balles par-dessus le filet.

L'indignation, même dans un mode d'expression que, à raison, les pouvoirs redoutent, n'obtient que l'esquive des responsables publics. Sa caractéristique est une progression météoritique qui s'effondre dans le magma des réalités. Tout au plus peut-elle permettre à des saltimbanques de la dérision (Coluche, Beppe Grillo) de susciter l'enthousiasme jusqu'à ce que leur influence soit recyclée dans le système traditionnel ; ou déboucher sur l'idolâtrie d'un président du Brésil qui tombera dans la corruption ; ou provoquer le triomphe présidentiel d'un acteur comique (Jimmy Moralès, au Guatemala) tout en l'enfermant dans une représentation parlementaire insignifiante. L'indignation est toujours trompée par sa propre naïveté. Au-delà de ses limites, elle impose la révolte comme nécessaire.

## L'insurrection gronderait si on lui connaissait une issue

Peu de temps avant l'embrasement du quartier Latin en 1968, un éditorial célèbre[10] avait énuméré les formes d'un ennui qui pouvait conduire le pays jusqu'à la consomption. Il posait une question qui conserve aujourd'hui sa pertinence : « N'y a-t-il vraiment pas d'autre choix qu'entre l'apathie et l'incohérence, entre l'immobilité et la tempête ? » Et une autre, à laquelle il apportait une réponse prémonitoire : « Un pouvoir de gauche serait-il plus gai que l'actuel régime ? La tentation sera sans doute de plus en plus grande, au fil des années, d'essayer, simplement pour voir, comme au poker. L'agitation passée, on risque de retrouver la même atmosphère pesante, stérilisante aussi. »

Les maux de l'Université ont été au cœur de l'insurrection de 1968. Leur profondeur avait échappé à la clairvoyance de Pierre Viansson-Ponté. Il ne vit, alors, les étudiants que pour ce qu'ils étaient (« Les étudiants français se préoccupent de savoir si les filles de Nanterre et d'Antony pourront accéder librement aux chambres des garçons, conception malgré tout limitée des droits de l'homme »), et pas pour ce dont ils souffraient vraiment, la dérive angoissante d'une vie universitaire sclérosée. Ces étudiants immatures auront, quelques semaines plus tard, réussi à bouleverser le monde politique. L'opinion publique se sera, elle, rétractée sur une position craintive et conservatrice. L'Université n'a pas, depuis, dépassé ses problèmes. Ses ravalements de façade successifs l'ont, maintenant, laissée tomber à un niveau qui fait honte, et donne encore plus tort à ceux qui voulaient tordre le cou aux grandes écoles et s'en sont heureusement abstenus.

Raymond Aron avait pris, sur les questions universitaires, des positions qui lui valurent l'ire de la société des agrégés. Elles auraient dû faire de lui le héros des étudiants manifestants. Pour sa popularité, il eut le tort d'identifier, dans les agissements de la rue, un psychodrame plutôt qu'une révolution. Il plaida pour remettre la machine universitaire en route, et se rallia au parti de l'ordre. Malgré les semonces vindicatives d'une cohorte d'intellectuels, il mit en évidence[11] ce qu'il y avait eu de simulacre dans une *révolution* vaguement appuyée sur des illusions libertaires, mais vide de projet politique. La gauche institutionnelle n'eut pas la même lucidité. Elle crut, un moment, pouvoir profiter de la dépression politique, sans voir qu'il n'existait aucune substance pour la combler. Les slogans et les comportements de 1968 ont, sans doute, laissé dans la société des marques profondes. L'Université, dont les maux étaient bien identifiés, aurait pu se réorganiser sans cette gesticulation. Sa réforme fut d'apparence. On chercherait en vain une autre trace institutionnelle ou structurelle de ces jours qui ont ébranlé l'État.

Le mythe de 1968 est le plus formidable révélateur de l'impuissance du carnaval insurrectionnel. Ce fut bien une insurrection. À la différence de ce qui s'est passé en 2005, puis en 2006, toute la société a tremblé. Elle s'est ensuite jetée, à nouveau, dans les bras d'un sauveur, qu'elle a plus tard répudié sans vergogne pour n'avoir pas à se réformer. Les insurrections tout entières fondées dans le malaise et le ressentiment sont menaçantes et dangereuses. Mais, sans idée ni projet, elles n'ont aucun avenir. Les politiques ont reçu cette leçon. L'ont-ils comprise ? Les fauteurs de troubles, involontaires, amateurs ou professionnels, eux, ne la méditeront pas. La révolte est légitime, et fait le meilleur rempart contre l'insurrection.

## Les circonstances font les révoltes, seules les idées font les révolutions

Tocqueville pensait que ce n'est pas la grandeur ni la force intrinsèque de l'obstacle qui peuvent ou doivent arrêter une révolution mais l'ensemble des circonstances. « Il y a des temps où un géant n'est pas assez fort pour arrêter le cours d'une révolution et il y en a d'autres où un nain y suffit largement[12]. » La France a connu, depuis la Libération, quatre vagues, d'ampleur et de portée graduées, de changement radical de ses mœurs politiques, sociales, économiques et administratives. Ces grands flots n'ont pas rencontré d'obstacle respectable. Aucun n'a, comme la Révolution, libéré des forces de cruauté et de talent, de violence et d'imagination qui fussent équivalentes à celles que le pays a connues, au XVIII$^{e}$ puis au XIX$^{e}$ siècle, dans les événements et dans les œuvres qui les ont parachevés. Après la guerre, la rénovation du pays s'est gâchée dans la reconduction des pratiques politiques de l'avant-guerre. L'épuisement dans des guerres coloniales incomprises et perdues d'avance a inhibé tout ressort. L'éclat de 1958 s'est estompé dans l'affadissement du renouveau et l'amollissement de la prospérité. Le bouillonnement de 1968 s'est apaisé dans la libération des mœurs et le confort de ses initiateurs. L'alternance de 1981 a connu le destin des grands faux-semblants. Elle s'est éteinte dans la lassitude, en faisant entrer dans ses traces tous les acteurs qui ont pris la scène à sa suite.

Nous en sommes là. L'extension de la pauvreté et l'incapacité du gouvernant à diminuer la misère dans une société de plus en plus inégalitaire pourraient être des signes avant-coureurs de houles et de cohues. Des foules exaspérées pourraient-elles, de nos jours, se jeter sur le bien d'autrui pour l'accaparer ? La morgue des puissants et des financiers peut-elle être à la source d'une envie de vengeance qui jetterait dans la rue des justiciers de banlieues ? L'immobilisme des partis et la paralysie des pouvoirs publics dénotent, comme jadis, des conditionnements sociaux immuables. De tous côtés, la mauvaise foi tient lieu de détermination. Elle fait renaître une forme d'ardeur qui pousserait à l'usage du glaive si les temps n'étaient pas portés à considérer la relativité des enjeux et l'apaisement des esprits. Certains attachements à des principes moraux, qui sommeillaient, se sont raidis. Ils se sont fait donner, par des professionnels de la communication, une apparence rationnelle de mieux en mieux élaborée, capable de mobiliser des foules. L'envahissement de la politique par les économistes fait penser à l'ascendant que les physiocrates ont exercé autrefois sur les pouvoirs, avant que les philosophes n'éclairent la scène de leurs lumières. La revendication permanente d'une égalité sacrée transcrit un penchant connu pour l'arasement universel. Dans les discours sur l'égalité, on retrouve une prévention fondamentale à l'encontre des aspérités dérangeantes de la liberté individuelle. L'inconsistance de la pensée politique révèle cet éternel vertige du vide qui mène à la chute ou à... rien.

Bakounine disait de la révolution[13] qu'elle n'existe pas « sans destruction profonde et passionnée, destruction salvatrice et féconde parce que précisément d'elle, et seulement par elle, se créent et s'enfantent des mondes nouveaux ». Il voulait, sur la table rase, organiser la société de bas en haut. Cette perspective, en ce siècle, n'est plus guère dans les capacités que les libertaires anarchistes, aguerris en 1848, s'octroyaient après l'effondrement de 1870. Dans le XXe siècle, en France, la guerre, un coup d'État, la jeunesse dans la rue, le balancier électoral, toutes ces circonstances souvent saluées comme de véritables révolutions, n'ont obtenu que des résultats imparfaits et toujours incomplets. Que pourraient, au XXIe siècle, pour changer l'ordre de choses, des révoltes qui peinent à se mettre en branle, et qui restent sans projet ou sont, au mieux, dotées de programmes croupions ? Si on suit l'analyse de Marcel Gauchet[14], « nous assistons à l'émergence d'un modèle général des conduites à base d'évitement de la confrontation, que ce soit par la négociation ou que ce soit par le contournement ». Ce passage de « l'âge de l'affrontement » à « l'âge de l'évitement » a, semble-t-il, ouvert, en tout cas accompagné, l'érection de mœurs politiques et juridiques nouvelles. L'indifférence aux tensions, la répugnance pour le conflit créatif, la récusation de principe de l'autorité institutionnelle, la disparition du prestige moral, l'évanouissement de l'idée politique loyale et la vanité des programmes des partis sont désormais des « valeurs » répandues, acquises sans frais. Rechercher, avant toute autre chose, les voies du contournement de l'obstacle fait que l'obstacle devient, à la place de l'objet à renverser, le véritable objet de la protestation. C'est ce que d'aucuns voudraient maintenant honorer du vocable de rébellion, si ce n'est de révolution. Sur ce point intellectuel, il n'y a plus de clivage entre la gauche et la droite. Gouvernant chacune à leur tour, elles ont alternativement déserté le champ de la rénovation sociale. Laissant les syndicats à leur état de technostructures dépeuplées et l'administration à sa langueur d'appareil sans imagination, les politiques ont capitulé devant l'effort.

Depuis plus de deux siècles, en France, la vie politique s'est articulée sur l'opposition entre la révolution et la réaction. Chacun de ces versants idéologiques avait ses désirs propres, ses mythes, sa culture. La violence étant, maintenant, unanimement exclue, il reste, de ce vrai clivage, peu de chose. La droite s'appuie, un peu honteusement, sur un libéralisme économique de référence qui est son seul terrain de manœuvre disponible. Elle ne peut prétendre à l'apanage de l'idée de nation, dissoute dans l'Europe, vers qui presque tous les partis convergent pour agiter un drapeau unitaire. L'État colbertiste, dont se prévalait encore la droite gaulliste, a versé de l'autre côté. Depuis le succès de la *fracture sociale*, thème gagnant dans une campagne présidentielle, le libéralisme s'est dissimulé derrière des discours de commisération collective. Il s'est aussi corrodé, un peu plus tous les jours d'exercice du pouvoir, par la crainte de détruire ceux qui en sont les victimes. À gauche, l'idée sociale-démocrate a dévergondé les intentions révolutionnaires. Elle a exaspéré le goût pour un État providence établi et géré dans la stabilité sociale. Elle a détruit les modèles, fait régresser le penchant à l'adhésion fanatique, et dissous, en tout cas affaibli, le consentement à l'autorité.

Dans ce contexte, il n'y a plus de place pour le lyrisme des envolées révolutionnaires. Elles ne peuvent plus se traduire en actes collectifs. Les actes désespérés individuels n'en sont peut-être que davantage à redouter. Depuis 1983, la manière dont les changements politico-sociaux promis ont été conduits a instruit ceux dont la crédulité a été abusée. Le pouvoir politique, en 1983, en 1995 et en 2014, a prudemment affublé ses reniements d'une appellation biaise. La franchise eût dénoté le délaissement des promesses. Les retournements de cap politique auraient pu engendrer des actes belliqueux d'une légitimité acceptable. Une nouvelle génération, à la mémoire plus courte, reviendra sans doute aux délices de l'illusion. Mais la dilution progressive et méthodique du pouvoir public continue d'éteindre les velléités révolutionnaires.

Les associations et les collectivités territoriales se sont, depuis les années 1970-1980, installées en écrans entre la puissance publique, que l'État continue d'incarner aux yeux du public, et le citoyen. Pressées de revendications individuelles, elles forment dorénavant les corps intermédiaires qui amortissent les chocs sociaux. Elles s'interposent dans une multitude de fonctions, recherche des emplois, formation des enfants et des adultes, accompagnement éducatif des familles, accès à la culture, et même mise en œuvre de la loi pénale. Accablés, dépassés, impuissants à résoudre ce qui les dépasse, ces interlocuteurs de premier rang se sont, avec leurs réseaux et leurs subventions, substitués à l'administration d'État, emparés de la dénonciation des insuffisances budgétaires et contiennent l'effervescence sociale. Ils s'exaspèrent dans une revendication justifiée mais impuissante, qui finira par les mettre eux-mêmes en péril. De leurs embarras n'a pas surgi et ne surgira pas l'idée qui, d'en haut, illuminerait une révolution.

## *Éviter de se confronter aux obstacles est naïf et dangereux*

Une des conséquences les plus déconcertantes du retour de la gauche au pouvoir en 2012 a été l'effacement rapide d'espaces qui la séparaient de la droite. Deux ans ont suffi à la gauche pour abolir des symboles de ses haines passées. Le Premier ministre a comblé un écart conceptuel majeur avec la droite lorsqu'il s'est adonné, pour séduire le patronat, à une déclaration lyrique d'amour à l'entreprise. Complétée par des piqûres de libéralisme économique et de réalisme comptable d'un ministre de l'Économie plus financier que militant, elle a scellé le divorce entre la gauche qui s'approprie le progressisme et celle qui se fait rejeter dans le passéisme.

L'hostilité entre la gauche et la droite comportait, avant l'élection de F. Hollande à la présidence de la République, des zones de conflit bien délimitées. L'affrontement sur l'économie portait, déjà, plus sur les moyens que sur les fins. Le diagnostic sur la situation était, en gros, commun. L'issue du combat électoral de 2012, vue selon des critères médiatiques, tenait à la manière de boxer au moins autant qu'à la force des coups. De sages technocrates, conformistes et qui collaborent dans les mêmes bureaux, avaient œuvré, au sein des deux partis, à produire un sirop budgétaire buvable, d'un côté un peu trop sucré, de l'autre un peu trop amer mais du même jus. Des divergences résiduelles témoignaient encore d'une séparation, grandement fictive, des ordres de pensées. Elles étaient attribuées, comme de coutume, à une incompétence de l'adversaire. Le débat était, au moins, circonscrit à quelques paramètres. Le degré, le rythme et la proportion de la purge des finances publiques étaient plus en cause que la nature même des remèdes à apporter à la crise. La démagogie, dans le flot d'enthousiasme des grands rassemblements, a fait modifier les doses de la médication. La posologie retenue *in fine* a provoqué une montée de température et compliqué les soins. Après l'élection, le sujet économique est resté au cœur de l'antagonisme entre gauche et droite, entretenu par des artifices de vocabulaire car, la lutte des classes ayant disparu du paysage, il fallait bien maintenir un support théorique aux conflits politiciens.

Depuis les années 1990, l'hostilité des camps politiques était fondée sur des sujets de discorde plus francs, mais immergés dans la confusion des esprits. L'immigration et la sécurité tenaient le devant du tableau. Ces thèmes ont ensuite régressé. Mais ce sont eux qui ont été à l'origine de la montée électorale, spectaculaire à droite, d'un mouvement de protestation qualifié d'extrême, et que l'on eût mieux compris si on l'avait reconnu comme d'exaspération. Dans le désarroi général, cette cabale de frustrés a fini par poser le pied sur les marches du pouvoir. Pendant longtemps, la gauche a choisi, sur ces sujets, de dénier la réalité des faits et des statistiques. Elle a jugé mensongères des évidences quotidiennes, sous-estimé la portée d'inquiétudes établies, dénoncé sans relâche l'*idéologie sécuritaire* sans la remplacer par quoi que ce soit. Sous une inspiration vaguement humaniste, obscurément naïve et pratiquement sectaire, elle a, avant même que les crises économiques les exacerbent, favorisé les outrances. La frustration de ceux qui se sentaient injustement privés de représentation, sans prise sur le pouvoir politique, en butte au renoncement des appareils de police et de justice devant la petite délinquance, a, un temps, pourvu au bonheur électoral de la gauche. La division électorale de son adversaire de droite l'a servie, jusqu'à ce que l'extension des vulnérabilités économiques à des zones et catégories précédemment épargnées fasse déborder le flot du vote de frustration. La disqualification de l'adversaire par la leçon de morale et la stigmatisation de son discours, méthode commode mais courte, a cessé de pourvoir au soutien du pouvoir lorsque celui-ci a été mis à l'épreuve de sa propre absence de vertu. La gauche a eu tort de jeter au diable, au nom de l'abomination de l'exclusion raciale, des peurs collectives qui avaient bien d'autres racines. Ce faisant, elle a retourné contre elle-même l'intelligent avis d'un Premier ministre de gauche qui, dès 1985, avait diagnostiqué le mal des fausses solutions posées sur de vrais problèmes.

## L'exaltation des certitudes promet la déconvenue

On devrait un jour proposer à des étudiants en sciences politiques ce thème de dissertation : « Pourquoi acceptez-vous le jugement de la foule en politique quand vous ne l'admettez pas en art[15]. » Et retenir comme seule bonne cette réponse sinistre : « Ce qui importe aux hommes de parti, ce n'est jamais la justice mais toujours la victoire. Ce qu'ils veulent, c'est non pas donner raison mais avoir raison[16]. » À long terme, il n'y a rien à attendre, en politique, des certitudes d'un temps. Elles se périment, elles s'enrichissent aussi, parfois elles se retournent : devant des circonstances, devant une personnalité, devant une idée nouvelle. Face à l'histoire, elles finissent par paraître insignifiantes.

Si les politiques accordent au court terme autant de privilège, c'est parce que la démocratie, tenue par ses mécanismes de renouvellement périodique, exige de subjuguer la foule. À défaut de changer ses certitudes, il faut savoir, peu à peu, les habiller d'un autre vocabulaire. Les foules, confrontées aux événements, observant les personnages, sont inconstantes. Cette mutabilité n'est pas en voie de régression. Tout, en particulier l'extension, la permanence et l'immanence du système d'information, tend à la faire progresser. Le politique est condamné à relativiser ses convictions. À supposer qu'il en ait éprouvé les fondements et affermi la constance, il se rallie peu à peu à une plus prudente modération. Dans son édit de tolérance de 1787, Louis XVI, « convaincu de l'inutilité d'un siècle de persécutions », disait procéder « par nécessité plutôt que par sympathie ». Cet aveu de réalisme n'est plus guère de mode. La sagesse opportuniste s'habille d'oripeaux plutôt que de sincérité. À son tour elle est menacée de désaveu car, ce n'est pas nouveau, « nous promettons selon nos espérances et nous tenons selon nos craintes[17] ».

Le retour des certitudes est promis aux sociétés, tout autant que les phases où elles se laissent aller à l'influence de voix émollientes. Personne n'est à l'abri des manifestations exacerbées des dogmes. Si le nazisme est révolu, des mots font froid dans le dos tant ils s'appliqueraient, aussi bien, à la démence terroriste d'aujourd'hui : « Le nazisme a révélé plus de mal qu'il n'y en a dans l'homme à titre de disposition » ; « Le nazi fait le mal et oublie qu'il fait le mal[18] ». Par quelles certitudes respectueuses d'autrui saurions-nous, dans nos démocraties gavées de scepticisme, convaincre des foules baignées dans les émotions médiatiques d'agir avec courage et dignité contre les abominations de tous les temps ?

## L'attente de la providence allie le cynisme à la déraison

Chaque été, les lecteurs de plage trouvent dans leurs journaux des récits de fiction politique qui mêlent d'une plume légère faits connus et hypothèses superficielles. Leur prétention de pythies aguiche même les plus blasés. Leur ton de chroniques « people » est, pour faire sérieux, enrichi des dernières tendances des sondages d'opinion. Ils alimentent les conversations de dîners au vin rosé et accréditent, puisque « c'est écrit dans le journal », les insignifiances déversées autour des brochettes et des tapas. De temps à autre, on y découvre la confirmation des intentions, jusque-là masquées, d'un vieux cacique, ou l'aversion secrète de tel ou tel personnage pour tel autre qu'on croyait son ami. Bref, on s'amuse. Ces chroniques irisent, sans le transcrire dans toute sa force, le seul phénomène politique qui constitue l'opinion publique en un état homogène : l'aspiration à une divine surprise, à un grand moment d'espoir et de soulagement que procurerait un renouveau politique inattendu.

Cette impatience confuse est l'unique point de concentration de l'unanimité populaire. Elle est négligente et désabusée, presque résignée, sans détermination réelle ; mais irrépressible, en outre féroce dans sa motivation et dans son vocabulaire de comptoir. Sous ce vêtement contrasté, paradoxal, derrière les impulsions contradictoires qu'inspire son indécision, se dissimule une velléité de violence qui s'ignore elle-même et couve dans une vague inquiétude. Le plus inculte des citoyens sait que les grands moments politiques sont issus d'événements extrêmes. Sans qu'elle l'inspire outre mesure, cette leçon de l'histoire éclaire néanmoins sa conception et sa perception de la politique. Tous les régimes politiques sont nés de la guerre ou de la crise sociale, voire des deux entremêlées ou se succédant. Tous les grands personnages qui sculptent le destin des sociétés et des nations sont, eux aussi, issus de ces moments. Mais attendre de la providence qu'elle fournisse, sous la forme d'un événement ou sous l'incarnation d'un personnage, l'occasion d'un sursaut est, de la part des peuples, la marque d'une inconséquence et, de la part des dirigeants, celle d'un cynisme éhonté. Tocqueville montrait que le surgissement de la Révolution ne tenait pas aux quelques facteurs simplistes que, après lui, l'école communale nous a enseignés avec obstination. Les Français avaient, selon lui, la volonté des réformes avant celle des libertés. Le règne de Louis XVI avait été l'époque la plus prospère de l'ancienne monarchie. Cette prospérité même hâta la Révolution, et c'est en voulant soulager le peuple qu'on le souleva. De nos jours, la circonstance providentielle, entendre celle dont s'écoulerait le flux ardent qui emporterait les obstacles opposés aux pulsions pathétiques de réforme qui animent nos dirigeants politiques, reste évidemment imprévisible, par essence, et indéfinissable, par nature. Elle prendrait des formes qu'on peut au moins esquisser pour mieux définir ce qui pourrait l'éviter, la provoquer ou l'orienter.

Ce serait, en tout cas, une éruption. Dans ce registre, les épisodes les plus proches, les mieux connus auxquels on puisse se référer, sont ceux de 1958, 1968 et 1981. À plus de vingt ans d'écart, la création de la Ve République et, après un calvaire d'opposition, l'irruption de la gauche dans le jeu du pouvoir ont été fondatrices. Elles sont, à ce titre, apparentées : ce fut une sorte de chute dans l'espoir. Le coup de force contre des institutions en ruine, qui a achevé l'agonie de la IVe République, a été, de ces trois moments, le plus déterminant. Il a laissé des œuvres durables, dont la dégradation est en bonne voie mais pas achevée. L'armature constitutionnelle tient encore. La grande houle de 1968, à laquelle se réfère obstinément la génération actuelle des dirigeants politiques de gauche tout en faisant mine de croire à une ligne de continuité entre le gaullisme et le mitterrandisme, a été, tout compte fait, la plus insignifiante. C'est elle qui a le plus imprégné les mœurs civiles, mais sans bouleverser les mœurs politiques. Elle a changé, sans doute, la société mais assurément pas la façon de la gérer. Quoi qu'il en soit, ces types de remuement sont périmés.

Quelques-uns des éléments cruciaux qui pourraient encourager leur renouvellement ne sont pas en place. L'usure du régime n'est pas à la corde. Bien au contraire, le statut du président-monarque fascine, dirigeants politiques et opinion publique réunis. Tous les postulants à l'emploi s'y voient grands, et se prétendent au-dessus des mêlées. Mais, de plus en plus, il leur suffit de devenir les chefs de leurs camps politiques, ce qui est plus accessible, pour se donner un rang utile. Cette détérioration de prestige du poste suprême contribue même à sa survie. L'esprit monarchiste s'y incarne dans le lustre. Il se rend indéfiniment supportable parce que l'élu monarque, si dilettante puisse-t-il être, au moins ne manque pas à effectuer son labeur. De leur côté, les jeunes électeurs se sont, pour beaucoup, détournés des rêves révolutionnaires et libertaires. Le zapping sur le Web et l'intransigeance de la secte écologiste ne sont pas en mesure de remplacer les folies généreuses qui animaient jadis la génération des étudiants. Beaucoup d'entre eux s'abaissent jusqu'à vouloir un emploi plutôt qu'un idéal, et, avec raison, le cherchent à l'étranger. Enfin, la gauche ne peut plus se poser en victime d'institutions accaparées par une droite arrogante, puisqu'elle a, désormais, expérimenté tous les plaisirs et tripoté toutes les astuces du régime. L'insurrection doit donc couver sous d'autres masques que ceux dont on a déjà vu l'usage. Le peut-elle ?

Le mot « insurrection », qui colle si bien aux harangues de la gauche extrême, se dissocie dorénavant et de son sens révolutionnaire, issu de la déclaration des droits de l'homme, et de son sens marxiste, plongé dans l'idée de classe. La plus probable des formes possibles de rébellion contre le pouvoir politique est maintenant une espèce d'insurrection de *saturation*. L'incroyable, universelle et quotidienne pression exercée, sur les individus et les entreprises, par l'accumulation patiente, continue et effrénée de règles juridiques et fiscales aurait dû, déjà, la faire émerger. Sous la IVe République, le déferlement poujadiste effraya les bonnes âmes en partant du fin fond de la province commerçante. Dans les années 1970, des artisans et commerçants soulevés contre les contrôles fiscaux et les créations de grandes surfaces commerciales ont fait la bonne et provisoire fortune d'un tribun qui aurait pu compter dans la sphère politique si sa notoriété ne s'était effondrée sous le ridicule de sa pudibonderie. De nouvelles réglementations, qu'on croyait protectrices de l'équilibre économique et social local, ont été, sous ces coups de boutoir, établies puis perfectionnées jusqu'à l'outrance. Elles ont fini par produire, dans les affaires publiques locales, le plus lucratif terreau de corruption qui ait nourri des carrières de notables. Dans les affaires commerciales, elles ont creusé le fossé entre les grands acteurs, qui peuvent sans conséquences répercuter sur leurs coûts des contraintes en perpétuelle progression, et les petits qui s'effondrent sous des charges étrangères aux métiers qu'ils exercent.

Tout porte, objectivement, à croire aux nouvelles chances d'une rébellion de ce type. Mais elles sont limitées. Le désordre ou la tension sont défavorables aux affaires. Un peu d'apaisement législatif ou réglementaire suffit à éteindre un début d'embrasement, quitte à créer les conditions d'un feu ultérieur. Cette sorte d'insurrection est le plus temporaire des phénomènes possibles. À moins d'une très peu probable violence incoercible, déclenchée par un événement d'une brutalité émotionnelle hors du commun, soutenue par une indignation générale, elle serait sans existence durable, condamnée par la divergence des intérêts qui sous-tendent le sentiment commun de saturation. Un gouvernement préférera faire baisser la température par une médication d'urgence puis se détourner du problème, sachant que cette forme de rébellion ne peut endurer un affrontement prolongé épuisant. À court terme, l'inertie gouvernementale tolère et entretient des tensions qui peuvent un jour se conjuguer à d'autres. À long terme, elle est une manière de suicide social.

De toutes les formes d'insurrection, la plus inquiétante, mais aussi en réalité la moins grave, bien que la plus difficile à résoudre, est celle qui résulterait d'un sentiment de *ségrégation*. La matière s'y trouve en abondance, sous des formes plus semblables qu'on ne le voit au premier regard, dans des collectivités d'outre-mer et dans les quartiers dits « difficiles ». Les variantes sont, certes, nombreuses. Les troubles insurrectionnels en Guadeloupe en 2009 avaient des causes d'ordre économique éloignées des motifs d'affrontement avec la police qui ont déclenché les émeutes de Clichy et des « quartiers » en 2005, ou celles de Villiers-le-Bel en 2007. Voire. Au fond qu'y trouve-t-on ? La ségrégation et l'insularité d'un territoire. Les menaces de déséquilibre qui pèsent sur Mayotte du fait d'une immigration galopante et incontrôlable dans un département fraîchement et fièrement constitué, encore sous le coup des avantages octroyés par son nouveau statut au sein de la République, sont-elles fondamentalement différentes de celles que connaît la Réunion, avec son taux record de chômage des jeunes ? La lutte contre la ségrégation insulaire et contre la ségrégation de quartiers urbains est-elle guidée par une stratégie efficace ? Manifestement, non. Les tentatives d'égalisation sont impuissantes, et perverses. Le fossé entre la moyenne sociale française et la situation de ces territoires s'est plutôt creusé. Tous les éléments défavorables y sont plus marqués. Les mesures spécifiques de l'égalitarisme à tous crins accentuent le niveau d'exigence de la revendication. Elles créent les conditions du versement à l'abîme.

Pourtant, cette menace est bien la moins éminente. Les territoires concernés ne sont pas contigus, hors quelques agglomérations intriquées dans la région parisienne. L'extension de la crise en tâche géographique est chaque fois démentie. En 2005, la multiplication des lieux d'incidents a été un effet de l'aubaine médiatique. Ce n'est pas une « classe » qui se révolte. Il n'y a pas de solidarité concrète d'intérêts. Il n'y a ni homogénéité ni continuité stratégique. Aucun des gisements de crise n'est cependant enfermé dans sa crise. L'exutoire démographique existe pour tous, plus accessible et moins déchirant que pour les Bretons et les Auvergnats du siècle précédent. L'exode y est de moindre intensité que l'exode rural des années 1950-1960. Des solutions économiques pourraient surgir s'il n'était pas exigé d'elles qu'elles s'élaborent à partir de schémas politiques discriminants mais uniformes, ignorants de l'univers extérieur le plus proche. La progression sociale des membres des communautés concernées est possible. On la constate, globalement, notoirement, dans les professions les plus en vue. Mais elle est, le plus souvent, non seulement hors sol mais exilée. Elle n'influence pas le tissu local, sinon par le prestige de l'argent facilement et rapidement conquis. En somme, une sorte de structure coloniale interne au territoire national caractérise cette situation. La question reste ouverte de savoir si le niveau d'instruction ne progressait pas mieux et plus vite dans les écoles françaises du bled maghrébin et de la brousse africaine que dans certaines zones prioritaires d'aujourd'hui en Île-de-France.

Les crises éruptives dans ces territoires peuvent se produire de la manière la plus spectaculaire possible, et se traduire par des violences extraordinaires. Elles peuvent constituer la forme d'insurrection la plus inquiétante, au demeurant la plus justifiée, pour dénoncer l'incapacité publique d'un point de vue moral, ce qui en fait la plus difficile à contenir ou apaiser. Elles seraient aussi la variante de révolte objectivement la moins grave, car il n'y a pas de collusion imaginable entre les territoires. L'insurrection serait localisée, fractionnée, bien identifiée dans ses causes particulières. Après chaque éruption, le calme retombe sur le cas particulier. Tout gouvernement est impuissant à résoudre le problème dans sa globalité. Il le contient, retarde l'éruption, croyant pouvoir substituer, à l'énergie imaginative, tantôt le nettoyeur à haute pression, tantôt l'empathie un peu larmoyante. Il éteint parfois la mèche mais ne fait jamais disparaître le stock d'explosif. Il reste donc, en permanence, un danger très aigu : que l'insurrection de ségrégation se cumule avec une insurrection de *discrimination*.

Cette dernière forme d'insurrection serait la plus fondamentalement bouleversante. Il existe bien, en France, deux milieux humains distincts et sourdement hostiles. Ils sont en confrontation quotidienne. Leur composition n'est pas homogène. Ils sont peu conscients de leur propre existence. Leur aveuglement augmente leur capacité destructrice. Mais c'est une option simpliste et fausse de s'arrêter à distinguer riches et pauvres, détenteurs de capitaux et salariés, propriétaires et démunis. Ces groupes ne sont formés ni de cultures ni de conduites communes. Ils constituent des populations statistiques, commodes à dénombrer, utiles à gérer comme clientèles fiscales, à exploiter comme objets d'ouvrages universitaires ou de vulgarisation à succès, à traiter comme des échantillons d'analyse d'impact de politiques économiques ; mais pas des structures collectives de base de la société. La séparation entre société d'en haut et gens d'en bas, chère à un ancien Premier ministre à la fois intuitif et myope, serait plus proche de la réalité. La discrimination est profonde. Elle fonde l'affrontement possible de deux mondes irréconciliables, dont l'un est envieux de l'autre, tandis que le second, par ignorance, morgue ou reniement, méprise le premier. C'est une sorte de conflit de civilisation, un peu culturel, un peu moral, un peu religieux, un peu pécuniaire, un peu intellectuel. C'est une opposition entre deux sociétés également conservatrices et revendicatrices, inégalement puissantes quant à leur capacité à obtenir satisfaction. L'univers social se sépare entre le camp des *privilégiés* et celui des *déshérités*.

Pour les uns, tout est facilité. Pour les autres, l'accès à tout est désespérément réduit aux complexités, voire aux impossibilités, et aux frustrations du quotidien. Toutes les grandes institutions privées ou publiques, banques, fonction publique, sociétés, commerçants, vendent ou offrent du privilège. Le privilège peut commencer bas : repas gratuits, accès réglementé à une profession, contrats de travail à durée non déterminée, tarifs de prestations diminués pour des employés du prestataire. Il peut aller haut : cartes de crédit haut de gamme, places gratuites dans les loges de grands événements sportifs ou festifs, véhicules et logements de fonction, *miles* de compagnies aériennes, stock-options généreuses, revenus directs ou indirects non fiscalisés, etc. Le privilège est le principe et le moteur du marketing et de la publicité, des ventes et du recrutement, des rémunérations et du statut social que les employeurs offrent à leurs salariés. Le cas des privilégiés ne se confond pas avec celui des riches, mais la richesse donne accès à des privilèges. Il n'y a évidemment pas de privilégiés parmi les pauvres[19], mais bon nombre au sein des classes moyennes[20]. Beaucoup de privilégiés ne savent pas qu'ils le sont, ou ne se rendent pas compte des sentiments qu'ils inspirent. Ils se croient normaux et trouvent injuste qu'on les envie. Ceux qui se savent privilégiés, ou au moins protégés, tiennent à leurs privilèges, qui parfois n'en sont pas vraiment, mais sont vus comme tels par ceux qui n'y ont pas eu accès. Privilégiés et *basiques*[21] ne forment pas, eux non plus, des classes sociales homogènes, loin de là. Les privilégiés défendent leurs privilèges, que parfois ils conçoivent comme leurs traditions, et savent risquer l'affrontement, sous des formes plus ou moins courageuses mais toujours déterminées. Les basiques rêvent de leur accès aux privilèges, pour eux-mêmes ou pour leurs enfants, ce que parfois ils croient être une volonté de rupture avec des traditions rétrogrades, et ils accepteraient, pour y parvenir, les dangers de l'insoumission à la paix sociale.

Le déclenchement d'une insurrection de discrimination a, tout compte fait, des chances très faibles. Elles dépendent des capacités de troupes divisées, hétérogènes, égoïstes et sans chefs. Mais la probabilité est permanente, subreptice, souterraine. Des assauts brefs, indignés et violents sont capables de surprendre. Ils peuvent être enclenchés par deux ressorts sociaux, si évidents, si naturels, que leur fondamentale puissance est sous-estimée : l'attachement conservateur et la passion de l'égalité[22]. D'un côté, la tradition, l'existant ; leurs lois ne peuvent être enfreintes. Même les esprits les plus indépendants veulent se raccrocher aux certitudes sociales et juridiques des faits et lois établis. L'avantage acquis ne saurait être annulé ni concédé. De l'autre côté, un goût irrépressible, parfois sectaire et violent, pour l'arasement égalitaire. Il s'empare avec agilité de la plupart de ceux qui y voient leur intérêt immédiat. Il serait faux de croire que cette pulsion-là est réservée à ceux qui ont hérité des plus chaudes convictions révolutionnaires et populaires. Ce dogmatisme peut enflammer les esprits les plus flegmatiques pourvu qu'il soit à même de leur profiter. Si, d'aventure, cet état d'esprit, nourri de l'inflexible frustration de la discrimination, prêt à exploser du dégoût des complexités qui saturent l'activité quotidienne, allumé par l'injustice de la ségrégation, encouragé par quelque événement insolite ou par quelque personnalité cynique, en venait à remuer la braise, la société politique pourrait s'embraser, dans la panique probable de ses responsables.

Il est douteux que, parmi ces responsables, nombreux soient ceux qui aient pris la mesure de ces dangers. Ils se sont convaincus d'être capables de les détourner. Ils s'organisent, en outre, pour les masquer ou éviter de les voir. Ils peuvent et savent, pour cela, susciter, avec un succès certain, des éruptions mineures, contrôlables, qui désorientent l'attention. Les crises internes aux partis ou coalitions majoritaires, les incendies médiatiques dont l'allumage est télécommandé, détournent pour un temps les passions. Comme dans les séries télévisées, des saisons se succèdent. Elles suffisent à retenir la curiosité publique. Dans chaque scénario, après l'acmé de la crise, les scènes de réconciliation, le retour dans le rang, piteux mais honoré par les proclamations d'une loyauté un moment étourdie, font redescendre la température. Les dossiers rubescents, rapidement prêts à l'ignition, sont arrosés de liquide retardant. Ces épisodes politiciens sont une réincarnation, l'éloquence en moins, des grandes heures parlementaires de nos Républiques de partis. Les moments de gloire éphémère des perturbateurs de scrutins de confiance sont, en fait, mécaniquement bloqués. Quand il semble que, enfin, à l'amusement ironique de la presse internationale, ils puissent de nouveau s'allumer, les feux du théâtre sont, *illico*, éteints par des assauts de procédure. Le remaniement gouvernemental est la première carte qu'on jette, en impasse, sur le tapis. La manœuvre n'est jamais réussie d'avance. Au moins n'inspire-t-elle plus aucun scrupule de solidarité amicale. Le ministre répudié n'a pas à s'inscrire comme demandeur d'emploi, il garde sa solde jusqu'à ce qu'il retrouve son siège de député, c'est devenu automatique, ou un portefeuille de commissaire européen, c'est discrétionnaire, ou encore une sinécure publique, c'est la faveur ultime de la commisération politique. Il n'est donc pas limogé. Tête haute, c'est lui qui « reprend sa liberté ». De nouvelles figures, avec un prétendu nouveau souffle – pas même des mots nouveaux, simplement une autre sélection du vocabulaire prioritaire –, animent alors les images en rotation permanente sur les téléviseurs. Au stade suivant de la tension, une esquisse de menace de dissolution ferait, mieux encore, revenir les plus téméraires des élus au bercail du confort acquis par la grâce de l'investiture du parti.

Le pire des dangers politiques d'une éruption sociale ne réside pas dans l'éruption elle-même mais dans la réaction à l'éruption. L'inertie plate et avouée des pouvoirs publics[23], même en reniement[24] des intentions les mieux affirmées, n'est pas la plus mauvaise des tactiques politiques ; en tout cas pas la moins courageuse ni la moins lucide. Les tensions s'apaisent, à la condition que l'État, ne voulant ou ne pouvant les résoudre, ait la force de s'obstiner dans son inaction. L'inverse est plus fréquent. Jouer les matamores, afficher la fermeté, est le premier réflexe des gens qui détiennent l'autorité. L'aveuglement, la fierté ou la bêtise, les trois conjugués peut-être, guident cette attitude. Elle n'a pas toujours tort. Comme l'inertie, cette méthode peut parvenir à ses fins d'apaisement face à des mouvements faibles, indéterminés ou divisés. Mais, dans tous les cas, l'échec de la prise de position initiale peut pousser au raidissement, voire à la répression. Le risque est alors constitué par l'incapacité de l'État à maîtriser sa force, à moduler sa réaction, à nuancer ses modes d'agir. Seule la puissance permet de graduer l'emploi de la force. La faiblesse conduit à l'excès et à la maladresse. Quand, en 2005, l'état d'urgence a été instauré pour faire face à la crise violente dite des banlieues, la mesure était disproportionnée par rapport à la menace. L'application des mesures possibles a été, en définitive, très partielle. Elle atteste de l'excès du potentiel mis en œuvre. Mais ce geste d'autorité a été bienvenu. Il a étouffé la crise. En 2006, l'évacuation en force, risquée mais fortement symbolique, de la Sorbonne, précédant celle de l'École des hautes études en sciences sociales, a voulu démontrer l'autorité du gouvernement. Or celle-ci a été contredite par la capitulation politique qui a suivi. Le raidissement de la première phase était superflu ; mais au moins bien calculé et déterminé. Puis, l'autoritarisme s'est déconsidéré dans le symbolique, anéanti par un bouillonnement politique peu honorable enfin par le retrait piteux du projet qui avait motivé les troubles.

L'insurrection ne prend pas toujours des formes extrêmes ou violentes. L'action discrète et persistante des rongeurs de l'intérieur, et de ceux qui, au sein de leurs propres amis, inoculent cancer ou gangrène aux politiques gouvernementales, fait partie de son domaine. Dans la gamme mineure du complot inachevé, il reste toujours quelque chose qui traîne et pourrit la vie. Un remaniement gouvernemental, attendu ou surprenant, fait croire à la possibilité de guérir le malade par une intervention microchirurgicale. Dans la spécialité politicienne, un geste de professionnels subtils peut, croit-on, réanimer un moribond. Il sidère, pour un temps, ceux qui expriment des divergences dogmatiques. Un effet de prestidigitation les subjugue sans les convaincre. Les institutions fournissent, pour résoudre des crises, une panoplie d'actes plus adaptés. Dans les prémices d'une insurrection, quelques frondeurs sont assez fous pour risquer leur dot élective sur un coup de poker. La dissolution est un bon remède de cheval pour ce genre de fièvre. Comme les antibiotiques, l'usage répété, qui d'ailleurs est réglementé, le rendrait inoffensif. Un coup, par auteur, doit suffire. Il a déjà été joué, une fois, par J. Chirac. Pour la presse, la dissolution de l'Assemblée nationale en 1997 était un geste vaguement dément, voire sénile, en tout cas stérile, sinon contre-productif. Pourtant, ce n'était, au fond, pas si bête : à preuve, le coup d'après a été fructueux pour le président de la République sortant, réélu comme jamais. La dissolution fournit un répit, qui n'est pas forcément suicidaire. À supposer qu'elle débouche sur une cohabitation, il faut regarder cette circonstance non comme une incohérence mais comme un équilibre. Nos institutions sont d'un génie incomparable. Il arrive qu'elles mettent, ainsi, en face de leur propre incohérence ceux qui, au nom des libertés, déplorent la concentration des pouvoirs entre les mêmes mains, l'eussent-elles obtenue par la voie démocratique, tout en rejetant, au nom de l'efficacité, la division des pouvoirs, eût-elle été instaurée par le suffrage populaire. La Constitution de 1958, sans même avoir besoin de ses adjonctions ultérieures, institue le seul régime politique capable d'établir différentes formes d'équilibre politique, jusques et y compris celui qui permet à un président de la République d'agir dans son propre sens par la voix d'un adversaire idéologique.

Les dirigeants politiques français subissent, dit-on, une fascination des manières bonapartistes de l'autorité, momifiées par l'imagerie gaullienne. J. Chirac et F. Mitterrand ont, chacun, caricaturé cette caricature. L'un affecta, dans sa phase immature, de gouverner par des coups de menton martiaux qui n'étaient que d'inspiration radicale-socialiste. L'autre déconsidéra, par ses manières cauteleuses, son indéniable autorité en la dissolvant dans l'usage subtil mais immodéré du fiel et des poisons florentins. N. Sarkozy, dont l'énergie méritait chaque jour de se mesurer, sans les balles ni les boulets, à la traversée du pont d'Arcole, n'accédait au style direct, clair, bref et coupant que dans l'improvisation colérique et vulgaire. F. Hollande, ridiculisé dans sa statue d'un Sancho Pança qui se serait affranchi de son maître, aura, tout compte fait, accédé à plus d'authenticité. Car la fascination de l'autorité monarchique, condescendante, conquérante ou impériale, même dans sa variante gaulliste dégénérée, est rarement convertie en un code de conduite personnelle sérieux. Plus personne ne se sent à la hauteur. Celui (ou celle ? alors pourquoi pas, aussi, espérer un retour de Jeanne d'Arc ?) qui se verrait dans le costume n'aurait ni l'occasion ni la carrure pour l'endosser. Et, encore moins, le verbe ni la hauteur de vues que suppose l'ascendant sur les peuples.

Dans ce bazar surnage un appétit gigantesque et forcené pour l'autorité de façade. Mais quand la force n'obtient plus de résultats acceptables, que le bonapartisme nabot de nos dirigeants politiques fait faillite, le peuple ne répugne pas à sanctionner les imperfections de leur art. Il les renvoie à l'obligation du compromis dans l'équilibre des pouvoirs, par une cohabitation qui, au fond, plaît. Elle établit le contre-pouvoir plutôt que la décision molle ; la modération contrainte et réfléchie plutôt que de vaines rodomontades ou un pseudo-consensus mou. L'histoire fera peut-être justice à la cohabitation. Bien sûr, dans les partis politiques, chacun la condamne. Comment faire autrement ? On ne fonde pas une stratégie de conquête du pouvoir sur l'ambition de son partage ! Mais ce que nous en avons vécu plusieurs fois depuis trente ans a, dans une inefficacité relative mais, à tout prendre, pas pire que dans d'autres configurations, fait régner, à distance suffisante des échéances d'élections présidentielles, une sorte de paix des esprits. La cohabitation a, aussi, réussi, sous différentes formes, à assurer la survie du camp de celui qui s'y est soumis.

En 2014, le niveau exceptionnellement bas de sa cote de popularité a rendu plausible l'hypothèse d'une démission du président de la République. La démission d'un chef de l'État pourrait-elle, à l'instar d'une cohabitation succédant à une dissolution, sauver le camp de ses partisans ? La démission constituerait l'aveu irréversible de la disparition de tout espoir de succès d'une politique. Elle consacrerait le refus, au demeurant digne et courageux, d'un nouveau sursaut d'un pragmatisme, qui aurait pu, une nouvelle fois, entraîner les choix politiques dans une direction opposée à la ligne préalablement choisie. Dans un contexte d'impopularité, elle serait la constatation résignée d'un échec et la promesse d'un probable naufrage électoral du camp au pouvoir. Mais un président démissionnaire soutenu par une popularité encore convenable, qui se présenterait à l'opinion comme une victime des mauvaises manières du corps politique, pourrait encore, avec quelque espoir, se confronter au suffrage populaire. Il serait, dans son défi à l'hostilité du microcosme politique, soutenu par la dépréciation généralisée du monde politicien. Le général de Gaulle tenta, en vain, en 1969, un plébiscite de cette sorte. Son échec a surpris. Ce précédent rend l'aventure peu concevable pour tout candidat qui ne bénéficierait pas de l'aura d'un prestige historique.

L'élection d'un successeur du même camp, complice de celui qui a conduit au désastre, serait, aussi, problématique. Pompidou a été élu parce qu'il avait pris ses distances avec de Gaulle. Dans une situation analogue, F. Fillon n'aurait de chances que dans la mesure où il renierait clairement son concubinage prolongé avec N. Sarkozy, sans encourir le procès de sa lucidité tardive, tout en faisant passer le quinquennat de F. Hollande pour une sorte de période intérimaire aberrante.

Une personne providentielle, une incroyable explosion de popularité, un boulangisme à l'ère de la communication reine, une personnalité inattendue, provisoirement cagoulée mais que tout le monde reconnaîtrait, un personnage X monté sur le pavois des médias télévisuels et des réseaux sociaux peut, aussi, surgir. Il faudrait un concours de facteurs qui le permettent. La personnalité devrait être déjà connue et admirée (cela ne suffit pas : Yves Montand a échoué). Elle devrait s'être préparée à son destin, pas seulement par la progression calculée de sa notoriété, mais aussi par un minimum d'action publique réussie. Certains pensent y parvenir par l'étalage public, stylistiquement talentueux et d'une impudeur mesurée, de leur moi intime. Quelques-uns, avec d'autres gages, s'impatientent en s'exerçant à une communication, prématurée, de leurs intentions. D'autres mûrissent dans l'attente, s'imposant avec raison le silence dédaigneux, imité – il y a plus indigne – du retrait méprisant du général de Gaulle sous la IVe République.

Au temps, renouvelé de nos jours, des partis dominateurs de la vie politique, la démission d'un président de la République qui ne serait inspirée que par des motifs d'intérêt politique est, décidément, peu plausible. Pour dénouer une crise devenue insoluble, une cohabitation, si inconfortable soit-elle, lui serait préférée. Une fronde parlementaire sera toujours maîtrisée par la certitude du refus de la démission d'un président de la République accompagnée d'une ombre de menace de dissolution. La disparition du président Pompidou s'est produite, du fait de sa maladie, dans une période d'étouffement de l'action publique succédant à un temps où une insurrection, par saturation de conservatisme, paraissait possible. On a vu le résultat : la crainte du basculement dans l'inconnu a donné une chance ultime à l'ethnie conservatrice. Un thérapeute providentiel a alors insufflé un air frais salvateur et évité, provisoirement, le traitement chirurgical. Le peuple français a plusieurs fois confié son sort à des personnes providentielles. Dans chacune de ces occurrences, il a montré une part de lassitude ou de lâche soulagement. Une confiance courageuse et admirative a aussi enflammé des enthousiasmes[25]. Une personnalité affirmée, prête, est alors allée à la rencontre d'une circonstance inattendue. En s'en remettant à Churchill, au début de la guerre, le peuple du Royaume-Uni savait pouvoir compter sur une personnalité incomparable par le talent et le caractère. Avons-nous cela en magasin ? Notre lucidité s'est dégradée, sous l'effet de produits factices de communication politique. L'exigence de substance intellectuelle et morale s'est amoindrie. Les personnages politiques contemporains sont des maîtres en querelles de partis et de salons tandis que leurs pères avaient connu des épreuves où ils risquaient leur vie. La richesse de leur verbe est perdue, d'ailleurs déconseillée. La qualité oratoire se mesure par l'accessibilité du propos à tous, elle-même proportionnée à une essentielle insignifiance. Il suffit de savoir faire face à des ondées verbales d'assemblées, à des frémissements d'antichambre, à des ondes de congrès et à des agacements interrogatifs de journalistes en attente de reconnaissance.

La désignation par des primaires traduit une sensible contraction des capacités d'audace et d'affrontement de candidats à l'élection présidentielle. Un personnage providentiel ne saurait émerger d'une sélection primaire. Seule la circonstance dramatique peut le forger. Mais la sélection par des primaires est commode, elle épargne aux vedettes de partis la torture d'avoir à se soumettre à un candidat dominateur. La règle du jeu empêche les concurrents malheureux de s'en prendre aux propositions politiques du candidat désigné puisque celles-ci sont devenues légitimes par un choix démocratique. Une désignation primaire est censée ne pouvoir produire que de la personne normale, ce qui rassure. D'une primaire, une personne de peu de substance sortira un peu plus substantielle, capable, avant de faire preuve de ses insuffisances, de berner la foule par une illusion provisoire bienfaitrice. Une personne exceptionnelle en sortira ravalée à la normale, un peu abaissée, sinon affaiblie. Le mécanisme de la désignation primaire fournit, aussi, l'occasion et la tentation de déclarations de candidature précoces, voire prématurées. Bientôt ce sont des gamins poudrés, auxquels rien n'aura jamais manqué et qui n'auront rien vécu, qui accéderont aux rôles que se réservent encore, pour le moment, les adultes ou vieillards de la génération en cours qui, eux, ont au moins subi les orages de couloirs et d'antichambres qui façonnent un caractère moyen.

La personne providentielle est une personnalité à la rencontre d'une circonstance. Thomas Mann[26] prêtait à un de ses personnages ce commentaire réaliste : « En faisant de la personnalité un mystère, vous courez le risque d'incliner à l'idolâtrie. Vous vénérez un masque. Vous voyez une mystique là où il n'y a que mystification. Nous sommes en présence d'une de ces formes creuses et trompeuses par quoi le démon du corps et de la physionomie se plaît parfois à nous berner. » De la circonstance, que le dieu des démocraties veuille nous épargner les duretés possibles ! Mais si, d'aventure, cette rencontre entre une personnalité et une circonstance se produisait, si elle n'était pas rendue vaine par l'affaiblissement des caractères que notre vie politique révèle jour après jour, encore faudrait-il que les instruments nécessaires à une personne, providentielle ou non, pour tenter d'éviter le naufrage, au moment utile existent encore. Tout compte fait, le choix de la providence serait une folie.

## L'espoir universaliste est une illusion

Qui de nous, un jour, devant un fait, dans une situation, face à un dilemme, ne s'est pas trouvé pris de nausée, tenté de fuir loin des uns et des autres, loin des préjugés, de l'indifférence ou de la trahison ? Au soir de Diên Biên Phu, Camus crachait son écœurement : « Des politiciens de droite ont placé des malheureux dans une situation indéfendable et, pendant le même temps, les hommes de gauche leur tiraient dans le dos[27]. »

La politique connaît trois manières, et trois seulement, d'échapper à la fatalité partisane et à la honte de ses aveuglements. La neutralité : elle n'est pas viable, la politique vous rattrape à tout instant. « Ni gauche ni droite » est une option impossible. Ça ne marche jamais. L'aphorisme d'Alain[28] est irrécusable. Par son ironie même, il ferme la porte au ni-ni, tout en ayant la délicatesse de paraître l'ouvrir. La gauche, même quand elle n'est plus elle-même, persiste à brouter dans son pré carré, avec un air gourmand et sûr de soi qui termine à jamais la question. L'unanimisme a quelque chose d'angélique ou de totalitaire. Voulant « un monde sans dualité structurante, sans conflit », il institue « un Paradis dérisoire[29] ». Il veut regarder droite et gauche comme des entités inutiles au lieu de les considérer comme les éléments d'une dialectique fertilisante et productive. Il institue soit l'apathie, soit la captation de la pensée. Mais, pour élire et pour gouverner, il faut prendre ouvertement parti. « Prince ou république, un maître ne peut pas se faire aimer des partis ennemis. La nature a voulu qu'en toute situation partagée, les hommes se jettent d'un côté ou de l'autre[30]. » Tout au long de 2013, le président de la République a paru partagé entre son « hémisphère droit » et son « hémisphère gauche[31] ». Quand il sortit de l'ambiguïté, il s'était fait détester par les deux côtés du peuple. « Il est faux que la désunion soit nécessaire pour conserver son autorité[32] », mais il est faux, aussi, que la synthèse des points de vue crée l'union des esprits. L'unité d'émotion peut réunir une foule. Elle ne constitue pas une politique, encore moins une unanimité politique.

Au Royaume-Uni, la bipartition du corps politique est à la fois un moteur et un facteur d'équilibre, dans un régime institutionnel où le monarque et le Parlement s'étayent l'un l'autre. En France, les relents d'autoritarisme et d'idéologie révolutionnaire s'allient, curieusement, avec la morale moderne de l'engagement, en faveur de l'idée que la gauche et droite se combattent mais ne se stimulent pas. Gauche et droite ne jouent pas, entre elles, un jeu d'équilibre, mais d'exacerbation des hostilités. Il faut être de l'un ou de l'autre bord. Le passage de l'un à l'autre est qualifiable de trahison[33]. Le citoyen conscient ne saurait, sur un point particulier, penser comme à gauche et, sur un autre, comme à droite. L'individu pensant doit être tout entier avalé par une des deux baleines. Cette conception est pourtant désavouée par l'évolution des blocs d'opinion. La gauche et la droite connaissent chacune, identiquement, deux mouvements de sens contraires : l'un est de resserrement sur des valeurs claires et traditionnelles, toutefois refroidies et modérées ; l'autre de projection vers l'extérieur de valeurs forcenées, qui décapent ou détruisent les enveloppes idéologiques anciennes. À haute température, ce bouillonnement ouvre un passage hors de la zone centrale. Les idées latérales s'exposent davantage, tendent aux extrêmes qui poussent au démembrement du corps politique. L'écartèlement menace. À moindre température, les forces s'affaiblissent et l'agitation, à leurs points de contact, au centre de l'appareil, s'amoindrit.

Il arrive que, dans ce système, le volume du troisième compartiment, au centre, se dilate jusqu'à faire croire à la possibilité de son existence. Le parti central, dans ses formes diverses, a toujours été talentueusement déprécié par les appellations dont l'ont affublé ses détracteurs : « plaine », « marais », « troupeau de sordides médiocrités[34] ». Le « juste milieu » de Louis-Philippe eut son temps de faveur avant de sombrer dans le conservatisme, et Guizot est devenu un symbole de ce qu'il n'était pas. Le radicalisme fit et défit les majorités parlementaires de la IIIe République, et, ainsi, se déconsidéra. Le mouvement démocrate-chrétien connut la gloire après la Libération mais n'eut besoin que de dix ans pour se dégrader. Le centrisme giscardien, renié par ceux qui en étaient le produit, enserré dans les rets du scrutin majoritaire, échoua à prospérer et ne se remit pas de la perte d'une conduite flamboyante puis des carences d'une direction que l'intelligence n'a pas illuminée de ses faveurs[35].

De la Plaine, du Marais n'ont pu surgir les puissances qui pouvaient défier les forces de la Montagne. Du « ni talon rouge, ni bonnet rouge » de Bonaparte ne survit que la double négation. Elle exprime encore cette sorte d'irénisme qui aspire à être institutionnalisé, cet espoir d'ouvrir un chemin vers un idéal plutôt que vers la domination d'un parti, cette possibilité d'éviter l'« étiquette de la servitude » (Céline). V. Giscard d'Estaing, alors président de la République, calculait que la démocratie française pouvait s'épanouir dans une structure des suffrages admettant un centre composé des deux tiers des électeurs. Cette conception avait de sage le refus de l'hégémonie latérale. Gauche et droite sont nécessaires. Elles le sont d'autant plus lorsqu'elles sont plurielles. On peut alors se dire ou de gauche ou de droite sans appartenir à un parti. Le centre est indispensable à la gauche et à la droite, qui n'existent que par lui, pour les séparer, car elles trouvent en lui un espace d'expansion, et de pondération sans trahison. Au centre peuvent s'agglomérer temporairement, autour de modérés, des déçus de la gauche et de la droite. Mais le centre n'a pas d'existence organique. Quand il se constitue en parti, la plupart du temps il penche à droite, parce que la gauche sécrète elle-même son propre centre. Pour gouverner, il s'astreint à pencher à gauche de peur d'être catalogué à droite.

## La politique n'est pas une fantasmagorie

Heureusement, les chimères existent. L'idéal politique procède d'une chimère. C'est le cynisme qui le transforme en réalité. L'espérance du providentiel se nourrit de l'esprit de chimère, et justifie l'idolâtrie. L'unanimisme est une chimère, et engendre l'intolérance. La croyance en une idéologie régénératrice est une utopie, mais des peuples civilisés s'y sont jetés. Ils en ont payé un prix sanglant. L'« envie d'ailleurs » est, dans les sociétés, une donnée moralement rassurante, empirique et de bonne indication. Son existence atteste de ce que l'esprit public n'est pas annihilé. Sa part inévitable d'égoïsme appelle sur elle une référence qui puisse lui conférer une dignité. Tout objet politique est ainsi devenu, en France, un enjeu moral. Il fournit l'occasion d'opposer les bons et les mauvais sentiments. C'est prosaïque. Le sentiment ne fait pas une politique. La démagogie des bonnes âmes ne le cède en rien à la démagogie des scélérats. Elles s'alimentent réciproquement. Le succès médiatique de l'une fait la progression électorale de l'autre. Les déclamateurs se complaisent dans la boursouflure. Ils mériteraient que, comme Cyrano en menaçait Montfleury, on les essorille et les désentripaille. Ils s'imposent, cependant, auteurs et metteurs en scène de la fantasmagorie politique.

L'idée d'un centre est, dans tous les systèmes politiques, incarnée par des personnes qui, soumises à leurs propres intérêts mais s'efforçant à la lucidité, vivent aussi dans leurs propres fantasmes. Ils sont impuissants à dessiller l'opinion sur la vanité des affrontements. Le centre français, déprisé pour son passé instable, victime de sa procrastination, liquéfié dans sa pensée irrémédiablement palustre, reste, pour les partis situés de part et d'autre, un ventre : « gens du milieu (...) qui, se tournant d'un côté, font le gain de la partie (...) et se tournent toujours du côté où l'on mange[36] ». C'est un destin dérisoire pour une école de pensée héritière des plus respectables valeurs qui sont à l'origine de notre conception de la République. Platon fut le premier des centristes. Cicéron fut le plus illustre ennemi de l'anarchie, de la corruption et de la dictature. Comme beaucoup de ses successeurs en vertu civique, il a cru que son humanisme constituait une politique. On en mourait alors. Depuis, l'erreur a été renouvelée, sans toutefois faire encourir les mêmes risques. Contre l'abus de pouvoir, il n'est que la puissance proportionnée de la force, et non la modération de la morale. « Déclamer la seconde philippique devant Antoine c'était courir à une mort certaine. » « Admirons le courage et la hardiesse de l'orateur encore plus que son éloquence[37]. »

Après l'assassinat de César, pour éviter les guerres civiles, Cicéron proposa « au sénat de décerner (…) une générale abolition et oubliance des choses faites à l'encontre de César[38] ». Puis, il finit par se retirer devant la médiocrité, l'absence de scrupules et l'impossibilité de toute conciliation. Mais il était devenu intolérable à Antoine. « Comme tous les humanistes, (…) apologiste du centre, Cicéron réclame l'équilibre des opposés. Rome n'a pas besoin d'hommes comme Sylla ou César, et n'a pas non plus besoin d'hommes comme les Gracques : la dictature est dangereuse, et la révolution l'est tout autant[39]. » Cicéron croyait en la possibilité de tempérer les antagonismes, au nom de la *res publica*. Pour s'opposer au despotisme, que la mort de César aurait pu abattre si la vertu s'en fût trouvée, il croyait pouvoir unir ceux qui, en définitive, furent les complices du nouveau tyran et consentirent à son sacrifice. Son défi à la mort, son courage devant ses assassins, ne fut de rien. Sur la tribune aux harangues, à la vue de la plèbe, Antoine fit clouer la tête et les mains de Cicéron. On cherche en vain, depuis, qui viendra, à son exemple, cette fois pour y réussir, « affranchir l'esprit des Romains du joug ridicule des aruspices[40] ». La superstition continue de régner sur la politique. La Rochefoucauld peut, encore et toujours, nous rappeler que « la vérité ne fait pas tant de bien dans le monde que ses apparences y font du mal ».

III

# Abattre pour reconstruire

*« Vice is a monster of so frightful mien,*
*As, to be hated, needs but to be seen ;*
*Yet seen too oft, familiar with her face,*
*We first endure, then pity, then embrace. »*

Alexander Pope, *An Essay on Man*

L'intention de la réforme est, depuis longtemps, ballottée d'inconséquences en renoncements. Sur ce sujet, la classe politique, dès qu'elle cherche à se rendre crédible, s'abaisse à une garrulité stérile. La réforme de l'appareil public est regardée par tous comme une condition du renouveau économique. On s'y attelle tantôt par la création d'un ministère, vaine initiative, tantôt par la diète budgétaire, vue étroite. Emprisonnée dans le budgétaire, la réforme enferme l'économique avec elle.

Il ne suffit pas, pour faire des réformes, de jeter quelques émulsions juridiques sur l'appareil public. Des bases institutionnelles doivent être transformées, des plants nouveaux sont à substituer aux anciennes accumulations. Trois domaines, ceux de la fiscalité, de l'organisation territoriale et de la sécurité, sont, dans la vie sociale, le fondement de tout. Comme ils sont inextricablement liés les uns aux autres, personne n'ose tirer un fil au risque de tout détricoter. Il est donc nécessaire d'aborder ensemble ces trois ouvrages, et d'y travailler parallèlement, au même rythme, en fermant les écoutilles à toute velléité secondaire.

## *Brûler le maquis fiscal, établir une assise homogène et loyale*

On ne connaît pas de gouvernement qui ait établi un système fiscal neuf et complet. Les sauts de législation sont rares. L'impôt sur le revenu est centenaire, la taxe à la valeur ajoutée a soixante ans. Leur existence résulte d'une obstination individuelle rencontrant une circonstance favorable au succès. Le pouvoir, habituellement, procède plutôt par tâtonnements et ajustements laborieux. L'instauration, la disparition, la restauration de l'impôt de solidarité sur la fortune fut un spécimen de cette manière de faire. Le projet d'instauration d'une retenue à la source, qui est une modalité, profondément perturbatrice et rénovatrice, mais pas, pour autant, une réforme, relève de la même catégorie. Les démarches les plus boiteuses s'appuient sur une pointe de dogmatisme. Elles trahissent l'absence ou la dissimulation d'une pensée cohérente. Or toute intention d'innovation, si elle ne transcrit pas une doctrine annoncée, expliquée, plausible, est, *a priori*, objet de rejet par l'opinion.

D'un point de vue économique, la réforme fiscale est une nécessité. L'insistance théorique de quelques économistes fera, tôt ou tard, une percée. Si elle ne passe pas par les voies politiques, poussée par la crainte d'une jacquerie, c'est en franchissant des écluses technocratiques, pilotée par des groupes de pression, que la réforme fiscale tombera, tôt ou tard, dans le débat parlementaire. D'un point de vue social, la nécessité d'un bouleversement fiscal est augmentée par ce que l'on sait du sentiment public, étouffé mais bouillant. Sous l'angle politique, la certitude de bouleversements à venir, inattendus ou plus profonds que prévu, la difficulté technique, l'intrication des systèmes – fiscal, parafiscal, social, national et territorial – désespèrent l'initiative. À supposer qu'on doive avancer par degrés successifs, encore faudrait-il aller vers un but qui soit défini. Les déperditions et dégradations sont le lot de ce genre de processus et débouchent sur des incohérences. Il faut tenir pour une idée d'ensemble.

## Profusion et confusion

L'innovation fiscale trouve ses justifications dans la conjoncture, et ses racines dans la morale ou le dogme. Elle veut inciter des comportements économiques, ou au contraire les dissuader et les sanctionner. Dogmatique, elle risque de méconnaître sa fonction : nourrir les besoins de financement de la collectivité publique. Pragmatique, elle se livre au hasard des émotions. Les conditions qu'elle crée doivent être utiles et acceptables. L'impôt est fait pour le bien de la communauté, pas pour son accablement. Il doit pouvoir être voté. Son produit doit être supérieur au coût de son recouvrement, évidence parfois oubliée. Trop d'impôt tue l'impôt, et arrête l'économie. Ces principes sont peu controversés mais beaucoup sont ignorés ou transgressés.

La mise sur pied d'un système neuf dépend de deux clauses : un gel des dispositions en place doit dégager un délai réaliste, mais borné, nécessaire à la construction du projet ; un accord politique minimal sur quelques principes raisonnables doit exister avant l'ouverture du débat législatif. Au plus court, il faut deux ans pour translater un système vers un autre ; au mieux, et au plus, trois ans. Pour y parvenir, il faut disposer d'un consentement politique restreint mais incompressible. Or nombreux seront ceux qui se coaliseront pour rendre l'exercice infructueux. De nombreux amendements surgiront de craintes peu maîtrisables. Le calendrier est déterminant. Pour cette raison, et pas seulement parce que l'enjeu est fondamental, il faut, pour lancer l'affaire, un point de départ solennel et qui ouvre un délai de manœuvre suffisant. C'est à l'occasion de l'élection présidentielle que l'électeur devrait être mis en situation de trancher. Un engagement de campagne présidentielle sur des principes de réforme à mettre en œuvre dès après l'élection est le seul levier qui permette d'espérer sa réalisation. En gage, un gel sur le recouvrement de toutes les recettes publiques pourrait prendre la forme simple d'un plafonnement en valeur de l'imposition, globale et analytique, de chaque contribuable, pendant trois ans. Cette contrainte serait aussi le plus simple facteur de maîtrise du coût des services publics. Les services des finances publiques auraient à recouvrer, sur les mêmes bases et au même niveau, par simple reconduction, les ordres de perception de l'année de base, sans complication ni coût marginal, voire en dégageant du potentiel.

N. Sarkozy, président de la République élu sur la foi d'un programme inspiré du libéralisme, fit, en cinq ans, instituer, et parfois démonter après les avoir instituées, des dizaines de dispositions fiscales nouvelles. F. Hollande, après avoir lui-même fait ajouter quelques couches, a découvert qu'une entreprise française peut avoir à répondre de plus de cent cinquante impositions différentes. Pour nettoyer cet épais bourgeonnement, il ne suffit plus de ne pas ajouter ni d'élaguer. Il faut poser d'autres bases. Quel fiscaliste serait, de mémoire, capable de dénombrer tous les impôts ? La confusion est délibérée. Il faut, par exemple, distinguer impôt et cotisation. Ils ne sont identiques ni par la destination du produit ni par la fonction sociale. Mais c'est une marotte de préconiser la fusion de l'impôt avec la cotisation sociale généralisée. L'assiette large, exhaustive, de la cotisation permettrait d'améliorer le rendement de l'impôt sur le revenu à moindre taux marginal. Fusionner deux types de prélèvements conçus sur des bases analogues n'est pas une réforme, pas même une remise à plat. Adopter, par commodité, l'assiette de l'un au bénéfice de l'autre ne l'est pas davantage. C'est une incongruité. Une cotisation sociale n'est pas un impôt. Même si leur assiette est identique, une cotisation et un impôt sont distincts. La destination du prélèvement n'est pas la même, les conditions de la redistribution et leur utilité sociale sont différentes. Fiscaliser le système social serait, l'air de rien, renoncer aux inspirations du programme du Conseil national de la Résistance, auquel tant de politiques aiment à se référer. En le fiscalisant partiellement, on n'a jamais fait que le perfuser en renonçant à lui administrer une cure de fond. Le redevable de la cotisation est, après redistribution du produit global, le bénéficiaire direct et exclusif d'une prestation individuelle. Il est soumis à l'effort de se protéger lui-même, au sein d'une institution non étatique de partage solidaire des coûts. Sa cotisation, dans une bonne organisation sociale de la responsabilité et de la solidarité, est la charge exclusive d'un individu, et non pas de quelque autre contribuable, encore moins de l'entreprise.

Le débat sur l'allégement des charges sociales des entreprises est faussé dans ses fondements. Il est biaisé par l'effritement des frontières conceptuelles entre ce qui relève de l'État, pour ses missions propres, et ce qui relève de l'organisation spécifique de la solidarité publique. L'absence de définition nette, courageuse, du périmètre de financement de la protection individuelle et de la solidarité couronne cette impéritie. L'activité d'entreprise exerce une fonction simple : produire de la valeur. Mais il lui est demandé de financer aussi l'assurance des personnes. Quand cette charge déséquilibre les coûts au détriment de la balance commerciale, le politique appelle l'impôt à la rescousse pour supporter une partie du poids comptable. L'impôt sert alors, ni plus ni moins, d'instrument de dumping. La cotisation sociale payée par l'employeur introduit, dans la création du prix, un coût externe. Elle finance la solidarité sur des bases étrangères au milieu humain, au mode de production et aux caractéristiques de gestion propres à l'entreprise. Son surcoût est imposé de l'extérieur, par des lois et règlements publics. Ce carcan incite l'entreprise à rechercher la réduction de ses coûts dans une modération artificielle des salaires. Ainsi, qu'on l'augmente ou qu'on l'allège, la charge de la cotisation sociale proportionnée au salaire et imposée à l'entreprise évolue toujours au détriment des salariés. La TVA fut, elle, inventée, en son temps, pour ne pas grever les coûts à l'exportation. Son efficacité reste, sous cet angle, reconnue. Refuserait-on cette caractéristique à une cotisation ? La mission sociale de l'entreprise s'arrête au soin de la situation sociale de ses propres salariés. C'est son intérêt. C'est aussi celui de ceux qui composent cette communauté. L'entreprise n'a pas à fournir des aménités à d'autres communautés, quelles qu'elles soient. Cette restriction de fonction est le corollaire de la spécialité de son objet social. Elle découle d'une logique qui fonde aussi l'interdiction, pour des entreprises, de financer des partis ou des campagnes politiques. Elle pourrait se rattacher, en définitive, au concept d'abus de biens sociaux.

Les assurances sociales, qu'elles soient de base ou complémentaires, sont couvertes par la solidarité nationale mais restent l'affaire des individus, pas celle de leurs employeurs. Les personnes en bénéficient par l'intermédiaire d'institutions qu'ils doivent pouvoir contrôler sans immixtion, dans leur gestion, de l'appareil d'État. De ce principe devraient découler la suppression des subventions aux déficits des institutions sociales mais aussi la suppression du paiement de cotisations sociales par les entreprises et toutes autres collectivités de salariés. Le salarié devrait bénéficier du versement intégral de la valeur des cotisations actuellement payées par l'employeur, à charge pour lui de pourvoir à sa couverture sociale obligatoire par l'intermédiaire d'institutions publiques solidaires (système de base) et de contractants privés mutualistes ou commerciaux (système complémentaire). D'aucuns, qui se sont extasiés sur l'Obamacare, seraient malvenus de critiquer ce principe élémentaire. Cette organisation ne réduirait en rien la couverture sociale et résoudrait quelques problèmes de coûts de gestion, jamais sérieusement affrontés. L'assiette de l'impôt, nettoyée de ce qui la vicie (la prise en charge de la responsabilité individuelle), pourrait ainsi être consacrée exclusivement au financement de la responsabilité collective, concentrée dans l'État et les collectivités publiques. L'entreprise assumerait sa responsabilité industrielle et commerciale en répondant de ses coûts salariaux sans pouvoir dissimuler ses difficultés derrière le poids des charges sociales.

## Redevables, taux et assiette

Dans l'esprit commun, il y a une différence de nature entre les impôts recouvrés au bénéfice de l'État et ceux recouvrés pour le compte des collectivités territoriales : aux uns d'organiser l'égalité des charges et le financement de la solidarité nationale (d'où l'imposition progressive du revenu pour l'État), aux autres de faire payer le contribuable à proportion de son patrimoine ou de l'usage qu'il fait de services de proximité (d'où les impositions dites locales). Ces principes, jamais tout à fait bien définis et pas davantage respectés, ont été réduits à pas grand-chose. Depuis que des compétences se promènent, sans réforme fiscale d'accompagnement, de l'État vers les collectivités locales ou, plus rarement, en sens inverse, cette distinction n'a plus de sens. Malgré le principe de l'universalité de l'impôt, la séparation des fonctions fiscales comporte une logique quand elle est liée à celle des compétences. Si elle en est dissociée, elle devient un obstacle à toute migration des compétences entre les collectivités. Une réforme administrative territoriale sérieuse doit traiter dans le même mouvement la question des responsabilités et celle du financement.

Pour y parvenir il faudrait, et suffirait, que les impôts de l'État et ceux des collectivités territoriales soient assis sur les mêmes bases. L'État et les collectivités territoriales appliqueraient à ces bases, communes, des taux différenciés et cumulés. Ceux qui ne voudront pas de ce système simple y trouveront de l'archaïsme et dénonceront le retour aux centimes additionnels de jadis ! D'autres retiendront la difficulté de trouver un accord sur des bases d'assiette communes. En ces termes, le débat n'a pas de fondement technique sérieux. Il est à portée raisonnable d'accorder une bonne partie du corps politique sur la définition de quelques blocs d'assiette fiscale. La plupart des impôts existants peuvent être reclassés en quelques catégories d'assiette : revenu, patrimoine, dépense (ou consommation, ou valeur ajoutée), nuisances environnementales. Sur ces bases, il est possible de simuler la répartition du produit fiscal national actuel et différentes hypothèses de rendement selon les taux appliqués. Cette simulation rendue publique établirait l'évaluation sur des lignes claires. Il est loisible de la décomposer par régions, départements et communes.

Les défauts du système actuel trouveraient, dans ce dispositif, des réponses appropriées. Veut-on l'autonomie de politique fiscale de chaque collectivité territoriale ? Elle ne saurait être mieux servie que par la liberté de fixation des taux, appuyée sur des bases identiques à celles utilisées par l'État pour ses propres ressources. Souhaite-t-on assurer les collectivités contre une évolution défavorable de l'activité économique ? Cette protection ne saurait être mieux établie que sur toute la gamme des assiettes fiscales. Le rééquilibrage local des taux est toujours possible. En sens inverse, en cas d'évolution favorable de l'activité économique, la progression des ressources serait assurée des mêmes bases que celles de l'État. Elle ne pourrait être moins favorable à la collectivité locale qu'à l'État. Faut-il prémunir les collectivités contre les transferts de charges de l'État en cas de modification de la répartition des compétences ? La compensation des transferts serait réglée non par des dotations mais par des reports de taux, concomitants à la mise en œuvre. Ainsi pourrait-on dire que le coût de l'ensemble des missions de la puissance publique serait partagé, de manière homogène mais décentralisée, par les contribuables de l'ensemble des collectivités publiques.

Imaginons qu'il y ait trois (et trois seulement) catégories de redevables, quatre (et quatre seulement) taux d'imposition, et cinq (et cinq seulement) catégories d'assiettes (les mêmes pour les impôts d'État et ceux des collectivités territoriales). Les redevables sont des particuliers (individuels ou ménages, peu importe) et des entreprises ou collectivités (publiques ou privées, sociétés, associations), qui relèvent de deux espèces, les professions à gestion lucrative et les assujettis à gestion non lucrative (associations, administrations). Les assiettes d'impôts seront, au sein de ces catégories, les mêmes, de définition différente mais analogue : un revenu ou un patrimoine n'y ont pas le même sens, comptable ou social, ni le même contenu, et encore moins la même fonction, mais les périmètres sont faciles à délimiter. Les administrations, et opérateurs publics de quelque nature juridique, auraient, on l'a noté, à payer des impôts. Ce serait, sans nul doute, une des plus efficaces façons de réguler leur gestion.

Pour chaque assiette, et pour chaque catégorie de redevables, il pourrait exister quatre taux. Un taux très bas, symbolique mais, par principe, différent de zéro afin de cerner exhaustivement la matière fiscale et de simplifier la gestion de ses évolutions. Un taux très bas est, économiquement et socialement, plus significatif que des seuils d'exonération. Il n'y aurait donc pas d'exonération, pour quelque cause que ce soit. Au demeurant, l'extrême pauvreté s'identifie, pour les revenus ou le patrimoine, à l'absence de matière fiscale, et ne serait donc pas productive d'impôt. À la consommation sur les produits ou prestations d'extrême nécessité serait appliqué ce taux symbolique. Un taux faible s'appliquerait aux activités spécialement encouragées : la dépense sur la recherche, sur le patrimoine productif ou sur le logement familial par exemple. Le plus grand nombre de cas relèveraient d'un taux moyen. Un taux élevé, à intention de redistribution sociale du produit, pourrait concerner les activités, produits ou prestations qui relèvent de l'ostentatoire (produits de luxe extrême) ou du surabondant (produits de spéculations financières des grandes fortunes).

Cinq catégories d'assiettes seraient communes à toutes les collectivités publiques. L'État déterminerait un prélèvement de base sur chaque assiette individuelle. Les collectivités locales percevraient le produit d'impositions à taux local assises sur les mêmes bases que l'imposition d'État. Le taux d'imposition local serait appliqué en majoration du taux imposé par l'État. Par cette disposition, on peut résoudre deux problèmes : celui du transfert équitable de la ressource fiscale en cas de modifications des périmètres des compétences respectives des collectivités publiques ; et celui des financements croisés entre collectivités, qui sont la plaie de notre système de décision public. Tous les élus locaux savent à quel point l'intervention des collectivités dans le domaine de compétence des autres collectivités, en voulant faciliter leur financement, retarde la réalisation des projets d'investissement. Chaque collectivité, en ajoutant au taux de prélèvement de l'État, sur chaque assiette locale et pour chaque catégorie de redevables, un taux marginal particulier, de niveau régi par des critères de nécessité publique, de rendement de l'investissement, de productivité de la prestation et de justice sociale, retrouverait ainsi une autonomie qu'elle a perdue… par la décentralisation. Chaque collectivité aurait, à l'instar de l'État, à déterminer quatre catégories de taux (symbolique, préférentiel, moyen, supérieur) pour chaque assiette de matière imposable.

Les cinq catégories d'assiettes communes entre toutes les collectivités publiques pourraient être : le revenu (universel : personnel, familial, d'activité économique, sociale ; exhaustif : tous revenus de quelques origines qu'ils soient, subventions et dotations comprises) ; le patrimoine (universel : privé, public, les administrations ayant aussi à payer l'impôt sur leur patrimoine, qu'il soit productif, de logement, de loisirs ou de rapport) ; la dépense (universelle, sur toute consommation de produits et prestations individuellement identifiables, imposée pour sa valeur ajoutée) ; la prestation publique obligatoire individualisée ; la consommation des biens publics communs rares.

Les prestations publiques obligatoires sont administrées et produites selon des modes qui varient d'un lieu à un autre, avec des coûts différents répercutés aux bénéficiaires. Ce sont, par exemple, des prestations de fourniture d'eau, d'assainissement, de ramassage des ordures ménagères, d'accès à des équipements publics locaux, piscines, stades. L'investissement nécessaire à la production de ces prestations est d'origine et de décision locales. La gestion de la prestation est locale. L'assiette de l'imposition applicable à la prestation fournie est, logiquement, locale. Les collectivités, maîtres d'ouvrage et gestionnaires, appliqueraient donc au coût de la prestation un taux de prélèvement imputable au bénéficiaire. Il peut arriver que l'État ait participé à la dépense d'investissement. Il serait alors légitime que son apport financier initial fasse l'objet d'un retour, par le biais d'une majoration de taux applicable pendant la durée de l'amortissement. L'imposition, quoi qu'il en soit, s'appliquerait à un objet d'intérêt local. Elle ne pourrait concerner que le contribuable et usager local. Le propriétaire de résidence secondaire est, en l'occurrence, un contribuable et usager local. Cette imposition, de définition nouvelle, se substituerait utilement, sous une forme unique, à la taxe d'habitation et aux nombreuses taxes et redevances diverses qui s'appliquent à l'usage d'une habitation. Elle ferait, de la structure d'exploitation du service, une collectivité à autonomie de gestion, responsable, redevable à ses financiers selon un plan de financement particulier, et non pas perfusée par des subventions. La relation de dépendance entre collectivités, qui contredit la conception décentralisée de la République, serait abolie.

La dernière des cinq catégories d'assiette est celle constituée par les biens communs, de consommation courante et soumis à dégradation : l'air, l'eau et le sol. Il est curieux que les écologistes, devenus politiques, ne pointent pas la nécessité d'un traitement fiscal commun de ces trois biens rares. Ces biens sont soumis, par leur utilisation sociale, à une dégradation analogue. Le traitement public de l'environnement est promis à l'échec si on applique à ses composants, air, eau, sol, un traitement fiscal différent, dont chacun contrarie les effets de l'autre. Dans cette impasse conceptuelle, les écologistes français appliquent des recettes éculées : réglementation, répression de l'investissement privé, accumulation des lois. Quelques solutions ont été ébauchées pour l'air et l'eau, en ordre dispersé, avec une efficacité qui porte à pleurer. Mais enfin, ce sont des ébauches, les prémices d'une prise de conscience publique. Elles permettent d'aborder une nouvelle étape. Une automobile est, par nature, un outil de dégradation des trois biens communs, eau, air et sol. Une installation technique industrielle, une station d'épuration, un simple immeuble, le sont aussi, avec des degrés de gravité divers, que l'on sait mesurer. L'habitat est un facteur primordial de dégradation de l'environnement, méconnu en tant que tel. On sait les dégâts commis sur l'eau et l'air. Mais on feint d'ignorer la question du sol.

## Impôt, aménagement et maîtrise du sol

Le sol est un facteur d'exploitation de moins en moins destiné à la production agricole, de plus en plus consacré à l'exploitation touristique, d'une part, à l'artificialisation en vue de l'occupation industrielle, urbaine et d'habitat, d'autre part. Il est affecté par des maux parfois bien pires que ceux que subissent l'air et l'eau. Mais on le « traite », hors des impératifs du temps présent, selon les errements d'une culture multiséculaire : appropriation privée, exploitation privée, taxation selon la destination, administration à prix de marché faussé, gestion d'aménagement biaisée par une taxation inavouée du prix, procédures complexes et sujettes à toutes les manipulations, dégâts non maîtrisés, contentieux abondant, rareté ou inexploitation, absence de rendement ou spéculation, cloisonnement préjudiciable à l'environnement animal et humain, corruption des transactions et, pour finir, insuffisance concentrée des capacités de logement. Le bilan est connu depuis longtemps, le corps politique n'a inventé aucune solution. Certes, comme il est d'usage, des lois, des décrets, des codes, des traitements technocratiques souvent invraisemblablement maladroits, onéreux et improductifs sont intervenus en vain. Il y aurait une solution : la propriété publique du sol.

Il y a quelques dizaines d'années, un mouvement généreux et doctrinaire, alors apparenté au socialisme de gestion, prétendait « municipaliser » le sol. On trouve, dans des écrits de l'extrême gauche contemporaine, une résurgence de cette idée. Entre-temps, sans être proclamée, discrètement mais de manière déterminée, une forme parente et subreptice de la municipalisation du sol a été mise en œuvre, habilement, par des municipalités dont les dirigeants se prétendaient d'inspiration politique libérale. Par l'intermédiaire de sociétés d'économie mixte, souples à la manœuvre, ils ont acheté, à bas prix, par expropriation ou à l'amiable, tous les terrains ou immeubles dégradés qui offraient de bonnes marges pour la promotion immobilière. Des paysages urbains ont été transformés à vive allure. Des intermédiaires y ont trouvé leur compte, la corruption a fleuri sur ce terreau. Des militants de campagnes électorales ont été récompensés, par des emplois ou des appartements réservés. Des fortunes privées se sont édifiées ou confortées. Le procédé a été fatal à une certaine conception de l'évolution de la ville. Modernisation de l'habitat, certes, mais aussi densification excessive, exclusion sociale, monotonie stalinienne de certains paysages urbains. On a vu, on continue de voir dans d'autres contextes, les dégâts irréparables de la gestion locale du sol. La gestion du sous-sol est, elle, sous maîtrise publique ; heureusement, celle de l'État. De quelle aberration tient-on la dissociation des statuts juridiques du sol et du sous-sol ? Peu importe : peut-on encore dire du sol qu'il est objet de propriété privée ? En maints endroits, les contraintes qui pèsent sur son usage et sur la liberté d'en disposer l'enserrent étroitement. Jamais les ministres chargés, selon les périodes, du Logement, de l'Aménagement du territoire, de l'Équipement ou de l'Écologie, ne se sont désintéressés de la gestion du sol, élément clé de leur efficacité. Leurs technocrates subordonnés ont multiplié les textes. Sous le masque de la décentralisation, ils n'ont jamais relâché leur emprise sur l'orientation, voire le contenu, des décisions locales d'occupation des sols. Si ce n'avait pas été le cas, où en serions-nous dans certaines zones ? Les dérives ont été contenues mais pas empêchées.

L'étatisation pure et simple du sol serait une solution plus franche et plus efficace. Elle ne léserait aucun propriétaire privé. Celui-ci pourrait conserver l'usufruit du sol, détenir la propriété complète des ouvrages en superstructure et rester libre de commercialiser son droit d'usage du sol et les bâtiments qui y ont été construits. En revanche la modification de la destination du bien, de toute façon déjà contrôlée, serait soumise à autorisation. L'agrément de destination serait concrétisé sous la forme d'une taxation appropriée. La consommation du sol donnerait lieu, ainsi, à une sorte de concession. Le niveau financier de la redevance pourrait être adapté aux niveaux de préservation des capacités d'exploitation agricole, de dissuasion du droit à construire en vue de la protection des espaces naturels, du potentiel de pollution de l'environnement par la construction. Il pourrait aussi être adapté aux risques de dégradation de l'habitat par les éléments naturels, notoires dans certaines zones. L'État aurait démontré plus d'efficacité, à moindre coût, si la conservation du littoral et des zones de montagne avait été ainsi assurée par une gestion de la propriété étatique du sol, plutôt que par les acquisitions, onéreuses et incomplètes, des conservatoires du littoral et de la montagne, ou par des réglementations mal respectées.

Ce sont deux combats, sur la légitimité desquels tout le monde s'accorde, qui pourraient être ainsi livrés, à peu de frais, avec des chances de les gagner : celui de la maîtrise de l'État sur les moyens de préserver l'environnement, et celui de sa maîtrise des capacités foncières pour répondre aux besoins de logements. Pour la protection de l'environnement, un gain d'efficacité considérable serait tiré de la possibilité de concentrer sur un même instrument, fiscal, la puissance publique d'intervention dans les trois domaines de vulnérabilité : air, eau, sol. Pour la construction de logements à moindre coût, l'État se trouverait en position de déterminer, sous sa responsabilité, l'étendue et le prix du foncier disponible. Telle est bien la condition essentielle pour prétendre avoir une politique du logement autre que déclamatoire. On objectera que les libertés des collectivités locales dans une République décentralisée ne trouveront pas leur compte dans ce dispositif. Rien n'est moins sûr. Beaucoup d'autorités politiques locales éprouveront du soulagement à se trouver à l'abri des conflits que suscite la gestion du sol de la commune. Et ceux qui déploreront cette perte de pouvoir pourraient bien, le plus souvent, n'être inspirés que par de mauvaises raisons. La disparition de l'enrichissement privé facilité par la gestion publique locale du domaine foncier est un but de salubrité publique. On peut raisonnablement espérer que l'État saura, dans sa gestion, éviter sa propre corruption. Le niveau de prélèvement fiscal applicable au détenteur usager du bien foncier aura pour objectif et pour principe de tenir compte, selon l'idéal révolutionnaire, de la « juste et préalable indemnité » que la collectivité reconnaît aux personnes quand la nécessité publique s'impose à leur droit de propriété. Enfin, les collectivités, en appliquant à l'impôt foncier déterminé par l'État leurs taux supplémentaires, en choisissant d'alourdir ou, au contraire, d'alléger le poids relatif des charges, orienteront les destinations foncières et renforceront le respect de l'environnement mieux qu'elles ne le font actuellement.

## *Araser le labyrinthe territorial, replanter un ouvrage ordonné*

Qui ne voit progresser, sur le territoire, le désordre, l'inégalité, une forte densité de misère humaine dans certaines zones et un désert démographique dans d'autres ? Entre les années 1950 et 1965, la thèse d'un livre de Jean-François Gravier, *Paris et le désert français*, a donné le ton : la capitale pompait la substance du pays, importait des ruraux et concentrait les élites. Il fallait refonder un équilibre. On parlait d'aménager le territoire, politique qu'une institution administrative particulière soutint avec une certaine efficacité tant qu'elle fut claire. Elle fut ensuite broyée dans des difficultés industrielles locales, puis perdue dans la décentralisation de 1982 avant d'être noyée dans des concepts enrobés autour de la ville et de l'égalité des territoires, inopérants parce que vaseux. De nos jours, la succion de la substance provinciale s'opère selon des processus moins simples, si bien que le politique conçoit, entre les intérêts du territoire et les siens propres, des liens obscurcis par les idées en vogue.

Près de 80 % des Français vivent aujourd'hui en milieu urbain. Autour des agglomérations ou en leur sein, des quartiers dits sensibles monopolisent l'attention publique. 85 % des ménages pauvres ne vivent pas dans ces quartiers[1]. Les métropoles concentrent deux tiers du PIB, mais à peine 40 % de la population[2], et constituent l'axe d'effort principal des politiques d'organisation administrative territoriale. Dans de vastes pans du pays, la régression démographique et le vieillissement de la population donnent à augurer, pour les collectivités publiques locales, une charge budgétaire à regarder avec effroi. Les dépenses d'action sociale en faveur des enfants à protéger, des personnes handicapées, âgées, dépendantes, des bénéficiaires d'allocations personnalisées d'autonomie ou de revenus de solidarité, atteignent 60 % des dépenses de fonctionnement des départements. Ces dépenses, dont l'État fixe les règles de distribution qu'il impose à des collectivités dites décentralisées, ont été multipliées par plus de six depuis 1984. Elles augmentent trois fois plus vite que l'inflation. Au détriment de leurs missions territoriales, les départements consacrent maintenant l'essentiel de leur administration à la gestion d'allocations individuelles dont la multiplication a échappé à toute prévision[3]. Ils font aussi face aux coûts de 7 000 collèges et 380 000 kilomètres de routes et, dans leurs budgets[4], 90 % des dépenses correspondent à des compétences que l'État, après les avoir exercées pendant deux siècles, leur a transférées depuis trente ans. Des territoires s'appauvrissent. Leur dégénérescence est manifeste. Dans l'Aveyron, le Cantal, la Creuse, la Corrèze, le Lot, la Lozère, la Haute-Marne, la Meuse, la Haute-Saône, là et ailleurs, des entreprises, petits commerces et services publics disparaissent. L'arrivée de résidents secondaires instables ou de bobos repentis en mal de vie rurale est loin de suffire à soutenir l'activité et conserver la matière fiscale.

Malgré cette dégradation de leur tissu, les départements ont à financer les charges que la loi leur impose.

Leurs exécutifs qu'ils soient de droite, fût-elle extrême, ou de gauche, fût-elle nouvelle, deuxième, radicale ou frondeuse, ne peuvent se soustraire aux obligations légales. La matière des réformes nécessaires est bien circonscrite : déperditions d'énergie dans l'action administrative, lignes de partage floues entre les compétences et les publics[5] des institutions locales, financements incertains, tutelles entrecroisées[6] sur des établissements et associations. Mais la multitude des projets politiques de réforme déconcerte les acteurs, encourage leur attentisme et rehausse le niveau de risque de leurs paris de gestion. Les encouragements accordés par priorité aux métropoles accroissent la distorsion entre départements qui en comprennent[7] et subissent des contraintes sociales spécifiques, et les territoires à population diluée. En région parisienne, ce sont les départements denses de la petite couronne parisienne qui, en vertu de la religion de la péréquation, et avant une plus grande extension de la carte des inégalités, risquent de s'effacer sans trop tarder au sein de la future grande métropole, pour le soulagement du plus problématique, la Seine-Saint-Denis, temporairement bien en cour, et l'accablement du plus prospère et sulfureux, les Hauts-de-Seine. L'accumulation et l'incompréhensibilité des idées de réformes nourrissent la défiance envers toutes. Ainsi, le milieu politique a choisi d'ériger les élections départementales de mars 2015 en enjeu majeur en même temps qu'il les séparait de toute perspective de remodelage des compétences et finances départementales. Seule innovation, le mode de scrutin, qui a instauré la parité de représentation des sexes dans les assemblées : une ébauche de rénovation des mœurs politiques s'est ainsi substituée, sans douleur et dans le moindre changement des structures[8], à toutes les velléités de réforme institutionnelle.

Lorsque l'État révise ses dotations aux collectivités territoriales, il affecte 40 % de leurs recettes. Il pourrait, sinon devrait, accompagner ces révisions d'une modification des missions assignées aux collectivités décentralisées. Ce serait un geste de gestionnaire cohérent, mais la sagesse électorale lui interdirait d'aller dans le sens de la baisse et la raison politique lui ferme la route de la hausse. La baisse des dotations engendre donc ou la hausse de la pression fiscale locale ou l'abaissement du niveau des actions situées hors du champ des missions sociales d'obligation légale. Quand l'État s'efface, il laisse les responsables des collectivités territoriales se confronter directement à l'opinion, dont on sait qu'elle est, pour le moins, crispée dans une faible acceptation de l'alourdissement de la fiscalité. En outre, la loi borne le recours à l'emprunt en prescrivant que le budget des collectivités soit construit à l'équilibre et l'État, de son côté, consacre aux investissements locaux quatre fois moins d'argent qu'en 1984[9]. Il advient ainsi, logiquement, que sous le camouflage de réformes illusoires, le cours des choses accentue les déséquilibres territoriaux. Depuis quarante ans, tous les gouvernements se sont essayés à des simulacres de réforme territoriale. Les uns lui donnaient principalement une fonction économique, tout en sachant qu'elle ne pouvait suppléer le défaut de ressources. D'autres s'appuyaient sur une justification institutionnelle, mais en paravent d'intérêts politiciens. Le choix de la voie et de la méthode pour sortir de ces impasses est un des deux ou trois débats principaux de la politique d'aujourd'hui.

## Décentralisation, du mythe à la pagaille

En 1981, lorsque les socialistes ont, dans le sillage de l'élection de F. Mitterrand à la présidence de la République, obtenu une majorité parlementaire qui leur permettait toutes les audaces, l'organisation des pouvoirs publics territoriaux résultait, pour l'essentiel, de lois centenaires, elles-mêmes d'héritage napoléonien. L'occasion était belle de fonder, par une révolution, de nouvelles libertés qui marqueraient le siècle. Des lois et décrets multiples et complexes, échafaudés dans la fièvre et les clameurs de victoire, ont alors épaissi le corpus juridique. Avec l'assentiment complice d'une opposition exsangue, incrédule et impatiente de remonter les marches du pouvoir, fût-ce en repartant de tout en bas, l'articulation nouvelle des pouvoirs locaux a pris sa place sans heurt. Les commissaires de la République nouvellement institués avaient, dans un sursaut corporatiste, réussi à sauver leur grade de préfet et leurs logements de fonction, en se soumettant à une toquade ministérielle toute symbolique pour un intitulé de charge conforme au vocabulaire de la mythologie révolutionnaire. Ils ont accompagné cette évolution d'un œil morne.

Tout le monde attendait depuis longtemps, mais sans trop oser y toucher, que la structure territoriale soit rénovée. Les textes fondateurs s'étaient dégradés. Leurs stipulations étaient manifestement en retrait de la pratique quotidienne. Malgré l'interdiction formelle de la loi, les collectivités cherchaient, par divers subterfuges et aux risques de leurs contribuables, à s'immiscer dans des choix d'entreprises en subventionnant des localisations industrielles. Le général de Gaulle avait échoué à imposer par référendum une modeste évolution institutionnelle qui heurtait les intérêts des notables. Georges Pompidou, président de la République, avait, à sa manière cauteleuse, installé une région molle et timide mais étayée par une première personnalité juridique. Chacun sentait bien qu'elle progresserait vers plus d'ampleur et de puissance. Enfin les socialistes, et leurs alliés communistes, passaient un nouveau pas, instituaient, pour les départements et les régions, des exécutifs élus indépendants de l'État, affranchissaient les actes des collectivités de la tutelle de l'État. Prudemment toutefois, pour ne pas perdre la main sur la légalité, ils concédaient aux préfets et sous-préfets un rôle, ambigu, de contrôle *a posteriori* sur les actes des collectivités. Cette surveillance vague et craintive tolérera, sans gloire, l'éclosion de la corruption et les débordements budgétaires et fiscaux. La République s'était fortifiée avec des notables. Elle venait de donner naissance à des roitelets. Quelques-uns deviendront des potentats.

Personne dans l'opposition parlementaire d'alors, certes exsangue mais, aussi, peu lucide, n'a mesuré les enjeux, les coûts, l'impact sur la moralité publique de cette réforme à la hussarde. La France avait cru, après 1968, pouvoir inhaler un air plus sain, et y avait pris goût dans le coup de frais giscardien. Elle étouffait encore. Elle s'est alors offert l'euphorie d'inspirer de plus grandes bouffées. Pendant que le gouvernement de la gauche, d'une main, enserrait l'économie par des nationalisations d'entreprises dont la seule utilité fut de pouvoir obtenir plus tard un produit budgétaire, de l'autre il donnait leur « liberté » aux collectivités locales, ou plutôt à leurs barons. Ce qui restait de la droite comptait bien faire de ce nouveau dispositif le point d'appui de sa reconquête politique. Tous les gouvernements se sont, depuis, entêtés à prétendre porter encore plus haut la flamme de la décentralisation. Il y avait à cela de bons motifs, rationnels, d'inspiration désintéressée : une intention d'efficacité. Le plus ardent à pousser les feux pour accéder à une nouvelle phase a été, dès son retour au pouvoir, le gouvernement d'une droite convertie à la religion de la décentralisation. Ses initiatives se sont enluminées d'une vertueuse obstination et de belles envolées dans le langage parlementaire. Mais, soit que les compromis aient obscurci le contenu, soit que les idées aient dû être confuses pour paraître audacieuses, lorsque Jean-Pierre Raffarin, Premier ministre, eut achevé son ouvrage, la pagaille était mémorable. Elle fut exacerbée, sous Nicolas Sarkozy, dans la tension et l'impatience qui ont caractérisé son règne, par des prétentions méprisantes et irréalistes, enterrées après les élections présidentielles de 2012 mais prêtes à renaître.

Ce qu'on appelle depuis quelques années, d'une image injurieuse pour l'art de la pâtisserie, le millefeuille territorial a été fabriqué délibérément. Accumulation de mandats exécutifs et électifs, enchevêtrement des compétences des collectivités, doublons de procédures, subventions croisées négociées à force de concessions de clientèles, lenteur de mise en place des projets qui en résultent, accablement des budgets locaux, dénonciation de la trahison de la parole de l'État, engagé à exonérer les transferts de charges vers les collectivités et débiteur sans scrupule, augmentation exagérée des effectifs d'administration locale, emprunts malsains fourgués par une banque d'origine étatique, alourdissement des charges fiscales, conflits d'intérêts, actes de corruption : rien de tout cela n'est étranger à la décentralisation, telle qu'elle a été réalisée, à vue courte, en tout cas dans l'équivoque. On l'a voulu ainsi, dans la complicité des intérêts. Il faut évidemment sortir de cet embrouillamini périlleux, à la fois explosif et paralysant. Tout le monde en convient. Aucun gouvernement n'a eu cependant l'autorité politique suffisante pour imposer ses vues, dont il eût d'ailleurs fallu qu'elles fussent claires, stables et raisonnables. Faute de consentement sur le but à atteindre, personne ne s'est donné la peine d'inventer la bonne méthode pour y parvenir. Telle initiative, loin d'être imbécile mais trop partielle, et lancée avec une morgue qui indispose les sympathies, sera bloquée, désavouée, ou rendue inopérante, au nom, bien sûr, de l'intérêt supérieur des Français. Telle autre, évidemment stupide, et tout aussi partielle, sera soutenue, du bout des lèvres mais soutenue, tant que des courtisans bavards resteront persuadés qu'elle a la préférence, même non exprimée, du président de la République tout-puissant. Ces gesticulations sont toujours plus ou moins vaines. Il en sort, à mi-2015, une loi[10] dont l'acronyme bébête remplit d'aise la communication gouvernementale jusqu'à ce que son contenu publié révèle, en près de cent quarante articles, le croupion des intentions. Censé promouvoir une nouvelle organisation territoriale de la République, ce texte pourvoit les régions, dans leur nouvelle dimension géographique, de compétences censément renforcées mais guère différentes des précédentes. La compétence générale des régions, ainsi que celle des départements, est supprimée. Régions et départements ne pourront plus se mêler que de ce qui les regarde spécifiquement. C'est si simple, en principe, qu'on pense pouvoir enfin y voir clair. C'est un acte en apparence décisif. Encore faut-il que les limites soient clairement définies et croire à la discipline de mise en œuvre, qu'aucune sanction ne maîtrisera. La compétence générale avait déjà été supprimée quatre ans plus tôt, puis rétablie un an avant d'être de nouveau abrogée. Combien de temps durera cette dernière résolution ? Enfin, soit, admettons le retour à une compétence spécialisée. On doit alors s'interroger sur la portée, la précision, la spécialité des termes et la cohérence de dispositions qui prévoient d'un côté que « la région *participe* à la *coordination* des acteurs du service public de l'emploi sur son territoire » et d'un autre que « les départements, les communes et leurs groupements *peuvent concourir* au service public de l'emploi ». La situation de l'emploi, pour peu que les collectivités soient en mesure de jouer un rôle dans son amélioration, aurait mérité des formules moins abstruses. Les communes, elles, conservent leur compétence générale. Mais il leur est fait obligation d'adhérer à un établissement public de coopération intercommunale dont les compétences sont, elles, spécialisées. La loi allège de neuf régions sur vingt-deux les structures administratives locales mais le gouvernement s'empresse de maintenir toutes les académies et tous les rectorats. En définitive, on s'explique que, de ce magma, la presse a singulièrement retenu la censure, par le Conseil constitutionnel, de la tentative d'entraver, par d'habiles modalités de scrutin, une prétention sur la future présidence de la grande agglomération parisienne.

La remise en ordre de marche efficace des institutions territoriales se heurte à deux obstacles : le budgétaire, avec son versant fiscal, et le psychologique, dans le mystère de sa dimension sociale. Le gouvernement, contraint par la nécessité technique plus que poussé par son courage réformateur, a essayé en 2015, d'ouvrir pour 2016 de nouvelles règles de répartition de la dotation globale de fonctionnement (DGF) aux collectivités territoriales. Quelques jours avant les élections régionales, il y a renoncé. Cette dotation est vieille de plus de trente-cinq ans. Elle représente près de 40 % des dotations que l'État transfère aux collectivités territoriales et qui couvrent les trois quarts des dépenses de fonctionnement de ces collectivités. Brutalement amputée de 10 % sous le couperet des économies budgétaires, la DGF révèle crûment ses rides et ses déformations. Mais elle est indispensable autant qu'insoutenable. Sa structure et les règles de sa distribution sont différentes pour les communes, les établissements publics de coopération intercommunale, les départements et les régions. Elles sont illisibles, incompréhensibles, injustes. Les parlementaires qui en sont les experts, et qui sont aussi des élus locaux, perdent leur entendement dans la description technocratique des paramètres de calcul. C'est si compliqué, si instable, si évolutif, qu'aucun ordinateur ne peut fournir une simulation certaine des conséquences de telle ou telle modification sur telle ou telle collectivité. Il faut accepter de raisonner par strates d'effets, méthode dont on sait qu'elle peut desservir les collectivités dont le potentiel se trouve à la marge des séries statistiques. Il faut donc truffer tout projet de correctifs. Quelques initiés peuvent parier sur les bienfaits d'une réforme pour leurs communes. Les naïfs, petits en général, se font gruger. Les gros s'y retrouvent dans la course à l'encouragement de la concentration. Les moyens se débattent comme ils peuvent pour faire entendre leur voix. Et tout cela se termine invariablement par un simple glissement des règles d'attribution, celles qui indisposent le moins de monde possible en satisfaisant les plus nombreux et influents mais sans rien résoudre au fond.

## La clé fiscale

À toute intention de transfert de compétences de l'État vers les collectivités territoriales, les élus locaux, échaudés par les escamotages des gouvernements de tous bords, opposent une défiance justifiée. Enserrant les collectivités territoriales dans un système de dépendance, l'État leur fait croire à la possibilité de ses générosités, même seulement épisodiques.

À l'opinion publique, il vend l'idée d'un exercice courageux de sa responsabilité puisqu'il applique à tous, dans la sphère publique, les rigueurs de la discipline financière. Cette autorité a, en réalité, quelque chose de fantomatique. Les effets diaboliques de la dépendance sont, eux, bien concrets. Pour la démagogie, l'État recommande aux collectivités de baisser leur train de vie. Le fait que lui-même en donne un exemple peu convaincant compromet la révérence accordée à son discours. Il les y contraint donc, en outre, en baissant les dotations qu'il leur consent[11]. Il leur recommande par ailleurs d'investir en faveur de la reprise économique, car leur poids dans l'investissement public civil, qui est des trois quarts, est considérable. Pour les y inciter, il instaure, au printemps de 2015, par l'intermédiaire de la Caisse des dépôts, l'accès à des prêts à taux zéro. Marché de dupes : pour rembourser un emprunt, fût-il sans intérêts, il faut disposer d'une épargne en excédent des dépenses de fonctionnement. Encore faut-il avoir des ressources de fonctionnement, alors que les recettes de fonctionnement attribuées par l'État diminuent. Il faut donc soit augmenter les recettes fiscales, ce qui est censé être découragé, soit ponctionner les crédits de fonctionnement, ce qui n'est guère engageant. Le coup de ciseaux de l'État, c'est un peu comme le coup d'accordéon du banquier indélicat qui pousse l'entreprise à emprunter pour dépenser afin de mieux assécher ensuite ses ressources et la jeter dans les bras d'un actionnaire mieux pourvu. La collectivité qui aura emprunté pour investir en vertu des recommandations de l'État devra, quelques années plus tard, faire face à des échéances, sans doute moins spoliatrices que celles vendues, il y a encore dix ans, à taux dangereusement indexé, par une banque soutenue par l'État, mais enfin ce sont des échéances à rembourser. L'État se ferait plus vertueux en se faisant le devoir d'assainir définitivement le système financier, parvenu à bout de souffle, avant de recommander, sinon d'imposer, des politiques de son choix.

La bonne foi et la franchise caractérisent peu des négociations inégales. Les réticences face aux perspectives de réforme sont donc spontanées et entêtées. Le scepticisme prévaut toujours sur la bienveillance, et la circonspection sur la confiance, même à l'égard des alliés et amis politiques. Comment faire pour ouvrir une porte à la réforme ? La clé, c'est la fiscalité. La réorganisation de la fiscalité est un préalable à la restructuration des institutions territoriales. C'est une évidence bien masquée. Il ne va pas de soi, en politique, de laisser vagabonder des évidences à découvert. Pour les administrations du Trésor public, la fiscalité est une chose fragile, précieuse, dotée d'une magie spécifique. Ce n'est pas un levier de réforme dans l'État. Ce peut être l'outil d'un bricolage savant ou d'un petit braquage. Une réforme fiscale sert un intérêt fiscal, pas un objectif institutionnel. La fertilité d'imagination est réservée aux inventions productives, toujours complexes car les impôts devraient être seulement perfectionnés, affinés, jamais bouleversés. Ils ont été inventés par les dieux de la gestion publique pour satisfaire les besoins budgétaires, pas pour être au service de billevesées réformatrices. Pour que les impôts fournissent un produit de bonne mesure quantitative, il leur faut aussi être rendus supportables, ce qui veut dire propres à répartir, avec équité, la charge fiscale sur les revenus individuels ; et encore, si possible, capables d'inciter les entreprises et les particuliers à se comporter de manière appropriée à la croissance économique, elle-même productrice de rendement fiscal. Le Trésor public est campé sur une impériale tradition de monopole centralisé. La gestion de la matière fiscale relève d'une administration lourde et fière, compétente, modernisée, familière de l'obscurité des textes, et grâce à laquelle prospèrent des consultants et conseillers souvent issus du service public. L'infléchissement, le perfectionnement, l'accumulation des règles sont toujours préférés à d'éventuelles simplifications aventureuses. L'autorité politique supérieure est paralysée par sa dépendance technique à l'égard de ceux qui savent et qui maîtrisent l'appareil. Fort heureusement, sans doute, car les initiatives parlementaires non filtrées ou mal contrôlées sont à l'origine des pires embarras. Serait-ce une justification suffisante pour un immobilisme institutionnel constant, embusqué derrière les proclamations de réforme ou de remise à plat ? L'innovation décisive, celle qui transformerait d'elle-même le paysage institutionnel, consisterait à instaurer la possibilité de transférer, simplement, des ressources fiscales d'une collectivité publique à une autre.

Les prétendus révolutionnaires éclairés de 1981-1982, et leurs épigones, savaient-ils, en croyant libérer de leur joug des collectivités esclaves de l'État, en instaurant la lumière après la nuit d'outrages que leur fierté aurait subie, qu'ils étaient aussi en train de casser l'unité de la puissance publique, bonne façon d'instaurer de nouvelles formes de servitude ? Se doutaient-ils que, en faisant, de la France, un assortiment de personnes juridiques dont les droits s'opposent ou se concurrencent, ils instituaient une sorte de guerre civile larvée ? S'affrontent, d'un côté, alternativement investi par la gauche ou par la droite, l'État, législateur, de l'autre, l'armée des soldats du vrai champ de bataille, celui du pays réel et des combats sociaux, les soutiers, les manouvriers, le prolétariat et les bénévoles de la politique, associés aux grands feudataires, membres de confessions et chapelles diverses, mais réunis dans la défense des droits imprescriptibles et sacrés de leurs fiefs. Cette confrontation désoriente l'intelligence politique, car elle n'est celle ni de la gauche contre la droite, ni des forces de l'obscurantisme contre celles des lumières ; encore moins de ceux d'en haut contre ceux d'en bas. Les schémas tout construits de l'analyse politique n'y retrouvent pas leurs données habituelles. Les théories de la réforme s'y dissolvent. Il faut y regarder autrement.

Les collectivités autonomes, dénommées, par le langage politico-administratif, qui excelle dans l'approximation, voire l'inexactitude sémantique, collectivités à fiscalité propre, exercent, chacune, un pan de la puissance publique. Lorsque des attributions de compétences se chevauchent ou s'additionnent, c'est un gâchis d'énergie que la loi a organisé. Lorsque le législateur veut transférer des compétences de l'une à l'autre collectivité, il doit examiner, ensemble et globalement, les coûts, les ressources, l'adéquation des moyens aux missions et à la dimension des territoires. L'État et les collectivités sont les composantes d'un système unique, au sein duquel les germes et virus se transmettent et prospèrent. Pour l'heure, les saignées franches et applications de sangsues, les amputations, chimiothérapies, transfusions, tout a été essayé par les charlatans de tous les partis de gouvernement. Rien n'y a fait, la maladie est endémique. Ses symptômes restent déconcertants. Faute de vaccin, on contient la progression du mal et on convoque les exorcistes, ceux qui font les lois, qui ont jusqu'à présent oublié que, dans un système d'échanges vivant, la survie dépend de l'équilibre de l'échange.

La refonte du système de financement est le socle d'un possible assainissement. Une nouvelle répartition des ressources entre l'État et les collectivités décentralisées peut fonder une redistribution consensuelle des missions. La sécurité publique fournit un exemple instructif. L'État en endosse la responsabilité, au moins médiatique, quasi exclusive. À l'échelle locale, l'évolution sociale, la législation de décentralisation et, aussi, la législation de la prévention sociale se sont, pourtant, alliées pour conférer de plus en plus de responsabilités aux autorités décentralisées. Dans cette contradiction gît une faute politique. Elle explique l'accumulation déraisonnable de gestes et textes qui ont voulu, en vain, rehausser les résultats de la politique de sécurité. Une progression des financements d'État était attendue. Elle n'a pas été honorée. L'impossibilité manifeste d'y faire face aurait dû enterrer un projet de loi d'orientation de la sécurité accablé d'inconsistance budgétaire. Il a été seulement dénaturé. La parole publique a été surabondante. Sous la présidence de N. Sarkozy, l'exemple venait de haut. En opposant un système à un autre, telle tactique, ou telle institution, à telle autre, en regroupant, en fusionnant, en mutualisant des budgets et des moyens, en confiant l'autorité à des personnes dépourvues de l'imagination qui aurait pu les porter vers d'autres solutions que l'hypertrophie de leurs pouvoirs, on a réglé des comptes mais pas fait front à la progression des menaces. Les résultats statistiques ont été un peu améliorés. Le sentiment de sécurité a fait des progrès. Mais personne ne pense que la sécurité soit encore, partout, du niveau et de la qualité dignes des attentes. Des commandements locaux ont obtenu de meilleurs résultats quantitatifs, voire qualitatifs, par une pression constante sur leurs moyens. Dans un contexte d'extrême lenteur d'adaptation des capacités, ils restent condamnés à une révision quotidienne de leurs priorités de missions. Les bornes budgétaires et l'absence d'effet des politiques de la ville sur la paix publique dans les cités se conjuguent pour empêcher de résorber les menaces.

Dans la pénurie de l'État, les collectivités territoriales ont été invitées à la table de financement de la politique de sécurité publique. Le doigt mis dans l'engrenage, elles déplorent que l'État n'assure plus l'exclusivité du coût de cette mission régalienne. Certaines repoussent très loin les frontières de compétence qui leur sont opposées. L'équipement immobilier des services de l'État, incapable d'investir, est asphyxié, enchaîné à des loyers dont les montants ont fait fondre les autres rubriques des budgets de fonctionnement. Les autorités de contrôle font peser sur les hiérarchies locales des exigences qu'il n'est pas à leur portée de résoudre. Les services de l'État ont subrepticement recours aux générosités d'élus locaux consentants. Les polices municipales se sentent substituées aux services de l'État dans les missions dont ceux-ci peuvent se délester discrètement sans que, pour autant, la critique de leur indisponibilité ait perdu son intensité.

Sur des bases de financement assainies, une redistribution des compétences pourrait être examinée calmement, de manière ouverte. En trente ans, le législateur, un de gauche, un de droite, a poussé dans le même sens deux grandes vagues de décentralisation. Il est passé, chaque fois, sans même y prendre garde, à côté du scénario qui aurait clarifié les choses. Depuis, la transformation de la délinquance a obligé les services de l'État à concentrer leurs moyens, en régression, sur les menaces qui se situent dans l'ultra du local (ordre public, violences). En contrepartie, ils ont délaissé les domaines (circulation, stationnement, facilitations sociales) dont, progressivement, les polices municipales se sont saisies. Ce compromis nourrit les germes d'antagonisme politique et d'inefficacité. D'un côté on réclame de la police d'État dite de proximité. De l'autre on sait que cette option est inefficace, car inscrite dans une perspective sans bornes de progression des moyens. L'efflorescence de polices municipales a suivi, sans que cela ait, pour autant, résolu les problèmes. Les policiers municipaux comblent les trous, et ne s'en satisfont pas. Ils éprouvent, vis-à-vis de leurs collègues de la sécurité publique, un sentiment de dévalorisation qui les pousse à revendiquer une identité de façade (même armement, par exemple). Beaucoup d'entre eux, anciens policiers d'État, éprouvent l'agrément d'un lieu d'affectation et de conditions de travail plus compatibles avec leur vie familiale. Il leur arrive aussi d'éprouver la nostalgie de leur métier de vocation, et d'être tentés de retourner à ses pratiques. Cette dichotomie entre services d'État et services locaux n'existe pas dans le domaine du secours. Les services de secours et de lutte contre l'incendie sont locaux par le statut, par la mission et par le financement. Ils relèvent de l'État pour le contrôle opérationnel. Par exception, quelques unités sont militaires. Quand leur compétence est locale, ils sont financés par les collectivités territoriales concernées. Ce précédent fonctionne au bon point d'équilibre, fragile mais constant. Ses enseignements seraient-ils extensibles au domaine de la sécurité publique ? Les polices de la circulation et du stationnement sont-elles, par nature, plus d'État que les secours aux personnes ? Une différence, certes importante, réside en ce que les polices de voie publique exercent des fonctions judiciaires. Cet aspect implique, plus qu'un contrôle, une mainmise d'État. Elle est organisée, par la loi actuelle, selon des modalités peu contraignantes pour les polices municipales, à la proportion du caractère subsidiaire des fonctions exercées. Si la police municipale devenait, de droit commun, le premier échelon de compétence de la police locale, comme le voudrait la logique de la décentralisation et comme y conduit, par effritement et usure, le mouvement en cours, l'emprise du contrôle d'État aurait à être renforcée. N'est-il pas temps, quoi qu'il en soit, de reconsidérer une organisation dont les traits essentiels datent de Vichy ? On peut, par exemple, municipaliser (voire départementaliser) les effectifs et l'emploi, tout en étatisant le recrutement et la formation. Les polices municipales pourraient être constituées de policiers, ou militaires gendarmes, détachés sur les emplois créés par les collectivités territoriales, dans des tableaux d'effectifs choisis et financés par elles.

Les interventions sociales de la puissance publique ont connu, elles aussi, une évolution confuse. Dans le champ de l'éducation et de l'action sociale (logement, aide aux personnes), nombre de difficultés pratiques surgissent de l'obscurité de la répartition des compétences entre l'État et les collectivités territoriales. Les dilemmes sont presque quotidiens. L'articulation des responsabilités est, pour chaque tâche, spécifique. La progression forte et constante des coûts constitue leur facteur commun. Dans les années 2008-2011, la révision générale des politiques publiques (RGPP) a eu pour ambition de maîtriser la progression des charges de l'État face à l'extension des besoins. Elle ambitionnait de rationaliser, en conséquence, les structures locales de l'État. Ses conclusions ont été mises en œuvre dans la passivité générale. Le dispositif ne provoquait de perturbations qu'au sein de l'appareil d'État. Les collectivités territoriales, bien qu'elles interfèrent ou collaborent étroitement avec l'État dans ces domaines, ont manifesté une patiente indifférence à ces évolutions. Pour elles, la RGPP ne regardait que l'État. Elle a, de fait, en ce qui concerne la relation entre l'État et les collectivités, à peine remué l'écume des problèmes. En outre, en affaiblissant les structures locales de l'État, elle a, sans autre dommage, ouvert aux responsables politiques décentralisés des voies nouvelles d'affermissement de leur pouvoir. Bien entendu, la question des compétences surgira, le moment venu, dans le débat politique, comme une aspérité tranchante. Rien ne peut mettre l'État à l'abri d'une critique pertinente : celle de ne pas savoir maîtriser l'évolution des politiques sociales, dont la plupart des paramètres relèvent de lui, autrement qu'en faisant glisser vers les collectivités décentralisées (ou vers des opérateurs associatifs, ce qui revient au même) des tranches de compétences. Autant vaudrait organiser proprement ce qui est inévitable.

Le préalable de la réforme fiscale prend, à cet égard, tout son sens. Une modification du portage des missions doit être assise sur des ressources mesurées d'avance. Il revient à l'État de garantir la qualité des services délivrés. Des dispositions convenables peuvent y pourvoir : définition claire des charges requises par les missions, collation des grades requis pour exercer des fonctions, formation de responsables, contrôle de gestion des structures publiques. Il revient aux collectivités décentralisées de fournir des prestations de proximité (gestion des effectifs, des carrières, mobilité du personnel), dans la mesure où l'exercice de ces responsabilités n'accable pas, par un transfert de charge financière non compensé, le contribuable local. Le contribuable local est délimité par la localisation et la spécificité des contributions fiscales qui l'atteignent. Actuellement est local le contribuable qui paye la taxe foncière ou d'habitation. Il finance la commune, le département et la région. Est national le redevable de l'impôt sur le revenu ou de l'impôt sur la fortune. Il finance l'État, et indirectement toutes les collectivités bénéficiaires de dotations de l'État. Si chaque contribuable était assujetti à une imposition d'affectation indifférenciée[12], la question du caractère éventuellement inéquitable d'un transfert de charges ne se poserait pas. Le tableau des charges fiscales individuelles regroupées en catégories d'assiette fiscale transcrirait, avec réalisme, la politique économique et sociale de l'État. Elle pourrait être, localement, infléchie et complétée par chaque collectivité décentralisée. La composition socio-économique de la population locale peut incliner les autorités décentralisées à ponctionner davantage telle partie plutôt que telle autre du potentiel fiscal pour satisfaire les besoins correspondants aux compétences locales. Les choix politiques locaux auraient ainsi un sens et une substance concrets. Globalement, cette méthode définit donc un gisement de ressources dont l'exploitation serait responsabilisée. Elle permet une meilleure maîtrise de la dépense. Elle établit les bases d'une réforme acceptable. Elle a pour principe la maîtrise réelle de l'évolution des budgets publics, et non pas le rééquilibrage d'apparence des comptes publiés.

## Compétences, entre embrouillamini, escroquerie et autonomie

Réformer la structure des collectivités territoriales reviendrait à refondre toute l'architecture de la puissance publique. Transférer des compétences d'une collectivité à une autre implique de transfuser des ressources fiscales. Sans cette contrepartie, ce qu'on appelle la réforme est une escroquerie. Eh bien, croyez-le ou pas, tous les transferts de compétences réalisés par l'État vers les collectivités locales ont été des escroqueries. Certes, il se trouverait, en sens inverse, quelques transactions de dupe. Quand l'État a repris des missions aux collectivités territoriales, ou s'est donné des missions nouvelles que ces collectivités auraient pu remplir, les effets n'ont pas été anodins. On a, dans ce cas, vu se produire non pas des transferts concrets mais des extensions progressives, à la charge de l'État, de missions que, précédemment, les collectivités assuraient en quelque sorte implicitement. L'hébergement et le secours aux personnes, le droit au logement, une partie de la sécurité civile sont, par exemple, devenus, petit à petit, des charges d'État, lourdes désormais. Certaines de ces missions sont, aujourd'hui, moins bien exercées que jadis, lorsque leur responsabilité était, formellement ou non, locale. Au moins, rien n'a-t-il été imposé. Le législateur d'État, parfois le simple gestionnaire politique, s'est, lui-même, infligé le poids de ces fardeaux. Les collectivités auraient obtenu, pensait-on par erreur, de moins bons résultats. L'hébergement d'urgence, le droit au logement, assurés par l'État, sont d'une inefficacité quotidiennement prouvée. Cette tragédie démontre l'inanité de la prétention sociale de l'État.

Lorsque l'État veut transférer des compétences vers les collectivités, l'escroquerie est d'abord camouflée par une dotation de ressources promise pour appâter le volontariat. La loyauté du montant initial de la dotation prévue prête souvent à soupçon. Devant une réticence à l'accueil de charges nouvelles, une négociation permet de faire évoluer les termes de l'accord. C'est bien qu'il existait des marges pour un compromis. Mais enfin, c'est le jeu. Traiter avec un partenaire aux intentions pas toutes honnêtes est une réalité des affaires de tous les jours. Bien entendu la subvention, ou la dotation compensatoire, ou même le transfert de potentiel fiscal, selon la forme retenue pour habiller la couverture financière du transfert de compétences, tarde à être versé. Parfois l'inscription budgétaire est omise dans l'exercice qui suit l'accord. La trésorerie de la collectivité porte la charge de transition. Le montant de la compensation, avec le temps, s'érode. Son principe originel peut être oublié. Sa contrepartie budgétaire vient à être noyée dans une dotation globale qui, elle-même, devra finalement rétrécir dans les goulets du rétablissement de l'équilibre budgétaire de l'État. Pour masquer le leurre, dont l'élaboration et la gestion nourrissent une direction générale du ministère de l'Intérieur[13], on le plie et on le repasse avec des formules de calcul absconses. Moins de cinq personnes, trois peut-être, et pas toutes les mêmes pour chaque objet, peuvent prétendre en maîtriser la technique. Mais il est de bon ton que beaucoup dissertent des conséquences possibles, pour peu qu'elles soient identifiables. Car la dissimulation est enrichie par une procédure consultative. Des élus, bien pourvus en mandats cumulés, donc supposés respectables pour leur expérience, consentent, pour la bonne conscience politique des autorités d'État, à une concertation complice. La République, dont « l'organisation est décentralisée[14] », distribue ainsi aux collectivités territoriales, au nom de la péréquation des ressources et des transferts de compétences, un budget supérieur à celui des armées, de la justice, de la police et même de l'Éducation nationale. La France décentralisée vit par le financement de l'État central ! Le système est emprisonné dans sa logique. Plus il y a de décentralisation, plus cela coûte cher au contribuable de l'État. D'ailleurs, plus il y a de décentralisation, plus l'État s'efforce aussi d'injecter des doses supplémentaires de déconcentration de ses propres services. Et plus il déconcentre, plus il crée des structures centrales pour mettre en place, contrôler, animer et coordonner les organismes déconcentrés[15].

Toute imagination déployée face aux difficultés pratiques des gestions locales, le réformateur de bonne volonté a recours à des recettes séculaires et éculées : le regroupement des collectivités, la fusion des communes, l'extension de taille (les communautés, les métropoles). On ne manque pas de formules, accumulées au fil du temps, dont certaines ont peu de succès, malgré les primes promises. Elles paraissent ne jamais répondre aux besoins, puisque, de proche en proche, on en recherche de plus subtiles encore. Cette efflorescence de structures a encouragé le cumul des mandats des responsables politiques. Alors, au lieu de réussir à soigner le fond, on a, petit à petit, résolu de s'attaquer au symptôme de la maladie, le cumul des mandats. Puisqu'il était dénigré par les médias, vilipendé par l'opinion publique, le cumul des mandats, faux problème mais vrai signe d'un échec thérapeutique, sera désormais réprimé. La réticence dans le vote et la retenue dans la définition des effets en disent long sur la pureté des intentions.

La Constitution, partiellement réécrite en 2003, a reconnu aux statuts des collectivités territoriales une grande diversité. Les dérogations, les expérimentations n'étaient pas imaginables trente ans plus tôt. La Constitution affirme aussi qu'« aucune collectivité territoriale ne peut exercer une tutelle sur une autre[16] », alors que la dépendance financière entre collectivités est, en réalité, plus étroite que jamais. Elle dispose que les « collectivités territoriales ont vocation à prendre les décisions pour l'ensemble des compétences qui peuvent le mieux être mises en œuvre à leur échelon[17] », formule à laquelle on reconnaîtra un bon sens apparent mais creux, une signification pauvre et une précision volontairement nulle. L'organisation territoriale de la puissance publique est fragmentée en morceaux comme liés par des joints de mauvaise qualité. Les dalles ont fini par se superposer sur un sol défoncé. Il existait, avant la réforme historique de 1982, un continuum entre les missions des collectivités publiques. Le préfet était, au-delà de ses missions d'État, agent exécutif de collectivité territoriale. Le maire était (il est encore, sinon politiquement au moins juridiquement) non seulement titulaire des missions exercées au nom de la commune mais aussi agent de l'État. Ce qui a changé, depuis 1982, est inapparent mais fondamental. L'idée s'est introduite d'une séparation, d'une concurrence, d'une opposition des ordres juridiques et des intérêts publics. Lorsque le ministre de l'Intérieur, en quête d'économies, organise la délivrance directe par les mairies des cartes nationales d'identité, il feint de croire, dans un premier temps, qu'il s'agit là de l'exercice normal par le maire de ses attributions d'État. Dans un deuxième temps, il met en place une contrepartie financière pour la commune. Plus qu'une concession tactique, qui aurait pu prendre une autre forme, c'est une faute de principe. Lorsqu'il promeut la loi qui autorise le mariage des homosexuels, le président de la République laisse entendre, contre le droit, et ouvrant, sans choquer grand monde, une porte béante à l'illégalité consentie, que les maires, agents de l'état civil, au nom de l'État et sous le contrôle des procureurs de la République, pourraient se retrancher derrière on ne sait quelle clause de conscience pour refuser d'instrumenter un mariage ! Pour restaurer l'idée d'une puissance publique unitaire, idée qui conditionne l'efficacité de l'organisation territoriale, il faudrait combler deux fossés. L'un est insondable, car il sépare des intérêts politiques et leur permet de s'opposer : des élections locales fournissent à un parti, à des personnes, une occasion de revanche après un échec dans des élections nationales. L'autre fossé n'est pas si profond : celui qui interdit à des élus locaux d'accorder leur confiance financière à l'État dans des opérations de transfert de compétences. Il est encore possible de le faire disparaître.

Pour que des transferts de compétences puissent être réalisés sans soupçon, sans lésion, sans risque de remises en cause périodiques, il serait, d'abord, nécessaire que toutes les collectivités concernées puissent asseoir leurs fiscalités sur les mêmes bases. Imaginons que l'État et toutes autres collectivités publiques territoriales disposent d'assiettes d'imposition communes. Supposons que chaque collectivité assujettisse chaque assiette, dans son ressort, à un taux qui détermine le produit fiscal propre de la collectivité sur son territoire. Toutes les données d'assiette sont connues, ou susceptibles de l'être, et exploitables pour tout transfert de compétences. Imaginons encore que l'État décide de transférer aux collectivités le financement des emplois locaux de professeurs des écoles ou celui des policiers et gendarmes. La contrepartie de ressource fiscale à transplanter serait facile à déterminer. La modalité serait facile à opérer. C'est un bloc de produit fiscal local (assiette et taux assortis) qui serait transféré, une simple convention pouvant, si la loi en décide ainsi, y suffire. L'effet serait neutre pour l'assujetti. La liberté de la collectivité réceptrice serait parfaitement préservée. Le transfert serait d'ailleurs réversible. Imaginons le processus inverse. Une collectivité souhaite confier à une autre telle ou telle compétence. Une commune, qui ne dispose pas de services techniques, trouve avantage à déléguer à une autre, ou au département, l'entretien de sa voirie, la construction ou la maintenance de ses bâtiments scolaires. Elle détachera auprès de la collectivité mandatée le bloc de financement correspondant. Elle lui en remettra la gestion politique, intégrée dans celle du produit fiscal global.

Ce dispositif n'engendre aucune dépendance. Le volontariat, pour réaliser un transfert de compétences, serait la règle, la loi n'en retenant que la possibilité de principe. Il assure une faculté de transfert des compétences souple et honnête, une autonomie réelle de choix fiscal décentralisé, sans perturber la politique fiscale de l'État, évidemment maître, lui-même, de la structure des assiettes et des taux de base. Il suppose une simplification du nombre des catégories d'impôts qui, quoi qu'il en soit, est nécessaire. Il est, enfin, compatible avec de multiples orientations réformatrices, sauvegardant la capacité de choix des décideurs politiques. La diversité des situations éventuelles est étendue. Elle n'est pas pour autant un facteur d'obscurcissement. C'est une administration d'État unique qui établit l'assiette des impôts et les recouvre. La concentration des données est parfaite. Des éléments de complexité supplémentaire pourraient, certes, être introduits par l'inventivité technocratique et parlementaire. On le sait, dans un processus de réforme fiscale, les objectifs sont souvent détournés. La franche rusticité n'est pas de mise. Mais si les fondements essentiels sont respectés, la liberté de choix budgétaire des collectivités territoriales sera mieux établie que dans le chaos actuel. Tandis que le gouvernement affirmera sa propre politique fiscale, une assemblée délibérante locale pourra décider de solliciter l'effort de ses propres contribuables sur les revenus plutôt que sur le patrimoine, ou sur la dépense plutôt que sur la charge foncière. Elle pourra moduler, selon ses caractéristiques contributives particulières, la charge que, actuellement, le budget de l'État lui impose à l'aveugle. Le choix des niveaux de taux additionnels par les collectivités territoriales devrait être laissé libre. La loi ne devrait réglementer que le nombre maximal des taux, quatre étant suffisants pour signifier une politique.

On verrait ainsi, assurément, se mettre en place des comportements fiscaux différents. Neuilly-sur-Seine et Villiers-le-Bel n'auraient plus en commun ce type de rigidité structurelle qui agit toujours à la défaveur particulière de ceux qui ont les plus faibles potentiels. On peut supposer qu'une commune bien pourvue en revenus élevés et patrimoines de valeur saurait orienter ses ponctions vers les strates supérieures de la richesse. Telle autre commune dotée, plutôt que de résidences de luxe, de zones commerciales bien achalandées en raison de leurs commodités d'accès pourrait prendre le risque d'un taux de TVA majoré au bénéfice d'une atténuation de la charge sur le foncier. Au moins chaque produit fiscal local serait-il déterminé par une politique locale, adaptée à la structure du potentiel, sans qu'il soit nécessaire, dans un cadre étroit de contraintes, de mettre en cause l'État, et de lui réclamer, en vain, de justes et efficaces mesures de péréquation. Ces infléchissements locaux de politique fiscale par des taux additionnels aux taux d'État sont de pratique déjà existante pour des impôts locaux. Généralisés, ils s'apparenteraient au vieux système des centimes additionnels. Ce serait une sorte de ressourcement des libertés locales.

Le principe de la généralité des compétences est distinct de l'idée de compétence générale de chaque collectivité territoriale. Croire que chaque collectivité a un droit de gestion sur toute affaire publique est une erreur coûteuse. Lorsqu'une municipalité délibère sur une affaire étrangère à ses attributions, dans laquelle elle n'a aucune action possible, c'est une pure imbécillité, l'expression d'un soulagement idéologique vain et vaniteux, ou d'un comportement de clientèle à courte vue. Mais croire que chaque collectivité restera enfermée dans une compétence étroitement spécialisée, considérer qu'elle doit rester indifférente à ce qui, sans relever de sa compétence, touche ses citoyens serait irréaliste. À la suite des attentats de novembre 2015, chacun a compris – ce qui n'est pas sans implication politique – que les transports publics étaient vulnérables et que, en pleine campagne des élections régionales, la compétence de la région sur les transports publics n'était pas détachée de la sécurité contre le terrorisme. Comment concilier, dans le système de compétences, ces exigences contradictoires ? D'abord, en respectant la simplicité d'un dispositif clair et connu. Quatre niveaux d'administration sont amplement suffisants. Commune, département, région, État : rien d'autre ne doit venir brouiller ce paysage. Il est indifférent, à ce stade de la réflexion, que des régions soient regroupées, ou non, puisqu'elles n'entrent pas dans la catégorie des institutions de proximité. Dans le regroupement de régions, qui était en soi opportun, on a évité de peu des fusions avec des départements qui sont, eux, des institutions de proximité à préserver. Une autre disposition essentielle est d'admettre que la commune, point de contact le plus extrême avec le citoyen, peut avoir à connaître de tous les dossiers de relations des usagers avec le service public. Dans toute relation avec la puissance publique, État, région, département, institutions publiques économiques (chambres professionnelles, services de l'emploi) et sociales (sécurité sociale), l'usager, entreprise ou particulier, devrait pouvoir, s'il en fait le choix, s'adresser au service municipal, reconnu par les autres services publics comme un correspondant légitime et compétent. Enfin, il serait nécessaire que les relations de compétence entre tous les services publics puissent être traitées par la voie contractuelle plutôt que par la voie législative ou réglementaire.

Cette idée choque les puristes de l'uniformité juridique. Dans le désordre actuel, elle est pourtant la seule qui pourrait permettre de rétablir une situation d'égalité réelle entre communes, entre départements, voire entre régions. Il n'existe pas de regroupement institutionnel qui fonctionne bien et durablement sans que toutes les conditions en soient réunies. Ces conditions sont géographiques, culturelles, financières, budgétaires et psychopolitiques. C'est une erreur de croire qu'elles sont rapidement évolutives. Cette latence explique que les regroupements partiels de compétences ont pris de l'avance sur les regroupements généralisés, et que des regroupements généralisés de compétences ont été rendus fragiles par leur caractère forcé. En matière politique et institutionnelle, ce qui est prématuré ne résiste pas longtemps aux pulsions, ou ne s'enracine que par des verrous juridiques, dans une mauvaise humeur sous-jacente permanente. La liberté contractuelle peut résoudre la difficulté de la tension entre regroupement et autonomie. C'est, après tout, un des grands débats du siècle précédent et de l'actuel, à l'échelle mondiale, que cette recherche de l'équilibre du territoire, entre petite unité conviviale de rattachement et grand ensemble de puissance et d'efficacité collectives. Ce perpétuel balancement a donné lieu à des guerres et à des alliances, à des affrontements culturels et à des accords internationaux, et voilà que, à notre échelle, nous refuserions de prendre en considération cet attachement multiséculaire à la petite dimension de la collectivité ! Voilà que, dans ce monde médiatisé où tout événement mérite la mise en scène d'un traitement psychologique, nous mépriserions la dimension psychologique et culturelle de la réforme institutionnelle !

Depuis le XIXe siècle, la loi autorise des collectivités territoriales à souscrire entre elles des ententes. La disposition, peu connue, peu employée, trop libre de contenu, sans doute, aux yeux des maniaques de l'uniformité, a été supplantée par d'autres formes de regroupement. Celles-ci ont été multipliées. Opaques et embrouillées, avec des règles de constitution et de fonctionnement complexes et rigides, elles l'ont emporté, au bénéfice du cumul des mandats rémunérés, sur trop de simplicité. Cet imbroglio est sous-tendu par la férocité des enjeux financiers. Il est fréquent que l'obsession du *retour* (comprendre : « *I want my money back* ») mette un regroupement à la merci d'une explosion. La délégation de compétence entre collectivités, conclue par entente contractuelle et plus facilement réversible qu'une structure d'intrication, est un bon lien de coopération, sans filialisation. Il est honnête, équilibré, souvent plus durable que le regroupement consenti à regret sous la pression d'une incitation budgétaire artificielle et provisoire. Le Code général des collectivités locales prévoit[18] sa possibilité, y compris au bénéfice de l'État. Il permet d'éviter une superstructure administrative alourdie de mandats politiques supplémentaires. L'entente organise en effet un mode de gestion, pas une institution rigide. S'il doit exister un organisme commun, ce peut être une structure de gestion légère, sans consistance électorale. Une commune peut confier une mission de service constructeur à une autre, ou à un département. Un département peut confier à la région l'entretien de sa voirie. Tout est affaire de circonstances et de capacités techniques. L'usager ne perd pas son droit d'entrée dans un dossier. Il peut passer par la porte de la communauté délégataire. La collectivité n'abdique pas sa compétence, elle en confie l'exécution à une autre, mieux outillée pour l'assurer. Elle pourrait lui transférer, de manière souple, le produit d'une dotation fiscale dont elle garde le contrôle (assiette et taux marginal propres). La collectivité mandataire n'accapare pas une compétence et des moyens. Elle rend un service rémunéré.

Une délégation de compétence ne peut évidemment être que spécialisée. Générale, elle dénierait l'existence même de la collectivité délégataire. Spécialisée, elle ne peut s'inscrire que dans le cadre de la compétence générale des collectivités territoriales. Elle ne constitue pas un dessaisissement. Si elle est accordée à une collectivité d'un rang supérieur, d'une commune à un département ou d'un département à une région, il faut toutefois prendre garde à ce qu'une sorte de tutelle soit évitée. Pour cette raison, la capacité de déléguer doit être limitée à un champ spécifique. Prenons l'exemple de la politique culturelle. Elle est, normalement, d'État. Mais l'État a fortement concentré le périmètre réel de ses interventions. Des établissements, patrimoniaux ou d'animation culturelle, sont sous sa responsabilité propre. Ils en appellent néanmoins aux contributions financières des collectivités. Régions, départements, communes, syndicats se retrouvent dans les conseils d'administration. Leurs représentants s'y font concurrence, dans une générosité de type clientéliste ou dans la restriction budgétaire de gestionnaires avisés. Tout cela est admissible. Comment des collectivités territoriales pourraient-elles ne pas porter intérêt à la préservation, à l'enrichissement, à l'animation du patrimoine local ? Les bornes de leurs compétences spécialisées ne résisteraient pas longtemps. L'État législateur lui-même consent, étouffé, aux assauts de l'intérêt local légitime et s'humilie dans la mendicité participative. La compétence générale des collectivités territoriales est, quoi que la raison dise vouloir, empiriquement inévitable. Qu'on l'interdise par la loi, elle reviendra par le soupirail. Quelles institutions, devant la difficulté budgétaire, se retireront les premières du tour de table sinon les plus distantes de l'objet culturel concerné ?

Les besoins de délégations de compétences ne sont pas également répartis sur le territoire. Dans tel cas, la délégation de compétence sera, pour des raisons contingentes, étroitement circonscrite. Dans d'autres cas, elle pourrait être plus large. Mais une commune qui voudrait procéder à une délégation générale de compétence au bénéfice d'une voisine se prêterait à une sorte d'absorption. Si différentes communes s'agrégeaient pour une mission de grande ampleur sur un vaste territoire pourvu d'une nombreuse population, leur entente deviendrait une métropole. Une métropole qui, par délégation, exercerait toutes les compétences d'un département, se substituerait à ce département. Au moins, le volontariat des collectivités décentralisées aurait-il été préservé, et leurs intérêts sauvegardés par le transfert correspondant des capacités fiscales. On voit que ce système aurait pour effet de faire automatiquement disparaître de nombreux mandats locaux, apportant une bonne partie de la réponse à la question de leur cumul excessif. Organisation politique du territoire et organisation de la représentation politique sur le territoire sont deux aspects d'une même affaire. En les séparant, on fait offense à l'intelligence politique des électeurs.

## Communes et départements, modernité de la tradition. Provinces pour le cœur, très grandes régions pour la raison

Il est de bon ton, dans tous les partis politiques, de s'affliger de l'excès du nombre des collectivités territoriales, même dans les périodes où s'y trouvent des refuges de pouvoir. Les gouvernements ont voulu y remédier tantôt par la séduction, tantôt par la force, avec une conviction réelle et une détermination modérée. Ils s'en sont pris, en définitive, seulement aux moins nombreuses, plus récentes et moins respectées de ces institutions, les régions, ce qui facilitait la charge. Aucun n'a renoncé à ses incantations sur les vertus du regroupement et la nécessité de la plus grande taille des collectivités municipales. Sur ce sujet, tous ont échoué, sinon par l'encouragement subventionné aux regroupements. Les avis, les mieux comme les moins bien éclairés, sont convergents. Cette rare unanimité se retrouve dans les médias et dans l'opinion publique. Tout interlocuteur vous assénera comme un fait d'évidence qu'il y a trop de communes en France. Cet excédent est admis, mais pas démontré. Il est généralement illustré par des références étrangères. Pour le reste, la prétendue évidence confond deux questions, le nombre des collectivités et la répartition de leurs pouvoirs. Ces deux aspects ne vont pas en parallèle.

Une énergie et une patience sans pareilles ont été gâchées, depuis plus de quarante ans, pour diminuer le nombre des communes, avec des résultats presque nuls. Au lieu de prendre, comme seul élément de réflexion, la situation de pays aux cultures différentes, les politiques au pouvoir auraient pu et dû réfléchir aux leçons de l'expérience du secteur privé. Il n'y a pas, pour un type de collectivité, de taille normée. L'entreprise est grande ou petite, géante ou unipersonnelle, multinationale ou locale. Sa prospérité, le niveau de service rendu au client ne dépendent que de l'adaptation de sa taille, de son organisation et de son capital à son produit et à son marché. Il n'y a pas, en organisation, d'impératif absolu de taille. La religion du gros, ou du petit, est absurde. Il y a seulement un art de la dimension convenable. La Révolution, la vraie, celle de 1789, avait organisé le territoire selon des raisonnements simples. À l'époque où une distance exprimait un équivalent de temps de déplacement, on avait l'intelligence de dimensionner le territoire des collectivités publiques à une commodité d'usager. Eh bien, il devrait en être de même aujourd'hui ! Ce sont les usagers qui expriment la rentabilité d'une collectivité publique. Ce sont les usagers et les contribuables qui évaluent la qualité de la gestion, pas les cabinets de conseil, pas la direction du budget du ministère des Finances ni tel autre secrétariat général à la modernisation du Premier ministre, au service d'une obsession réductrice. Partons donc de l'idée que la meilleure organisation est celle… qui correspond le mieux aux besoins. Et comme une tautologie vaut mieux qu'une mauvaise idéologie, admettons l'idée et l'impératif de la diversité d'organisation, mais dans un cadre simplifié.

Il existe trois niveaux, anciens, connus, respectés, stables, d'exercice de la responsabilité de puissance publique : la commune, le département, l'État. L'histoire récente a ajouté, après quelques balbutiements et hoquets, une nouvelle institution, d'inspiration géographique, la région, puis un objet socio-administratif, la métropole. Les régions ont un rôle, pas une efficacité. Leurs budgets sont dérisoires. L'addition de certains d'entre eux ne suffira même pas à leur faire atteindre un niveau qui concurrencerait sérieusement les capacités de grandes métropoles. Leur autonomie fiscale est dérisoire, de l'ordre de 10 % de leurs ressources. Des candidats à leur présidence peuvent ainsi promettre de stabiliser la charge des impôts régionaux, les risques de cet engagement sont inexistants. Certains de leurs présidents ont défrayé la chronique par des comportements peu estimables. Le luxe et le coût de certains hôtels de région ont illustré un versant peu honorable de l'institution. Les effectifs d'administration y ont crû rapidement et sont pléthoriques. Dans des domaines déterminants pour la vie de chacun, transport, enseignement secondaire, voire universitaire, formation professionnelle, leur intervention a pris une ampleur notable. Dans la campagne électorale régionale de 2015, tout le monde pensait… aux élections présidentielles, ou à la sécurité, sujet sur lequel chaque collectivité publique a un peu de compétence directe… sauf les régions. Personne ne connaît ses conseillers régionaux. L'électeur sait identifier son maire, son député. Le conseiller général, devenu départemental, est un notable rural. Le conseiller régional est un inconnu. La région appartient à la catégorie des institutions dont on ne peut dire qu'elles sont de proximité, à la différence de la commune et du département. L'usager connaît les institutions dont il a besoin. Le contribuable connaît parfois celles qui le ponctionnent. L'électeur, lui, a le droit de savoir pour qui il vote. Pour les élections présidentielles, il sait tout de son candidat favori et de presque tous les autres, visibles et audibles tous les jours dans les lucarnes. La région, que l'on prétendait si indispensable, a connu, de ce point de vue, un échec de notoriété. Cet échec est mérité. Il est le résultat d'une coupable négligence politique pour un facteur d'importance : la distance que les institutions entretiennent avec le citoyen. Chacun a besoin, pour voter, d'une intimité avec le politique. Tout passe, en France, par l'élection présidentielle. Pour le surplus, le contact du citoyen doit être local, abordable. La région, pour ce qui la concerne, ne le permet pas. Mais on persiste à instruire le procès des petites structures, et à faire l'éloge des grandes. On n'a pas cessé, depuis un demi-siècle, de créer d'innombrables structures intermédiaires. Les communes peuvent faire partie de syndicats, avec des configurations multiples, de districts, de communautés, de métropoles. Certaines cumulent les appartenances. Chaque structure de rattachement mérite des délégués, des présidents, bénéficie de ressources fiscales autonomes, ou non. Dans ce maquis, l'usager a les plus grandes peines à trouver son chemin. Au-delà de la commune, il ne connaît guère ses élus. Le député, qui cultive sa clientèle et sert d'assistante sociale universelle, est vaguement familier. Avec la multiplication des collectivités territoriales, la nomenklatura locale a pris de l'extension et de l'intérêt car elle sert de marchepied vers la parisienne. L'usager, lui, aimerait, voudrait, et l'exprimera un jour, conserver un lien unique, court et commode, avec le service public. Il souhaite connaître et pouvoir fréquenter quelqu'un, ou quelque institution qui l'oriente, le prenne en charge, le conseille ou lui délivre ce dont il a besoin. Et l'usager-citoyen, qu'on le veuille ou non, est la raison de vivre du service public ! Proximité entre l'institution et l'usager, généralité des compétences des institutions locales doivent être les deux lignes de guidage de l'organisation territoriale.

À la fin de 2014, le gouvernement a obtenu de l'Assemblée nationale le vote définitif d'une loi qui a instauré une nouvelle carte administrative des régions métropolitaines. Le processus ainsi achevé a été rocambolesque. En quelques épisodes piquants, on a vu se succéder légèretés, faiblesses, indiscrétions, défis et concessions aux intérêts personnels, logique et impatience irrationnelle, craintes de désordre et autoritarisme. Treize régions, en définitive, remplacent les vingt-deux antérieures. Le dispositif respecte la Bretagne et la Corse, mais raye l'Alsace. Il ne dit mot des départements. Leurs conseillers élus ont été soumis à renouvellement au printemps de 2015 sans que rien ne soit dit des futures compétences des collectivités territoriales. L'exposé des motifs de la loi sur les régions énonce, dans un jargon consacré, le besoin d'« améliorer la gouvernance territoriale ainsi que l'efficacité et l'efficience des politiques publiques mises en œuvre dans les territoires », ce qui, sans manger de pain, dévoile peu. L'équilibre de coopérations interrégionales au niveau européen supposait, croyait-on avoir compris, de renforcer les régions dans une dimension géographique et démographique supérieure. Ce raisonnement a été modérément considéré. Le gouvernement, après avoir subi du Sénat une adjonction à sa liste des futures régions, a subi de l'Assemblée nationale un retrait. Manifestement, l'enjeu essentiel était de prouver à l'Europe une détermination de réforme et, pour le reste, il était loisible de composer, au moins mal, avec les réalités et les influences.

Dans ce méli-mélo, l'œuvre historique de la monarchie puis de la République est dissoute. Depuis la III^e^ République au moins, le rapport du citoyen au territoire s'est fait charnel. Le lien au terroir a été préservé. L'œuvre de décentralisation, il y a peu encore, prétendait le sauvegarder, et même l'enrichir. La pauvreté d'un ouvrage qui se contente de fusionner des régions de dimension moyenne pour installer des régions de dimension un peu moins moyenne saute aux yeux. L'objectif était, disait-on, par l'augmentation de dimension, de renforcer la capacité d'attraction, d'intervention, d'aménagement des régions. Cette intention était vaguement assortie de menaces sur l'existence des départements. L'accumulation des échelons d'administration devait être supprimée. En l'état, aucun échelon n'a été abrogé, mais des fiertés régionales fortes ont été blessées, d'autres inutilement épargnées.

La possibilité existait de procéder autrement. La construction régionale nouvelle aurait pu être bâtie sur le choix de quelques métropoles incontestables, et autour de leur aire d'influence. C'eût été une façon de se rallier, vraiment, à une stratégie d'aménagement et de développement. Des difficultés particulières à cette formule auraient surgi. Au moins, la cohérence d'un raisonnement aurait pu dominer le débat. Une autre conception pouvait aussi emporter pas mal d'obstacles. Il suffit de regarder une carte pour comprendre qu'on peut, dans l'hexagone, inscrire cinq ou six grandes aires géographiques. On en aperçoit rapidement les équilibres et contours naturels. L'Alsace, la Bretagne, la Corse, la Catalogne et le Pays basque français, le Languedoc, la Provence et d'autres, auraient, en tant que provinces sans attributions administratives propres mais reconnues pour leur identité culturelle, trouvé leur place naturelle dans de plus vastes nouvelles régions. Ces structures arrimées aux façades maritimes, aux couloirs ou zones de grand poids et puissance économiques, auraient pu englober, sans les concurrencer ni les briser, les provinces aux traditions culturelles enracinées. Les départements auraient pu, à plus grande distance de leur chef-lieu de région, se réconcilier avec une fonction plus autonome en restant proches du peuple, leur vocation, réhabilitée, correspondant à la proximité et à la commodité que la population attend d'eux. Le goût que le Français éprouve pour son terroir n'aurait pas eu à être inutilement blessé. Une chance de le sauvegarder a été jetée aux orties. Dans le découpage maladroit finalement réalisé, les élections régionales laisseront un dépôt de béton aggloméré par la cuisine des partis pour le seul plat électoral qui leur importe vraiment, celui du tour suivant, les présidentielles. Ce pauvre calcul aura fait, de l'ouvrage obtenu, ou un socle ou un sépulcre pour, au moins, un des candidats aux élections présidentielles. Mais il n'aura pas fondé solidement l'institution territoriale dont la rénovation, vitale, demeure à reprendre.

## *Refonder des politiques de sécurité assurées de leurs buts*

Certaines des fonctions de l'État sont qualifiées de régaliennes. Le langage commun étend volontiers le champ de cette appellation à toute tâche considérée comme essentielle. Au sens strict, elles sont celles que l'État exerce en sa souveraineté. Les fonctions régaliennes étaient des prérogatives royales. Il en subsiste quelques survivances, authentiques (le droit de grâce du président de la République, sa responsabilité de chef des armées) ou avilies (le droit de lever l'impôt), mais toujours contraignantes. Elles ne sauraient, sans crime, être remises à d'autres personnes que l'État (à la rigueur la puissance publique vue dans son ensemble), voire à d'autres que les personnes individuelles délégataires de ce pouvoir. Le droit à leur exercice est exclusif. Mais l'ordre juridique moderne s'accommode de ce que leur exécution puisse être, dans certains cas, partagée avec d'autres titulaires, démembrements de la puissance publique souveraine, ou déléguée. Ce mode d'opérer est de principe discutable, surtout en ce qui touche à la sécurité. Encore faut-il s'entendre sur ce qui compose *la* sécurité. La distinction de la défense, extérieure, et de la police, intérieure, est, sous les coups du terrorisme, devenue confuse. Le délinquant relève de la sanction judiciaire, l'ennemi de l'affrontement à mort. Mais celui-ci, parfois, devient celui-là. L'État s'efforce, à titre préventif, d'empêcher, par des voies administratives ou judiciaires, la sortie du territoire de possibles complices de l'adversaire désigné. Il en fait, pour ce motif, des délinquants. Puis, lors même que sa juridiction reste entière à leur égard, en tant que ressortissants nationaux, elle la « suspend » pour leur infliger, par les armes, le traitement réservé aux ennemis. De ces ambiguïtés, le pouvoir politique n'a pas su, à ce jour, se libérer par une doctrine sincère de ses droits et devoirs.

L'État souverain démocratique contemporain n'a pas, tant s'en faut, que des droits. Il est devenu un instrument de protection de droits étendus. Il est admissible de tordre un peu le sens du mot régalien, et de considérer que l'État, n'ayant pas que des droits, a aussi des devoirs régaliens. Cette acception élargie comporte un danger, celui de faire régresser le rang de priorité de ce qui a toujours été le devoir premier d'un État. Spinoza pensait qu'« on connaît facilement la condition d'un État en considérant la fin en vue de laquelle il se fonde. Cette fin n'est autre que la paix et la sécurité de la vie[19] ». Ce n'est plus la conviction de ceux qui, face à des difficultés budgétaires, amputent par priorité les dépenses de sécurité, que les technocrates des budgets, avec leur morgue raffinée, appellent des variables d'ajustement. Sur ces sujets dont elle connaît le poids psychologique et financier, la classe politique éprouve comme une gêne obscure vis-à-vis d'une opinion publique qu'elle se garde d'éclairer à cru.

## Alternance et constance des politiques de sécurité

Parmi les thèmes qui discriminent la gauche de la droite, la sécurité est de ceux qui devraient montrer des arêtes franches. Les libertés publiques, la sûreté des personnes, la protection de l'État, l'usage de la coercition au nom de la collectivité composent toute une vision de la politique. Les penchants intellectuels de la gauche et de la droite divergent, pour le moins, sur leurs contenus. Leurs héritages culturels ont cependant beaucoup en commun sur ces sujets. Leurs histoires sont donc riches de contradictions, pas si anciennes[20], qu'il leur serait aisé de se jeter à la face. Il leur faut user de prétextes pour mettre en scène des indignations factices[21]. Au lieu d'approfondir les idées pour pouvoir les confronter, leurs partis ont préféré s'étriper dans des querelles superficielles. Le centre, lui, n'a pas, et n'a jamais eu, de doctrine en cette matière. Quelques banalités, mi-conservatrices mi-humanistes, ne peuvent en tenir lieu.

La sécurité se prête-t-elle à l'expression d'une doctrine ? Les circonstances ne font-elles pas tout le drame ? Le livret et la musique se conforment au décor. Les auteurs le voudraient différent parce qu'ils se prévalent de la gauche ou de la droite. Mais le tableau est le même pour tous et les partitions sont parentes mais, dans l'exigence polémique, on les écoute comme les œuvres des génies hardis et originaux de chaque camp. Tout le monde opine cependant qu'il faut assurer la sécurité extérieure du pays, sauvegarder la tranquillité publique dans les villes et villages, réprimer et sanctionner, par de justes peines, les crimes et délits.

Cet accord pourrait, autour de l'idée de sécurité, établir un territoire politique neutre. Parfois, c'est le cas. La qualité de leur manœuvre face aux attentats de janvier 2015 a valu au personnel des institutions de sécurité des marques exceptionnelles de sympathie publique. Quelques crises extérieures ont suscité une belle unanimité de la classe politique. Lorsqu'un épisode pourrait ne pas justifier une approbation de principe, il fournit au moins le prétexte à une posture d'élégance[22]. Mais les arrière-pensées minent le besoin d'union et la compassion ne tient pas lieu de doctrine face au crime, même si elle peut servir de levier politique.

Ce qui fait de la sécurité un bon ressort de différenciation politique, c'est la possibilité qu'elle offre à des partis antagonistes de se polariser sur des mots, des personnes ou des attitudes plutôt que sur des contenus. Le contenu est en effet, *grosso modo*, le même de part et d'autre. La gauche, parvenue au pouvoir, met en œuvre une politique (la vidéosurveillance, par exemple) à laquelle elle s'opposait peu avant. Elle n'éprouve aucun scrupule de sa métamorphose doctrinale. Elle en fait même un atout politique : sa mue convainc le public de sa capacité à s'affranchir de la critique systématique pour mettre du réalisme dans l'exercice des responsabilités publiques. La droite, quand elle est au pouvoir, donne des gages aux injonctions morales de la gauche (par exemple sur le contrôle déontologique des forces de sécurité, ou sur la protection judiciaire des victimes) que, dans d'autres contextes, elle jugerait naïves ou laxistes. Gauche et droite, lorsqu'elles sont dans l'opposition, déplorent tour à tour l'insuffisance des moyens que, sous l'empire d'une pénurie budgétaire fabriquée par leurs propres choix, elles gèrent au mieux, tout en en niant leur responsabilité lorsqu'elles sont au pouvoir. L'une et l'autre, lorsqu'elles ont autorité sur ces beaux instruments de puissance que sont les armées, la police et la gendarmerie, croient identiquement que le sens de l'État s'affirme par des coups de menton.

Sous la droite, au sortir des troubles de 1968, les rues du quartier Latin sont longtemps restées surveillées par des unités de maintien de l'ordre public. La densité de leur présence donnait aux étrangers l'impression de fréquenter un pays menacé d'un putsch. La suppression brutale de ce dispositif, lorsqu'elle advint, n'a pas aggravé d'un iota le risque de perturbations de l'ordre public. Les quelques années qui ont suivi furent pourtant celles où les mouvements contestataires ont le plus profité de la tolérance nouvelle qui était donnée aux rassemblements de foules sur la voie publique. La gauche, en ce temps grande usagère de manifestations de rue, ne se privait pas d'en dénoncer les prétendus excès de contrôle policier. S'intéressait-elle à la délinquance ? L'orientation des politiques de sécurité a été, et elle est restée, affaire de circonstances, d'état des mœurs et de dispositif adapté, plus que de doctrine. L'institution policière était alors loin de la culture stratégique et des méthodes de raisonnement tactique enseignées depuis longtemps dans les armées. Les hommes politiques n'avaient pas d'idées plus longues que des mots d'ordre.

Obsédée par le contrôle du pouvoir à son profit, la gauche de 1981 s'est d'abord préoccupée d'obtenir, à grands frais, l'allégeance des syndicats de policiers. Un ministre de l'Intérieur s'est ensuite adonné à gonfler les moyens budgétaires. La structure administrative était inapte à les consommer rapidement. Peu importe, la secousse était produite, et l'image d'une direction à poigne, autant qu'à l'écoute, diffusée. Une politique déterminée, autoritaire, mais sans autre idée directrice que celles de la programmation de budgets renforcés et de la gestion politique des personnes, s'est perdue dans un grand relâchement des conditions d'emploi du personnel. Faute de stratégie articulée sur de vrais buts de service public, c'est un art du terre à terre qui, même éclairé par quelques esquisses intellectuelles, a continué de guider l'action. La gauche, socialiste ou dite plurielle, n'a, plus tard, pas vu venir la progression de la délinquance, encore moins les formes nouvelles qu'elle a prises. Elle n'a pas identifié à temps le terreau constitué dans des quartiers d'habitat collectif conçus et peuplés à la va-vite. Un Premier ministre l'avait perçu. Il n'a pas été entendu. La cohabitation politique avait aiguisé sa lucidité. Plus ouvert que d'autres à la perception de la réalité, inspiré par un pragmatisme lucide, il a voulu donner de la voix, l'a fait comme un timide égrotant. Son intuition aurait pu devenir une bonne clameur rénovatrice. Elle a été étouffée sous l'orthodoxie idéologique. La préoccupation de la sécurité, à l'époque, était considérée à gauche comme une obsession conservatrice, voire un atout donné à l'extrémisme de droite. La prévention sociale allait, croyait-on, résoudre toutes les difficultés…

La droite n'a pas fait mieux. Elle est, dans chaque épisode de sa gestion, entrée, sans imagination, dans les ornières de la gauche, tout en tenant un discours plus répressif et en usant de méthodes un peu plus perverses. Les années 2002-2012 ont, dans cette grisaille, fait une étincelante exception. Les innovations institutionnelles ont fourni des outils, le plus souvent l'illusion d'une meilleure efficacité au bénéfice réel d'une plus grande concentration des pouvoirs. Le temps a été laissé au ministre de l'Intérieur et à ses ombres de constituer une garde de favoris autour du futur président de la République. L'humiliation et la faveur, établies en règles de conduite du personnel d'encadrement, ont eu des effets dégradants sur la qualité du commandement. Les excès de langage, érigeant les antagonismes, ethniques et corporatistes, en principes d'organisation, la restriction des moyens, assortie d'exigences croissantes de résultats mesurés sur de mauvais critères, ont aidé la gauche à conquérir le pouvoir. En définitive, avec un terrain d'exercice rénové, des troupes traumatisées, une culture de commandement vétilleux, des moyens érodés mais plus concentrés, le nouveau pouvoir a reçu, en 2012, un cadeau bien empaqueté mais usé. À l'issue du quinquennat de Nicolas Sarkozy à la présidence de la République, succédant à son double règne au ministère de l'Intérieur, à peine troublé par un intermède haineux et sans originalité, il existait de multiples raisons de repenser de fond en comble la politique de sécurité intérieure. La gauche, revenue de ses proclamations antérieures, a immédiatement maîtrisé le système en l'état, l'a nettoyé de quelques scories, puis perfectionné en poussant plus loin des logiques réprouvées quelques mois plus tôt. L'ouvrage reste à reprendre.

## Cadre et conditions de rénovation des politiques de sécurité

La sécurité est une mission d'État. Même passablement corrodé par des abandons de substance inavoués, malgré les reprises et rafistolages successifs, ce principe conserve un fondement insurpassable : l'État est seul à même d'assurer l'égalité des personnes et des territoires devant la sécurité et la justice. La confiance du public, seule, donne de la valeur à ce postulat. Elle est dégradée. Comment la restaurer ? Dans la campagne électorale pour les élections municipales de 2014, lorsque les candidats se prononçaient sur le sujet de la sécurité, c'était pour réclamer (y compris pour Paris, ville siège des pouvoirs publics d'État où l'organisation de la sécurité a toujours été spécifique) le renforcement de la police… municipale ! L'État, on le voit, a failli dans sa mission.

Pour restaurer la confiance perdue, il faudrait œuvrer sur deux fronts. Les préoccupations sont en effet contradictoires. Tantôt le public éprouve la nostalgie d'une police débonnaire. Il rêve encore, çà et là, de ce modèle campagnard, ou, jadis, londonien, du policier ami des gens du voisinage et qui pourrait ne pas être armé. Ce modèle n'a plus vie nulle part. Bientôt, personne, dans la génération active, ne l'aura plus connu. Tantôt l'opinion publique regrette et revendique une meilleure efficacité de la sanction, pour les *vraies* infractions, celles qui portent préjudice aux personnes, et non pas celles qui transgressent les règles mineures innombrables que la puissance publique impose à la vie collective. La sanction sociale véritable paraît s'être perdue dans un relâchement général fait de consentement tacite lié à l'engourdissement des pouvoirs publics. Sur ces deux fronts, l'action ne peut être seulement policière. Elle est globale, familiale, éducative, sociale et institutionnelle. Pour la mener sont nécessaires des actes libres de toute routine, conçus et conduits, avec une vision politique, par une autorité consciente des besoins locaux du public. Ce sont des enjeux hors de portée de hauts responsables professionnels proches du faîte de leur carrière. Instruits par l'expérience d'un métier où le mérite individuel se mesure à l'absence durable d'incidents de parcours, encore ambitieux, ils ne pourraient faire preuve d'une imagination institutionnelle créatrice, pleine de risques pour l'assise de leur carrière. Les buts et la méthode de l'action dans ce domaine sont du registre politique. Mais les objectifs doivent composer une stratégie authentique.

Le mot « stratégie » est, en politique, galvaudé. Une communication de faire-valoir a eu raison de son sens. Les armées, elles, sont parvenues à rétablir leur image, dans le silence et la patience, grâce, certes, à la suppression de la conscription, mais surtout en mettant le pouvoir politique en mesure, et en demeure, de choisir et publier une stratégie[23]. En matière de police, il ne suffit pas, après des années de quantitativisme, de prétendre donner à la dimension éthique de l'action plus d'importance qu'à la compilation des statistiques de délinquance. C'est tout le mode d'évaluation de l'action qui doit être repensé. L'utilisation compulsive d'indicateurs d'efficacité a été essentiellement démagogique. Cette puérilité peut être oubliée à condition que les attentes et espoirs du public soient mieux pris en considération. Une politique de sécurité se fonde sur une morale publique, pas sur une arithmétique. Peu de personnes croyaient encore, à la fin de l'ère marquée par N. Sarkozy, que des statistiques de la lutte contre la délinquance, fussent-elles sincères (ce qui n'était pas vraiment le cas), transcrivaient l'efficacité réelle de la politique de sécurité. Ce scepticisme était cependant contredit à la fois par l'opposition politique, la presse, des maires, même parmi ceux qui se réclamaient de la majorité. Pour enfoncer des coins dans une politique, tous les arguments sont bons à utiliser, y compris ceux auxquels on ne croit pas. Pour obtenir une augmentation des effectifs locaux, la publication de chiffres de délinquance en progression est plus utile au responsable politique local que des démarches administratives insistantes. Après avoir appris à se servir d'outils contestables, tout le monde s'était accoutumé à une situation riche en avantages de tactique politique. La gauche, une fois parvenue au pouvoir, a donc conservé l'appareil statistique, en a placé les résultats en retrait médiatique, décrété sa modernisation au nom de la transparence et s'est ainsi mise, quoique provisoirement et relativement, à l'abri des procès en efficacité.

Assurer la sécurité consiste à prévenir et dissuader la délinquance, si nécessaire faire interpeller et déférer les délinquants à l'autorité judiciaire, mais ce n'est pas suffisant. Il faut aussi le faire selon des procédures irréprochables qui permettent la condamnation éventuelle sans qu'il puisse y avoir la moindre contestation sur l'évidence de la preuve ni sur la validité des moyens employés pour l'établir. « La société a le droit de demander compte à tout agent public de son administration », énonce la Déclaration des droits de l'homme. Un système de sécurité publique est satisfaisant lorsqu'il est fondé sur la confiance dans l'intégrité et la valeur de la protection accordée à tous, de manière égale, par les forces de sécurité et les procédures judiciaires. Toutes les exigences, éthiques, opérationnelles, comptables, procédurales, organisatrices, sont, normalement, subordonnées à cet impératif, et en découlent. Il est ainsi convenable, en outre indispensable, qu'une mesure objective soit prise de l'efficacité et de l'exemplarité des conditions d'exercice de la mission de sécurité. Pour contrôler l'exemplarité, la veille de l'opinion publique et des médias s'ajoute, à l'heure de la transparence, aux contrôles déontologiques, hiérarchiques et judiciaires. Pour s'assurer de l'efficacité, il ne suffit pas que la mesure soit objective, il faut aussi que son utilisation soit exempte de tout biais. Or les indicateurs de résultats censés orienter l'action des services de police et de gendarmerie nationales ont rendu leur tâche plus incertaine.

Ces indicateurs traduisent des activités. Lorsque celles-ci répondent à des événements imprévus, elles sont subies et non pas voulues. L'utilisation d'indicateurs qui retracent des activités non volontaires, comme s'ils étaient significatifs de résultats à comparer avec des objectifs, introduit une fébrilité malsaine dans la conduite de la mission et peut aboutir à son dévoiement. Si on confond des constats et des résultats, si on mélange des faits et des buts, il devient inévitable que l'interprétation des chiffres soit dévergondée. Le camouflage prolongé de mauvaises tendances ou, au contraire, la mise en valeur artificielle de progressions de résultats est toujours possible, sinon encouragée. Il est loisible de doper les résultats par une date de valeur légèrement décalée de celle du calendrier (après tout, les banques ne font-elles pas de même ?) ou de les transfigurer par l'accent mis sur la recherche de délits qui portent en eux-mêmes leur propre élucidation. Interpeller en flagrant délit un dealer, un étranger en situation irrégulière ou un contrevenant au port de la ceinture de sécurité améliore les résultats opérationnels, ce que ne fait pas l'enregistrement d'une plainte pour menaces d'origine non identifiée ou pour vol de portable dans la rue. La mission de sécurité demande à être conduite pour le seul bien du public. Son mode d'évaluation est à repenser, ce n'est pas douteux.

La respectabilité des membres des forces de sécurité a besoin d'être sérieusement réhabilitée. Toute personne qui porte uniforme, insigne ou signe institutionnel est, on le sait, menacée de harcèlement, ou pire dans certains quartiers, en particulier lors d'irruptions dans la sérénité des petits trafics. La condamnation judiciaire des agressions ne suffit pas à y mettre un terme. Elle ne dissuade personne. Elle n'empêche pas la réitération. Il arrive même trop souvent que l'incarcération stimule la récidive plutôt qu'elle ne la décourage. Ni police ni justice ne peuvent, à elles seules et dans l'incompréhension, mettre un terme à ces dérives du corps social. Cet aveu d'impuissance ne dispense pas d'importuner les trafiquants, mais rend indispensables d'autres approches. Le recrutement et la formation du personnel de police, sa relation avec le public, la discipline et la qualité du commandement doivent mériter la considération. La tenue doit être exemplaire et respectée, l'uniforme et l'équipement adaptés aux menaces qu'ils permettent d'affronter sans que, pour autant, un policier ou un gendarme puisse être confondu avec un vigile de centre commercial ni, dans les lieux et temps paisibles, avec un soldat armé pour le combat. Les policiers et les gendarmes doivent se conformer à des règles de comportement exigeantes et, en contrepartie, être assurés d'une protection juridique efficace, appropriée à la difficulté particulière de leur mission, et réellement mise en œuvre. Il est nécessaire que les règles qui régissent l'usage de la force et des armes par les policiers et gendarmes soient formulées sans ambiguïté, connues du public et uniformisées. Il est souhaitable que, grâce à une politique pénale lisible et constante, l'incompréhension entre forces de sécurité et autorités judiciaires sur les suites réservées aux infractions poursuivies cesse d'être attisée. Il est indispensable que la valeur et la quantité du travail réalisé dans des conditions particulièrement difficiles soient reconnues, et indemnisées.

## Sécurité des personnes

La sécurité est faite d'éléments interdépendants, qui s'échelonnent de la prévention jusqu'à la sanction, et même jusqu'à la réinsertion des personnes condamnées. Ces fonctions sont distinctes, par leur nature, leur public et leurs intervenants, mais les actes qui y correspondent sont complémentaires. L'État en est responsable. D'autres personnes juridiques, collectivités territoriales, opérateurs publics, acteurs privés, jouent un rôle déterminant, quelquefois abusif. L'État, responsable du tout, doit garder le contrôle supérieur et des orientations et des modalités d'exécution. Dans le champ immense et diversifié de la sécurité, chaque mesure doit être évaluée non seulement pour son efficacité propre mais aussi pour sa cohérence avec les autres éléments de la mission de sécurité. Les aspects familiaux, éducatifs, professionnels, médicaux, sociaux, judiciaires, carcéraux et internationaux de la sécurité sont tous déterminants. Ils ne peuvent être subordonnés à des impératifs particuliers, locaux, professionnels, corporatistes, voire personnels. Il faut donc clairement distinguer les trois étages des fonctions : la protection de la tranquillité publique, qui comprend la prévention et la répression des incivilités ; la prévention et la répression des infractions majeures à la légalité, associées à la préservation et au rétablissement de l'ordre public ; la prévention, l'investigation, la répression et la sanction de la criminalité.

Ces fonctions sont placées sous l'égide du ministre chargé des Affaires intérieures. Les parquets et les juges de l'instruction exercent, indépendamment, leur autorité sur les phases et aspects judiciaires de ces missions. L'unité et l'homogénéité de cette organisation sont nécessaires. Les missions de sécurité sont diverses et imbriquées. Elles s'exercent dans des situations de tension. Une autorité unique doit être à même de faire des choix cohérents, budgétaires ou opérationnels, sur la répartition des moyens. L'application de ce principe peut fournir l'impression d'une concentration excessive des pouvoirs. Mais la situation inverse aboutirait à une fragmentation des responsabilités et aurait de pires effets. Le principe d'unité et d'homogénéité justifie, par exemple, que la responsabilité des fonctions de sécurité soit exercée par le ministre qui exerce aussi celle de l'élaboration et du contrôle de la législation concernant les collectivités territoriales. L'appareil de police et de secours se situe dans un continuum de fonctions qui s'étend de la commune, dans son territoire et sa responsabilité, jusqu'à l'État. Le maire est l'agent exécutif de sa commune mais aussi agent de l'État, officier de police judiciaire. Les services de lutte contre l'incendie et de secours, les corps de sapeurs-pompiers, sont placés sous une gestion territoriale maîtrisée par les départements et leurs assemblées élues. Le ministre de l'Intérieur apporte à la justice le concours de tous ses services. Les magistrats délivrent les mandats de procédure dont ils sont responsables aux opérateurs qu'ils requièrent. Cet emboîtement, complexe mais cohérent, de plusieurs institutions nécessite une ligne de conduite homogène.

Ce système s'inscrit dans le cadre de la séparation des pouvoirs. La tentation existe d'abolir des frontières de compétences parfois jugées surannées, voire contraires aux principes du droit. L'édifice est, il est vrai, composite. Il a été fédéré, par l'histoire, dans un ensemble qui a résisté à bien des turbulences. Cet équilibre institutionnel est sujet à contestation. D'aucuns voudraient que la police dite judiciaire soit rattachée au ministère chargé du service public de la justice ; que la gendarmerie soit fusionnée avec la police ; ou encore que les maires soient libérés de leurs attributions d'État. L'évolution des risques et des menaces, leur variété et leur ampleur croissantes, l'insuffisance des moyens, toujours redoutée et souvent invoquée, inclinent au contraire à considérer comme le mieux adapté aux temps un système qui combine une responsabilité centrale unique, articulée avec des responsabilités opérationnelles démultipliées et une gestion des moyens coordonnée. Tous les services publics sont, peu ou prou, concernés et susceptibles d'être actifs dans toute situation de sécurité. L'éventualité de démonter ce que l'histoire de nos institutions a forgé appelle de grandes précautions. Si l'on doit rechercher des adaptations nécessaires, ce serait dans le sens du renforcement de l'autorité de l'État avec la coopération, le concours et l'appui de toutes les collectivités concernées.

Jamais, depuis longtemps, la concentration du pouvoir policier n'a été aussi forte. Police et gendarmerie sont placées sous la même autorité. Le renseignement intérieur a été concentré sous la même main que le contre-espionnage et le contre-terrorisme. La lutte contre l'immigration irrégulière a été soumise à une pression renforcée par l'institution d'une police spécialisée qui lui est, désormais, quasi exclusivement consacrée. Le défi consiste à s'organiser au mieux pour sanctionner, depuis l'incivilité jusqu'au crime, et depuis le plan local jusqu'au niveau national. Les missions de sécurité correspondent, pour le public, à deux catégories d'infractions aux lois : les actes qui forment la trame de l'insécurité quotidienne, banale, de faible niveau de gravité, qualifiables d'incivilités ou d'imprudences ; et les actes, plus graves, qui comportent des violences, volontaires ou non, aux personnes ou aux biens. Les infractions les moins graves, bien que les plus fréquentes et les plus perturbantes de la vie sociale quotidienne, relèvent du rappel à la loi ou de la contravention. Les plus graves relèvent du délit ou du crime. Cette distinction devrait commander l'organisation que l'État donne à ses forces de sécurité, comme c'est le cas pour l'organisation judiciaire. Les situations d'insécurité quotidienne, perçues dans le cadre local, doivent être traitées localement. Le territoire local, à l'échelle communale ou intercommunale, est le bon niveau d'implantation du personnel et d'organisation du commandement. C'est, en revanche, à l'échelon du territoire national, si nécessaire subdivisé, pour les besoins de l'action ou de la gestion, en circonscriptions régionales ou départementales, que doivent être prises en compte les infractions les plus graves.

L'État est comptable de l'égalité de traitement des personnes et des territoires face à l'insécurité. L'État a failli dans cette mission car il n'a pas respecté cette égalité, consentant à la régression de ses missions. Dans des villes de police d'État, c'est la police municipale qui assure le bon ordre. Devant des bâtiments de grandes institutions de la République, même militaires ou judiciaires, ce sont des vigiles qui assurent la garde ! Le territoire français est partagé en zones de compétence de la police et de la gendarmerie. Par une curieuse approximation du vocabulaire, le régime dit de la police d'État est réservé aux chefs-lieux de département et aux ensembles urbains les plus importants, comme si les zones rurales n'étaient pas sous juridiction d'un service d'État. Cette distinction est source de plus de difficultés que de clarté.

La protection de la tranquillité publique relève du territoire local. Elle implique une présence locale. Seule une autorité locale peut obtenir une réponse satisfaisante aux besoins locaux. Le premier degré de la responsabilité de sécurité est d'assurer, à tous de manière égale, la protection de la tranquillité individuelle dans tous les aspects de la vie quotidienne. Les incivilités, que les concentrations de la vie urbaine et la dégradation de l'éducation aux valeurs de la vie collective ont contribué à développer, exaspèrent les habitants de nombreux lieux. Elles sont la souche de pratiques moins innocentes. La police leur a abandonné le terrain. L'échelon territorial d'exercice de ce contrôle est celui de la commune. Les politiques successives ont été marquées par le tâtonnement. Dans les zones urbaines, la proximité de la police a été, il n'y a pas si longtemps, érigée en dogme par la gauche. Elle impliquait une dispersion coûteuse et infructueuse des points d'implantation. Elle a été remplacée par une concentration moins onéreuse des dispositifs, puis par une forme, à la fois édulcorée et spécialisée, de retour au contact avec la population, selon des dénominations différentes mais une inspiration identique, honorée par la droite puis par la gauche, et sans doute promise à une glorification temporaire. L'État aurait pu sortir de ces équivoques soit par une nationalisation intégrale du dispositif, soit par une décentralisation complète. Malheureusement, c'est l'ambiguïté qu'on a fait progresser. Dans les communes sous régime de police d'État, des polices municipales se sont développées. La loi n'a cessé de confier aux maires davantage de responsabilités en matière de prévention de la délinquance, ce qui justifierait, sinon leur droit à contrôler les effectifs de sécurité et les conditions d'exercice des missions, du moins celui à une information de courtoisie. Une accentuation de la décentralisation s'opposerait au principe du traitement égal des territoires. Les autorités locales sont inégales entre elles par les ressources, les moyens et la compétence technique. Des options majeures doivent donc être levées.

La police de la tranquillité publique devrait avoir la commune pour seul territoire de référence. Ce serait mettre l'organisation territoriale de la sécurité en conformité avec le Code des collectivités territoriales qui confie au maire, depuis des lustres, la responsabilité de la tranquillité publique. Comme souvent en France, la passion de l'égalité oppose, à cette idée, un prétexte puissant : toute personne devrait avoir, où que ce soit, le même accès à la sécurité. Seul l'État, par son organisation territoriale uniforme et homogène, serait en mesure de garantir ce droit. Cette exigence dissimule des réalités bien différentes. Il existe des territoires où le besoin de sécurité est plus ressenti que dans d'autres. Il existe des territoires où la sécurité des personnes est, objectivement, plus menacée que dans d'autres. La réponse apportée, ici et là, au besoin de sécurité est inégale. Son effectivité et son efficacité dépendent de plusieurs facteurs. La présence plus ou moins dense du personnel de sécurité dans l'espace public, la rapidité d'intervention sur les lieux de commission d'une infraction, la capacité d'accueil et d'écoute du plaignant, la facilité et la rapidité d'enregistrement et d'acceptation des plaintes, quel que soit le lieu de dépôt, conditionnent l'appréciation du public. Sur ces facteurs, l'État agit avec une pression inégale. Certains ne dépendent pas que de sa volonté : dimension de la commune, extension de la zone d'intervention, cloisonnement géographique, mode d'urbanisation, concentrations sociales, politique locale de circulation et de stationnement. D'autres sont liés à la faiblesse de ses capacités (effectifs, parc automobile) ou de sa détermination (influence d'élus, insuffisante coordination avec d'autres services publics, d'État ou locaux : logement, action sociale, éducation, etc.). L'inégalité est, ainsi, déjà fortement constituée et entretenue. Pourtant l'État ne consent à envisager de se défaire de ses prérogatives que par l'adjonction progressive à ses missions du renfort de polices municipales, voire privées. Il y aurait d'autres façons de voir possibles.

La police dite de proximité a été, depuis vingt ans, portée aux nues puis caricaturée, enfin jetée à l'eau. Après avoir rompu sans précaution ce lien avec la population, certes conçu de manière inefficace, il a fallu, ensuite, essayer de le reconstituer sous différents camouflages. L'ambiguïté et l'instabilité des tactiques inquiètent la population, désorganisent l'action, affaiblissent l'effet des lois. Il faudrait désormais rééchelonner les sanctions et les niveaux de responsabilités dans un cadre stable. Le niveau de la tranquillité publique correspond à la compétence des maires et à la sanction par la contravention. Ce niveau doit être réhabilité. À l'ancienne distinction des zones de police d'État et des zones de gendarmerie (comme si la gendarmerie n'était pas un service d'État !) il faut en substituer une autre. Ce sont les communes qui doivent pouvoir choisir entre un régime d'État et un régime municipal. Dans le régime d'État, les forces de police ou de gendarmerie, relevant exclusivement de la hiérarchie locale de l'État, assumeraient la totalité des missions de préservation de la tranquillité publique. Dans le régime municipal, les effectifs seraient déterminés et financés par la collectivité territoriale, l'autorité locale exercée par le maire et les emplois pourvus, par détachement dans la police municipale, par des policiers ou gendarmes. À l'image de ce qui existe pour les services de secours, l'administration des structures chargées de la tranquillité publique pourrait, par volontariat des communes concernées, donner lieu à un regroupement entre communes ou même être départementalisée. Dans un tel cadre, on peut envisager que, à l'instar des services de secours, les services de sécurité soient astreints à une performance minimale de délai d'intervention en tout point du territoire de compétence. Ce critère devrait déterminer l'implantation des points d'appui et le niveau quantitatif des effectifs déployés. Les collectivités chefs-lieux des départements et des régions pourraient être, par exception justifiée par le siège des pouvoirs publics locaux, assujetties au régime d'État, quelle que soit leur population, la responsabilité de la sécurité publique pouvant y être confiée soit à la police, soit à la gendarmerie.

Le registre de compétence juridique de la police de tranquillité publique est celui de la contravention. La classification de gravité des infractions et des sanctions est, pour l'opinion publique, trompeuse. Les parquets recourent à des mesures de sanctions dites alternatives. Des victimes éprouvent le sentiment que des délits ne sont plus sanctionnés. Le caractère véniel, bien que très perturbant, de certaines incivilités fait que des appels à police-secours sont inhibés ou délaissés car non prioritaires. Des plaintes ne sont pas reçues. Le sentiment d'insécurité est artificiellement rehaussé à la fois par l'extension excessive du champ des infractions mineures non sanctionnées et par le déclassement d'infractions plus graves en infractions de moindre rang. Trois mesures sont nécessaires : rétrograder en contraventions des infractions qui ont, de fait, cessé d'être réprimées comme délits ; qualifier toutes les forces de sécurité chargées de la tranquillité publique pour constater exhaustivement les contraventions ; rendre efficiente la sanction par contravention en autorisant son exécution soit par voie pécuniaire, soit par réalisation d'un travail d'intérêt général. Ces mesures produiraient une augmentation du potentiel de présence des forces sur la voie publique. Il deviendrait en effet inutile, pour les forces qui interviennent à l'occasion d'un incident de voie publique, d'établir une procédure en commissariat ou en brigade. Les procédures judiciaires seraient allégées. La sanction redeviendrait réaliste et contrôlable.

Le vocabulaire de la sécurité comporte sur d'autres l'avantage que les missions y correspondent à des forces et à leurs concepts d'emploi. Les institutions délimitent leurs domaines en même temps qu'elles forgent leur vocabulaire. Il y a ainsi une bonne correspondance entre les mots, les missions et les moyens, ce qui fournit l'assurance d'une bonne, simple et claire efficacité. Mais ce n'est pas aussi simple. Il y a des exceptions, soigneusement calculées[24]. Et, en politique, on doit ne jamais reculer devant un salmigondis qui peut s'établir en concept en contrepartie d'un renoncement commode à des choix plus nets. Ainsi de la sécurité publique. « La notion de sécurité publique (...) a pris la suite de celle de police urbaine (...). En ce qui concerne la police nationale, elle s'incarne dans la direction centrale de la sécurité publique (...)[25]. » La notion « recouvre tout le champ d'activité de la police et de la gendarmerie nationales dans le domaine de la prévention, de la police administrative, du contact avec le public[26] ». La charge de la tranquillité publique, plus ancienne et mieux ancrée en droit, car on la connaît comme attribuée au maire depuis le premier Code des communes, aurait pu être identifiée avec des moyens qui lui fussent propres. Les mots « sécurité publique » ont prévalu car ils visent « aussi à démarquer la police nationale des polices municipales (...)[27] ». Le concept de sécurité publique aurait pu regrouper tout ce qui concerne la sécurité du public, des personnes, où qu'elles soient, quelles qu'elles soient, personnes privées, particulières ou collectives, et personnes publiques. Il aurait alors englobé l'ensemble de ce qui concerne la protection de l'ordre public. Dans certaines zones, les forces de sécurité publique sont confrontées tous les jours à des troubles de l'ordre public. Ce sont des faits d'actualité, mais aussi souvent des conséquences de l'exécution consciencieuse des missions sur la voie publique. L'ordre public est ainsi inséparable de la sécurité publique. Mais les forces mobiles de maintien de l'ordre en ont été dissociées et constituées en réserves autonomes. De son côté, la sécurité privée, presque inexistante il y a quarante ans, a pris une extension rapide, en toute indépendance de la sécurité publique. Il a été nécessaire, pour son contrôle, de créer une structure particulière. Par extension de la notion de police-secours, la sécurité publique aurait pu, aussi, comprendre les secours à la population et aux personnes, c'est-à-dire la sécurité dite civile[28]. L'organisation des secours est, à ce jour, en France, un modèle dont on aurait pu s'inspirer pour la police. Il règne, dans le système du secours, une coopération entre État, collectivités et hôpitaux, entre personnel volontaire, professionnel, civil et militaire, une coopération non exempte de frottements mais dont l'équilibre pourrait servir d'exemple pour d'autres constructions institutionnelles de sécurité. Ces particularités ne pouvaient entrer dans le champ d'une direction de police.

Le sens naturel de l'idée de sécurité publique a donc été essoré et rétréci. Le mot ne s'applique, en pratique, qu'à la police de l'État en tenue, à organisation territoriale, dans un champ de missions grignoté, par en bas, par les côtés et par en haut, à la fois par les services privés, par les services territoriaux et par les services d'État plus centralisés. Encore faut-il faire la part du particularisme parisien, qui subdivise et adapte les délimitations nationales de compétences. Toujours est-il que la délimitation par silos de compétences, comme on le dit maintenant dans le vocabulaire de l'organisation, est devenue confuse. Une délimitation des fonctions par niveaux de gravité des infractions serait plus claire, surtout si elle était alignée sur le vocabulaire de la loi pénale qui est, au fond, la seule référence qui vaille en matière de police. Selon cette référence, la protection de la tranquillité publique, de compétence municipale, porterait sur le niveau des infractions relevant de contraventions. La constatation et la poursuite des délits relèveraient d'une police d'État, dite de sécurité publique[29]. Le traitement des infractions de niveau délictuel, y compris celles du trouble à l'ordre public, serait, en fonction des risques et des caractéristiques géographiques du territoire concerné, dirigé au niveau du département ou de la région. La responsabilité serait naturellement attribuée par l'État à une autorité déconcentrée. La gamme des interventions concernées est assez large. Son seuil judiciaire se situe immédiatement au-dessus du plafond contraventionnel. La police administrative et la répression des infractions commises à l'occasion de troubles caractérisés à l'ordre public en font partie. En d'autres termes : une infraction susceptible d'être qualifiée de délit, fût-elle constatée par la police ou la gendarmerie dans une mission de protection de la *tranquillité publique*, serait déférée à la police de *sécurité publique* (police ou gendarmerie dans leurs zones de compétence respectives).

Police et gendarmerie sont, pour leurs missions de sécurité publique, constituées, dotées, implantées, dirigées et mises en œuvre dans la stricte hiérarchie d'État. L'échelle de leur territoire de compétence est déterminée à la mesure du territoire de risques. Dans la plupart des cas, l'échelle départementale convient. Mais il doit être envisagé que certaines zones à risques particulièrement concentrées disposent d'effectifs permanents rapidement mobilisables. L'architecture de cette police doit donc comprendre, par département, un ou plusieurs sites d'importance minimale pour assurer le traitement judiciaire adapté, des unités d'interventions réparties en fonction des caractéristiques géographiques. Elles sont, elles-mêmes, appuyées par des unités de réserve de maintien de l'ordre public constituées, selon les risques, à l'échelle départementale ou régionale. Cette conception pourrait, par exemple, s'appliquer à Paris et en Île-de-France. Des réserves particulières sont nécessaires pour l'emploi dans Paris *intra-muros*, mais des réserves devraient exister aussi à l'échelle de l'agglomération et de départements de la région. Dans les parties du territoire faiblement urbanisées, des réserves de niveau régional suffiraient pour les zones de faible délinquance et de traversée rapide. Des réserves de niveau départemental pourraient en revanche s'imposer pour des départements de petite dimension mais très cloisonnés. Bien entendu – qui peut le plus pouvant aussi le moins –, les forces de sécurité de ce niveau d'intervention seraient habilitées à constater et établir des procédures contraventionnelles, ce qui devrait être occasionnel, hors de leur mission centrale. En revanche, les échelons judiciaires de cette catégorie de forces seraient saisis, de droit, pour toutes les affaires dont le niveau excède le niveau contraventionnel, réserve faite des affaires éventuellement déférées par l'autorité judiciaire à des instances chargées de l'ordre pénal supérieur.

Le traitement des affaires qui relèvent de la criminalité doit être de niveau national, dans une organisation qui dispose d'échelons territoriaux de police et de gendarmerie. Les structures chargées d'enquêtes judicaires relèvent de hiérarchies différentes (police judiciaire, sûretés urbaines, unités de recherche de la gendarmerie[30]). Leur coexistence est justifiée si l'organisation permet de s'assurer d'une orientation stratégique unique et du partage nécessaire des informations entre exécutants. Les offices centraux et les groupes d'intervention régionaux sont chargés de cela. La mixité corporative de leur recrutement a été une innovation essentielle, qui doit être préservée et généralisée. Entre police et gendarmerie, échanges et coopération sont évidemment indispensables. Pour autant, il était inopportun de les installer sur un toboggan qui mène à la fusion. Une certaine émulation entre corporations, combinée avec un enrichissement réciproque des cultures et des compétences, eût été préférable à une concentration systématique des moyens. La dénaturation des cultures promet toujours des ébullitions. La fusion comporte des dangers, et pour les libertés publiques et pour la qualité de la gestion. Elle se heurtera au principe de la liberté de choix des modalités d'enquête que la diversité des services offre aux parquets et aux magistrats instructeurs. La gendarmerie nationale aurait pu être rattachée, pour son emploi, au ministre de l'Intérieur sans qu'y soit transférée la gestion des ressources humaines. La rupture du lien de gestion entre la gendarmerie et les armées aurait dû être aussi mieux pesée au regard de ses inconvénients pour la survie de la culture militaire dans cette arme. Dans une génération, il sera trop tard pour la reconsidérer.

## Sécurité du pays

La sécurité du public et celle du territoire sont des notions différentes mais entrelacées. La distribution des fonctions et des responsabilités doit être adaptée aux menaces du temps et, aussi, tenir compte des usages, compétences et corporatismes qui en découlent. Depuis 1945, la manière d'appréhender la question a connu plusieurs vagues. Dans la tradition française, la sécurité intérieure et la sécurité extérieure, l'une policière, l'autre militaire, relèvent, par précaution démocratique, d'autorités différentes. La guerre d'Algérie, sur le territoire alors national, a perturbé ce clivage. La guerre froide et la dissuasion nucléaire l'ont rétabli. Le terrorisme international l'a rendu obsolète. Le général de Gaulle avait, en 1959, par expérience sans doute, par prescience peut-être, établi la défense du pays dans une organisation d'ensemble, cohérente. Quelques ambiguïtés, inévitables ou délibérées, ont montré leur utilité. Mais les lignes de force étaient claires. Aucune circonstance ne les a, depuis, infirmées. À ce schéma, les pouvoirs politiques récents ont apporté des infléchissements.

La sécurité du territoire est une notion sans substrat juridique propre. Au temps de la guerre froide, une direction de police était chargée de la *surveillance* du territoire. Sa dénomination, aux relents de guerre froide et de cinquième ou sixième colonne, désignait sa mission. Elle signalait aussi cette manie de ne pas donner aux choses leur nom exact alors qu'il n'y a nulle nécessité de les camoufler. Il s'agissait de faire la chasse aux espions, plus tard aux indépendantistes. La Direction de la surveillance du territoire (DST) exerçait sa tâche, en principe exclusivement, sur le territoire national. Lorsque le terrorisme, souvent inspiré et soutenu par des services spéciaux, a, sur l'échelle des menaces, pris la place de l'ancien adversaire soviétique, les services de contre-espionnage ont révisé leurs priorités. Ils se sont tournés vers la prévention et la poursuite d'actes criminels de justification idéologique ou religieuse, soutenus ou non par des États. De la sorte, ils ont retrouvé du crédit auprès de ceux qui se faisaient une coquetterie intellectuelle de les considérer comme périmés. La lutte contre le terrorisme est-elle une action de police criminelle ou une guerre ? Y a-t-il quelque utilité policière à faire une distinction entre un acte criminel de droit commun, fût-il commis sous l'emprise d'une folie qui relève de la psychiatrie d'urgence, et un autre perpétré sous l'inspiration diabolique d'une foi politique ou religieuse exacerbée ? Les conséquences juridiques, institutionnelles et pratiques de cette distinction sont importantes. La frontière entre les deux registres de violence est difficile à discerner, en tout cas avant qu'une affaire criminelle soit élucidée, parfois même après. L'adaptation des attributions policières et judiciaires a donc été pragmatique et progressive. Il en reste quelques zones de recouvrement de compétences. Elles peuvent, en de malencontreuses occasions, déboucher sur des mises au point de loyauté douteuse. Pour autant, une précision orthogonale et absolue des frontières de compétences entre services est impossible. Elle serait d'ailleurs inopportune, car elle pourrait faire échapper des données, et provoquer des dénis de prise en compte. Un peu de flou n'est pas toujours pernicieux.

Dans les armées, la *défense du territoire* était, à une époque pas si lointaine, une composante d'organisation qualifiée d'opérationnelle pour la distinguer, peut-être, d'on ne sait quelle défense bureaucratique. La Constitution de 1958, dans certains de ses articles les plus notables[31], mentionne encore comme un devoir premier, juste après la défense des institutions de la République et de l'indépendance nationale, celle de l'« intégrité du territoire ». Depuis, cette mission sacrée a perdu de son contenu. Elle ne fait plus guère référence mais il en reste des séquelles. L'armée de terre lui consent quelque nostalgie. Lorsque le pouvoir politique exige des armées, contre toute évidence opérationnelle autant que budgétaire, un renforcement de leur participation à une veille de sécurité ostensible face aux menaces terroristes, il se trouve une pensée militaire pour acquiescer en joignant le lyrisme au réalisme. Le sanctuaire territorial est aussi, pour la dissuasion nucléaire, la justification ultime d'emploi. Le terrorisme, enfin reconnu, après de longues tergiversations, comme la menace la plus probable, peut atteindre des Français partout dans le monde. Ses bases principales sont à l'étranger. Il doit pouvoir être frappé dans ses repaires, où qu'ils soient. Les armées se sont adaptées, délaissant l'hypothèse de missions de guerre sur le territoire national. La gendarmerie reste la seule institution militaire dont l'implantation territoriale ait encore quelque densité, mais avec des moyens inaptes à une action de type militaire classique. De plus en plus proche de la police, elle ne peut plus guère, avec ses capacités, et malgré ses effectifs, prétendre à être une armée, équivalente des armées de terre, de mer et de l'air, si tant est qu'elle puisse même être encore considérée, dans ses mœurs désormais policières, comme une *arme*.

La protection de l'intégrité du territoire national, en tout cas de sa sécurité, emprunte les voies indirectes de la dissuasion nucléaire, et s'appuie sur des capacités de rétorsion et d'interventions extérieures. Sont-elles suffisantes et crédibles ? Si, au-delà de l'hexagone, on veut bien porter un regard sur les intérêts et les devoirs de la France dans son immense domaine maritime et ultramarin, la réponse est peu catégorique. La dissuasion nucléaire couvre-t-elle ce domaine ? Est-elle extensible aux territoires européens qui nous jouxtent ou forment nos frontières communes avec d'anciens empires qui n'ont pas oublié leur gloire passée et pourraient vouloir la restaurer ? À sa manière la plus usuelle devant toute difficulté conceptuelle, le pouvoir politique a répondu à ces questions de manière implicite : en ne les posant pas ou en les détournant vers une réforme d'organisation dictée par des contraintes de coûts. La mission territoriale des armées ne persiste plus désormais que, subsidiairement, pour le soutien logistique, ou comme un vague archaïsme lié à la mobilisation éventuelle, hypothèse presque exclue, et à la représentation institutionnelle, encore nécessaire aux cérémonies officielles.

Le champ territorial de la défense militaire pourrait un jour réapparaître, rénové, derrière le masque de l'Europe. La Pologne, les pays baltes, l'Ukraine, d'autres encore, ont ou auront besoin de s'adosser à l'Europe, quand celle-ci cessera d'être militairement camouflée derrière l'OTAN. Leurs frontières, dont certaines sont, par extension européenne, devenues les nôtres, ont une réalité tangible, en nous séparant de voisins à la moralité internationale douteuse. Le domaine de la défense militaire passe, aux yeux de certains et avec de bonnes raisons, pour le dernier qui puisse faire l'objet d'une intégration européenne. Il y faudrait, en effet, des conditions préalables aujourd'hui irréalistes. On imagine mal l'Union européenne, qui peine à se donner une diplomatie unitaire et se montre incapable de simples concordances de vues internationales, allant, ainsi pourvue, vers la constitution d'une armée commune. Une intégration militaire constituerait pourtant un formidable levier de progression de l'Union. Le désarmement relatif des pays d'Europe dans un monde où des puissances renaissantes ou en gestation font progresser leurs dépenses militaires à rythme élevé est un danger pour tous. Les difficultés budgétaires nationales peuvent être diminuées par le partage européen des charges. Confrontées à la rétraction de leurs budgets, les armées trouveraient, dans la prise en considération d'un territoire européen et dans la communautarisation du fardeau financier, une perspective peut-être favorable à la restauration de capacités dégradées. Elles pourraient aussi y trouver un substitut à leur éloignement du territoire national. Le renouveau des menaces terroristes en 2015 leur a valu un retour à des missions intérieures sous la forme de servitudes de soutien et d'assistance aux tâches de prévention policière. Il faut les espérer provisoires. Une réorientation européenne convergerait avec des opportunités de politique étrangère. Elle conforterait des esquisses de politique de coopération industrielle d'armement. Elle irait au-devant des nécessités budgétaires. Elle aurait, en somme, beaucoup d'atouts pour séduire. Mais elle se heurterait à la question de la dissuasion nucléaire. La couverture stratégique du territoire européen se situe, *volens nolens*, dans un contexte nucléaire. L'Europe veut-elle un parapluie nucléaire ? Sa défense territoriale peut-elle s'en affranchir ? Une éventuelle dissuasion nucléaire européenne ne pourrait se contenter d'un parapluie américain. Son cœur serait, inévitablement, d'origine française, la variante britannique de la dissuasion nucléaire étant de nature essentiellement insulaire et atlantique. Dans un montage européen, le corps militaire français, s'appuyant sur la communauté des armées européennes, établirait la survie ultime de ses capacités. Mais ce serait au détriment de ce qui permet encore à la France de détenir valablement un siège permanent au Conseil de sécurité de l'ONU : la dissuasion nucléaire nationale.

On voit par là comment, au travers de politiques budgétaires qui pressurent l'institution militaire alors que, par ailleurs, une politique étrangère et de sécurité lui impose des missions extérieures d'ampleur croissante, l'autorité politique pourrait pousser les armées dans des choix dont elle n'assumerait pas les conséquences. L'institution militaire aurait-elle assez de force politique pour imposer ses options ? Les armées sont, de toutes les grandes institutions nationales, et dans leur devoir d'obéissance absolue, parmi les plus autonomes. À toutes les professions publiques civiles on peut accéder par des voies latérales, sans passer par le concours unique et la formation d'école spécialisée, et avec d'autant plus de facilités qu'on emprunte une passerelle de niveau hiérarchique plus élevé, là où les places sont plus rares. Il y a deux exceptions relatives : l'enseignement public et la magistrature ; et deux exceptions absolues : le fisc et les armées. Dans les armées, cependant, des besoins spécialisés sont satisfaits par des contrats de carrière courte. Mais on n'y fait jamais exception à une obligation absolue d'aptitude et de compétence et, dans les grades les plus élevés, on ne voit pas qu'un général puisse être issu des rangs de la corporation politique. L'évaluation des aptitudes individuelles est le monopole de l'institution, même placée sous influence. Au plus haut niveau, le pouvoir politique, quand il a la responsabilité de la désignation aux fonctions, respecte, le plus souvent, la proposition des pairs et, en tout cas, ne s'aventure jamais hors de la liste qu'ils ont dressée des plus aptes à l'emploi. Les intrusions les plus récentes du pouvoir politique dans le pré carré des attributions opérationnelles de la haute hiérarchie militaire ont été préparées par une concentration extrême de la décision au sommet de la pyramide du commandement. Il y avait donc complicité du politique et de la haute hiérarchie militaire, et les facteurs techniques ont, sans doute, été plus déterminants qu'une éventuelle volonté de dessaisissement des professionnels. Ainsi, dans les armées, le choix de la meilleure manière de procéder reste une forte prérogative de commandement. Un incompétent ne saurait s'y immiscer sans risques majeurs. Le niveau et l'état des moyens disponibles déterminent le volume et la marge d'autonomie opérationnelle. Ce facteur est entièrement dans les mains du politique. Pour les armées, la préservation de la capacité à accomplir les missions assignées par le politique repose sur deux méthodes : ou l'autorité militaire parvient à s'attirer l'intelligence, l'indulgence ou l'abdication du politique ; ou bien elle devra contourner les facteurs de blocage. Pour le politique, la conservation d'un outil militaire apte à répondre aux missions passe par le choix entre deux options : ou restaurer la défense dans des moyens à la hauteur des enjeux nationaux, option que les priorités sociales et le carcan budgétaire rendent toujours instable ; ou fuir en avant, jeter le pays dans la voie d'une défense européenne complète, ce qui déboucherait sur l'abandon d'une politique étrangère autonome. Ce choix n'est pas assumé. La multiplication des interventions extérieures et l'alourdissement des servitudes intérieures font, pour l'heure, pencher la balance en faveur d'une restauration des moyens. Mais il est trop tard pour combler les trous creusés à force de chipotages. C'est par de laborieuses et malsaines tentations de contorsions juridico-budgétaires que la continuité des missions est assurée. Des vues plus longues sont nécessaires. Le politique s'est résigné : il attend d'en avoir les moyens. Le jour venu, aura-t-il la sagesse de se pourvoir d'une prévision stratégique sérieuse ou se laissera-t-il, de nouveau, dicter ses choix par les circonstances immédiates ?

## Sécurité intérieure

La sécurité intérieure est une mission policière. Elle a pour objectif d'écarter et réprimer des menaces criminelles, au sens pénal. Ces menaces peuvent être reliées, à l'extérieur du territoire, à des menées conflictuelles, au sens militaire. La création, en 2008, d'une direction vouée au renseignement intérieur a été un tournant de la politique de sécurité. Il s'est agi, sans doute, de faire payer aux vieux Renseignements généraux (RG) des docilités coupables. Les déclarer dépassés par les enjeux nouveaux, ce qui n'était pas faux, fournissait la justification rationalisée d'une forte intention de solder des comptes. L'érection en fonction centrale, pour la sécurité intérieure, du renseignement à pratiquer selon les méthodes du contre-espionnage était une innovation audacieuse, et quelques mains auraient dû trembler avant de passer aux actes. Chacun sait que le renseignement de contre-espionnage emploie des procédés plus techniques et plus subtils que le contact pépère des anciens augures électoraux des Renseignements généraux. Bien que ces derniers n'aient pas démérité dans leurs missions de sécurité, il était de bon ton d'orchestrer leur décès dans l'éclat d'une réorganisation. Celle-ci permettrait de professionnaliser les méthodes tout en permettant le réemploi du personnel de la Direction de la surveillance du territoire (DST) supposé moins sollicité du fait de l'accalmie, apparente, des menaces de services spéciaux adverses après la chute du mur de Berlin.

L'intitulé de *Direction centrale du renseignement intérieur* (DCRI) était trompeur, et quelque peu pervers. Un organigramme énonce des structures en termes de missions, de buts à atteindre ou de domaines de compétence. En l'occurrence, c'est une technique professionnelle, le renseignement, au contenu souvent perçu comme sulfureux, qui a pourvu l'identité de la DCRI. Dans ce genre de faux pas syntaxique, on peut subodorer l'intention d'un détournement de mission. De fait, ainsi constitué, le renseignement a été – selon la presse, un peu confortée par la justice – prestement sollicité pour des objets qui n'étaient pas de sécurité nationale. Les plus hautes autorités de l'État s'abaissent ainsi parfois, avec volupté, à l'indiscrétion personnelle. Leur sollicitude pour la protection du secret utile des affaires publiques et judiciaires est souvent moindre que leur appétit pour le dessous privé des choses. Sans doute, l'efficacité de l'État gagnerait à ce qu'il soit, à l'instar de petits secrets privés, assez vigoureusement protégé pour ne pouvoir, comme eux, être pénétré que par des méthodes d'intrusion de qualité hautement professionnelle. La DCRI avait conservé les compétences de police judiciaire de la DST. Les RG en étaient dépourvus. La DCRI a ainsi renforcé son emprise, initialement confuse, sur la lutte contre la criminalité terroriste, à partager avec la Direction centrale de la police judiciaire. La Direction générale de la sécurité intérieure (DGSI), créée depuis par un ministre de gauche, a endossé les compétences de la DCRI, en élargissant la gamme de ses moyens, à l'exemple de la Direction générale de la sécurité extérieure (DGSE). Cet envoûtement de la gauche pour le renseignement n'a indisposé personne, jusqu'à l'épisode d'indignations vite surmontées à l'occasion du vote, en 2015, de la loi sur les techniques du renseignement. La DGSI nouvelle a été extraite de l'appareil administratif policier pour être subordonnée directement au ministre de l'Intérieur. Il y avait un précédent, celui du renseignement extérieur, directement subordonné au ministre de la Défense. Ce rattachement a, sauf exception désastreuse, toujours été de subsistance, plus que d'autorité formelle. Cette commodité a manifestement inspiré le concepteur du schéma de subordination hiérarchique de la DGSI. Cette dernière a cependant une spécificité notable : elle a une compétence judiciaire. Elle opère sous le contrôle et l'animation d'un parquet et de magistrats spécialisés. La magistrature, parfois plus sourcilleuse sur la séparation des pouvoirs, n'a pas émis de réticences, au moins publiques, au rattachement direct de la DGSI au ministre de l'Intérieur. Un ministre de l'Intérieur aura dorénavant du mal à se dire ignorant des détails opérationnels de telle ou telle affaire traitée par des collaborateurs placés sous ses ordres directs. Il se condamne à faire sortir sur le perron de son ministère le pupitre et les drapeaux de la communication solennelle face à la presse dès qu'un événement, fût-il anecdotique, serait à même de démontrer la vigilance de ses services et contredire la suspicion récurrente de leurs carences. Sa position de protecteur personnel le contraindra à concurrencer le procureur, voire le juge. L'autorité judiciaire ne manquera pas de relever un jour que la frontière entre l'opérationnel et le procédural est ténue. Le conflit est inévitable. Les concurrences de compétence seront à trancher dans le vif, et par le ministre lui-même. C'est en tout cas la première fois, depuis Fouché, qu'un ministre de l'Intérieur dispose d'une autorité directe sur des officiers de police judiciaire. La concentration du renseignement intérieur dans les mains d'une direction centralisée dotée de prérogatives judiciaires était, à l'origine, un abus de langage et une source de possibles dérives. L'adoption ultérieure d'une dénomination organique plus sincère a été un acte de franchise estimable. Mais le rattachement hiérarchique direct au ministre de l'Intérieur de cette mission qui a une forte composante judiciaire constitue une caisse de dynamite politique. Qu'il ait été mis en place sans entrave politique ni objection médiatique, puis oublié dans les débats sur le renseignement qui ont suivi les attentats de janvier 2015, fournit un éclairage utile sur la portée institutionnelle et politique de mesures prétendument techniques.

À la loi sur le renseignement votée au printemps de 2015, les parlementaires ont, si on le mesure par la densité de leur présence aux débats, porté un faible intérêt. Le défi aux libertés publiques et à la démocratie, la prévention du crime sectaire individuel ou collectif, les causes profondes d'une guerre dont il ne suffit pas de la qualifier de civilisation pour déterminer les forces à lui opposer, ces quelques sujets auraient mérité que les élus y donnent de leur temps et y consacrent leur intelligence. En l'absence d'un diagnostic de fond, sur lequel des universitaires ont plus de vues lucides qu'un gouvernement enfermé dans les certitudes de son rôle protecteur de la paix publique, dans les méandres des discussions de coulisse et sans vrai débat, la candeur, la courte vue et la perversité se sont entremêlées. Un gouvernement de gauche a, *in fine*, obtenu d'inscrire le renseignement dans un cadre législatif dont le projet dormait dans les tiroirs. Un gouvernement de droite n'aurait pas même osé le présenter. Une campagne médiatique pour la défense des libertés individuelles a voulu s'y opposer. Elle déniait à l'État le droit de capter, pour des fins de sécurité collective, des informations sur le comportement des personnes. Les opérateurs de données numériques en disposent et ne se privent pas, eux, d'en abuser, impunément, à des fins commerciales. Le pouvoir s'organisait, de son côté, pour ce que les services de renseignement, soucieux du désaveu qui les menace en permanence, croyaient être leur protection juridique. Cette loi constitue le rempart ultime de l'irresponsabilité et de l'impunité politiques. La mise en œuvre de techniques clandestines du renseignement sera subordonnée à une autorisation soumise à un contrôle préventif. Le tri des demandes sera effectué par une commission politico-judiciaire. La conservation durable et absolue du secret sur les dossiers étudiés paraît, dans ces conditions, improbable. Mais l'intervention de ce collège place l'autorité politique à l'abri d'une mise en cause de sa responsabilité directe. En cas d'urgence, le Premier ministre pourra autoriser, sans consultation préalable, des actes d'intrusion dans la vie privée. Mais il le fera par l'intermédiaire de quelques délégués, plutôt moins légitimes que des ministres eux-mêmes, en tout cas pas plus que les autorités habilitées dans le système antérieur. La protection contre les mises en cause est ainsi, bien et mieux, assurée au profit des autorités supérieures, et clairement peu améliorée pour les exécutants, qui ont été bernés. L'étanchéité du secret est en outre amoindrie, au péril de l'efficacité.

Le dispositif retenu transcrit un dérapage très significatif de la conception de la Loi et de l'autorité politique. La prévention et la poursuite du crime terroriste sont, nul ne le conteste, des motifs qui méritent qu'on puisse faciliter des recherches par les méthodes que la technique permet. Mais il y avait plusieurs manières de s'y prendre. Chacune engage la conception qu'on se fait, dans une société démocratique, du droit qui la régit. On peut considérer que la Loi a pour seule fonction d'interdire et réprimer, définir et punir l'illégalité. Ce qui est interdit est sanctionné. Ce qui n'est pas interdit est réputé légal. Il est, aussi, de bonne et forte tradition que ce qui est interdit au commun des mortels ne le soit pas toujours à l'État agissant pour la défense des intérêts suprêmes de la collectivité publique avec des justifications suffisantes. La guerre n'a pas d'autre fondement. L'ennemi peut être un criminel éligible à la poursuite pénale mais il est, au premier chef, un adversaire à abattre. Cette acception a un socle historique. Sur son fondement, les services de renseignement avaient pour usage d'intervenir soit par des procédés qui s'insinuaient dans les interstices de la loi (*i.e.* ce que la loi n'interdit pas), soit selon des méthodes qui seraient reprochées à une personne privée mais dont l'intérêt public supérieur justifie l'emploi. Leurs chefs, politiques, administratifs et opérationnels, portaient la responsabilité des actes de leurs subordonnés. C'était leur honneur et leur dignité. Dans cette conception, le créneau d'intervention du renseignement clandestin d'État se situe ou dans les intervalles de l'interdiction ou dans les marges de l'abus.

Le contrôle juridictionnel de l'abus du droit d'État s'exerce sur un champ de plus en plus large. Cette évolution est rapide, et irrépressible. Un grand opérateur de télécommunications dispose, par sa seule capacité d'offrir des prestations de masse, d'une capacité de peser sur la liberté individuelle moins entravée que celle de l'État. C'est paradoxal, pour le moins, mais ainsi. L'interdit général de certaines pratiques techniques serait, de toute façon, incontrôlable, donc illusoire. L'idée que n'est permis que ce qui n'est pas interdit est peu soutenable face à des capacités techniques qui, elles, permettent tout. Nombre d'organismes privés ont le privilège d'accéder à la localisation des personnes par l'intermédiaire de leur téléphone. Faut-il l'interdire à l'État, qui peut y accéder par la réquisition des détenteurs de l'information ? Le contrôle juridictionnel *a posteriori* menace à tout moment d'empêcher l'État de recourir à des méthodes techniques par ailleurs ouvertes à tout gestionnaire d'adresses électroniques et à tout bricoleur déterminé. Les politiques refusent d'assumer pour eux-mêmes le risque de la sanction judiciaire. Ils accordent au contrôle déontologique, exercé par eux-mêmes ou sur eux-mêmes, et par leurs subordonnés sur leurs subordonnés, une faible confiance. Ce signe d'une dégradation de l'esprit public est, malheureusement, fondé. Les lanceurs d'alerte, qui auraient pu être vus comme des traîtres à leur parole, sont considérés par la presse comme des héros, qu'ils ne sont pas toujours et seront de moins en moins. La loi les protège désormais par un statut, ce qui les privera d'une légende de grandeur mais multipliera les indiscrétions d'État impunies.

La loi nouvelle organise donc la défiance d'État *a priori*. Sous le couvert de la défense des libertés, elle encadre des pratiques techniques de renseignement et ne dit rien d'autre. Comme toute création législative comporte des carences et que, dans tout tissu juridique, les trous doivent être comblés, le président de la commission des lois de l'Assemblée nationale a voulu, de manière un peu subreptice, faire insérer dans la loi une disposition qui permettrait de surveiller en France un étranger non résident, avec la seule autorisation du Premier ministre, sans avis préalable de la commission de contrôle. Cet épisode, prestement avorté au nom de l'égalité devant les libertés publiques, a révélé un paradoxe : en voulant autoriser, on a condamné. Ce que la loi ne permettait pas, le politique, dans le silence de la loi, le tolérait, honteusement peut-être mais sous sa propre responsabilité. En voulant créer des procédures qui le dégagent de sa responsabilité, il a, de fait, interdit aux services, eux-mêmes grugés par leur esprit de précaution, des pratiques désormais inscrites dans le registre de l'illégalité explicite. La loi légalise donc une forme de renseignement, et la protège, superficiellement. Elle met, surtout, les autorités politiques à l'abri de leurs responsabilités médiatiques, le cas échéant judiciaires. Elle comble l'appétit d'innocence des opérateurs numériques qui veulent bien être requis pour faire ce qu'ils savent faire mais pas être complices des actes qu'on leur demande. Cette version politique de la loi est, à bien des égards, moins honorable, mais combien plus réaliste et opportuniste que la précédente. La loi encadre et organise la capacité à faire, la restreint, la conditionne. Elle décharge l'autorité politique de sa prise de responsabilité. Une commission lui propose la décision. Le décideur politique suivra cet avis. On peut parier que ce sera systématiquement. Il a même été envisagé de pousser jusqu'au bout le dessaisissement politique et que la décision soit confiée à un magistrat. Cette proposition manifestait une faible considération pour les principes de la séparation des pouvoirs. Le juge serait intervenu en amont de la procédure pour autoriser, puis en aval pour enquêter et sanctionner. Un magistrat désigné par l'État aurait bénéficié d'une légitimité plus grande à prendre des décisions administratives qu'un ministre, dont les fonctions dépendent peu ou prou d'une consultation démocratique. La commission finalement constituée comporte encore des magistrats. Cette composition est-elle bien compatible avec la séparation des fonctions politiques, administratives et judiciaires ? L'autorité judiciaire pourra-t-elle sanctionner sans état d'âme ce que certains de ses représentants les plus éminents auront autorisé ? Le renseignement qui conduit à des procédures judiciaires ne doit-il pas lui-même devenir une fonction judiciaire ?

Les questions que la nouvelle organisation soulève montrent qu'elle institutionnalise des options complexes et équivoques. Elle dénote une contradiction de principe avec un choix antérieur, celui du rattachement direct de la DGSI au ministre de l'Intérieur, hors des cadres de la police nationale et de l'autorité judiciaire. Cette contradiction ouvre pour les libertés publiques, lorsqu'elles seraient confiées à de mauvaises mains, des perspectives plus inquiétantes que celles dénoncées pour la seule loi de 2015, décriée pour de mauvaises raisons. Le cadre préventif qu'elle institue aurait pu être moins formaliste, défini dans des principes plus généraux voués à une évolution jurisprudentielle souple. Du point de départ choisi, les pratiques seront inéluctablement guidées vers un carcan tatillon, de plus en plus autoprotecteur, qui répondra mal aux assauts de l'urgence, à moins qu'elles ne dérivent vers des commodités compréhensibles mais peu honorables. Dans le monde médiatique et politique, beaucoup ont été séduits par l'idée d'une politique du renseignement. La loi de 2015 a été, pour eux, une première étape. En instaurant un contrôle parlementaire préventif dans un domaine spécialisé de la sécurité, ils ont pensé et dit agir pour le renforcement de la démocratie. Pourquoi, dès lors, laisser hors du champ du contrôle parlementaire préventif la conception et le déroulement d'autres types d'opérations de sécurité, militaires ou policières ? Pourquoi se désintéresser de la préparation technique d'autres pans ou opérations de politiques spécifiques, fiscales, douanières, ou d'assistance financière à des États ou à des organismes ? L'enjeu est en vérité celui de la nature du régime politique. La responsabilité d'un gouvernement ou d'un ministre est politique. Elle est globale. Le contrôle technique préventif et spécialisé des actes d'un service est une façon d'affranchir l'autorité politique de sa responsabilité.

## Paris, cas particulier de la sécurité publique

L'organisation de la sécurité pour Paris est d'une spécificité pleine d'équivoques. Les pouvoirs publics y constituent des symboles et des cibles, concentrées, dont la prise à partie serait inacceptable. La population de la capitale du pays et ses visiteurs se trouvent ainsi au milieu de menaces variées, d'une gamme complète, indissociables de celles qui affectent les autorités de l'État. L'organisation de la sécurité en est, depuis longtemps, conditionnée. Les corps politique et administratif parisiens s'accommodent de cette spécificité. Plusieurs de ses aspects les encombrent mais ils préservent avec vigueur ceux qui secondent leurs intérêts. La particularité parisienne, à vrai dire, arrange à peu près tout le monde. Elle est, telle quelle, enserrée dans des privilèges bien distribués. Le système de sécurité parisien pourrait être plus clair, plus économe, plus efficace. Il est, selon la vision superficielle la plus fréquente, décrit comme bicéphale. C'est un leurre. La sécurité est une fonction globale. Elle engage bien plus que deux têtes, et l'efficacité du système est proportionnelle non pas à la somme des résultats de chacune de ses composantes, mais à la cohésion de la structure et au degré de cohérence de l'action. Dans une agglomération dense, encerclée, lestée de son poids symbolique, d'une cohésion douteuse, de richesse inégalement répartie, la sécurité n'a pas le sens strict de la mission attribuée aux services de police et de secours. Les questions relatives à l'éducation, à la prévention et à l'aide sociales, à l'urbanisme et au logement, à la circulation et aux transports font partie de la sécurité. Les politiques et actes correspondants la déterminent. Dans certaines circonstances, on préfère dissimuler ces liens d'interdépendance ou, au contraire, les mettre en exergue. L'opportunité médiatique du moment fera désigner l'origine d'un fait d'insécurité dans un magma socio-psychologico-politique confus. Le rapport de force politique guidera vers tel ou tel aspect, urbain (violences dites de cités), pénal (diatribes contre l'« indulgence » de la magistrature), social (complaisance envers les usagers de la drogue). Puis, on finit par imputer la faute à telle ou telle institution. Ce sera de préférence, presque toujours, à la police, qui est, d'entre toutes, le plus au contact des événements, fût-elle la plus éloignée de leurs causes.

En situation d'homogénéité politique entre la majorité gouvernementale et la majorité municipale, les procès en responsabilité de l'insécurité sont, à Paris, plutôt feutrés. Seuls de forts antagonismes personnels pourraient les faire surgir. Ils ne seraient à l'avantage politique de personne, et demeurent le plus souvent inapparents. En situation conflictuelle forte, rien ne sera plus opportun que de disposer d'un bouc émissaire. D'où l'intérêt, pour tous, d'une organisation des responsabilités de la sécurité qui puisse être présentée comme bicéphale, même si le système est beaucoup plus complexe. Car, derrière le décor, le système de sécurité de Paris est, pour le moins, tricéphale. Le maire de Paris et le préfet d'Île-de-France, préfet de Paris, sont deux intervenants essentiels et discrets. L'un est, pour des raisons d'opinion publique, attentif aux questions de sécurité autant qu'à l'autonomie qu'il entretient vis-à-vis d'elles. L'autre, organiquement protégé mais acteur décisif des politiques gouvernementales, demeure volontairement éloigné de ces problèmes. Tous deux conservent leurs rôles masqués. Le troisième, le Préfet de police, agent d'autorité de l'État exerçant, en principe, toutes les attributions municipales de police du maire de Paris, est à la fois responsable, otage et prisonnier. Il n'est d'ailleurs jamais question, au lieu de trois, que de deux autorités : le Préfet de police et le maire. Le système est, en fait, plus dilué. Les pôles de décision sont fragmentés, et en nombre croissant. La brigade des sapeurs-pompiers, que les Parisiens croient municipale – en tout cas parisienne, Paris étant à la fois commune et département –, ce que le maire de Paris, aimant à se flatter de la popularité des pompiers, contribue abondamment à faire accroire, est, par exemple, aussi financée par l'État et les départements de la petite couronne. Le territoire placé, au nom de l'État, sous l'autorité du Préfet de police excède les limites de Paris pour plusieurs chapitres de ses compétences. Pour ce qui concerne les missions de sécurité publique, il a été récemment, cinquante ans après sa division, reconstitué à sa dimension initiale (l'ancien département de la Seine, à peu de chose près). Il est curieux de constater que, cette manœuvre ayant été opérée sous une bannière politique qui n'était pas la sienne, le maire de Paris ne s'est néanmoins jamais fait entendre sur la perte de potentiel de présence policière sur la voie publique qui correspond, pour sa ville, à cette extension territoriale de mission. Au nom de quelle arrière-pensée ?

L'unité régionale du système est, au demeurant, incomplète et fragile. Les notables de Seine-Saint-Denis, envoûtés par les gesticulations policières d'un préfet personnellement adoubé par N. Sarkozy, alors président de la République, ont continué de bénéficier, sous la gauche, d'une forme d'extraterritorialité entretenue par perfusion médiatique. Après la tentative de meurtre d'un soldat en mission dans le quartier de la Défense, c'est le préfet des Hauts-de-Seine, et non le Préfet de police, qui s'est exprimé devant les chaînes de télévision. Place du Trocadéro, l'arrivée, depuis la banlieue, des perturbateurs violents d'une manifestation soutenue par les partis de droite n'a été ni détectée ni dissuadée, pas davantage interrompue, malgré l'unité théorique du renseignement et de la conduite opérationnelle à l'échelle de l'agglomération parisienne. Ce sont en outre les collectivités territoriales qui, depuis que les finances de l'État sont exsangues, sont sollicitées de faire construire des commissariats pour remédier aux situations immobilières de la police les plus inacceptables. La Région elle-même y a, hors de son champ de compétence, contribué par ses subventions. Mais à Paris, on a suivi la route inverse. Les locaux de la plupart des commissariats, inclus dans des bâtiments municipaux, ont été déplacés, reconstruits ou pris, ailleurs, en location par l'État. Des services de sécurité, qui contribuent au service public sous des statuts particuliers, se sont multipliés : service de sécurité de la ville de Paris sous l'autorité du maire de Paris, distinct des agents de surveillance de Paris, agents municipaux qui relèvent du Préfet de police ; services de sécurité de la SNCF, de la RATP, des organismes gestionnaires de l'habitat social. Le manque d'unité est patent.

Le foisonnement des services, la multiplicité des institutions et collectivités concernées, suscite un besoin de cohérence, voire de regroupement. L'État a, depuis longtemps (la dernière velléité remonte au ministère de l'Intérieur de Pierre Joxe, dont le réalisme a été rapidement éclairé), renoncé à nationaliser ses missions à Paris, ce que le statut de ville-siège des pouvoirs publics pourrait justifier. Il n'en a pas les moyens. Aucun maire de Paris ne voudrait davantage municipaliser toutes les missions de sécurité. Même saisie par un accès d'emphase narcisséenne (« À moi de porter une nouvelle étape dans l'histoire de la conquête démocratique de Paris », lui fait dire la presse en septembre 2015), la première magistrate municipale repousse loin d'elle les risques du maintien de l'ordre, qu'elle entend laisser au Préfet de police. Elle considère ces tâches-là, au moins dans la dimension vulgaire et dangereuse que constitue l'emploi éventuel de la force, comme strictement d'État, ce que dénient et le droit et le fait. Son appétit politique naturel lui ferait bien grignoter un peu plus des compétences de sécurité sur lesquelles elle exerce déjà une autorité propre (circulation, insalubrité, occupation de la voie publique). Même partiel, cet empiétement lui suffit pour pouvoir imposer des mesures que des impératifs idéologiques ou des perspectives électorales lui rendraient aimables. Mais un peu d'aise supplémentaire servirait mieux ses desseins. Voudrait-elle disposer des moyens de s'opposer à l'État sur le droit de faire librement circuler à Paris tel ou tel chef d'État potentat criminel que le président de la République aurait jugé bon d'accueillir dans les fastes républicains ? Le pire danger de cette plaisante ambition ne serait pas dans le fait, tristement technocratique, d'une extension des compétences de l'un au détriment de l'autre. Il réside dans la confusion des responsabilités. Les évacuations de personnes sans papiers révèlent souvent la divergence inévitable des points de vue. Entre la force et la compassion, entre l'efficacité opérationnelle et la tolérance à l'insalubrité ou au risque d'incendie, les choix sont odieux. Les mésintelligences sont palpables. Chaque acteur est lui-même, dans l'intimité de sa réflexion, soumis à ces tensions. Elles conduisent, au-delà des procès d'intention, à des conditions de réalisation mal assurées, voire à pire. L'ordre public est une notion subtile, large dans son acception, étroite dans son interprétation. Elle est cruciale dans une démocratie car elle est indissociable des libertés publiques, avec lesquelles elle forme une dualité antagonique. Les pouvoirs de police constituent toujours, et sous toutes leurs apparences, des restrictions aux libertés des personnes. Le maintien de l'ordre public est une obligation constitutionnelle. Ce serait une forme d'inconscience publique que d'y faire interférer, au détriment de la clarté des rôles, la préoccupation d'une suprématie de l'ego administratif.

Le maire de Paris tient en main une partie des frais de fonctionnement de la préfecture de police, pris en charge par le budget spécial de la Ville de Paris. Pour une charge modérée (les pompiers de Paris, par exemple, tiennent de leur statut militaire un coût inférieur à celui des professionnels civils), le contribuable parisien bénéficie de prestations de sécurité supérieures à bien d'autres. Veut-on montrer qui est, du Préfet de police ou du maire, le vrai patron ? Il suffit qu'une indiscrétion de presse révèle une visite nocturne du maire aux policiers et, sans que le Préfet de police ait dit mot, la promesse faite directement aux brigades concernées de financer, sur le budget spécial, des acquisitions de véhicules pour la répression de la criminalité, dont la responsabilité est pourtant pleinement étatique. Cet édifice institutionnel est ainsi dans un équilibre précaire. Mais il est établi sur l'assentiment complice de tous les partis. Épisodiquement, selon les règles d'un jeu de rôle désormais rodé, une partie de l'opposition au maire au sein du Conseil de Paris suggère la création d'une police municipale parisienne. Ce faisant, elle feint d'ignorer que cette police existe, et même en deux corporations, l'une aux ordres du Préfet de police, l'autre à ceux du maire. Invariablement, la question est noyée dans un tripotage de vocabulaire (police *municipale*, non, mais police *du quotidien* peut-être !) sans substance concrète. Cette fois, en 2015, alors que rien ne serait plus essentiel que la stabilité des résolutions de sécurité face au terrorisme, une note prétendument confidentielle complaisamment révélée par la presse contraint le Premier ministre à promettre un travail d'élaboration législative. Sans contenu défini, sans même aucune ligne directrice, il risque, faute de courage, de ne produire que plus d'ambiguïtés et plus d'affaiblissement de l'autorité.

Malgré des évolutions réelles et substantielles, le cadre institutionnel de la sécurité à Paris n'a pas réussi, par ses changements récents, à faire progresser les conditions de sécurité. En tout cas, leur perception par le public (si l'on en juge notamment par l'opinion des étrangers, chinois ou américains, en séjour touristique) n'a pas connu d'amélioration. L'ambiguïté a été, délibérément, maintenue. Il est vrai que la répartition des responsabilités, bien que les intrications entre compétences de la mairie et de la préfecture de police subsistent, est, en définitive, de peu d'effet quotidien. Les services s'efforcent de rattraper, dans l'exécution, les blocages et effets dilatoires que l'indétermination de certains textes pourrait susciter. La cohérence de l'action et le mouvement d'ensemble sont, en revanche, affectés d'une forte anémie dont les facteurs sont structurels. Deux affaires d'une importance considérable sont conduites en un mode quasi pathologique de carence d'imagination. Le projet de Grand Paris a, depuis sa conception jusqu'au stade actuel de son processus de déroulement, négligé les questions de sécurité, celles qu'il engendre comme celles qu'il pourrait contribuer à résoudre. Les risques liés à la très forte probabilité d'une crue de niveau centennal, bien évalués depuis plus de dix ans, sont traités exclusivement sous l'angle de la préparation des plans de secours par les services du Préfet de police. Les conséquences d'une impréparation aux inondations seraient pourtant si graves (voir la situation en Europe centrale au printemps 2013) que ce thème aurait dû occuper une bonne partie de la scène dans les campagnes pour les élections municipales à Paris et pour les élections régionales en Île-de-France. La nécessité de réaliser des investissements de prévention à une vaste échelle est loin d'être une billevesée.

Parmi les perspectives de changement dans l'organisation de la sécurité, deux, opposées, dont une au moins a eu des partisans obstinés, ne seront jamais mises en œuvre. Il n'y aura pas d'étatisation de la sécurité parisienne. Elle heurterait trop d'intérêts acquis, et serait en outre incompatible avec les capacités financières de l'État. En sens inverse, la municipalisation de la police parisienne en tenue, plus souvent préconisée, et de presque tous côtés, est tout aussi inimaginable. Elle constituerait pour un ministre de l'Intérieur, de quelque famille politique qu'il soit, un risque inacceptable de perte de maîtrise sur la sécurité des pouvoirs publics dans la ville qui est leur siège. Une troisième voie est aussi exclue : celle de l'augmentation des effectifs de police. Ce ne serait pas la solution de tous les maux, ne serait-ce que parce que son terme et sa limite sont, par nature, indéfinis. C'est une perspective de facilité, dorénavant bloquée au pied du mur budgétaire. On ne peut donc pas la substituer à un effort d'intelligence organisatrice, même si, temporairement, on peut s'en remettre à des renforts par ponction sur la disponibilité des forces mobiles, voire sur celle des armées, qui auraient d'autres chats à fouetter ailleurs.

Ce qui serait nécessaire peut tenir en trois orientations. La première consisterait à concentrer dans une même main l'autorité sur toutes les actions de l'État qui contribuent à l'amélioration de la sécurité, ce qui reviendrait à fusionner les fonctions du préfet de Paris et d'Île-de-France avec celles de Préfet de police. Cette proposition a toutes les chances d'être jugée inécoutable. Les objections à lui opposer sont pourtant très artificielles. La plus inoffensive : la charge d'un pareil cumul de fonctions serait trop lourde pour un personnage unique. Mais quel est le critère de l'excès du poids de la mission ? L'effectif placé sous responsabilité ? Il y a des exemples plus pondéreux. La diversité des missions ? Précisément : l'efficience, en matière de sécurité encore plus qu'en bien d'autres domaines, tient à la cohérence des actions. La prégnance des urgences dans une partie de la mission serait incompatible avec la nécessité d'un agenda de long terme dans l'autre ? C'est justement la réconciliation de ces rythmes qui est à rechercher. La différence des zones géographiques de compétence rendrait-elle le système ingérable ? Il y a, effectivement, urgence à homogénéiser les gestions. Chacun sait que la délinquance méconnaît les frontières administratives et que le bassin de la délinquance parisienne s'étend au-delà des frontières policières de la petite couronne, figées par une réforme croupion. Plus digne de considération serait la réticence à accepter de constituer un ensemble d'État déconcentré exceptionnellement lourd dans l'appareil public, plus lourd que bien des ministères. Mais cette objection est aussi réfutable. Pour qui serait-ce un danger ? Pour le gouvernement ? Redouterait-il une insubordination ? Craindrait-il de ne pouvoir dénicher, pour exercer la fonction, une personnalité dotée d'un talent rare et d'une loyauté irréprochable ? Le maire de Paris aurait des motifs de défiance plus sérieux. Quel maire de Paris accepterait sans réticence d'avoir, pour interlocuteur représentant l'État, un seul préfet au lieu de deux ? Pour un élu jaloux de son autonomie, l'État n'est-il pas mieux tolérable lorsqu'il est découpé en deux ? Et alors ! Craindrait-on sérieusement qu'un personnage élu ait beaucoup à redouter d'un proconsul désigné ? Et les avantages à attendre d'une organisation locale de l'État concentrée et cohérente ne sont-ils pas, pour la sécurité de Paris et des collectivités qui l'entourent, bien supérieurs à ces médiocres supputations ? Il y a tout à gagner à ce que la conception et la direction des politiques de sécurité dans Paris soient inscrites dans une stratégie de territoire à l'échelle de l'Île-de-France. Le reste est affaire d'organisation. Ce schéma imposerait, en pratique, de revenir à une articulation plus classique mais plus hiérarchisée des pouvoirs de sécurité publique. Les préfets des départements qui en ont été délestés (la petite couronne de Paris) auraient à retrouver leurs compétences et responsabilités. Tous les préfets des départements de la région se trouveraient, en matière de police, placés sous l'autorité hiérarchique du préfet de la région et de Paris. Ce dispositif est un préalable à la mise en œuvre d'un second volet. Seules l'influence et l'autorité locale de l'État, et non pas des mesures gouvernementales, peuvent en effet éviter l'ensablement des mesures qui concernent la sécurité.

Le second volet consisterait à engager les actions des collectivités publiques de la région Île-de-France dans un effort commun en vue de prendre des mesures de prévention de grande ampleur dans les domaines de la délinquance et des risques naturels et industriels. C'est un grand mystère, si ce n'est le produit d'une faute de jugement, que le projet de Grand Paris et, encore plus, le dossier des inondations n'aient pas été placés, en 2014, au rang des thèmes majeurs de la campagne municipale de Paris ni, en 2015, de la campagne pour les élections régionales. Ces dossiers sont, au sein des problématiques de la sécurité à Paris, prédominants. Il n'est pas nécessaire d'articuler de grandes démonstrations sur les liens entre emploi, activités, transports, déplacements, logement et sécurité publique. Leur évidence politique reste enfouie sous le mépris durable des conséquences concrètes à en tirer. Les structures de décision et les politiques foncière, fiscale, de construction, etc. doivent être repensées sous l'éclairage des questions de sécurité. La sociologie a fait, elle, des constatations solides. Mais la politique de l'urbanisme demeure d'une superficialité rigide et coûteuse. La séparation, organique et fonctionnelle, des blocs de politiques concernés, dont les conséquences sont terribles, mène à des périls dont nous n'avons encore connu que des maquettes. Paris en est le creuset. En matière de prévention des risques naturels, comment la Ville de Paris a-t-elle pu tolérer, depuis des années, que la perspective de grandes inondations ne soit pas prise en charge par une politique conjuguée de l'État et de toutes les collectivités concernées, que l'État aurait dû conduire, aider, voire imposer ? Et dont elle-même aurait dû donner l'exemple. Dans tous ces domaines, la sécurité, entendue comme l'actuel domaine de mission du Préfet de police, est un déversoir d'effets des incuries antécédentes. Elle constitue aussi l'échelon terminal d'un réseau de responsabilités. La mobilisation des institutions publiques concernées est la tâche première du système local d'autorité de l'État. Celui-ci doit, pour pouvoir la mener à bien, être rénové et concentré.

Le troisième volet aurait pour objet le regroupement du commandement des organismes de sécurité sous une autorité unifiée. La prolifération, à Paris, des organismes de sécurité a, certes, eu des effets théoriquement favorables sur le niveau de surveillance. Le principal bénéficiaire a été le ministère de l'Intérieur, qui a pu soulager la police d'État de ses missions de premier niveau (stationnement, protection des abords des écoles, vidéosurveillance, etc.), abandonnées sans dommage. La police d'État a pu se consacrer par priorité aux missions de lutte contre la criminalité et de maintien de l'ordre public. À Paris, le créneau intermédiaire de la délinquance de voie publique a été plus ou moins délaissé selon les quartiers. Dans les transports ferroviaires, les services de sécurité des opérateurs sont, hors les périodes d'alerte antiterroriste de niveau maximal, devenus plus visibles aux usagers que ceux de la police d'État. Leurs compétences ont été peu à peu étendues afin d'élargir la gamme de leurs interventions, en substitution de la police d'État. Dans les cités, à Paris, le service de sécurité des bailleurs sociaux dispense la police d'avoir à y intervenir en prévention ou pour des cas mineurs. Le contribuable parisien, qui finance les auxiliaires de police dans le budget de la préfecture de police, a aussi doté le maire de Paris d'un service de sécurité qui lui est propre. Ses patrouilles se juxtaposent à celles de la police d'État dans de nombreux incidents de voie publique. Cette diversification, bien que ses origines dénotent une forme d'impéritie d'État, a eu d'heureuses incidences : en matière de sécurité, à la différence du domaine administratif, l'abondance d'effectifs, surtout lorsqu'ils sont effectivement déployés sur le terrain, ce qui n'est pas toujours le cas, vaut mieux que l'inverse. Mais le coût global de cette situation est loin d'être optimal. Il devrait être temps d'envisager que tous ces corps particuliers soient placés sous une direction opérationnelle unique, celle du Préfet de police. Ce ne serait que transposer à Paris ce qui est de règle nationale pour les sapeurs-pompiers, dont le statut est territorial ou militaire et le financement local, ce qui n'empêche pas qu'ils soient placés sous le commandement opérationnel des préfets.

## La sécurité dans l'organisation de l'État

Avant d'atteindre une phase juridictionnelle, normalement ultime, les faits de sécurité sont soumis à quatre séquences policières : renseignement, surveillance, intervention, investigation. Certaines d'entre elles peuvent être omises, au gré des circonstances. Quelques-unes, ou parties d'entre elles, sont placées, ou peuvent l'être, sous contrôle judiciaire. Elles ont, chacune, leurs particularités juridiques et opératoires qui justifient un type d'organisation propre. Il est nécessaire de déterminer l'échelon auquel elles doivent être intégrées, sous un commandement unique. Le cloisonnement des tâches peut en effet engendrer l'inefficacité. La définition du point de regroupement des fonctions implique une logique. Mieux que toute considération théorique, l'expérience permet d'en mesurer les conséquences. On sait à quel point il serait dangereux de fonder toute l'architecture de la sécurité sur des bases seulement fonctionnelles ou juridiques mal articulées entre elles.

L'organisation française repose sur des souches historiques profondes. Elle hérite de traits anciens. Des innovations récentes l'ont altérée. Elle œuvre sur une absence de choix net entre la séparation des fonctions et leur intégration. La séparation peut avoir pour motif légitime un impératif de discrétion. Cet argument est connu pour avoir été souvent invoqué afin d'établir ou conforter une autarcie corporatiste. Généralement, la coopération des équipes à l'intérieur d'une institution à taille humaine, dont le chef est accessible, est plus fluide que des liens réglementés entre des institutions géantes, opaques et pourvues de cette fierté corporative qui fait obstacle au partage de l'information. La collaboration entre des responsables de missions distinctes mais convergeant vers un même but est mieux établie à un niveau proche de l'enquête. Lorsqu'une opération est dirigée du haut d'une position située dans l'intimité du politique, elle est souvent pourrie par des arrière-pensées. La rectitude des conduites s'en ressent. Police et gendarmerie doivent pouvoir, en fonction des missions, et à la mesure des objectifs qui leur sont assignés, réaliser l'intégration de leurs fonctions au niveau le mieux adapté. Pour que les missions soient menées à bon port, il est d'abord nécessaire que les responsabilités des différents intervenants soient clairement établies. Cette règle triviale et rustique est de moins en moins prisée par les théoriciens des organisations matricielles et en réseaux, qui séduisent mieux les intrigants. L'organisation la plus efficace est, probablement, la moins subtile. C'est celle qui permet à chaque institution de sécurité de réaliser elle-même les quatre phases d'une prise en charge de sécurité, dans son domaine fonctionnel ou dans son territoire géographique de compétence, pour peu que le dessin des limites soit ferme, mais pas étanche à la collaboration.

La concentration de la fonction de renseignement intérieur dans les mains d'une direction centrale, par ailleurs chargée de missions judiciaires spécialisées, déroge à cette idée. Elle était donc source possible de confusion, d'abus, et, surtout, de carences. La DCRI à peine instituée, il a ainsi fallu reconstituer une structure particulière du renseignement de sécurité publique, pour l'information, dite générale, d'ordre public. L'ancrage local des RG leur donnait une capacité de perception et de prévision réaliste et concrète. Mais, sans compétence judiciaire, ils ne maîtrisaient pas les suites données aux indices détectés. La centralisation du renseignement de sécurité intérieure, sous une dénomination mal appropriée aux réalités, prétendait viser à l'efficacité et camouflait une commodité. Il est rationnel, optimal, que chaque institution de sécurité garde la charge du renseignement sur le territoire, dans le domaine de responsabilité qui est le sien. Cette précaution préserve l'efficacité opérationnelle sans en faire payer le prix aux libertés publiques. Lorsque renseignement et procédure judiciaire sont accolés, ce que la DGSI réalise mieux, en tout cas dans son objet défini, que la DCRI, cette concentration, poussée à l'extrême, est aussi un péril. Comme de toute concentration, dans un système politique, des pouvoirs de savoir, de nuire et de réprimer, il convient de s'en défier. Lorsqu'elle est couronnée par un lien direct de subordination à la hiérarchie politique, alors qu'elle relève, théoriquement, d'un réseau de liens judiciaires d'exécution, elle reflète un montage périlleux. Il eût été possible d'éviter ces écueils. Par exemple, en constituant, pour la lutte antiterroriste, un office central ; ou en intégrant les missions judiciaires de la DGSI dans des services spécialisés de la Direction de la police judiciaire, qui comprend déjà une structure vouée à la lutte antiterroriste. Cette disposition eût, au passage, évité la constitution d'entités techniques et administratives supplémentaires, propres à la DGSI. En ces temps de mutualisation et de rationalisation budgétaire, le décalque, à plus petite échelle, de fonctions déjà exercées ailleurs est paradoxal. Le corps policier est un. On sait d'expérience que la coopération entre des institutions est plus étroite lorsque leurs missions sont assurées par des personnes que leur formation commune lie par une certaine solidarité, si toutefois elle n'est pas contrecarrée par des ambitions individuelles. Il est admissible que la lutte contre l'espionnage, crime de nature spécifique, soit exercée dans une forme d'autonomie. Il est beaucoup plus discutable que la prévention et la répression du terrorisme, liées à la pénétration de structures sociales et aux techniques d'investigation sur les crimes de sang, soient extraites de leur cadre policier. Il est enfin très contestable que la cassure juridique de l'ensemble de la gestion policière se traduise par une captation politique de l'autorité hiérarchique sur des affaires judiciaires.

Entre corps et institutions, si la séparation n'est pas de règle, la coopération et les échanges sont toujours recommandables. L'évidence de ce propos facilite sa caricature : aux yeux de quelques-uns, les corps et institutions aux missions analogues devraient fusionner. Les professions de sécurité sont constituées en corps civils (police, douanes, administration pénitentiaire) et militaires (gendarmerie). L'histoire a forgé leurs cultures. Leur coopération devrait aller de soi, mais c'est loin d'être toujours le cas. Pour autant, leur fusion ne s'impose pas. La concentration comporte des dangers pour les libertés publiques et même, au-delà d'un seuil critique, pour la qualité de la gestion. Dans tous les cas, il reste possible de procéder à des rapprochements pour améliorer l'efficience du système sans dénaturer la culture propre de chaque institution. L'emploi de la gendarmerie nationale par le ministre de l'Intérieur et les préfets aurait pu ne pas emporter l'extraction hors du corps militaire de la gestion des gendarmes. Quelle satisfaction procure au ministre de l'Intérieur d'avoir à publier les avis de recrutement des musiciens de la Garde républicaine et fixer le montant du pécule de fin de carrière des officiers de la gendarmerie ? Le lien de gestion entre la gendarmerie et les armées est indissociable de la survivance de la culture militaire des gendarmes. Il l'est, aussi, du maintien de la présence militaire sur le territoire. La restructuration des armées a fait disparaître nombre de bases, établissements, régiments. Des délégations militaires départementales survivent, fantomatiques. Le prestige et l'image de puissance de l'institution militaire sont confiés à des campagnes de communication chèrement payées, et de courte vue. Que la gendarmerie devienne une seconde police, comme elle en prend le chemin, voire s'y intègre comme d'aucuns en rêvent, et c'en sera fini du militaire de présence rurale estimé des notables et connu de la population.

La mutualisation entre services, qui devrait relever d'une logique élémentaire et spontanée de simple emploi commun de moyens, est devenue un dogme. Or la coopération entre services d'État au moindre coût peut souvent prendre, simplement et avantageusement, la forme de prestations de services à titre onéreux. La généralisation de la pratique de stages réciproques et de détachements administratifs entre corps peut atténuer la méconnaissance entre cultures de corporations voisines. Il ne suffit pas d'habiller le personnel dans des tenues d'uniforme devenues presque identiques, ni de transposer les grades, avec des insignes équivalents, d'un corps dans l'autre, pour rehausser la qualité du commandement. L'uniformisation n'est pas un but en soi. Une certaine émulation entre corporations, combinée avec un enrichissement réciproque des cultures et des compétences, est bien préférable.

Les erreurs commises, souvent irréversibles, auraient pu être évitées. Sous les sommations de pressurer les budgets, des coupes à l'aveugle ont répondu aux impatiences, par priorité sur l'objectif de maintenir des budgets de sécurité réalistes en éliminant les charges indues et en faisant ressortir la vérité des coûts. L'appareil de sécurité est confronté à des menaces imprévisibles, mais aussi à des risques créés. Les institutions de sécurité ont à faire face à des menaces de deux catégories : celles qui sont inévitables (atteintes accidentelles aux biens et aux personnes) et celles qui résultent d'un risque ignoré (criminalité latente) ou sciemment créé (événements, rassemblements de foules, manifestations sportives). Dans la première catégorie, la puissance publique doit établir, aux frais assumés par le budget affecté à la mission, la protection de tous à égalité. Dans la seconde, aussi, par le renseignement et la prévention. Dans la troisième catégorie, celle du risque artificiel toléré, elle subit des coûts qui devraient être intégralement pris en charge par les organisateurs qui sont à l'origine des menaces. Le coût des actes inhérents à la mission est imputable aux budgets des services de sécurité. Celui des actes résultant d'initiatives externes est hors de ce périmètre et devrait être pris en charge par une source financière externe. Les missions d'accompagnement d'événements internationaux, les gardes et surveillances de bâtiments publics ou privés, la sécurité des transports sensibles, les actes judiciaires onéreux (reconstitutions, escortes), les services mis à disposition pour la sécurité d'exploitants qui font rétribuer leurs prestations (EDF, SNCF, CNES, sociétés concessionnaires d'autoroutes, organisatrices d'événements sportifs, culturels ou mondains), devraient être facturés aux budgets des commanditaires responsables. Combien de services d'ordre qui nécessitent des suppressions de congés et des rappels de personnel sont-ils facturés, dans leur coût intégral, aux organisateurs de festivités culturelles ou sportives ? Ne serait-il pas légitime d'imputer aux organisateurs les coûts des services de maintien de l'ordre qui ont eu à faire face à des déprédations collectives à l'occasion de manifestations sur la voie publique ? Celui qui, par sa faute ou de son fait, met à la charge du service public de sécurité des dépenses qui ne sont pas d'intérêt public général devrait en payer le coût. Ce prix pourrait être acquitté pas seulement sous forme financière mais aussi sous la forme de contributions concrètes au meilleur fonctionnement du service public.

Le soulagement des budgets pourrait aussi être recherché par le dépoussiérage et la simplification de quelques organigrammes. Il n'y a aucune justification, autre que d'image, à ce que des services de police ou de gendarmerie disposent d'unités spécialisées dans le secours (plages et baignades, haute montagne). Des spécialistes peuvent être requis pour des enquêtes, mais les secours sont l'affaire de services de secours. Les effectifs correspondants à ces missions d'utilité médiatique devraient donc être ou détachés dans les services de secours ou réaffectés à des missions propres des services de police et de gendarmerie. Les unités mobiles de maintien de l'ordre de la police nationale devraient, après avoir, pour des raisons d'intérêt syndical, rompu leurs liens avec la Direction de la sécurité publique, lui être de nouveau rattachées, comme le sont les unités de gendarmerie mobile à la Direction générale de la gendarmerie nationale. Une direction entière de police, et pas des moindres, la DGSI, a été directement subordonnée au ministre de l'Intérieur. Ce précédent pourrait légitimer que d'autres directions centrales de police, sinon toutes, le soient aussi. La disparition de la Direction générale de la police nationale (DGPN), qui les chapeaute, ne provoquerait aucun cataclysme. L'échelon administratif et de logistique commun à tous les services opérationnels est déjà constitué par la direction des ressources. Les doublons et cumuls de compétences entre les cabinets, pléthoriques, du directeur général de la police nationale et de son directeur des ressources pourraient disparaître.

Le ministre de l'Intérieur aurait ainsi la responsabilité de quatre directions opérationnelles de sécurité : sécurité publique de statut policier (police en uniforme, dont les unités de maintien de l'ordre et la police aux frontières), sécurité publique de statut militaire (gendarmerie), sécurité face au crime (offices centraux spécialisés, comprenant la sécurité dite intérieure : contre-espionnage, contre-ingérence, protection du patrimoine, contre-terrorisme) et sécurité civile. Ces structures seraient appuyées par une agence technique et administrative (logistique commune, commandes, marchés, budget, gestion statutaire et de la mobilité du personnel). La police de l'immigration, tout en relevant des codes et statuts de la police nationale, serait, pour son emploi dans le domaine de la lutte contre l'immigration clandestine, détachée auprès de l'autorité nationale et auprès de l'autorité européenne chargées du contrôle de l'immigration. Quant au renseignement intérieur, il devrait, pour ses deux branches, la générale et la criminelle, être articulé à la fois en une organisation centrale au sein de chaque direction responsable et en échelons rattachés aux commandements territoriaux. Une autorité hiérarchique déconcentrée s'appliquerait ainsi à leur collaboration locale. Le risque des défaillances d'une direction verticale et lointaine en serait amoindri sans entraver la concentration des données que le renseignement efficace implique.

## Politique de sécurité et terrorisme

La classe politique a pris tardivement conscience de la force dévastatrice du terrorisme. Avant qu'il ait renouvelé les preuves du raffinement de sa cruauté, elle lui avait concédé une étrange patience. Le refoulement du passé a été pour beaucoup dans cette atonie, avant qu'elle soit brutalement rompue. Sur les braises de la guerre d'Algérie, la progression vers la clairvoyance a été, on l'a compris, historiquement pénible. Le massacre de Melouza, les attentats des terrasses du Milk-Bar et de l'Otomatic ont été, avec bien d'autres ignominies de l'époque, oubliés, et leurs auteurs depuis longtemps amnistiés. Mais la mémoire nationale a été, elle, entretenue dans le traumatisme des brutalités de la bataille d'Alger. Pendant cette phase de latence, les politiques ont bavardé sur leurs inquiétudes, bricolé des réformes et, à l'occasion, communiqué leurs angoisses tantôt par le déni, tantôt par le défi. Le terrorisme a constitué en notoriété médiatique bien rémunérée on ne sait combien de présidents d'observatoires inconsistants. Il a donné la parole à des membres de professions normalement tenues au silence. C'est l'aspect latéral de son travail de sape. Confrontée à l'événement, la classe politique s'est armée d'emphase et de martialité. Le crime terroriste est inégalement perçu et condamné par les consciences politiques. Selon qu'on regarde le monde depuis Gaza, Tel-Aviv, New York, Peshawar, Paris ou Trifouillis-les-Oies, les jugements divergent. La difficulté du départage entre deux légitimités, celle d'une violence ignoble que moraliserait le sacrifice individuel à une cause qui vous emporte, et celle de politiques de sécurité qui attisent le sentiment de culpabilité des démocraties en n'évitant pas le dégât juridique et humain, obnubile le monde intellectuel. Lui seulement. Les politiques, eux, savent, à l'occasion, s'abstraire sommairement de ce dilemme.

Les réminiscences de la vague d'attentats des années 1980 ont disparu dans le tréfonds de l'histoire de la terreur. Les résurgences de 2015 ont secoué l'incrédulité commune. Au lendemain des crimes commis à Paris le 13 novembre, l'ancien président de la République, se posant en premier rival de son successeur, a prôné des « inflexions majeures » de la politique de sécurité. Il a été servi au-delà de ses attentes, tout en faisant profession de ne pas être satisfait des réponses reçues. Dans l'émoi d'une tragédie, l'opinion a entendu, avec une faveur qu'elle renouvellerait sans limite, un propos solennel sur la nécessité d'un « renforcement drastique des mesures ». Peu importe ce que cette impatience dissimule d'atermoiements antérieurs, il n'est plus temps de s'interroger sur les germes du désastre. Au moins devrait-on être précis dans la proposition et mesuré dans la suggestion. L'État s'est raidi face à l'adversité. Ses dirigeants, ses responsables, anciens, actuels, peut-être futurs, ont, pour la plupart, parlé tels des matamores. Ils ont brandi les armes. On a dégotté une caisse à outils juridiques vieille de la guerre d'Algérie pour en faire tout l'usage possible, et même plus. Pour l'opinion publique, l'état d'urgence immédiatement décrété pouvait avoir quelque apparentement avec une vieille baderne. Le président de la République a donc puisé dans la bonne recette de projets d'innovation constitutionnelle et législative. Non content d'élargir le champ des facilités policières, le gouvernement l'a étiré comme jamais personne n'avait osé. Sous le régime de la défunte

Cour de sûreté de l'État, sacrifiée en 1981 sur l'autel du culte de l'aversion au droit de l'exception, les perquisitions, qui bafouent l'inviolabilité du domicile, avaient au moins lieu sous mandat et contrôle judiciaires. Foin de tout cela ! L'état d'urgence les permet sur simple réquisition administrative. Pour justifier une assignation à résidence sous régime de l'état d'urgence, les « raisons sérieuses (*sic*) de penser » qu'un « comportement » pourrait constituer une « menace » ont remplacé, dans la loi[32], l'exigence d'une « activité dangereuse ». L'idée d'une privation de la liberté *à titre préventif* a été si favorablement entendue que le gouvernement a trouvé expédient d'en soumettre le principe au Conseil d'État au lieu d'en repousser d'emblée l'hypothèse avec une hauteur qui eût dû être méprisante.

La définition du contenu concret de mesures de sécurité antiterroristes se heurte aux bornes des capacités qu'il est, juridiquement, démocratiquement, humainement, financièrement, diplomatiquement, administrativement, possible de mettre en œuvre. D'une main on les restreint, d'une autre on les élargit, au gré des coups de boutoir de l'actualité mais dans l'inertie des procédures. Quinze jours après les attentats de novembre 2015, et alors qu'étaient autorisées, à titre préventif, des perquisitions sans commission judiciaire, le *Journal officiel* a publié la loi[33] qui interdit, sauf menace préalablement mise à jour, la surveillance des communications échangées depuis l'étranger par des personnes utilisant des identifiants nationaux. Il n'est, en somme, pas permis de recourir à une méthode de détection efficace avant qu'une autre ait fait l'ouvrage à sa place. Cette contradiction n'a pas empêché de faire suivre les attentats d'un enrichissement du droit de circonstance. On n'avait pas encore établi avec clarté la durée, les conditions, les garanties et les limites précises des dérogations au droit du quotidien que, déjà, on avait accepté de perturber la stabilité de la Constitution en l'entraînant dans la course à l'excroissance juridique. Les contraintes et garanties spécifiques de juridictions qualifiées d'exception ayant été abrogées, les actes qu'elles encadraient par de strictes procédures pénales ayant été, depuis, reconstitués sous le camouflage de juridictions spécialisées, celles-ci sont, à leur tour, dessaisies au bénéfice du parquet, voire, directement, de la police. On accepte de bafouer le formalisme judiciaire, d'aggraver des dispositions déjà exceptionnelles, tout en affichant une sérénité de marbre sur l'issue d'un combat qui, justement, défie la normalité. C'est plutôt de cela, des limites justes et efficaces de la dérogation à la normalité, qu'il devrait, en pratique, être question. Resserrer le contrôle aux frontières, même si c'est bien autre chose que de les fermer, tirer des facilités de l'état d'urgence des tactiques opérationnelles plus efficaces, augmenter le concours des forces armées au maintien de la paix publique sur le territoire national, ce sont des façons de se rapprocher, sans les pouvoirs spéciaux de sinistre mémoire, de l'état de guerre, en restant dans l'environnement des lois existantes. Nous disposons d'un maillage complet de sécurité du territoire, d'une gendarmerie nationale apte à engerber, comme aiment à dire les militaires, former, encadrer et commander des réservistes. Croire, dans ce contexte, qu'une garde nationale, en somme une milice, pourrait rétablir une situation de sécurité devenue vulnérable, c'est méconnaître les avatars d'une institution de cette sorte, plusieurs fois dissoute dans notre histoire au soulagement des uns et des autres, ou vouloir recréer les groupes mobiles de sécurité, contemporains, dans la guerre d'Algérie, de la loi sur l'état d'urgence. La loi du 20 novembre 2015 relative à l'état d'urgence se donne pour objet de *renforcer l'efficacité* de la loi de 1955. Celle-ci a été inventée au cours de ce qui fut une *guerre*, sur un territoire alors national. Sa remise à l'honneur par la gauche s'inscrit dans une sombre continuité. L'ouverture du pouvoir de faire procéder à des perquisitions dites administratives constitue, à elle seule, une aberration terrible du Code de procédure pénale. Son aggravation, lucidement acceptée et sans état d'âme, invite à plus de réflexion.

On s'accorde maintenant, à la suite du propos officiel, à accepter l'idée que nous sommes en guerre. La situation ne peut, chez nous, se vêtir de cette qualification. Sa nature est policière et judiciaire, même sous une forme exceptionnelle. Sa dénaturation nous ferait entrer dans un état que la raison démocratique réprouve sans nuance. En revanche, au Sahel, en Irak et en Syrie, le pays est sous les armes. Nous devrions nous rappeler avoir omis de demander au Parlement l'autorisation d'entrer dans cette *guerre*, jamais déclarée ; et y être entrés malgré le désaveu d'une première bataille, la guerre d'Irak, qui fut la cause du travestissement du terrorisme en une apparence étatique. De là vient le fait que nous ayons pu paraître ne pas savoir ce que nous voulions. Dans une guerre, une armée, surtout lorsque ses moyens ont été passablement rognés, se suffit d'un ennemi et d'un objectif. Nous avons opté pour en avoir plusieurs et peinons, de glissements en revirements, à sortir de l'étau diplomatique. Nous avions une intention, changer le régime en place en Syrie. Sans les conditions pour y parvenir ni la capacité à les créer, ce but ne pouvait être atteint. Nous avons baissé les bras, tout en disant le contraire. Engagés dans une guerre dite asymétrique, nous assumons cette caractéristique à notre détriment, en employant de gros moyens sur de petites cibles. Tout en sachant qu'une guerre ne s'achève, *in fine*, qu'au sol, nous refusons d'intervenir au sol. Cette résolution, au demeurant sage, s'accompagne du refus, au demeurant compréhensible, d'une action conjointe avec la seule armée d'État en guerre contre l'ennemi reconnu pour tel. Mais nous nous abstenons aussi, ce qui est moins logique, de concentrer nos efforts sur la formation des milices et armées locales confrontées aux troupes terroristes. Nous frappons des villes en répugnant aux dommages collatéraux mais en risquant de les provoquer. Pour atteindre quelques chefs de guerre, nous déployons une armada de bombardements empêchée, dans son action, par l'immersion de l'ennemi au sein d'innocents, alors que notre concept de défense reste principalement fondé sur la dissuasion nucléaire, c'est-à-dire sur l'idée de pouvoir infliger à une population des dommages intolérables. Nous n'avons pas de drones armés, au motif, dit-on, d'une éthique chevaleresque de la guerre qui veut qu'on regarde son ennemi dans les yeux. Ce trouble n'affecte plus, depuis longtemps, les artilleurs ou les chasseurs pourvus de missiles de longue portée. Des pays militairement moins puissants que la France se sont équipés de drones armés, quand nous en sommes totalement dépourvus. Nous laissons à nos alliés le soin de frapper des cibles de notre responsabilité. Le scrupule humanitaire n'embarrasse pas l'adversaire, il stimule sa férocité. Il fait de lui un criminel de guerre civile capable d'ériger ses atrocités en stratégie nihiliste. Il nous contraint à faire appel à la solidarité internationale alors que c'est en nous que nos adversaires se sont constitués, sur la souche de nos imperfections et de nos divisions. Ainsi, quand l'unité dans la douleur nationale est plus que jamais constituée, l'union du peuple et de ses représentants politiques, un moment ébauchée, trop vite proclamée au début de 2015, est désormais hors de portée.

Confronté à la houle de fond du terrorisme, l'état d'urgence a la faiblesse de sa nature éphémère. Nos déséquilibres sociaux et moraux sont profonds et durables. Ils font un facteur défavorable à une solution rapide. Dans l'emploi qui en est fait sous l'état d'urgence, maladroit parfois, sinon juridiquement reprochable, les contraintes de la situation d'exception seront, sous peu, jugées inacceptables ou désuètes. Assouplies, elles perdront leur utilité, comme celle de ce plan Vigipirate perpétuellement reconduit pour la seule raison qu'on n'ose pas en sortir, et dont la vigilance s'était éteinte. L'autorité politique, faute de pouvoir solliciter des prorogations multiples de l'exception, sera condamnée à proposer, en contrepartie d'un allongement, un resserrement des facilités, ou son apparence. Mais il faut aller au clair. Rehausser l'état d'urgence du niveau de la loi jusqu'au niveau de la Constitution, ce sera faire du pacte fondamental des libertés publiques le protecteur permanent de mesures de circonstances. Consentir aux parlementaires un droit de contrôle direct sur des mesures individuelles prises en vertu du pouvoir de police, soumis par ailleurs au contrôle juridictionnel, ce sera dégradant et inutile, dans un épisode supplémentaire du feuilleton d'abdication de la responsabilité gouvernementale. Des commentaires politiques et quelques incontinences de la parole militaire font prospérer, entre traitement policier des attentats sous état d'urgence et renfort des armées aux missions de police, une confusion malsaine. Il faut, plus que jamais, veiller à la séparation des registres. Le désaccouplement juridique, sans ambiguïté, de l'urgence intérieure et de la guerre extérieure, des lois d'exception et de la Constitution, devrait être impératif. La révision constitutionnelle placée, lors de son annonce en novembre 2015, sous l'égide des recommandations d'un ancien Premier ministre de la droite n'aurait pas pu même être imaginée comme possible par la droite au pouvoir. À l'extérieur, la clarification des objectifs de guerre est nécessaire à la qualité du combat. Vouloir empêcher la formation d'un État terroriste qui serve de base arrière à des actions sur le territoire national revêt un sens différent selon qu'on intervient en Afrique ou au Moyen-Orient. La guerre, puisqu'il s'agit de lutter contre une organisation qui se tient pour un État et en a la plupart des caractéristiques, aurait dû être déclarée, selon les formes constitutionnelles. Les combattants adverses, de quelque nationalité qu'ils soient, seraient ainsi des ennemis, caractérisés, sur un champ de bataille étranger. Mais si nous n'avons, sur ces terrains, que les moyens d'infliger des coups d'épingle à des belligérants de masse, autant laisser les affrontements aux soins de ceux qui en sont les protagonistes de premier rang. En revanche, en Afrique sahélienne, nous avons encore les moyens et sommes les seuls à détenir les clés d'un combat d'étouffement de l'adversaire, sur lequel il faudrait concentrer nos capacités, au bénéfice de tous ceux dont c'est l'intérêt commun. À l'intérieur du territoire national, empêcher la formation d'une nébuleuse de la terreur en prenant l'offensive, en exploitant mieux les renseignements déjà rassemblés, serait sans doute, dans l'immédiat, plus efficace qu'une gesticulation politico-juridique supplémentaire, même assortie d'une restauration de moyens budgétaires qui rendra ses effets, au bas mot, trois ou quatre ans après la décision.

IV

# Réinventer la liberté d'agir

> « Aux grandeurs d'établissement, nous devons des respects d'établissement, c'est-à-dire certaines cérémonies extérieures qui doivent être néanmoins accompagnées, selon la raison, d'une reconnaissance intérieure de la justice de cet ordre, mais qui ne nous font pas concevoir quelque qualité réelle en ceux que nous honorons de cette sorte. Il faut parler aux rois à genoux ; il faut se tenir debout dans la chambre des princes. C'est une sottise et une bassesse d'esprit que de leur refuser ces devoirs.
> Mais pour les respects naturels qui consistent dans l'estime, nous ne les devons qu'aux grandeurs naturelles ; et nous devons au contraire le mépris et l'aversion aux qualités contraires à ces grandeurs naturelles.
> Il n'est pas nécessaire, parce que vous êtes duc, que je vous estime ; mais il est nécessaire que je vous salue.
> En vous rendant les devoirs extérieurs que l'ordre des hommes a attachés à votre naissance, je ne manquerais pas d'avoir pour vous le mépris intérieur que mériterait la bassesse de votre esprit. »
>
> B. Pascal, second *Discours sur la condition des grands*

Peu de choses illustrent une période aussi bien que l'empire du rire sur la société. L'art de l'humoriste transcrit, mieux que tout autre, la liberté ou la complaisance, la finesse ou la grossièreté, la dérision ou la piété qui inspirent le corps social. Les amuseurs publics, les fous du roi, les libellistes, les caricaturistes et chansonniers ont, de toute éternité, révélé la sensibilité du peuple, les idées qui le mènent, les clans qui veulent s'emparer du pouvoir, les luttes des courtisans qui le pillent. Avant les sondages, ils ont pressenti les orages et les retournements du vent. Le politique sait cela. Par nécessité, parfois volontiers, voire avec gourmandise, il se livre au fouet des professionnels du divertissement médiatique. C'est par légèreté de jugement qu'il accepte les règles du monde des trublions. Qu'on interdise au clown d'exercer son talent ou qu'on l'utilise pour défendre sa cause revient au même. Ce sont les deux faces d'un même scandale. La politique n'a pas à copuler avec le monde des apparences, sinon pour, au nom de la liberté, en assurer l'existence et accepter de subir ses railleries. Il y a quelques années, un homme de théâtre a consacré une saison au « rire de résistance », thème magnifique. Sur son livret, *résistance* était écrit sans majuscule, comme *rire*, à égalité. L'équivoque était ainsi constituée. Avec majuscule, Résistance connote un sens historique, mythologique, sacré. Banalisé dans un usage ambigu, le mot confère au rire de théâtre un statut politique, sous la forme d'une fonction historique. L'idée est commune, mais perverse. Elle vérifie, en somme, la terrible phrase de Staline, qui figure d'ailleurs en exergue de l'ouvrage : « Un peuple heureux n'a pas besoin d'humour. » De fait, l'humour d'un peuple ne suffit pas à le rendre heureux.

Le rire en politique est un simple révélateur. Mais il en dit plus que tout autre signe. L'exclure, le masquer, le réprimer est une faute. Le tenir pour dérisoire est une erreur suicidaire. De la part du politique, faire semblant de s'y complaire, s'y associer, l'encourager, est une bêtise. Au début de 2014, à quelques semaines d'élections municipales, au milieu de débats éthérés sur la décentralisation à la française, le dessinateur d'un quotidien mettait en scène ce dialogue de deux pingouins : « et comment on garde une mairie ? » ; « ben (...) avec des arguments » ; « arguments », répond l'autre, tendant une main pleine de billets de banque. Un acteur politique, plutôt que d'essayer de faire bonne contenance humoristique devant des animateurs de médias, devrait s'efforcer de faire en sorte, pour sa part, que de telles images puissent ne même pas venir à l'imagination de quelque humoriste. Il faudrait, pour cela, qu'il ait la fierté de reconquérir, au-delà de ses clientèles, le sens de l'austérité, la liberté de la probité, la dignité de l'efficacité. Le vrai défi est en cela.

Dans les années 1965-1970, les techniques du marketing et de la communication ont fait irruption dans la vie politique française. Depuis, les campagnes pour les élections, présidentielles, parlementaires et même, petit à petit, locales, ont été dominées par l'obligation de proclamer la *réforme* ou le *changement*. Les professionnels de la communication se sont emparés, pour ne plus le lâcher, de ce refrain, le seul qui vaille, et pour tous. Bien appareillés, les slogans et images du changement, même de pauvre substance, ont, un temps, donné de ce souffle et de cette éloquence qui entraînent l'électeur vers le bureau de vote. Mais tout le monde se réclame de thèmes qui portent. Les enchères montent. Inévitablement, les espoirs sont ensuite déçus. C'est sur le mot « réforme » qu'on gagne des élections. Gouverner est devenu réformer. Réformer, c'est aller à l'encontre de la politique du prédécesseur. Quitte à y revenir, plus tard, au nom du réalisme. Alors, le mal est fait. Il n'y a donc pas d'autre tactique que la contradiction pour provoquer la bataille, l'affrontement, pour la gagner, et le reniement quand elle est gagnée. Sans doute ces raisons ont-elles contribué à ce que, derrière les étendards de la réforme, les combinards du conservatisme se coalisent souvent avec succès.

## *Tailler dans la jungle juridique*

La jungle est profuse et impénétrable, mais on peut y vivre. Quand il en connaît les us, l'humain surmonte l'hostilité du milieu et utilise sa richesse. À des desperados avides ou à des entreprises fortunées, patientes et déterminées, la jungle peut même profiter. Des forces naturelles à peine vaincues peuvent y ressurgir spontanément, encore plus puissantes. En quelques dizaines d'années, le corpus juridique français s'est transformé en une jungle, pays perdu d'une société qui se croit rationnelle et savante, cœur des ténèbres d'un monde qui se voudrait protecteur universel de l'humanité.

## Aller aux racines

À l'origine est la prétention à la compétence. Savoir percevoir, dans la vie sociale, la difficulté concrète qui s'oppose au bonheur, identifier la règle de droit qui la fonde ou entrave sa solution, trouver une issue : telle est la compétence du politique, un peu assistant social, un peu avocat, un peu écrivain public, inventeur et promoteur de règles de droit. La fabrication du droit est œuvre de création. Elle détruit rarement l'objet qu'elle remplace, en général elle le perfectionne. Elle procède par addition de matière, comme une imprimante 3D, et non par extraction, comme l'aurait fait le sculpteur dans le marbre, ou le fraiseur de précision dans le bloc de matériau. La politique s'identifie à la réforme. Elle veut s'incarner dans des actes positifs, et laisse à la révolution le soin des actes destructifs, auxquels répugnent les notables de tous les siècles. L'abrogation d'une loi inappliquée, geste sans effet pratique, indignera les uns quand d'autres voudront la présenter comme un acte positif. L'atelier de la loi est un théâtre, et l'acte législatif, souvent, un simulacre.

Le goût pour la fabrication du droit est de la même nature psychologique que l'appétence pour la chicane. Il engraisse la démagogie, il flatte l'intérêt individuel. Savoir construire des règles juridiques à tout propos est un sommet de l'art politique. C'est aussi une triste et pauvre figure de la démocratie. L'irruption intempestive de la règle est souvent la contrepartie d'une forme de lâcheté. Chercher à résoudre par la généralité ce qui pourrait relever de l'acte circonstanciel dispense de la décision individuelle. La morale ou le bon sens n'y trouvent pas toujours leur compte. Mais la folie du collectif dissimule mieux l'outrage à l'intelligence que les excès d'agissements particuliers. Il en va du perfectionnement de la loi comme de la modification répétée des règles du jeu collectif : il n'y a plus que l'arbitre qui y comprenne quelque chose, et le public se donne le droit de juger le juge. Pour commettre ce forfait de juridisme surabondant, les politiques[1] et les plus fins juristes de la fonction publique, animés par des passions organisatrices et dominatrices, se sont faits complices. Dans la corporation politique, la branche médiatique et la branche technocratique s'affirment distinctes mais vivent en concubinage. Leur alliance est facile. L'administration, quand elle est pressée par le corps politique de lui fournir des actes conformes à ses impatiences, s'exécute en pissant de la copie. La mauvaise copie chasse vite la bonne. Ce que le Code civil écrivait, avec clarté et concision, en quelques mots précis, compris par tous sous la lumière d'une éducation morale partagée par tous, devient un amphigouri prétentieux et se recouvre d'adjectifs ouverts à toutes interprétations. La valeur de l'écrit juridique se dégrade dans l'imprécision et disparaît dans l'incertitude de la signification. Les textes sont enserrés dans les rets du droit interne mais sommés de se conformer à des injonctions du droit positif ou jurisprudentiel européen. Les rédacteurs du droit nouveau sont parfois retenus, ou contenus, par des scrupules de spécialistes loyaux à la tradition juridique. Mais l'imagination créatrice des assistants parlementaires est encouragée par l'impatience de leurs employeurs, attentifs à leurs bilans de propositions d'amendements. Elle est inlassable, en outre stimulée par les faits divers quotidiens. « Nul n'est censé ignorer la loi », dit l'adage. Mais il n'a plus de réalité possible quand plus de deux mille pages de lois sont promulguées chaque année. Robert Badinter relève[2] que « le Code du travail paraît aujourd'hui atteint d'obésité. À l'aube de la crise qui a frappé l'Occident en 1974, il comportait 600 articles. Quarante ans plus tard, (il) en compte plus de 8 000 ». « L'avalanche législative (...) fait naître l'inquiétude chez les employeurs (...). Les salariés (...) se sentent perdus face à cette forêt de textes. Le Code du travail se veut protecteur et rassurant. Il est devenu au fil des ans obscur et inquiétant. Cette inquiétude collective entrave. » La surabondance de la loi chasse et tue la loi. C'est à la source qu'il faut traiter, mais par quels remèdes ?

## Contenir, discipliner, médiciner, amputer ?

Chaque année, le président du Conseil constitutionnel et le vice-président du Conseil d'État déplorent, de manière de moins en moins contournée, l'évolution de la quantité et de la qualité de production des lois et règlements. On ne saurait être plus cruel : « Le Conseil constitutionnel a (...) aujourd'hui à connaître de lois aussi longues qu'imparfaitement travaillées. Il fait face à des dispositions incohérentes et mal coordonnées. Il examine des textes gonflés d'amendements non soumis à l'analyse du Conseil d'État. Il voit revenir chaque année, notamment en droit fiscal, des modifications récurrentes des mêmes règles. Bref, il subit des bégaiements et des malfaçons législatives qui ne sont pas nouvelles mais sont fort nombreuses[3]. » Un chœur unanime déplore l'inflation des procédures et des normes, la dégradation des délais de justice et la prolifération des entraves à la liberté d'entreprendre, la bouffissure et la multiplication des codes juridiques. Les juristes d'État tentent en vain de censurer et entraver l'évolution de la logorrhée et de l'emphysème législatifs. Des professeurs ont introduit des enseignements de « légistique » dans de hauts lieux d'apprentissage de la production du droit. Les jeunes praticiens de cette science, comme tous initiés de fraîche date, finissent par se complaire dans un art de la conformité technique qui, loin de refréner les mauvais instincts, leur donne une honorabilité. Rien n'y fait.

Nombre de politiques ont pris goût aux lois mémorielles qui leur donnent bonne conscience mais font du droit une vaine proclamation. Les gouvernements laissent les parlementaires légiférer dans le domaine du décret, et ne se privent pas de décréter dans le domaine de la loi. La rétroactivité de l'effet des textes, ignominie pour le juriste consciencieux, fleurit en toutes saisons politiques. Le Conseil constitutionnel et le Conseil d'État rectifient, plus ou moins précocement, ces bourdes. Chacun réprouve mais personne, semble-t-il, n'éprouve de honte pour cette ineptie qui mine le dynamisme social. La non-rétroactivité de dispositions juridiques nouvelles est un principe du droit. Elle est de sagesse antique. Elle constitue aussi, actuellement, une condition politique de l'acceptabilité des réformes. Il ne suffit pas que des réformes soient nécessaires et judicieuses. Réformer sans tenir compte d'engagements déjà pris est une justification morale pour l'inclination à la révolte, donc un facteur déterminant de l'impuissance des pouvoirs publics. Les réformes doivent être acceptables par ceux qu'elles affectent. Les droits que la loi a institués sont des *droits acquis*, des engagements pris au bénéfice des citoyens par un pouvoir démocratique, légal. Sur leur base, des personnes, individuelles ou collectives, ont fondé des choix familiaux, financiers et professionnels. Il ne suffit pas, pour avoir le droit légitime de détruire ces choix, d'ironiser sur le conservatisme, adversaire de toutes les évolutions sociales. Les forces syndicales qui se retranchent, d'ailleurs de plus en plus honteusement, derrière des droits acquis sont plus sages que certains partisans de méthodes thérapeutiques brutales. Tous les partis, et leurs technocrates de la réforme, aiment ou consentent à transgresser le principe de non-rétroactivité. Leurs excès commettent des dégâts sociaux. Ils provoquent, par exemple, la colère de ceux qui, ayant prévu leur retraite selon la perspective de dispositifs fiscaux remis en cause, se considèrent comme spoliés. Ils débouchent sur l'impuissance et le *statu quo*. Ils fragilisent l'idée même de la réforme. Le mot « réforme » s'applique à l'avenir. Cette idée qui n'est qu'une évidence inspire aux idéologues une sorte de condescendance. Elle fonde, pourtant, la confiance populaire. Il n'est aucune réforme, même celle des retraites, qui ne doive être compatible avec le principe de la non-rétroactivité des textes, normalement absolu en démocratie. Une seule considération, celle de l'égalité entre les générations, pourrait lui opposer un obstacle valide. Mais cet argument est artificiel. Vouloir, au nom de l'égalité, que les jeunes bénéficient, quelles que soient les circonstances et à n'importe quel prix, des mêmes avantages que leurs anciens, ce serait postuler pour le conservatisme le plus irresponsable. En sens inverse, vouloir, en vertu de la même idée, que les anciens bénéficient de tous les progrès nouveaux et les cumulent avec les avantages anciens est une idée suicidaire, qui condamne la rétroactivité des bienfaits mais pas plus, ni moins, que celle des inconvénients.

Comme tous les responsables politiques, les commissaires européens aiment à produire de la règle. À raison d'un par pays membre, ils ne sont pas encore aussi nombreux que les ministres français, mais au moins deux fois autant que nécessaire si l'on s'en tenait à une liste de fonctions utiles. Leurs administrations justifient leurs existences par l'élaboration de directives, de règlements et de normes dont certains sont la risée des blogs. Rien n'y fait. Des juristes ont beau s'inquiéter du mélange malsain, dans l'évolution de notre droit, d'inspiration anglo-saxonne envahissante et de tradition romaine sur la défensive, rien n'y fait. On ne tranche pas. On accumule des innovations juridiques à un rythme et dans une quantité que plus aucun juriste ne peut suivre, sinon dans des spécialisations de plus en plus étroites. Le nombre des magistrats progresse peu, moins que celui des règles et procédures dont l'exécution leur est confiée, moins que celui des affaires dont ils ont connaissance, moins sans doute, aussi, que celui des justiciables en prison ; en tout cas moins que le volume des textes qu'ils sont censés connaître et appliquer. Le nombre des avocats, celui des juristes d'entreprises ou de cabinets de conseil explosent, le coût du processus juridique dans le produit national progresse. C'est tant mieux pour le niveau de l'emploi dans les professions concernées, mais, dans les cercles de spécialistes, la notoriété va à la notoriété, et beaucoup d'inscrits au barreau ne vivent que de l'assistance judiciaire. Le règne du droit sur la société n'est pas mieux assuré. La peur de manquer d'aliments juridiques, la crainte de commettre des dégâts irréparables en nettoyant la jungle des textes, l'incapacité à définir et garder les distances que tout exploitant sait devoir respecter, entre les arbres, en vue d'une saine reconstitution de la forêt, la paralysie des institutions qui devraient veiller à la qualité constante des pousses du droit sont, en vérité, les symptômes d'une des principales affections de la société politique française contemporaine. Elle est proche de cette maladie de l'avare qui prostitue son intelligence dans la conservation égoïste du gain et la captation de ce qui s'obtient sans risque. Ses effets sont imperceptibles dans l'instant, désastreux à long terme : immobilisme, d'autant plus grave qu'il résulte d'une agitation de bonne conscience, inertie, ennui collectif, étouffement des ardeurs créatrices ; parfois, aussi, percées fulgurantes d'ambitions individuelles effrénées, vite suspectées de malhonnêteté. Cette maladie est de langueur, avec éruptions cutanées aiguës. On n'en peut sortir que par des *chocs* thérapeutiques. Le vocabulaire politique a donc adopté ce terme de la plus terrible des pratiques de force de la psychiatrie. Effrayé de sa propre audace, il aime toutefois à réaliser ces chocs par des pactes.

## *Produire des actes réformateurs*

### Fragmentation, addition, sélection

Pactes ou non, la réforme juridique n'intervient que par compartiments. Pour résoudre un problème, il faut bien, d'abord, le diviser. Mais cette fragmentation multiplie les incohérences. Mal évaluées, à supposer qu'elles l'aient été, les conséquences jaillissent peu à peu. À procéder ainsi, pan par pan, on persiste à compliquer le réseau des effets de droit et à additionner les couches de normes. Pour sauver un navire en perdition gorgé d'eau, on doit plutôt veiller à vider et, si possible, équilibrer tous les caissons avant le remorquage et la remise en route. L'État, la société tout entière sont alourdis par des fardeaux mal répartis, ralentis par les flots qui s'engouffrent dans les brèches, livrés à des tempêtes où se conjuguent des vents contraires et des houles profondes et violentes. Et tout se passe comme si, depuis la passerelle, dans une agitation brouillonne, on ordonnait d'alimenter la machine avec tout ce qu'on trouve, pétrole, bois, charbon, de la faire tousser de tous ses cylindres, de la pousser à bout alors qu'elle s'épuise, alors qu'il faudrait vider les fonds, calfater, assécher, alléger et repartir, ensuite, de l'avant. Patience et méthode font défaut.

Pour procéder globalement, comme il se doit, il est d'abord nécessaire de savoir quelle organisation sociale on veut vraiment instaurer. Les entrelacs de la jungle peuvent bien constituer un milieu de vie respectable pour le règne animal, est-ce bien là que choisirait de vivre une société de citoyens ? C'est pourtant un environnement de cette sorte que, dans le domaine juridique, elle constitue jour après jour. Un candidat à l'élection présidentielle annonce les buts qu'il se fixe en se recommandant d'une doctrine (socialisme, libéralisme, humanisme) ou plutôt, car le champ de la doctrine est, à la fois, de plus en plus étroit et de plus en plus incertain, de slogans (l'ennemi, c'est la finance, l'immigration est une richesse) ou de mots fourre-tout (rassemblement, autorité, laïcité, sécurité). Quelques années après son succès électoral, l'élu a recours, d'abord implicitement, plus tard explicitement, à mots couverts, parfois enfin selon des formules claires et rafraîchies, aux idées de l'ancien adversaire. Il renie ses affirmations initiales les plus tranchantes et appelle à l'union sur ces bases. Face à un obstacle, la contremarche est, en politique, une habileté tactique, pas une trahison. Le pragmatisme vaut mieux que l'obstination. Mais conduire un pays en hoquetant d'hésitations n'est pas ce qui rassure le mieux. Ceux qui avaient donné leur confiance et la voient trahie peuvent manquer à fournir l'adhésion qui, en démocratie, est nécessaire à l'aboutissement d'un projet. Avant d'accéder à l'honneur de se mettre à l'ouvrage, un candidat respectable ferait donc bien d'asseoir ses certitudes sur une liste courte et simple de mesures à réaliser sans trembler.

Le choix des points d'application d'intentions de réformes est, face à l'ampleur du maquis, difficile. La simplification du Code du travail, qui est d'un volume devenu monstrueux, devrait être une des priorités. Mais il serait malencontreux d'agiter un chiffon rouge pour faire modifier des dispositions qui sont protectrices des personnes et, au fond, pour la plupart, parfaitement justifiées. L'insuffisance des moyens rend leur contrôle très épisodique mais les entreprises, qui subissent leur complexité, respectent en général ces règles. Pour tailler dans leur épaisseur, on pourrait, le moment venu, procéder autrement que par injonction d'État. L'Éducation nationale est dans un état pitoyable. Le rehaussement du niveau scolaire est affaire de meilleures pratiques éducatives conjuguées à des politiques de contexte (familles, habitat, formation des maîtres, activités périscolaires, etc.) plus que d'accumulation de textes. La moralisation de la vie publique mériterait bien des initiatives. La tendance à constitutionnaliser les solutions ou à créer une nouvelle institution chaque fois qu'un aspect nouveau apparaît est irrépressible. Elle épuise le reste de confiance publique qu'inspire la stabilité des piliers de la République. Lorsqu'il s'agit, pour une corporation publique, de donner l'exemple, la qualité des mœurs doit prévaloir sur l'apparence vétilleuse des textes.

En revanche, trois domaines ne doivent pas attendre. L'effet d'une réforme des cadres juridiques y serait à la fois rapide et déterminant. Fiscalité, organisation territoriale des pouvoirs publics, sécurité sont les trois côtés du plus petit périmètre de base des réformes urgentes, nécessaires et décisives. Ce triangle illustre une conception complète de l'organisation de la puissance publique. En subissant, année après année, des modifications réalisées pan par pan, voire par morceaux, le puzzle qui fournit l'image d'ensemble s'est désagrégé. Personne n'y reconnaît la société dans laquelle il est né, encore moins celle dans laquelle il a pu vouloir ou aurait aimé vivre. Il y a bien d'autres sujets de préoccupation, bien sûr, que les trois domaines cités. Mais la solution de tous dépend, en définitive, de ces fondements. L'économie et l'emploi se construisent sur des fondations politiques. La croissance rapide, succédant à quelques innovations politiques, de pays dont, il y a quelques dizaines d'années, on désespérait qu'ils s'éveillent jamais au développement fournit la preuve contemporaine de la bonne manière de voir les choses.

## Processus de la réforme en actes

Même concentré, le chantier des réformes du cadre juridique nécessitera trois bonnes années de délai de réalisation. Trois années, prises sur les cinq d'un mandat de président de la République[4], c'est à la fois suffisant et supportable pour procéder à trois étapes de réforme. La première consiste à geler pour trois ans toute évolution dans l'organisation et les règles du domaine considéré. Plutôt qu'une réforme partielle et ratée, mieux vaut une prolongation de trois ans d'un mode de fonctionnement, même dénaturé, en vigueur sans révolte depuis des dizaines d'années. La première année de cette période de gel est le temps nécessaire à la conception détaillée d'un projet déjà esquissé. Elle doit être suivie d'une phase de mise en place : deux ans est un délai suffisant. Encore faut-il, d'emblée, n'avoir pas perdu de temps et avoir fait admettre, dès l'accès au pouvoir, la congélation de la situation juridique en vigueur. Pour les impôts, on peut admettre qu'ils soient, pour trois ans, recouvrés à produit global et individuel égal à l'année antérieure. Au passage, cette règle imposera aux gestionnaires publics une discipline simple, sans doute plus efficace que toute autre. La dépense et l'endettement publics, au moins, n'augmenteront pas, le plafonnement étant aveugle sous la responsabilité de chaque ordonnateur. La dépense de gestion, elle, devrait diminuer sensiblement, si l'on veut bien admettre qu'il y a moins de coût à reconduire du déjà fait qu'à fabriquer et gérer du neuf.

Tout entourage d'un président de la République nouvellement élu, quand son impatience réformatrice se heurte aux premières difficultés de la procédure législative, est saisi par la tentation de procéder par ordonnances. Cette propension trahit l'impréparation des projets. Elle dénote la naïveté des intentions initiales. Point n'est besoin, ni possible, d'avoir, avant de disposer d'un support administratif sérieux, construit le détail d'un projet. Sa cohérence et sa plausibilité, oui, doivent être prouvées. On sait qu'une grande partie du succès rapide de réformes faites en 1958 est venu de ce qu'elles étaient des produits finis déjà conditionnés, empaquetés, disponibles en stock, sur étagères. Les équipes parvenues au pouvoir devraient donc, dès leur installation, détenir en portefeuille des orientations simples et irrévocables. Ce serait la première innovation de la réforme de l'État : qu'elle ait été conçue, sérieusement et irrévocablement, pour gérer l'État, et non pas seulement pour l'accaparer. Une équipe au pouvoir peut disposer, pendant les trois premières années, sous l'abri d'un droit public figé, d'un produit fiscal stable et d'une dépense budgétaire bloquée, d'assez de temps pour détailler des projets déjà esquissés puis pour les mettre en œuvre. Après la conception, deux années sont à réserver à l'implantation des dispositifs : votes législatifs, modalités réglementaires d'application, réorganisations structurelles préparatoires à l'entrée en fonctionnement, au seuil d'un exercice, du dispositif d'ensemble. Encore faut-il avoir construit ces projets sur des idées claires. « Une bonne législation est celle qui s'appuie sur des principes fondamentaux clairement énoncés et reconnus par la société comme exprimant les valeurs sur lesquelles elle repose. Une législation pour être efficace doit répondre à une double fonction : expressive et normative. Expressive parce qu'elle traduit les valeurs d'une société. Normative parce qu'elle ordonne les relations entre ses membres. » Lorsque « les principes existent mais (qu')ils ont disparu sous la masse des textes trop souvent dictés par une finalité immédiate (...) le sentiment d'échec des gouvernements ainsi que l'anxiété vont croissant dans le corps social ». Retrouver la « lisibilité et l'efficacité » en remettant « en lumière, au-delà de l'accumulation des textes, les principes qui en constituent les fondements[5] », tel est bien le défi à relever.

## *Rétablir la force de la Loi*

Il y a trop de lois. Leur abondance affaiblit leur autorité. Toutes les lois deviennent moins efficaces. Les mauvaises lois chassent aussi les bonnes, sans qu'elles aient été abrogées. Leur instabilité défie les capacités de mémoire, d'intelligence et de traitement des processus. Les personnes comme les institutions ne peuvent y faire face. Les tribunaux sont engorgés, les magistrats débordés, les décisions de justice systématiquement contestées. Rétablir l'autorité et l'efficacité de la Loi en la faisant plus stable et plus claire est devenu une nécessité de sécurité, sinon d'équilibre social.

## Effectivité de l'enquête, réalisme de la sanction

La loi est faite… pour être appliquée. Elle doit donc rester simple et rare. En contrepartie, les poursuites et les condamnations doivent être effectives. Le droit distingue trois niveaux de sanctions, le contraventionnel, le délictuel et le criminel. Leurs limites ne correspondent plus aux réalités. L'exécution des peines est défaillante, la dissuasion inopérante et les réparations, qui seraient démesurées, deviennent insuffisantes, voire inexistantes. L'impunité des mineurs pourrit la vie de quartiers. Leur prise en charge sociale contribue trop peu au redressement de leur conduite. Des investigations consomment en vain le temps policier : la pratique judiciaire tend à ne plus poursuivre certaines infractions. Devant cette perspective décourageante, les services d'enquête sont tentés de négliger les dossiers qui, de toute façon, ne mèneraient à rien. Le reclassement de certaines infractions dans le registre contraventionnel pourrait permettre de reconstituer une réaction sociale à des infractions actuellement sans sanction. La sanction devrait pouvoir être exécutée par des prestations d'intérêt général plutôt que par des amendes pécuniaires irréalistes, non dissuasives, non recouvrées. L'encombrement des juridictions suffirait à justifier une redistribution plus réaliste des catégories de sanction. L'accumulation des procédures entrave la disponibilité des services de sécurité. L'accumulation des lois et, plus encore, leur formulation ambiguë étouffent le fonctionnement du service public de la sécurité et de la justice.

Pour le public, tout ce qui s'inscrit dans le domaine de l'illégalité avec la possibilité d'une sanction judiciaire relève des enquêtes de police et de gendarmerie. Or, dans de nombreux domaines, le directeur d'enquête peut faire appel à des enquêteurs spécialisés, plutôt qu'à la police ou à la gendarmerie. Ce devrait être le cas plus souvent lorsque les recherches pour lesquelles les savoir-faire spécifiques des forces de sécurité (enquêtes sur les violences, la criminalité de sang, cas de nécessité de concours de la force publique, par exemple) ne sont pas indispensables. Les champs de la sécurité sanitaire, alimentaire, industrielle, financière, ceux de l'hygiène et de la sécurité dans le milieu de travail, ceux de la navigation aérienne, maritime, terrestre, ceux de l'écologie forment des domaines d'expertise particuliers. La police et la gendarmerie ont formé du personnel à certaines de ces disciplines. Mais la complexité scientifique de beaucoup d'affaires justifie des concours extérieurs. Le volume de certains contentieux explose. Pourquoi l'autorité judicaire ne requerrait-elle pas directement des inspections administratives spécialisées ? A-t-on déjà vu l'Inspection générale des finances enquêter sous instruction judicaire dans une affaire financière pénale ? Pourquoi cela ne serait-il pas le cas ? Plus encore, l'autorité judiciaire devrait pouvoir requérir plus largement le concours d'experts privés. Des investigations d'experts-comptables, d'auditeurs financiers, d'ingénieurs, de laboratoires devraient être sollicitées tout autant que celles, usuelles, d'experts médicaux et de psychiatres. Pour des raisons budgétaires, ces concours sont limités à des vérifications de données partielles. Ce sont de plus larges pans d'enquête qui devraient, si le contrôle judiciaire est strict, pouvoir leur être confiés pour libérer le temps des services de sécurité au bénéfice d'autres investigations, qu'ils sont seuls à même de pouvoir réaliser. Traiter plus de litiges hors de la voie juridictionnelle, éviter à la police et à la gendarmerie de faire fonction de déversoir de lois fourre-tout, telle est la seule voie concevable lorsque l'accumulation des lois étouffe le fonctionnement du service public de la sécurité et de la justice.

## Infractions aux règles du séjour des étrangers

L'intention de redonner un sens concret au contrôle des lois et à la sanction de leur inapplication trouverait un terrain d'élection dans le domaine des infractions aux règles du séjour des étrangers en France. À force d'exigences, mais aussi de scrupules, d'échecs et de contournements accumulés, la réglementation est devenue tortueuse. Elle nécessite une formation et une expérience de procédure hautement spécialisées. Des fonctionnaires, souvent toujours les mêmes, s'usent à torturer, depuis vingt ou trente ans, des kilos de textes accumulés. Ils agissent au gré des instructions des ministres conçues pour la galerie, complétées par les consignes particulières de leurs cabinets, destinées à satisfaire tel ou tel client. Les services des étrangers de certaines préfectures concentrent dix, vingt et trente fois autant que les effectifs par ailleurs consacrés au contrôle de légalité des actes des collectivités territoriales ou à la sécurité civile. Sortir la réglementation du séjour des étrangers du cadre de la délinquance serait une première mesure de salut.

La procédure fait intervenir deux ordres de juridictions, l'un administratif, l'autre judiciaire. L'enchevêtrement des procédures est exemplairement coûteux et dilatoire. Le taux d'exécution des mesures de reconduite est faible. Les reconduites forcées sont très onéreuses, plus de 20 000 euros par personne. La privation de liberté pour les étrangers en situation irrégulière donne une image peu digne de notre accueil à l'immigration, et elle ne débouche pas toujours, loin de là, sur une reconduite effective. Les services de sécurité consomment à cette mission une énergie sans commune mesure avec ses résultats concrets. Les objectifs assignés sont artificiels puisque les affaires sont détectées au hasard ou à l'occasion de contrôles politiquement critiqués, juridiquement contestés, et qui ne débouchent souvent sur aucune procédure complète. Le séjour des étrangers mérite un cadre juridique particulier mais simple, un traitement par une institution policière spécialisée, l'intervention d'un seul ordre de juridiction. S'il doit y avoir privation de liberté, ce ne peut être que par l'ordre judiciaire, exclusivement. La privation de liberté pourrait aussi être reconsidérée. S'il n'a pas commis d'infraction de droit commun, l'étranger en situation irrégulière devrait pouvoir être contrôlé pendant la durée des procédures, d'une autre manière que par la rétention, sous la menace d'une sanction pénale. L'assignation à résidence après vérification de la réalité de l'adresse déclarée et avec contrôle effectif de présence au domicile devrait pouvoir être mise en œuvre.

Des solutions efficaces et équilibrées peuvent découler de la constatation de ce que l'échec de notre système provient de l'accumulation de règles successives inventées dans l'urgence pour faire face à un phénomène humain, international et social, et qui ne peut être assimilé à une infraction policière commune. L'infraction commise, hors le cas d'organisation de la fraude, reste individuelle, sans violence, sans trouble à l'ordre public et sans possibilité de réparation de la faute. Quelques principes peuvent orienter une réforme. Le séjour des étrangers relève d'un cadre juridique particulier, différent du cadre administratif et du cadre pénal anciens. Il existe d'ailleurs une codification particulière, dont le contenu est largement dicté par les accords européens (Schengen). L'institution policière qui connaît de ces affaires doit être spécialisée.

Les services chargés de la tranquillité publique et de l'ordre public, *a fortiori* ceux qui sont chargés de la criminalité, devraient être exemptés de cette mission, sauf, bien entendu, constatation fortuite de situation irrégulière qui serait immédiatement déférée à la police spécialisée. Il faut simplifier l'organisation juridictionnelle. L'intervention d'un seul ordre de juridiction devrait s'imposer. S'il doit y avoir privation de liberté, seul l'ordre judiciaire aurait à en décider, exclusivement, mais si la phase de rétention est supprimée, une compétence administrative exclusive peut être admise. La privation de liberté doit en effet être reconsidérée. Un autre mode de contrôle des allées et venues de l'étranger en situation irrégulière doit pouvoir être institué pour la durée des procédures, quitte à menacer d'une sanction pénale celui qui s'y déroberait.

Le renforcement du contrôle de l'immigration doit être préventif, réalisé en amont de l'arrivée des immigrés, au sein des consulats à l'étranger, au moment de la délivrance des visas. Ce contrôle devrait être exercé par la police spécialisée, par ailleurs chargée, sur le territoire national, du traitement judiciaire des infractions et, le cas échéant, de l'accompagnement des reconduites, et non par des collaborateurs consulaires. Le contrôle de l'immigration professionnelle devrait être aussi porté, autant que possible, en amont de l'arrivée des immigrés sur le territoire national. Des quotas d'immigration dans les professions qui ne parviennent pas à pourvoir les emplois offerts sur le marché national n'ont rien de répréhensibles. Leur affichage public rétablirait un équilibre de vérité entre les attitudes protectionnistes irrationnelles et les idéologies naïves favorables à l'ouverture sans frein à l'immigration. Des antennes de l'Office de l'immigration et de l'intégration dans les consulats devraient être habilitées à offrir, au même titre que Pôle Emploi sur le territoire national, des contrats de travail avant délivrance du visa. L'Office de l'immigration et de l'intégration devrait intégrer toutes les fonctions : recueil de l'intention de départ ; accès éventuel à un contrat de travail ; délivrance du visa ; accueil en France ; assistance à l'intégration ; assistance aux démarches éventuelles de retour. Dans ce cadre, il devrait être aussi envisagé que la police spécialisée de l'immigration soit, pour son emploi, rattachée à l'Office de l'immigration et de l'intégration. Enfin, le droit de l'asile devrait être rénové courageusement. La contradiction entre une doctrine d'accueil généreux et des conditions d'admission éloignées de toute décence est ignominieuse. Il est juridiquement inévitable et moralement indispensable d'en finir de cette danse folle dans laquelle nous nous étourdissons au son de la gloire déchue de nos droits de l'individu, sur les rythmes de guerres sans retenue humanitaire et des réalités d'une Europe sans échine.

## *Restaurer la dignité des pouvoirs publics*

Depuis les années 1970, des bouffées de passions ont secoué l'opinion sur les thèmes des libertés, de la déontologie publique, de l'indépendance et des erreurs du système judiciaire. La suppression de la peine de mort, au sein d'une société qui ne la réprouvait pas encore, a, seule, constitué une rupture brutale. Elle a été comme une victoire, triomphale mais isolée, de la pensée humaniste progressiste sur la morale répressive conservatrice. Elle a régénéré, sans qu'il y paraisse, toute une pensée politique. De ce jour date, en effet, la force de l'idée, implicite, que la société – ou l'État, qui est censé l'incarner – ne détient plus de droits ultimes sur les personnes.

### Sévérité des peines et mode de gouvernement

Depuis cette audace, il n'y a plus eu qu'une formidable passivité, comme une paralysie devant un interdit, face aux défis que pose la péremption du système punitif. Un balancier a frappé, alternativement, du côté des répressifs et du côté des humanistes, des « durs » et des « tendres ». Les uns ont cherché à renforcer les pouvoirs d'inquisition, les peines, la sévérité des jurys de jugement. Les autres ont voulu faire progresser les droits des personnes à l'individualisation de la peine, à la réinsertion, à la réhabilitation. Cette politique incertaine, tâtonnante, un peu gênée, en tout cas désemparée, a été obscurcie par les préjugés.

On pensait de N. Sarkozy, lorsqu'il fut président de la République, qu'il y porterait de la netteté. Mais son action a illustré un insondable magma. Les annonces d'intentions, tour à tour libérales et sécuritaires, ont alterné. Les propos de fermeté affichée, plus fréquents, ont marqué les esprits. Mais aucune esquisse de législation qui eût été liberticide n'a été poussée très loin. Dans une production juridique démesurée, celle relative au domaine des libertés et de la déontologie publiques a été assez faible. Quelques processus de création législative ont été interrompus, ou différés *sine die*. L'abondance du flux des textes rend, de toute façon, inapparents des sujets qui, bien que parmi les plus sensibles, sont incompréhensibles pour beaucoup. Les dispositions concernées ont été de surcroît dispersées sous de multiples objets (sécurité, police, justice, institutions) et formes de textes (lois constitutionnelles, organiques, de programmation, lois pénales, administratives, décrets, voire circulaires). Leur lecture n'est accessible qu'en allant piocher dans une bonne petite dizaine de codes. Cette accumulation rend l'ouvrage confus. L'impression dominante est que le terrain des libertés publiques a été largement occupé mais que le résultat est indiscernable. Avons-nous progressé ou régressé ? Dans ses fonctions de ministre de l'Intérieur comme dans celles de président de la République, N. Sarkozy s'est montré le plus empressé des personnages politiques à vouloir démontrer, et avec ostentation, sa volonté de protéger les victimes et sa compassion personnelle pour elles et leurs familles. Il n'a cessé, par ailleurs, de multiplier les gestes, les paroles et les actes orientés presque exclusivement vers une répression plus lourde et plus ferme. Ayant ainsi troublé les esprits sur l'orientation réelle de ses intentions, il n'a établi aucun équilibre serein. À la production inflationniste du droit s'est ajouté un exercice du pouvoir oublieux de préceptes élémentaires de la vertu républicaine.

« La sévérité des peines, observait Montesquieu, convient mieux au gouvernement despotique, dont le principe est la terreur, qu'à la monarchie et à la république, qui ont pour ressort l'honneur et la vertu… Dans les États modérés (…) la plus grande peine d'une mauvaise action sera d'en être convaincu. Les lois civiles y corrigeront donc plus aisément et n'auront pas besoin de tant de force. Dans ces États un bon législateur s'attachera moins à punir les crimes qu'à les prévenir ; il s'appliquera plus à donner des mœurs qu'à infliger des supplices[6]. » Cette lumière éclaire avec cruauté la portée de clameurs grossières sur l'immigration et la délinquance d'origine étrangère ou sur les méthodes de « nettoyage » à employer dans les cités. Elle dénonce le manque d'ambition, conceptuelle et budgétaire, des politiques d'intégration, d'éducation, de rénovation urbaine, de logement, et l'incohérence de leur direction. Elle souligne le manque d'attention, voire le mépris, porté aux devoirs d'éducation civique, de respect des institutions et de la dignité des corps d'État (magistrats malmenés, rabaissés ; militaires injuriés), malgré quelques initiatives, d'ailleurs maladroites ou malencontreuses. Elle dément qu'il ait été utile de rehausser le seuil des peines et proscrit la concentration de l'attention répressive sur les mineurs.

Montesquieu énonçait encore que « la cause de tous les relâchements (...) vient de l'impunité des crimes et non pas de la modération des peines[7] ». L'opinion publique n'a jamais cru que l'augmentation du nombre des plaintes résolues par les services de police, affichée avec tant d'insistance, correspondait à une régression de l'impunité des actes de délinquance. Les statistiques ne rendaient aucunement compte de la perte de confiance liée aux refus d'enregistrements de plaintes, aux défaillances de l'information des plaignants, aux classements sans suite incités par l'insuffisance des moyens de gestion des enquêtes, aux suites judiciaires tardives (contrastant, auprès de l'opinion publique, avec la célérité donnée à des enquêtes médiatisées) ou mal adaptées, car dictées par la seule considération de la capacité d'« absorption » des établissements pénitentiaires. Ces défaillances ont dégradé la confiance de l'opinion publique dans le système judiciaire jusqu'à lui donner l'impression que la délinquance est assurée d'une intolérable impunité. Les délits de voisinage et de voie publique, dont les auteurs réapparaissent inlassablement, sont quotidiennement insupportables et font soupçonner l'impéritie institutionnelle. Ce sentiment a été renforcé par des critiques de policiers à l'encontre de la magistrature. Pas toujours injustifiées, mais rendues publiques de manière inacceptable, ces critiques sont compréhensibles. L'inanité d'enquêtes longues et lourdes, rendues vaines par des motifs jugés futiles, est difficile à admettre. Que, voulant épauler leurs troupes, des hiérarchies et des syndicats se soient coalisés dans ces campagnes de dénigrement de la fonction judiciaire est inacceptable. Quand, enfin, le président de la République, des ministres de l'Intérieur successifs et un Préfet de police se sont livrés à des mises en cause de l'institution, ou plutôt de la corporation judiciaire, les limites de la décence républicaine étaient franchies. L'antagonisme entre policiers et magistrats ne demandait qu'à être flatté. Ainsi caressé, il a accentué la dégradation de confiance et constitué une justification de poids pour la tentation populiste. Montesquieu affirmait aussi que « l'atrocité des lois en empêche l'exécution. Lorsque la peine est sans mesure, on est souvent obligé de lui préférer l'impunité[8] ». On se souvient de l'intensité du débat sur les peines planchers et de l'insistance de l'exécutif à les imposer. Elles n'ont guère été appliquées. L'inertie opposée par des services de l'État à la mise en œuvre de législations immodérées est plus puissante que la vigueur de la loi. L'appareil d'État s'est accoutumé à l'inexécution feutrée des règles passées en force.

## Exigences de la moralité publique

Le mode de gouvernement pèse toujours d'un poids important dans l'équilibre des libertés. La concentration extrême de la décision publique au sommet de l'État n'a rien d'inoffensif. Elle encourage les manières de courtisans empressés à précéder les désirs secrets du souverain. Ce travers explique les dévoiements de procédures (transaction d'État dans l'affaire Tapie, écoutes illégales), les comportements de collusion avec des intérêts privés (le procureur de Nanterre recevant à déjeuner un protagoniste d'une affaire sous enquête en compagnie du responsable du service d'investigation), d'intrusion en procédure, voire de conflit ouvert, public et assumé avec l'autorité juridictionnelle (le même procureur en opposition avec un juge du siège). Les libertés publiques se dégradent plus par la démagogie que par les lois. Lorsque la démagogie souffle le mépris sur des institutions protectrices de la liberté, leur respectabilité et leur autorité s'effritent, tandis que l'œuvre législatrice peut rencontrer, au cours de débats parlementaires, une voix assez forte pour entraver des projets pervers.

Dans un système de décision sans délégation, toute information importe à l'autorité suprême. Beaucoup d'autorités territoriales de police ont eu à plier devant l'exigence du compte rendu direct et immédiat exigé d'elles par telle cellule du cabinet présidentiel, mis ainsi en mesure de peser sur les évaluations, la communication et les décisions de la hiérarchie opérationnelle, administrative et gouvernementale. La concentration directe du renseignement vers le président de la République n'avait jamais été, avant 2007, envisagée par les chefs d'État successifs. Seul le renseignement de source secrète était transféré en circuit très court, à haut niveau d'autorité, souvent d'homme à homme. Un coordonnateur placé auprès du chef de l'État a été chargé de le rassembler. Le cheminement dans le circuit de compte rendu a, peut-être, été ainsi accéléré. L'efficacité opérationnelle, elle, a continué de dépendre de facteurs de confiance et de loyauté. Elle suppose d'autres liens. Après la dernière élection présidentielle, en 2012, le dispositif de concentration du renseignement a été conservé. Il comporte des risques, politiques, d'implication directe du président de la République. Il comporte aussi des risques pour les libertés publiques. Conjugué avec la fusion des services de renseignement intérieur, la mainmise du ministre de l'Intérieur sur la gendarmerie et la coordination plus étroite entre services aux moyens puissants, ce dispositif bénéficie de moyens d'exception. Il a été démontré qu'il pouvait en être fait usage en marge de la mission normale (identification de sources de journalistes). Sous la présidence de F. Mitterrand, quelques esprits exaltés, guerriers et comploteurs avaient cru pouvoir rejouer des rôles d'Alexandre Dumas au détriment de la loyauté publique. Dans les cours des souverains, même prétendument normaux, la réalité est toujours capable de rejoindre la fiction.

D'autres évolutions juridiques de façade ont semblé favorables aux libertés publiques tandis que l'exercice quotidien du pouvoir déniait cette propension. Une loi constitutionnelle a encadré le pouvoir de nomination du chef de l'État. En ce temps, on montrait un goût, présenté comme vertueux, pour l'ouverture politique. Le premier président de la Cour des comptes a été alors désigné parmi les personnages politiques de l'opposition. Nommer de manière discrétionnaire un aussi haut responsable public aurait pu susciter quelque frémissement. Mais le processus était, en soi, non reprochable. La compétence indubitable et la respectabilité de la personne concernée neutralisaient toute observation critique. Pourtant, cette décision a introduit une pratique inédite : conférer directement à une personne étrangère à la corporation la qualité de magistrat afin de lui permettre d'accéder sans étape ni détour à une des fonctions de responsabilité les plus élevées du corps judiciaire indépendant. Que dirait-on si un président de cour d'appel était, de la sorte, recruté au sein du personnel politique ? Et pourquoi pas le premier président de la Cour de cassation ou le vice-président du Conseil d'État ? On a vu aussi, manifestant un souci modéré des égards dus à l'indépendance d'une institution de l'ordre judiciaire, la nomination d'un haut magistrat à la Cour des comptes malgré l'avis défavorable de son premier président. Une conception de la loi étrangère à son objet général, mais partagée avec des parlementaires complices, a aussi permis la prolongation, par voie législative d'exception et pour cause d'intérêt particulier, de la carrière d'un préfet. La nomination à emploi du secteur privé d'un collaborateur du président de la République est intervenue sans consultation préalable de la commission de déontologie. Ces infractions aux règles d'égalité dans le recrutement et la gestion de la fonction publique, qui sont un des fondements de la protection des libertés publiques en droit français, ont en somme scandalisé peu de monde…

Dans sa campagne d'apparences pour la protection des libertés publiques, l'ancien président de la République a voulu l'extension des compétences du Conseil constitutionnel, la modification de son propre statut pénal, la généralisation de la garde à vue et une loi sur la prévention des conflits d'intérêts des responsables publics. L'institution des questions prioritaires de constitutionnalité a été une innovation utile, bien qu'elle puisse, aux mains de plaideurs habiles, devenir un moyen supplémentaire de différé des procès. Le statut pénal du chef de l'État a bien pu être rapproché des exigences de l'équité, il est demeuré inapplicable faute de loi organique pour sa mise en œuvre. La loi sur les conflits d'intérêts, dont le principe avait été fixé dans l'urgence, a donné lieu à des conclusions bénignes d'une commission *ad hoc*, suivies d'un projet édulcoré puis enterré. Quant à la loi sur la généralisation de la garde à vue, progrès manifeste de la préservation des libertés publiques, elle n'a été mise en œuvre que sous la pression des institutions européennes et dans des conditions de dénuement de moyens qui retardent les procédures et risquent d'en vider la substance.

La sécurité a, malgré la violence des difficultés économiques, malgré le poids de tensions internationales, constitué un thème majeur de tout un quinquennat. Tout entière tournée vers le raidissement, l'augmentation du nombre et de la durée des incarcérations, la politique suivie, si elle avait produit un effet positif sur le sentiment de sécurité, n'aurait été qu'un moindre mal. Mais le divorce entre justice et police s'est plutôt aggravé, la délinquance violente a été en hausse, la politique de lutte contre l'immigration clandestine de plus en plus onéreuse sans résultat plus tangible. L'afflux, chaque fois qu'il se produit un événement médiatique dans une zone sensible, de moyens exceptionnels et provisoires, souvent accompagnés de la désignation d'autorités de police « providentielles », n'a produit aucun résultat digne d'intérêt. Le désappointement de l'opinion la préparait à ne dire mot sur d'éventuelles restrictions supplémentaires des libertés publiques. Sa lassitude de l'absence de résultat l'a incitée à entrer dans les chemins de l'excès populiste. En définitive, même si la politique suivie par la droite pendant ces années ne peut pas, objectivement, être reconnue comme ayant porté atteinte aux libertés publiques, elle a construit toutes les conditions pour que le prochain pas, justifiable par n'importe quel événement, introduise l'irréparable dans un État fragilisé dans ses moyens comme dans son autorité.

La situation était, à l'aube d'un nouveau quinquennat, si tendue qu'on a vu fleurir les exigences naïves, ou incongrues, de bénévoles et professionnels de la moralisation publique. « Mettre la justice à l'abri des interventions de l'exécutif dans les affaires politico-financières », disaient-ils. Comment ne pas approuver ? Mais l'indépendance de la justice serait-elle menacée par les interventions de l'exécutif dans les seuls cas de délits et crimes politico-financiers ? Instituer un « procureur général de la nation » ? Une sorte de superdirecteur des affaires criminelles et de la politique pénale, nommé sur avis conforme du Parlement, propriétaire de sa charge pour six ans et non soumis à la hiérarchie relevant du garde des Sceaux. Il serait le véritable détenteur de la politique pénale. Les procureurs ne rendraient compte qu'à lui ! Cette idée contient tous les germes de la guerre des pouvoirs. Au nom de quel principe confierait-on à une personne seule, totalement indépendante, sans contrôle politique, la détermination d'une politique si étroitement liée aux faits de société qu'est la politique pénale ? Quel argument de principe pourrait interdire à un gouvernement, légitimement et démocratiquement désigné et contrôlé, d'exercer ses prérogatives de conception et de mise en œuvre de la politique de la nation dans un domaine vital de la vie sociale ?

La question du renforcement de l'indépendance de la justice est d'une autre nature. Il s'agit, bien plutôt, de préserver la capacité d'investigation, en toute autonomie, des magistrats de l'instruction. Il s'agit aussi de conserver accessible la procédure de la constitution de partie civile qui permet de contourner l'inertie éventuelle du parquet. Quant à donner à un magistrat indépendant une capacité à veiller sur les procureurs et donner des instructions à un parquet indépendamment de la hiérarchie politico-administrative, il suffit d'en charger le procureur général près la Cour de cassation, dont l'indépendance est sans doute mieux constituée que ne le serait celle d'une nouvelle autorité redevable de sa position à un processus électoral.

## Dictature de la transparence, vérité du secret

« Renforcer l'impartialité de la procédure de classification en "secret défense" en dotant la commission consultative d'un pouvoir de décision susceptible de recours juridictionnel » a aussi été, et reste, une de ces marottes de fondement généreux qui, dissimulant leur objet réel, se trompent de point d'application. Au fond, le corps politique s'est interdit de penser sur la frontière du secret d'État. Il n'a pas l'audace de trancher entre le jugement moral[9] et le réalisme politique. Pour éviter de poser le débat dans des termes absolus qui conduisent au drame insoluble, les bons esprits se repaissent d'impartialité pragmatique, de recours à des organes collégiaux, vus comme arbitres de toute normalité non définie, et de transparence, pour n'avoir pas à oser la suppression du secret. L'impartialité est une notion qui n'a rien à voir avec la classification de défense des documents. Celle-ci a pour objet de confiner des informations pour protéger leurs sources ou empêcher leur utilisation malveillante. L'information d'État n'a pas, par elle-même, un statut d'information qui doive être secrète mais pas davantage publique. Elle peut être préparatoire à une décision. Sa révélation peut compromettre une décision, c'est même souvent la meilleure façon d'en arrêter le processus d'élaboration. L'information d'État peut protéger la sûreté d'une personne. Une indiscrétion peut être criminelle. L'idée de la suppression, explicite ou implicite, du secret de défense traduit une conception biaise de la démocratie. La dictature de la *transparence*, qu'elle soit sincèrement, naïvement ou traîtreusement voulue, assure autant la liberté de manipuler que celle de savoir. Certaines des publications de WikiLeaks ont provoqué des mesures de rétorsion individuelles qui devraient donner à penser sur les risques de la déloyauté envers des informateurs confiants.

Il y a d'autres solutions pour réduire le champ du secret inutile que celle du refus de la validité du secret, naïveté qui serait ravageuse.

L'avis de la commission consultative appelée à se prononcer sur la levée du secret d'une information a toujours été suivi à la lettre par les ministres concernés. Certains ministres s'étaient même engagés à se conformer toujours à l'avis de la commission, quel qu'il soit. C'était, quant aux apparences, un signe de loyauté à la vérité en paravent d'une gestion prudente de carrière. Quant au fond, c'étaient une imprudence et la marque d'un sens de la responsabilité d'État pour le moins affaibli. Puisque la commission n'est que consultative, le ministre concerné n'est que plus responsable de la protection du secret. Il doit se garder d'abandonner la prérogative de ne pas compromettre un secret selon ses propres critères, même si l'usage de cette prérogative doit rester rare. Conférer à la commission un pouvoir de décision réformable par une juridiction de droit commun reviendrait à faire entrer la protection des documents d'État dans le droit commun de la publication. Un ministre qui refuserait de renoncer à la classification d'un document contre l'avis de la commission consultative se placerait en situation personnelle de soupçon.

Pour sortir du dilemme, une autre solution institutionnelle plus respectueuse des intérêts du renseignement peut être conçue. Un collège, peu nombreux, de magistrats spécialement habilités serait, en cas de refus d'abroger une classification, consulté sur la pertinence du document dans le cadre d'une procédure d'instruction. Dûment informés par un magistrat instructeur des éléments recherchés dans un document classifié, ils auraient, seuls, accès au document, et établiraient eux-mêmes que son contenu permet d'alimenter une hypothèse ou d'apporter une certitude sur les éléments soumis à vérification. Cette procédure constituerait un acte d'instruction. Le contenu du document classifié pourrait ainsi, sans inconvénient pour la manifestation de la vérité, être soustrait aux indiscrétions d'une procédure d'instruction de droit commun, où le dossier peut être traité de manière contradictoire devant des participants dont les bavardages ne peuvent être dissuadés ni sanctionnés.

## Institution judiciaire et sanction effective de la faute

Tocqueville pensait qu'« il y a dans toute organisation judiciaire des vices secondaires qui peuvent ne nuire que modérément à la fin de la justice, et d'autres principaux qui non seulement lui nuisent, mais la détruisent, bien qu'ils soient joints à beaucoup de perfections secondaires. Les premiers (...) frappent d'abord les esprits vulgaires (...). Les autres sont souvent plus cachés, et ce ne sont pas toujours les jurisconsultes et autres gens du métier qui les découvrent ou les signalent[10] ». Dans un système judiciaire respectable, la loi dit au juge quelle peine doit correspondre à telle infraction. La précision des peines légales empêche l'abus du jugement. Depuis Montesquieu, c'est un principe intangible de la protection des libertés. Toutes les pratiques de justice et de discipline différencient cependant les fautes intentionnelles et les fautes involontaires, voire légitimes ou exonératoires de peine. Les sanctions sont proportionnées. Le système pénitentiaire est, en France, un appendice des institutions judiciaires. Il est devenu, par négligence politique, par une utilisation parfois abusive des commodités qu'il offre à l'allongement des enquêtes, l'élément le plus fragile des institutions de sécurité. Les peines en milieu pénitentiaire mettent la vie sociale à l'abri de personnages nocifs et dangereux. Mais elles ne réparent pas les personnes de leur dangerosité. Elles préparent mal au retour vers la société. Elles ne préviennent pas la récidive. Nous n'échapperons pas à des drames qui se préparent en milieu carcéral.

Le politique ne sait répondre aux indices de menaces que de trois manières. La méthode quantitative, augmenter le nombre des places en prison, ce dont nous n'avons plus les moyens budgétaires, ne fait que retarder les échéances. Elle traduit les échecs de toutes les politiques, de prévention, policières et pénales, menées en amont de l'incarcération. La méthode qualitative, améliorer le cadre et les conditions d'enfermement, est rattrapée par la vitesse de dégradation des établissements, par ses insuffisances mesurables au regard de ses ambitions (l'encadrement médical et psychosocial des prisonniers est un enjeu de progression de moyens sans freins objectifs) ou par son étroitesse (le meilleur confort immobilier ne fournit pas une réponse à tous les problèmes). Enfin, elle rencontre l'hostilité de l'opinion : bien traiter des délinquants est un luxe pour société prospère. Une société en crise, qui restreint ses capacités budgétaires, doit préférer aider des victimes plutôt que les auteurs de méfaits. La troisième méthode est celle du tri. Le système judiciaire ne devrait envoyer vers le système pénitentiaire que la quantité de délinquants que ce dernier peut raisonnablement accueillir dignement. C'est, en toute logique, une impasse.

Jamais le politique n'a voulu prendre à bras-le-corps ce qui peut contribuer à résoudre le problème. Combien de jugements sont, de fait, laissés sans exécution ? La réinsertion du condamné et la prévention de la récidive sont-elles bien assurées ? Ce volet mériterait une mobilisation massive de toutes les institutions et autorités publiques. Si l'on faisait le décompte des communes qui acceptent de prendre en charge l'accueil, le contrôle, le travail de prisonniers ou d'anciens délinquants en sortie d'incarcération, on serait surpris de la faiblesse de la contribution publique. Certes, les formes d'intervention seraient à perfectionner. L'opinion, locale en particulier, tolérerait difficilement un traitement de faveur pour l'accès au travail de délinquants. Il s'apparenterait à une concurrence déloyale envers des demandeurs d'emploi sans reproche. Mais l'utilité sociale et individuelle de ces soutiens est si flagrante qu'un effort généralisé trouverait sa légitimité. Un dernier aspect de politique pénitentiaire est essentiel : l'extension du travail pénitentiaire et son insertion dans le circuit économique, commercial, financier, fiscal sont indispensables. Le plus souvent, les élus, locaux autant que nationaux, se tiennent prudemment éloignés de ces problèmes. Des signes précurseurs de cataclysmes sont visibles. L'État est désigné comme seul responsable de leur prévention, ce qui est indubitable, mais l'imagination aurait à s'exercer sur la façon de résoudre les problèmes sans les réduire à une problématique d'augmentation, illusoire, des moyens.

L'institution juridictionnelle mériterait une bonne et saine révision de priorité de ses urgences. À notre système, chacun trouve à redire, soit qu'il en ait subi les imperfections, soit qu'il en observe les méfaits. Nul Portalis, nul Cambacérès n'est là pour y apporter des clartés décisives. Par leurs incertitudes, et même soutenues par le talent, les réformes divisent et suscitent l'invective. L'appareil est lourd, mais pas sclérosé ;

capable d'erreur mais ouvert à l'autocritique ; obstiné mais pas dévoyé ; corporatiste, fermé, fier, dominateur, mais peu sûr de lui-même, et réformable. Il se compare avantageusement à d'autres. Souvent placé, par la complexité et l'interaction des lois, dans la situation de se contredire entre ses différentes branches, et pas seulement entre ses différents niveaux, rendu en outre sensible, par ses propres fêlures, à la violence des orages de société et aux coups de boutoir des factions, il manque à tenir son rôle. Lorsque la sanction judiciaire n'a pas permis que « chaque homme, quelle que fût sa condition, et qu'il plaidât contre un particulier ou contre le prince, fût plus sûr de se faire entendre, et trouvât dans tous les tribunaux de son pays de meilleures garanties pour la défense de sa fortune, de sa liberté et de sa vie[11] », « la grande fin de la justice » reste hors d'atteinte, aux risques et périls de toute la société.

## Exemplarité du politique

Lorsque son ministre des Finances, qui fraudait le fisc, passa aux aveux[12], le président de la République fit communiquer à la presse que, selon lui, « pour un responsable politique, deux vertus s'imposent : l'exemplarité et la vérité ». Ce renvoi à la faute individuelle d'un manquement à l'éthique politique était une façon de draper de discrétion des évidences de culpabilité institutionnelle. Nul parti, nul gouvernement ne devrait se tenir pour innocent d'avoir laissé prospérer une situation aussi déshonorante. L'incivisme et le mensonge ne sont pas des qualifications pénales. La justice pourvoira, on l'espère, à la sanction de l'illégalité que ces fautes ont couverte. La secousse subie par tout l'édifice des libertés publiques est plus grave.

Par défaut de précaution, par aveuglement psychologique, par pusillanimité dans la mise en œuvre d'enquêtes et de poursuites, des responsables publics ont, une fois de plus, éreinté la confiance en l'égalité de tous devant les obligations imposées par la collectivité. Faute de savoir, à temps, prévenir les faits et condamner les auteurs, des pouvoirs publics ne disposent même plus de l'anathème et du bannissement par lesquels les républiques antiques savaient se protéger de la honte collective.

## *Authentifier la représentation politique*

### Gratuité des mandats

Pendant longtemps la démocratie française s'est honorée de la gratuité des mandats politiques. Le désintéressement dans l'exercice de leurs fonctions faisait estimer les élus. Il limitait aussi l'accès à la corporation politique. Les plus disponibles, les plus fortunés, y avaient la meilleure part. La gratuité du mandat a disparu, ou presque. Le maire de bourg rural ou de petite ville, dont les indemnités sont loin de rémunérer les astreintes réelles, y est assujetti plus que les autres. Dans la plupart des autres cas, elle a été remplacée par une version moins mythique de l'abnégation. « On ne fait pas fortune en politique. » Cette affirmation, que l'on savait ouvertement fausse au XIXe siècle, est aujourd'hui assez commune. La communication politique l'a imposée comme une évidence dont la négation serait injurieuse. Elle proclame le zèle du politicien pour le bien de la Cité mais s'aventure bien au-delà de sa part de vérité. Son ton oscille entre larmoiement et vanité. Le public, en réalité, croit peu que les élus sacrifient leur confort pécuniaire à l'altruisme de leur vocation. Quelques politiciens ont placé leur fortune au service de leur influence et lui doivent leur place. Hormis ces cas, il n'existe plus de statut social qui comporte le loisir et les ressources d'une fonction politique gratuite.

Dans les années 1960, des conseils généraux ont financé pour leurs membres des indemnités substantielles mensualisées. L'État, par ses autorités de tutelle, a feint de ne pas devoir en constater l'illégalité. Ces pratiques ont ensuite progressé. Dans certains départements, les contribuables ont, sans le savoir, subventionné des assurances-retraite pour les conseillers généraux. Leurs montants étaient certes de moindre niveau que ceux de grands patrons d'industrie. Mais elles étaient bien de cette sorte de « retraites-chapeaux » telles qu'on s'en indispose maintenant dans certains milieux et quelques assemblées générales d'actionnaires. Le système a, depuis, été étendu à tous les mandats électoraux. Dans les commissions d'investiture des partis politiques, on sait ce que les mandats valent. Leur valeur négociable s'établit à la proportion des conditions d'octroi des retraites. Un rang utile sur une liste de candidature aux élections européennes ne se donne qu'à des nécessiteux influents. Les députés et sénateurs, observant la faiblesse de leurs moyens comparés à ceux des parlementaires américains, se sont en outre fait, *motu proprio*, la faveur de financements d'assistance personnelle à leur activité. Ils peuvent ainsi rémunérer un membre de leur famille, éventuellement compétent pour les seconder. À de jeunes diplômés installés dans leurs bureaux, ils délèguent la rédaction de leurs avis et rapports, c'est-à-dire leur propre réflexion sur la matière législative, comme dans un cabinet juridique. Beaucoup d'élus exercent encore une activité privée pour se prémunir des conséquences d'aléas politiques, ce qui est on ne peut plus prudent. Dans leur profession, ils peuvent bénéficier d'un effet de clientèle lié à leur notoriété. Parfois, simplement, en continuant d'exercer leur métier, ils prouvent leur attachement à une activité dont les satisfactions leur importent plus, au fond, que les apparences et futilités du milieu politique. Toutes les professions, tant s'en faut, ne vous retiennent pas, face aux séductions des cercles proches du pouvoir public.

Seul le statut de fonctionnaire public délivre, pour faire de la politique, de toute angoisse pour l'avenir. Les obligations de discrétion et de réserve du fonctionnaire devraient normalement inhiber l'exposition publique de ses opinions. Dès le stade de l'intention ouvertement manifestée, un parcours politique devrait exiger du fonctionnaire un retrait professionnel rigoureux. Le fonctionnaire doit être insoupçonnable d'un comportement professionnel qui serait inspiré par ses convictions politiques. Leur dissimulation absolue est donc nécessaire. L'incontinence verbale publique lui est interdite. Plus il accède à de hautes fonctions, plus cette exigence est forte. C'est son éthique. La porte d'entrée dans le monde politique devrait donc être, pour lui, plus étroite que pour toute personne dont l'activité est privée. Paradoxalement, c'est le contraire qui se produit. En dépit des grands principes, le militantisme politique, quand il est notoire et se rattache à une grande marque doctrinale, protège et promeut le fonctionnaire. Les partis politiques font en effet un échange de bons procédés. Ils s'arrangent pour que les opinions des uns ou des autres, pour peu qu'elles soient référencées auprès d'eux, soutiennent les progressions de carrières individuelles. Avec de bons certificats de dévotion politique, il est même possible à un militant de rejoindre la haute administration, sans se soumettre à un concours de recrutement, parfois sans avoir même à quitter son emploi au service d'un parti.

La haute hiérarchie de l'État, elle-même contaminée par cette fièvre, consent à ces tripotages. Pour exercer un mandat parlementaire, le fonctionnaire bénéficie d'un détachement statutaire à plein temps, qui lui garantit un retour éventuel, sans prime mais sans risque, dans son cadre juridique d'origine. Au minimum, il peut exciper de généreuses autorisations d'absence du service pour exercer des mandats locaux moins astreignants. En cas d'interruption ou d'abandon de son mandat, il reprendra son métier avec grade et ancienneté conservés. Le corps politique est donc bien pourvu en technocrates fugitifs. Ils ont contribué à accélérer le mouvement de professionnalisation des mandats politiques, que la complexité croissante des affaires publiques aurait, de toute façon, soutenu. L'emprise des partis sur les choix de candidatures aux fonctions électives a fait le reste.

## Emprise des partis, continuité gouvernementale

Comme dans le sport, l'amateurisme n'existe plus, en politique, que comme une première école de la performance. Les *coaches* des partis, ensuite, prennent la main. La représentation politique obéit ainsi à une logique de captation des sièges. On veut bien être démocrate et tolérant, mais un peu plus pour soi-même que pour les autres. La Constitution de 1958 a voulu neutraliser le régime des partis, raillé avec tant de mépris par le général de Gaulle pour les dégâts qu'il avait commis sous la III^e^ et la IV^e^ République. À Londres, en 1943, Simone Weil, qui préconisait sans nuance la suppression des partis politiques, souhaitait que, au nombre des *Idées essentielles pour une nouvelle Constitution*, on n'oublie pas qu'il faut désigner « des hommes et non des partis » car « les partis ne pensent pas. Ils pensent *moins* que le peuple ». Des mécanismes constitutionnels veulent éviter que les formations politiques puissent renouer facilement avec les joies vigoureuses de la chasse parlementaire aux gouvernements. L'emprise des partis sur l'existence gouvernementale a été modérée. Mais seuls quelques symptômes de leurs passions les plus funestes ont disparu. Leur offrant une contrepartie que l'on croyait sans conséquence, la Constitution dispose[13] que « les partis et groupements politiques concourent à l'expression du suffrage ». Cette reconnaissance symbolique, exprimant avec solennité une mission imprécise, restrictive, mais attachée à la plus haute forme de la démocratie – le suffrage –, ne les a pas incités à la modestie. Se croyant réduits à l'impuissance mais enivrés par leur importance, ils se sont fait accorder des subsides publics au prorata de leurs résultats électoraux. On verra même l'un d'entre eux capter indirectement la contribution du contribuable pour compenser, par une souscription publique, la sanction financière de l'irrégularité d'un compte de campagne électorale !

Parmi les mécanismes dissuasifs de l'instabilité gouvernementale que provoquaient les partis, le plus perfectionné, grâce aux leçons de l'histoire des procédures parlementaires, est celui de la question de confiance. Il constituait, jusqu'en 1958, un nœud de la vie politique. Il est devenu, aujourd'hui, un exercice formel et sans conséquence. La question de confiance n'est posée par un gouvernement à l'Assemblée nationale que lorsque la discipline partisane l'assure de la réponse. L'opposition est alors dispensée de se commettre dans l'approbation d'un texte gouvernemental qui aurait pu lui convenir. Pour autant, son hostilité est, d'avance, connue comme de nul effet. Le jeu est à somme nulle. Parfois, le Premier ministre, auquel, un jour ou l'autre, il en cuira de son audace, veut, en posant une question de confiance, donner au président de la République une démonstration de sa force parlementaire, et l'Assemblée nationale en est réduite à donner une pièce de théâtre de marionnettes.

Le frein le plus efficace à l'instabilité gouvernementale provient de l'élection du président de la République au suffrage universel. Même au plus bas des résultats de sondages de popularité, un président de la République maîtrise la composition de sa majorité et la liste des candidats agréés pour les élections. Aucun parti majoritaire ne défiera jamais son autorité ultime. Les « godillots » changent de couleur avec les majorités mais restent des godillots. Si une forte tête fait sécession du parti qui l'a fait élire, il perdra ses chances de faire renouveler son mandat. Si sa position personnelle est plus forte que l'influence locale du parti, on saura, entre caciques, marchander les remontrances et sauvegarder une façade d'unité partisane afin de conserver le siège au parti. Il y a peu de cas de révolte. Les reniements exigés par la discipline de parti ne sont pas d'un poids moral insupportable pour un esprit qui revendique l'autonomie de ses intérêts mais qui s'est entraîné à ravaler sa honte quand la tactique électorale l'exige.

## Mode de scrutin, clientélisme et légitimité de la Loi

Le plus déterminant des mécanismes d'empêchement de l'instabilité gouvernementale est le mode de scrutin des élections à l'Assemblée nationale. Une grande partie de la société politique tient le scrutin majoritaire pour un pilier de la République. Ce régime électoral est l'héritier du scrutin d'arrondissement de la III^e^ République. Il est proche parent du scrutin cantonal, institution qui porte encore les anciennes marques de la ruralité. Les limites des circonscriptions électorales législatives sont, comme celles des cantons, redéfinies, de temps à autre, pour rétablir un équilibre démographique entre elles. Ces remodelages, en général, ne desservent pas les élus bien en cour. Le mode de scrutin majoritaire installe l'élu dans un territoire et dans l'exercice d'un pouvoir en quelque manière féodal. La responsabilité n'est pas ce qui caractérise ce pouvoir. Le député, comme le conseiller départemental, a pour seule fonction de voter, parmi d'autres, au sein d'une assemblée nombreuse. Son influence y est pour le moins diluée. Quand sa passion ne s'exacerbe pas spécialement pour un dossier qui lui est cher pour sa circonscription ou son canton, il se comporte, pour le vote en séance, comme un pion de son parti ou de son groupe. Il se conforme aux prises de position collectives. Son véritable pouvoir, ce qui assied son rôle social, est local. Pour l'étayer, des conseils, alors encore « généraux », ont inventé les enveloppes budgétaires dont l'emploi est laissé à la discrétion de leurs membres. Chaque conseiller dispose à son gré d'une somme forfaitaire, à prélever sur les comptes du département. La générosité de l'élu est ainsi plus libre et moins aléatoire que celle qui serait accordée par une décision collégiale obtenue sous la pression des influences personnelles. Chaque élu emploie comme bon lui semble le crédit qui lui est ouvert, sous forme de subventions au bénéfice plus ou moins direct de ses obligés. Les parlementaires ont repris l'idée. Pour eux, les ministres, celui de l'Intérieur en particulier, géraient des chapitres budgétaires consacrés à des subventions exceptionnelles pour des projets locaux. L'institution parlementaire y a ajouté un dispositif, discret, de réserve parlementaire, invisible d'un lecteur de budget peu averti. Le député répartit à son gré une dotation financière proportionnée à son statut au sein de l'Assemblée. Le président et les questeurs sont mieux servis que le débutant. Le député fait de cette enveloppe l'usage de son choix, sous forme de subventions à des affidés. L'existence et l'ampleur de cette réserve ont été dévoilées récemment par une presse longtemps rendue muette par la nécessité de choyer ses sources. Le péché a été absous comme véniel. Le montant de chaque attribution individuelle était de l'ordre de la cagnotte, un porte-monnaie presque dérisoire à l'échelle du budget de l'État. Le scandale de principe aurait pu aller loin. Pour éteindre l'incendie qui couvait, on s'est contenté de modifier la formule de répartition. La concentration des bienfaits dans les mains de quelques-uns avait tout de l'abus. Les excès ont été ébarbés, mais la pratique conservée.

Le mode de scrutin explique l'existence de ces douceurs. Les politiciens installés éprouvent pour ces facilités un attachement compréhensible, et bien ancré. Ils le justifient par de hautes raisons institutionnelles : le scrutin majoritaire affermit la capacité de décision, il évite la paralysie des coalitions. Ses tares seraient mineures au regard de ses mérites, et ceux qui le condamnent néanmoins, pour certains de ses effets, n'osent pas, pour autant, le remettre en cause. Quelques coups de râpe peuvent arrondir les aspérités. Des exemples de scrutin proportionnel avec des correctifs majoritaires, ou majoritaires avec des correctifs proportionnels, existent à l'étranger (Allemagne) et en France (scrutins municipaux, régionaux). La force historique du scrutin d'arrondissement est enracinée dans la tradition radicale, et imprègne encore les partis. Aucune intention de réforme claire et sincère n'a jamais pu survivre longtemps. Le mode de scrutin n'est pas inscrit dans la Constitution. Celui des élections législatives a pourtant, sur le mode de fonctionnement des institutions de l'État, plus d'impact que, par exemple, la procédure parlementaire. Il peut être modifié plus facilement que la Constitution. Celle-ci est un cadre juridique, auquel il est bon de conserver sa stabilité. On ne doit y toucher qu'avec crainte et révérence, peu souvent, et dans la forme de vote la plus proche possible de l'expression directe du peuple souverain. Modifiable sans révision de la Constitution, le mode de scrutin est cependant bien sûr soumis à l'agrément des parlementaires, et ceux d'entre eux qui ont avantage au mode d'élection en vigueur sont peu portés au suicide électoral.

L'instauration d'une représentation proportionnelle a été promise, à plusieurs reprises, au cours de plusieurs campagnes présidentielles. Depuis le début de la V^e République, une fois, en 1986, les députés ont été élus au scrutin proportionnel, et leur mandat a été écourté à deux ans par une dissolution suivie d'un retour au mode antérieur. Des modalités proportionnelles ont été introduites pour d'autres élections, européennes, régionales, municipales. L'expérience de 1986, bien que n'ayant commis aucun dégât institutionnel, a été promptement retirée, et jamais renouvelée. Elle avait trop bien atteint ses objectifs politiques, en manifestant la réalité de l'existence populaire du Front national pour en faire un repoussoir. Le mode de scrutin majoritaire, sous condition qu'il soit à deux tours, et non pas à un seul comme au Royaume-Uni, dont la civilité parlementaire est d'une autre nature, constitue le verrou principal du fonctionnement des institutions. Avant 1981, les socialistes disaient qu'il interdisait l'alternance politique. La conjugaison de ce mode de scrutin avec un découpage adapté des circonscriptions électorales exige, du parti qui ambitionne la majorité, de gagner un nombre de suffrages supérieur à celui qui est nécessaire au parti au pouvoir pour conserver la majorité parlementaire. La majoration de résultat nécessaire pour la victoire est, preuve ayant été faite, accessible. Elle est faible. Mais il faut avoir réussi à perturber l'opinion publique. Il ne suffit pas de l'avoir troublée superficiellement, ou dans quelques circonstances, et seules les lames de fond provoquent les naufrages.

Les fluctuations d'opinion ont pris des amplitudes plus fortes. Est-ce à cause des crises économiques non surmontées, de la versatilité médiatique ? Les alternances sont devenues plus probables. Il demeure que toute équipe politique ayant, dans l'opposition, plaidé pour un régime proportionnel s'accoutume, une fois parvenue au pouvoir, au confort des marges majoritaires, et reporte à plus tard, ou à jamais, la réalisation de ses intentions. Le système majoritaire est, par nature, plutôt conservateur. Il exige de l'opposition, pour conquérir la majorité, une progression marquée de ses suffrages. Il incline à la reconduction plutôt qu'au retournement. À deux tours, avec seuil, il permet aux candidats du premier tour de se rapprocher en vue du second tour et, ainsi, de sauvegarder des sièges (même s'il comporte aussi, évidemment, le risque, pour le candidat arrivé en tête, que ses concurrents se coalisent contre lui). Le mode de scrutin majoritaire à deux tours modère les dérives. Pour qu'un parti au pouvoir soit bousculé, il faut que l'électorat ait démontré une assez forte volatilité. Par rapport à ce que produirait un scrutin proportionnel, il accentue les évolutions des grands partis et il étouffe mieux les intrus. Le régime britannique, à un tour sec, est une caricature du nôtre. Ses angles plus vifs devraient provoquer des alternances plus franches. En réalité, il peut contraindre le parti de tête à constituer, comme en 2010, une coalition de gouvernement, ce qui, dans une version propre au parlementarisme britannique, ressemble à une majorité plurielle à la française sans cohabitation. En 2015, les prévisions électorales se sont égarées. Le gouvernement britannique devait, selon toute attente, être contraint à constituer une coalition. « C'est déjà le cas dans vingt autres pays de l'Union européenne. Les grands partis de gouvernements sont affaiblis (...). Les politiques traditionnelles sont en miettes », notait, un mois avant le scrutin, le président de la Fondation Robert-Schuman. Pourtant, avec une très faible progression du nombre de leurs voix, les conservateurs ont obtenu une majorité absolue à leur profit exclusif. En appliquant tous leurs efforts sur les circonscriptions déterminantes, ils ont vaincu le camp travailliste dont la progression des suffrages était supérieure mais concentrée dans le milieu londonien. Le parti travailliste, miné par ses tensions internes, courbant l'échine, a laissé s'effondrer des positions, notamment dans la « classe blanche ouvrière », sensible aux thèmes de l'immigration et de l'Europe, et les libéraux démocrates, alliés des conservateurs, ont cédé leur rang aux antieuropéens sans que ceux-ci aient pu, faute d'implantation locale, transcrire en sièges une vague de fond en voix. Les leçons de cet épisode devraient être méditées par les partis français. Elles montrent la possibilité d'options jusque-là négligées. Le Front national a eu raison de choisir une stratégie de conquêtes locales. Ses positions territoriales étaient trop peu denses, avant les dernières élections législatives, pour qu'il puisse en tirer profit. Les progrès récents de son implantation ont desserré son incapacité à obtenir des sièges législatifs par le scrutin majoritaire. Il pourrait faire des progrès vers la possibilité de, au moins, pourrir la vie d'une majorité étroite. Le président de la République a, de son côté, commencé à s'approprier, sans excès de scrupule, des méthodes de politique économique dont les classes moyennes, jusqu'alors éreintées, ne tarderont pas à entrevoir quelques bénéfices. Il a donné, face au terrorisme, des gages de fermeté, dont la droite a perdu le monopole qu'elle prétendait détenir. La gauche peut ainsi protéger son pouvoir. Le mode de scrutin législatif pourrait lui procurer quelques difficultés, qui pourraient être surmontées par de bons choix tactiques, mais aussi quelques avantages, liés à sa position de sortant. Si le scrutin devenait en partie proportionnel, la gauche pourrait aussi envisager de rallier à elle des suffrages centristes que la droite est bien encore capable de s'aliéner par ses excès de langage, comme elle l'a fait en 2012. D'ici à l'élection présidentielle de 2017, une stratégie bien ordonnée pourrait, sur ces bases, trouver avantage à une dissolution de l'Assemblée nationale prononcée par surprise, dans une conjoncture favorable avant les élections présidentielles. La gauche aurait une chance d'embarquer son aile extrême dans une alliance reconsolidée, éviterait avec élégance des « primaires » jadis promises avec légèreté et, sur un pari réussi, ouvrirait une spirale de succès pour l'élection présidentielle qui suivrait.

Le système majoritaire, disent, non sans raison, ses défenseurs, sied mieux à un pays qui a durement payé son tribut à l'instabilité des coalitions gouvernementales dépourvues de majorité stable. L'efficacité de l'exécutif en dépend. Mais le mode de scrutin majoritaire à deux tours comporte un défaut majeur : il reflète très imparfaitement l'état de l'opinion. Il grossit le trait de la victoire. Il valorise les puissants. Il éteint les petites performances. Une distorsion de la représentation populaire est une faute contre la démocratie. La représentation populaire est la souche de la politique. Bien sûr, vouloir changer la loi parce qu'elle a quelque chose d'inique est naïf. On peut avoir de bonnes raisons de ne pas la modifier, et encore plus de ne pouvoir le faire. Mais lorsqu'une partie du corps politique dénonce l'anormalité et l'injustice d'une représentation parlementaire en discordance avec l'état réel de l'opinion publique, lorsqu'il affirme son intention d'y mettre un terme, s'appuie sur elle pour parvenir au pouvoir par la majorité des suffrages puis, délibérément, n'accomplit pas les actes nécessaires, cette abstention est, au sens propre, injuste et condamnable. Elle renforce le sentiment de révolte. Il est certes permis à un parti de changer d'avis, de ne plus être convaincu d'une thèse qu'il soutenait peu avant. La réflexion, les circonstances ont pu rendre moins nécessaire ce que précédemment, dans un autre contexte, il tenait pour impératif. Mais l'autorité publique s'accommode mal de l'irresponsabilité des engagements et de l'irrésolution des promesses. Les renoncements successifs à l'introduction de la proportionnelle ont probablement pour effet de raccourcir, en les fragilisant, les mandats de ses partisans renégats.

Le scrutin majoritaire accentue les antagonismes, entretient les affrontements qui retardent ou parasitent la décision publique et stimule leur brutalité. « Le système français est devenu une roulette russe pour la présidentielle, une faucheuse pour les législatives (...). La recette n'est pas de rassembler les Français, mais son camp pour ne pas dire son clan. » Dans « le scrutin allemand qui consacre en apparence le règne des partis » (proportionnelle intégrale pour les partis obtenant plus de 5 % des suffrages), « la barre est décisive, car elle a empêché l'émiettement de la droite allemande, contraint à former des coalitions, ce qui ramène naturellement les grands partis vers le centre[14] ». La démocratie est, fondamentalement, un art de la modération, et, pour concevoir de bonnes lois, le compromis a souvent plus de valeur que l'entêtement, qui conduit un des deux camps ou à l'écrasement de l'autre ou à la capitulation. Des lois plus largement acceptées peuvent vivre plus longtemps. En écoutant les autres, plutôt qu'en réfutant systématiquement, à l'aveugle, toute thèse non conforme aux plis carrés de leurs orthodoxies, les partis se donneraient une assise électorale moins fluctuante. « Un prince qui se fait chef de parti ressemble à un homme qui se couperait un bras pour que toute la nourriture allât à l'autre[15]. »

## Représentation électorale et sondages d'opinion

Dans l'exaltation qui suit une élection présidentielle, la caricature, l'exagération du poids du camp des vainqueurs, a peu de conséquences. Une fois, une seule, en 1981, l'opposition parlementaire au président de la République nouvellement élu, plongée, par sa morgue et son désarroi, dans une phase d'aveuglement, a cru que les élections législatives corrigeraient, par une bascule, les résultats de l'élection présidentielle. La désillusion venue, elle a pensé que l'échec rapide du gouvernement le contraindrait à défier de nouveau le suffrage sans tarder. On sait maintenant que, pendant quelques semaines ou quelques mois après une élection présidentielle, ce que la presse nomme un état de grâce de la majorité signifie surtout un état de stupeur de l'opposition et son anéantissement électoral virtuel. Dans sa résignation, l'électorat « vaincu » accepte temporairement son effacement. Dans son euphorie, l'électorat vainqueur se délecte de sa domination et ne voit pas venir le désenchantement. La distorsion de la représentation populaire est dissimulée par le suffrage majoritaire. Elle est, d'abord, masquée par la succession rapide des scrutins. Le peuple, lorsqu'il vient de confier son sort à un président monarque, lui confirme sa confiance en élisant les députés qui le soutiennent. La loi du parti majoritaire, encore indolore, est facilement acceptée. Quand l'opinion vient à divorcer de sa représentation politique, l'emprise majoritaire est plus difficilement subie, même si elle reste légitimée par l'avantage qu'elle procurera, après la future alternance, dans un retour inévitable à meilleure fortune. Peu à peu, l'opinion s'éloigne de la norme légitimiste. Les sondages avertissent que l'opinion publique n'est plus conforme aux derniers résultats du suffrage. L'écart entre les résultats de sondages et la structure de la représentation parlementaire finit par tendre le climat social, exaspérer les conflits, mettre en cause la légitimité représentative, ouvrir la voie à la contestation radicale.

Lorsque la photographie du Parlement ne correspond plus à la représentation que l'opinion publique se fait d'elle-même, vient le moment où il faut redouter la paralysie de l'action publique, l'inefficacité des mesures gouvernementales, l'expression du sentiment populaire dans la rue plutôt que dans des assemblées fantomatiques. Les pulsions ou les doctrines extrêmes produisent alors une aimantation sur les esprits. Si bien que le scrutin majoritaire, fait pour assurer au pouvoir politique une stabilité qui ne pourrait être remise en cause que par le prochain scrutin périodique, engendre, en définitive, une instabilité psychosociale permanente, plus dangereuse que des jeux parlementaires car elle rend plus probable le retournement prochain de la majorité. Ce phénomène est inévitable, et irréversible. Le suffrage s'exprime périodiquement, alors que le sondage est quotidien. Sous cette pression, l'intervalle de plusieurs années entre deux scrutins, normalement constant, est jugé trop long. Le sondage modèle une démocratie de l'impatience quotidienne. L'attente exaspérée d'une occasion démocratique de manifester son désaveu est exaspérée par le décalage croissant entre un état politique stable et durable (le pouvoir accaparé par une majorité) et une évolution de l'opinion parfois rapide, sentie par les élus et confirmée par les sondages.

Tout édifice démocratique repose sur une convention de représentation acceptée. Traduite en langage politique, cette convention dit : pour gouverner, il faut une majorité. Transposée en langage de stratégie politique, elle devient : pour avoir une majorité, il faut un scrutin majoritaire. En langage d'opinion publique, cette convention signifie : une partie de l'opinion publique n'est pas représentée au Parlement ; une autre y impose sans compromis la loi de la majorité, alors même qu'elle n'est pas représentative de la majorité ; une minorité y attend de prendre la majorité pour s'y substituer, sans plus de scrupule, à la précédente. Cette convention serait-elle juste parce que nécessaire ? La distorsion entre les principes et la pratique, entre le peuple réel et sa représentation conventionnelle, ne peut engendrer, à la longue, que la révolte. Elle enkyste la crise de confiance entre le peuple et son corps politique. « Quand vous aurez fait tout ce qu'il faut pour avoir de bons esclaves, il ne vous restera plus que de mauvais sujets[16] », disait Montesquieu.

À quelle condition une représentation proportionnelle non tronquée, loyale, peut-elle être compatible avec un exercice du pouvoir exécutif assez stable pour être efficace ? C'est la seule question qui vaille. Parce que le rapport de force constitutionnel penche fortement du côté de l'exécutif, la représentation proportionnelle pourrait être introduite sans danger. Il n'y a aucun risque qu'elle permette de reproduire les mœurs parlementaires de la IIIe et de la IVe République. Il faut toutefois prendre garde aux détails des multiples façons de l'organiser. Quelques formules peuvent la rendre inopérante, et il faut s'en défier. Deux paramètres entrent en ligne de compte : la définition de la circonscription et l'ampleur de l'effet proportionnel à envisager. En utilisant l'un ou l'autre de ces paramètres, ou les deux ensemble, rien n'est plus simple que de dénaturer la proportionnalité d'une représentation populaire. Avec quelques trucages sommaires on peut reconstituer une représentation majoritaire, une dose de proportionnelle servant de paravent. Articuler, avec un peu des deux systèmes, un mécanisme composite est à la portée du plus médiocre des bricoleurs de partis, mais on ne verrait pas l'issue des problèmes qu'on doit résoudre. Tandis que faire un choix décisif en faveur d'un système franc et sincère, dont les principes rustiques seraient connus et compris par toute l'opinion publique, ouvrirait une ère nouvelle de la pratique politique.

## Représentativité, proportionnalité et autorité

La formule idéale de la représentation politique est encadrée par un triptyque de conditions. La première consiste à considérer que chaque catégorie d'élection comporte la circonscription qui lui correspond. Pour élire un conseil municipal et un maire, la circonscription est la commune ; pour choisir un président de conseil général (départemental) et des conseillers généraux (départementaux), le territoire à considérer est celui du département ; pour élire un président de conseil régional et des conseillers régionaux, la région ; pour choisir des députés[17], le territoire de la nation ; et pour choisir des députés européens, le pays entier. La seconde condition d'une bonne réforme de la représentation politique est de faire en sorte que le résultat soit authentique. Il ne suffit pas que le scrutin soit régulier dans la forme, sans tricherie ni violence. Il faut que le peuple retrouve son image dans sa représentation. Il y a deux façons, douces et commodes, de s'en approcher : soit instaurer une représentation proportionnelle tempérée par une prime majoritaire ; soit préférer une représentation majoritaire nuancée par un quota proportionnel. Chacune de ces formules a ses zélateurs, qui s'écharperaient. L'une et l'autre ont assez de mollesse pour rester conventionnelles et ambiguës. Mais la majorité restituée ne serait pas celle de l'opinion.

Une solution simple et directe serait plus claire. Car la troisième condition d'une bonne représentation politique est l'impératif d'une cohérence politique entre les pouvoirs exécutif et législatif. Les dernières élections présidentielles ont été immédiatement suivies d'élections législatives. Quatre tours de scrutin, déroulés en quelques semaines, lassent l'électeur. Les troisième et quatrième tours lui paraissent joués d'avance. Au moins la cohérence politique est-elle, chaque fois, assurée, à un coût budgétaire non négligeable. À la sortie des quatre tours de scrutin, l'État, dans son entier, « appartient » au camp des gagnants. La réforme du mode de scrutin, si elle a été promise au cours de la campagne, restera néanmoins enterrée jusqu'à la prochaine campagne présidentielle, et ainsi de suite. C'est un autre genre de cohérence qui pourrait être obtenu avec un scrutin proportionnel. L'élection présidentielle, uninominale par nature, continuerait d'avoir lieu au scrutin majoritaire à deux tours, qui dessine les contours d'une majorité parlementaire, en tout cas d'une coalition électorale claire. Au jour du deuxième tour de l'élection présidentielle, l'élection législative aurait lieu simultanément, en un seul tour, selon un mode intégralement proportionnel. Dans une élection présidentielle, le départage entre deux candidats au deuxième tour peut être acquis à une forte majorité. Le même jour, une majorité parlementaire équivalente devrait surgir d'un scrutin législatif proportionnel à un seul tour. Le mode proportionnel du scrutin, qui élargit la gamme des choix, n'y incite pas mais le permet. Les circonstances devraient y conduire. L'élection présidentielle a, jusqu'à présent, plus souvent été acquise par une majorité courte. Les élections législatives qui ont suivi l'élection présidentielle ont, au scrutin majoritaire, toujours amplifié cette majorité. Cet artifice disparu, la majorité parlementaire élue au scrutin proportionnel aura une représentation plus sincère. Ce sera un agrégat, plutôt qu'un bloc compact. Mais l'homogénéité entre majorité présidentielle et majorité parlementaire sera plus forte. Entre les deux tours des élections présidentielles, les partisans des différents candidats se seront constitués en deux coalitions. Celles-ci peuvent être implicites : les électeurs font leur choix individuel, mais les sondages mesurent les transferts de voix entre les deux tours. Les coalisés peuvent aussi donner à leur alliance un caractère explicite : les partis qui ont soutenu des candidats malheureux du premier tour se rallient, pour le deuxième tour, à l'un des deux concurrents encore en lice. Ces ententes constitueront, quoi qu'il en soit, les pierres de fondation des groupes parlementaires. Si deux grandes coalitions se forment, s'inscrivant dans l'empreinte des deux camps présidentiels, la situation politique sera simple. Il reviendra au président de la République, avec son gouvernement, de la faire durer, dans la fidélité supposée à la politique annoncée. La coalition majoritaire présidentielle aura cependant une nature différente de celle d'une majorité formée par un parti dominant. Si un parti, à lui seul, domine la scène par une majorité absolue, la perspective de futures élections selon un mode de scrutin proportionnel tendra à atténuer le sectarisme naturel des partis dominateurs.

En cas de dissolution de l'Assemblée nationale, c'est à un scrutin proportionnel à un tour, indépendant de l'élection présidentielle, que les députés seraient soumis. Cette option suffirait à discipliner les comportements et assagir les mœurs, car les listes de candidats seraient, en régime proportionnel, dans la main des partis. En cas de renouvellement avant terme du scrutin présidentiel, en revanche, les deux scrutins, présidentiel et législatif, seraient de nouveau jumelés, conférant aux deux candidats à la présidence les mieux placés une force de persuasion et de ralliement décisive. Si, ce qui serait bien surprenant, les partis refusent la constitution de groupes parlementaires définis, *a priori*, par leur soutien ou leur opposition au nouveau gouvernement, et s'ils souhaitent conserver l'autonomie que permettrait l'effectif de leurs parlementaires, chaque vote législatif demandera une coalition spécifique.

L'autorité gouvernementale ne serait, contrairement à ce que pensent les thuriféraires du scrutin majoritaire, pas compromise. La représentation parlementaire, proportionnelle aux tendances de l'opinion, issue d'un scrutin jumelé avec un scrutin majoritaire, sera articulée sur les résultats de l'élection présidentielle acquise à la majorité uninominale. Le président de la République, détenteur du droit de dissolution, peut, en cas de divergence majeure, durable, essentielle, avec l'Assemblée nationale, renvoyer les députés à une nouvelle élection. Il aura, ce faisant, en cas de défaite de ses partisans, à exercer sa séduction sur une Assemblée nationale composée sans monopole, sans divergence avec l'opinion publique et encore susceptible de lui fournir un appui pour des mesures négociées. Ce serait une situation de cohabitation courtoise et non pas de confrontation. Ce système souple et simple, compréhensible pour l'opinion, favorable à une gestion politique équilibrée entre les pouvoirs exempte des travers du régime parlementaire et des excès du régime présidentialiste, pourrait être transposé à tout l'appareil institutionnel.

Les élections municipales, départementales et régionales comprendraient deux tours : une élection au suffrage universel dans un scrutin majoritaire à deux tours pour les maires, présidents de départements et de régions ; et une élection à tour unique, à la proportionnelle, pour les conseillers municipaux, départementaux et régionaux. Le président d'un exécutif local élu au suffrage universel direct, au scrutin majoritaire à deux tours, associé à une assemblée délibérante élue, le même jour, au scrutin proportionnel en un tour unique, aurait à s'entendre avec une assemblée de composition sans doute plus variée qu'elle ne le serait sous l'empire du scrutin majoritaire. Mais l'indépendance réciproque des deux pouvoirs serait mieux assurée. La stabilité de l'exécutif dans les collectivités territoriales prend, actuellement, les allures d'une captation du pouvoir. Ici ou là, elle ouvre la voie à des pratiques de corruption. Les membres de l'assemblée délibérante seraient, eux-mêmes, libérés de leur alliance inconditionnelle avec l'exécutif. Ce dernier pourrait ne pas être le jouet des combinaisons locales de partis ou de clans, s'appuyant, normalement, sur une majorité élue en même temps que lui. Le président d'exécutif local disposerait d'ailleurs des moyens de rééquilibrer des situations qui dériveraient vers l'ingouvernable. Il ne peut cependant être envisagé que, à l'instar du président de la République, il puisse exercer un droit de dissolution de l'assemblée délibérante : mettre un terme à des mandats issus du suffrage universel est une prérogative de rang exceptionnel, d'ordre quasi monarchique, qui doit être réservée à un seul personnage dans l'État. Mais il reste à un maire, ou à un président d'exécutif, la possibilité ultime d'ouvrir les issues à une crise politique. Il peut proposer au représentant de l'État la dissolution du conseil municipal, général ou régional, afin de trancher le nœud d'un blocage du pouvoir. Il peut aussi présenter la démission de l'exécutif local qui, dûment acceptée par le représentant de l'État, entraînerait les nouvelles élections, jumelées, de l'exécutif et de l'assemblée délibérante.

Bien entendu, le régime du scrutin pour les élections à l'Assemblée européenne n'a pas lieu d'être remis en cause dans son principe proportionnel. Il n'y a aucune nécessité d'une majorité dans les élections européennes. Elles sont perçues comme une sorte de sondage à échelle électorale, un bon thermomètre d'opinion. Elles sont devenues le test le plus authentique de la popularité des gouvernements en place, alors qu'on espérait en 1979, année de la première élection du Parlement européen au suffrage universel, qu'elles fourniraient l'occasion d'un vrai débat européen. La dilution de la majorité par le scrutin proportionnel n'y est d'aucun effet. L'Assemblée européenne représente vingt-huit pays ; le poids relatif des élections nationales, même celles des pays de forte pondération démographique, est faible. L'Assemblée et l'exécutif européens entretiennent, au demeurant, des relations de responsabilité fantomatique. En revanche, il faut considérer la circonscription électorale. Le découpage régional actuel ne correspond à aucune délimitation naturelle, politique ou administrative connue. Les circonscriptions permettent aux partis de décomposer les listes pour garantir l'élection de tel ou tel, avec un soin de la commodité circonstancielle qui confine au mépris de l'électeur. Le siège au Parlement européen, réputé dans le personnel politique pour son prestige tout autant que pour son confort pécuniaire, est un marchepied pour apparatchik de parti en mal de mandat rémunéré, ou une faveur secourable accordée à un personnage politique délaissé par ses électeurs locaux. Une circonscription électorale unique, à l'échelle du pays, donnerait à ces élections, aux yeux de l'opinion, une lisibilité et une respectabilité supérieures à celles d'élections par listes régionales. La circonscription unique serait plus conforme à l'esprit de cette représentation, qui est celle du pays. Elle traduirait, en vraie grandeur, l'état de l'opinion sur la relation du pays avec l'institution européenne. Peut-être cette vérité est-elle redoutée par une bonne partie de la corporation politique ?

Le principe d'élections au scrutin proportionnel de liste à un tour rencontre quatre objections. Ce type d'élections favorise la multiplicité des partis ; il encourage la captation des candidatures par les appareils ; il renforce la professionnalisation du personnel politique ; il permet la distorsion géographique de la représentation. En revanche, le système proportionnel permet à chaque voix de se considérer comme utile. Chacune dispose de la possibilité d'une représentation. Cette qualité est décisive, alors que les défauts sont solubles. La tendance à l'éparpillement des partis est facilitée, peut-être même incitée. Mais la dispersion des voix traduit la variété, la diversité et les nuances de l'opinion publique. Elle améliore la qualité de la représentation politique. Le fonctionnement de la démocratie y trouve donc son compte. Mais ce n'est pas avec la proportionnelle qu'on fait apparaître une majorité constante. Voter, c'est, comme gouverner, choisir. Le scrutin majoritaire, lui, simplifie le choix et y contraint l'électeur. Réduire le choix de l'électeur, c'est renoncer à une partie noble de la mission politique. Les partis et responsables politiques ont une responsabilité pédagogique. Ils ont à éclairer l'électeur sur la portée de telle ou telle option, et à lui laisser un choix libre et large, libre parce que large. Le déshonneur serait, pour les politiques, de confier à l'électeur le soin de faire des choix qui simplifieraient les leurs. Choisir son camp, exprimer son opinion, l'électeur doit pouvoir le faire sans entrave. Faire des concessions tactiques, se ranger, faute de meilleure possibilité, à l'opinion des autres, c'est l'affaire des appareils et des élus politiques.

L'univers de la politique est constitué par un mélange d'opinions et de comportements. Il est loisible au citoyen d'adhérer à des opinions tout en répugnant à se rallier à des comportements douteux ; d'aduler telle personnalité tout en désapprouvant certaines de ses options intellectuelles. Cette tolérance s'exprime dans la représentation proportionnelle. Elle serait néanmoins à rejeter pour ce qu'elle favoriserait la montée des populismes et des extrémismes ! C'est une étrange argumentation. On peut ostraciser les opinions des autres en les accoutrant de qualificatifs que l'histoire a condamnés. En revanche, quand on veut refouler ce qui n'est pas conforme à vos convictions, il faut, en démocratie, savoir convaincre par le raisonnement, par l'émotion et par les actes réussis ; pas par l'artifice de règles qui déforment l'expression de la réalité.

Le vote blanc est l'objet d'une répulsion analogue à celle qui condamne l'expression de la multiplicité des opinions. Dans certains pays, le bulletin sans choix est, depuis longtemps, admis dans le décompte des voix. En France, une loi[18] l'a *reconnu*, et a prescrit sa mention séparée des suffrages exprimés dans la publication des résultats. Chaque bureau de vote établissait déjà le nombre des suffrages blancs. Cette officialisation, en forme d'enregistrement d'une pratique établie, est un exemple de plus de l'utilisation superfétatoire de la Loi comme acte déclaratif, maquillée en acte prescriptif d'une formalité déjà usuelle. La loi nouvelle *reconnaît* l'existence d'une forme d'expression. Mais, en l'excluant des suffrages exprimés, elle récuse la validité de son contenu. Or le vote blanc d'un électeur est une expression de son opinion. Seul l'abstentionniste est un électeur qui refuse de s'exprimer. Dans un système politique de bipartisme, le vote blanc est une manière de proclamer un refus du jeu qui permet à deux blocs de monopoliser alternativement le pouvoir. Alors que l'abstention exprime une indifférence au système ou une récusation de ses règles, le vote blanc signifie la contestation d'un duopole abusif, une révolte de citoyen indisposé, une défiance à l'égard des partis. Ces derniers ont, bien sûr, du mal à la tolérer : leur efficacité, leur utilité, leur légitimité sont mises en cause. En régime de pluripartisme, le vote blanc ne défie personne. Il ne comporte aucun danger. Il signifie seulement que, malgré l'élargissement de l'éventail des choix, aucun parti n'incarne un idéal politique conforme au vôtre. Le scrutin intégralement proportionnel devrait d'ailleurs en faire diminuer le volume, toujours faible. La reconnaissance du vote blanc en tant que vote exprimé serait une manière supplémentaire d'élargir l'éventail des idées dont, par le scrutin proportionnel, on veut permettre l'expression.

La pluralité des opinions et la validité de toutes, exprimées jusques et y compris par le vote blanc ou l'abstention, quand bien même ils incarneraient une forme de désaveu général, voire de nihilisme, devraient être reconnues dans toutes les élections. L'abstention en serait réduite. Une bonne quinzaine de candidats se présentent aux élections présidentielles. Le monde politique trouve ce nombre excessif. Pour dissuader les candidatures dites petites ou de témoignage, il agit par le coût, ce qui est à peine admissible, et par la pression morale sur les parrains des candidats, ce qui est abject. Pour concentrer des candidatures de personnalités et contrecarrer l'émiettement des voix de leurs sympathisants, les partis organisent des « primaires », processus d'élimination spectaculaire qui dégénère en ochlocratie ou s'achève dans la castration des idées. La reconnaissance sans limite de la variété des opinions et de la multiplicité de leurs représentations est un fondement de démocratie sincère et droite.

## Financement public des partis politiques

La retenue générale à l'encontre de la représentation de la multiplicité des opinions est étrangement impure. Le financement public des partis politiques a fait pulluler des formations minuscules, des micropartis sans activité. Ce sont des paravents. Ces organismes bouffons sont nécessaires à la manipulation légale des procédures de financement. Ils servent des intérêts de personnes et n'ambitionnent pas d'éclairer la vie politique.

Dans un régime électoral proportionnel, la multiplicité des organismes qui y participent traduirait un état réel de l'opinion publique. La qualité du militantisme politique, au sein de structures politiques responsables, apparaîtrait plus clairement. Les partis localiers seraient des relais, des filiales des grands partis nationaux, pas seulement leurs échelons d'exécution. Ils exprimeraient des courants d'opinion concrets et actifs, pourraient être des précurseurs de mouvements plus amples.

Une modification du financement public des partis politiques serait, de toute façon, opportune. Le système en vigueur fait le jeu des grandes structures, tout en provoquant la création de minuscules réceptacles de fonds. Le financement public pourrait être proportionné seulement au nombre des voix obtenues dans un scrutin. La part correspondant au nombre des sièges pourrait être supprimée puisque, par définition, elle serait identique à la proportion des suffrages. L'enveloppe budgétaire consacrée par le contribuable d'État à l'aide au financement des partis politiques serait fixée globalement[19] et limitativement. Ce budget serait réparti entre les partis à la proportion, non corrigée, des votes enregistrés au nom de chacun d'entre eux.

Mieux encore, cette dotation budgétaire pourrait être limitée, par exemple, à la moitié du montant total des contributions individuelles plafonnées que les partis politiques auraient, dans leur ensemble, réussi à obtenir des particuliers. Les particuliers donateurs se verraient remettre par les partis des attestations anonymes afin de bénéficier d'un dégrèvement fiscal pour une moitié de leur don. Le contribuable apporterait ainsi aux partis un montant global équivalent aux dons privés. L'État encouragerait et récompenserait alors l'activité pédagogique de tous les partis, à la proportion de leurs résultats, au lieu de subventionner par des primes publiques l'habileté des montages et alliances autour des caciques.

## Cumul des mandats

L'interdiction du cumul des mandats est de ces mesures qui, avec un air de vertu, ont peu d'effet moralisateur. À la défendre, on peut se faire une posture morale avantageuse mais très hypocrite. La Constitution de la V^e^ République a voulu empêcher un ministre de rester député. Jamais les ministres ne se sont privés de la collaboration d'un, quand ce n'est pas plusieurs, membre(s) de leur cabinet chargé de gérer les affaires de la circonscription. La Constitution a prévu des suppléants, doublures de leurs maîtres, zombies invités à démissionner dès que le maître souhaiterait reprendre son siège. Une réforme récente a tranché pour un réalisme sommaire et avantageux : le retour dans son siège du titulaire initial est devenu automatique. Le parlementaire devenu ministre est plus que jamais suzerain. Cessant d'être ministre, il reprend sa propriété légitime, la circonscription. Le mode de scrutin proportionnel remettrait en cause cette tendance moyenâgeuse à l'appropriation personnelle de l'électorat.

Les tentatives de moralisation de la vie publique ont pris d'autres chemins. L'un a consisté à interdire à un ministre, puis à un parlementaire, d'abord par injonction gouvernementale ou partisane, puis par la loi, de détenir un mandat exécutif local. Rien n'est apparemment plus sensé. Une présence dense, à Paris, Bruxelles ou Strasbourg, de surcroît surveillée, mesurée, sanctionnée, n'est pas conciliable avec l'exercice sérieux d'une responsabilité d'exécutif local, qui exige une disponibilité permanente. Les incompatibilités juridiques trouvent toutefois des solutions de contournement. L'ami dévoué, celui dont la carrière doit tout au député ou au ministre, prendra, en potiche, la responsabilité en titre d'un exécutif qu'il restituera, par sa démission, au retour du parrain. L'élection de l'exécutif local au suffrage universel direct exclurait cette espèce de procuration pour gardiennage de poste.

Il est vrai que le mode de scrutin proportionnel élargirait la voie d'accès à la profession politique. Il ouvrirait le champ de l'intrigue partisane. Les partis, chargés de constituer des listes de candidatures aux élections d'assemblées, auraient toute latitude pour désigner des candidats issus de leurs rangs, promus dans l'appareil et ignorants des réalités locales. Leur mainmise sur la désignation des candidatures est, sous le régime actuel, déjà presque entière. Le cumul des mandats peut, dans le contexte d'un mode proportionnel des scrutins d'assemblées, trouver de nouvelles facilités, mais aussi des contrepoids naturels. Les listes de candidatures aux élections régionales et aux élections européennes sont élaborées par les appareils. Il faut, pour y accéder, user de subterfuges de courtisan ou de rapports de force familiers aux cumulards. La maîtrise des carrières par les appareils de partis, la constitution progressive d'une sorte de fonction politique partisane professionnelle correspondent à une conception de la politique peu éloignée d'une vision totalitaire. Elle s'éloigne de la tradition terrienne, dont la valeur n'est pas absolue mais qui a, au moins, des vertus humanistes. Ce mouvement accompagne la progression de la difficulté technique des fonctions politiques. Il a déjà une réalité, qui profite à quelques-uns. L'élargissement du domaine du scrutin de liste proportionnel à toutes les élections d'assemblées diluerait le bénéfice de ces facilités, au lieu de le concentrer sur des apparatchiks expérimentés. Il est, en outre, possible de résoudre ces difficultés par... l'obligation du cumul des mandats. Cette obligation prendrait la forme d'une condition de détention préalable d'un mandat local pour l'admission d'une candidature à une fonction élective. Ce cumul encouragerait l'implantation locale de l'élu. Il la protégerait. Il permettrait aux partis d'instaurer une sorte de propédeutique du savoir-faire politique au lieu de nourrir des prébendiers.

Imaginons que, pour pouvoir être candidat à une élection, il soit nécessaire d'avoir été préalablement élu à un mandat de rang territorial inférieur ou égal. Bien entendu, cette condition serait omise pour être éligible à un mandat de conseiller municipal, mandat politique de premier rang dans la démocratie. Un candidat à un mandat de maire ou de conseiller départemental devrait être conseiller municipal. Un candidat à la présidence d'un conseil départemental devrait être conseiller départemental, maire ou conseiller municipal. Pour pouvoir être député, il faudrait détenir une fonction élective de niveau local. Les partis se trouveraient confrontés à la responsabilité d'organiser des progressions de carrières d'élus, et devraient s'interdire la distribution de prébendes à des inconnus sans attaches politiques locales. Ils sauraient, pour se donner des chances de succès, répartir et classer utilement les candidatures entre hommes et femmes, entre catégories de professions, entre zones géographiques. Ambitionnant un succès dans une élection nationale, tout stratège électoral de parti aurait soin de présenter des candidats originaires des départements du plus fort poids démographique. Aucun ne commettrait l'erreur de laisser des régions sans candidat classé pour un mandat assuré. Les listes de candidatures pourraient, au surplus, être tenues de comporter des quotas. Pour l'Assemblée nationale, par exemple, il faudrait déclarer au moins deux éligibles par département ;

pour l'Assemblée européenne, au moins deux ou trois par région administrative. Ainsi, le cumul des mandats, au lieu d'affaiblir la démocratie par ses excès en régime électoral majoritaire, pourrait, en régime proportionnel, la renforcer par ses exigences d'ancrage local.

Des abus de cumul sont possibles. L'exercice simultané de deux mandats exécutifs est toujours une hérésie, quelle que soit la taille des collectivités concernées. Les maires des communes rurales sont, plus encore que les maires d'agglomérations, soumis à des sollicitations nombreuses et insistantes. Quand un maire a des adjoints spécialisés et compétents, lorsqu'il dispose d'une administration forte et de bonne qualité, il peut, plus facilement et plus longtemps, s'absenter de son poste que le maire d'une bourgade. Mais, dans tous les cas, le cumul de fonctions exécutives traduit moins des capacités de travail admirables qu'une certaine désinvolture à l'égard de l'électeur. Il faut, ce n'est pas douteux, prohiber sans exception le cumul de fonctions exécutives, et inclure, dans cette prohibition, les fonctions d'adjoint à un maire ainsi que de vice-président ou de président de commission d'une assemblée locale. Le cumul de ces fonctions avec un mandat national, voire européen, est, aussi, manifestement incompatible avec la disponibilité que requièrent ces mandats. En revanche, qu'un député ou un sénateur soit conseiller municipal ou conseiller général importe assez peu : sa présence locale est requise avec une faible périodicité. Nul doute, en outre, que son absentéisme sera observé, commenté et, peut-être, suivi de conséquences électorales défavorables. La régulation morale sera suffisante, supérieure à l'effet de la règle juridique tatillonne.

L'abus d'exigences conditionnelles est aussi à éviter. Un député devrait être dispensé de l'obligation de détenir un mandat local pour être candidat à la reconduction de son mandat parlementaire. La détention d'un mandat de rang supérieur devrait aussi délier de la nécessité de détenir un mandat de rang inférieur pour postuler un mandat local. On ne peut, décemment, interdire à un député ou à un sénateur de devenir conseiller départemental. Mais aussitôt élu, il devrait, en cas d'interdiction de cumul, se retirer du mandat antérieur, abandonner son mandat parlementaire pour devenir maire, président de conseil départemental ou régional. L'élection nouvelle rendrait caduc le mandat antérieur sans nécessiter une élection partielle, le remplacement étant assuré par l'accès du nom suivant sur la liste des candidatures. Une extension de cette procédure aux élections sénatoriales permettrait d'y généraliser le vote proportionnel, dans le suffrage universel indirect.

On peut, de la sorte, éviter que les partis constituent des listes de candidats sans expérience politique locale, choisis par intrigue au sein d'appareils professionnels. L'action publique locale est la source de toute expérience politique. Le scrutin majoritaire est fondé sur cet axiome. Mais les pratiques politiques ont dénaturé l'esprit de ces origines. On a privilégié, avec le scrutin majoritaire, une convention d'efficacité mécanique. Elle a fait perdre à la représentation politique son caractère de sincérité. Dans le système proportionnel, plusieurs principes devraient être combinés. L'élection selon le mode de scrutin proportionnel s'appliquerait à toute assemblée. Les circonscriptions seraient calquées sur la carte politico-administrative. Les chefs d'exécutifs locaux seraient élus, au scrutin universel direct uninominal majoritaire à deux tours, dans la même vague que les assemblées délibérantes le seraient au scrutin de liste proportionnel intégral à un tour. La détention d'un mandat local serait préalable à toute candidature à un autre mandat de rang territorial supérieur. À ce prix, il deviendrait possible de restituer son authenticité à la représentation politique. C'est le premier pas de la réconciliation de la société avec son corps politique.

## *Réhabiliter la décision d'État*

### Régner ou gouverner, facettes de la décision

La classe politique française a eu, pour les révolutions du printemps arabe, un engouement plein d'équivoques. Vingt ans plus tôt, elle avait, presque tout entière, éprouvé un soulagement à peine gêné quand les généraux algériens, soutenus par des complicités discrètes, avaient étouffé la victoire électorale des islamistes et préféré la guerre civile au choix des urnes. En 2010-2011, la perspective d'une dictature religieuse en Tunisie, en Égypte, a ouvert, de nouveau, un piège dialectique typique. Chez nos penseurs politiques, il s'est trouvé, comme toujours, des voix, un peu embarrassées donc pas vraiment tonnantes, pour tolérer, voire justifier, un coup de force, pourvu qu'il empêchât les islamistes de s'emparer du pouvoir. Dans ces révolutions, sous les yeux de l'Occident ébahi, tous les acteurs ont invoqué la valeur, centrale, des pratiques démocratiques. Cette convergence aurait pu nous servir de leçon si elle n'avait masqué deux ambiguïtés fondamentales : quelles intentions réelles dissimulent les discours de tolérance ? L'idée démocratique est-elle sécable ? Sous la bannière de la démocratie, deux conceptions cohabitent et parfois s'opposent. L'une veut le respect du suffrage, quel que soit le résultat. L'autre postule le pluralisme, quel que soit le prix à payer pour le protéger. On se réfère à la démocratie tant pour accéder au pouvoir que pour le refuser à ses adversaires. La démocratie peut-elle se concentrer dans l'un ou l'autre de ses concepts constitutifs ? Est-il admissible de confondre en un même objet les fondations qui le soutiennent et l'usage qu'on fait de l'édifice ?

Les arguments de cette controverse sont de vieille et bonne essence. La réponse est intellectuellement accessible mais politiquement très brouillée. Un titre de presse révèle la portée et la confusion du malaise : « Pourquoi le système politique français est à bout de souffle[20]. » Après cette accroche, l'analyse mélange des aspects différents d'un même état des lieux. L'échec des politiques économiques, l'enlisement des politiques sociales, les tâtonnements des politiques budgétaires sont des qualifications pour des choses qui relèvent de la mauvaise gestion. La dévalorisation de la fonction présidentielle, la professionnalisation des mandats politiques, les insuffisances morales des personnes et des partis sont, elles, des preuves de mauvaise tenue. Le système est en dépression. Mais le dire au bord de l'épuisement relève du vœu secret plus que de la vérité, du souhait de changement institutionnel et non de la réalité. On a vu, sous les Républiques antérieures, même dans les années encore glorieuses de la V$^{e}$, des signes équivalents de dégénérescence de l'esprit public. Qu'un député ait l'indécence, dans un pays en crise sociale, de se dire mal rémunéré, qu'un sénateur accumule des amendes de circulation impayées pour près de dix fois le salaire mensuel moyen en France, ce sont des fautes individuelles. Leur réprobation ne suffit pas à suggérer un système de remplacement. Que des membres du gouvernement soient, en proportion importante, des professionnels, anciens assistants parlementaires ou membres de cabinets ministériels, qui n'ont jamais mangé qu'au budget de la politique et jamais éprouvé le travail salarié sous contrainte de productivité, est un phénomène connu, dont la progression est libre. C'est au financement public des partis, meilleur soutien de ces pratiques, qu'il faudrait s'en prendre, et non pas à ce pathétique et risible secrétaire d'État, limogé pour phobie fiscale et qui s'abstient de démissionner d'un mandat parlementaire parce qu'il tient à son gagne-pain.

Rien ne démontre que le système serait à bout de souffle et ce n'est pas dans une mise en scène qu'on peut voir sa faillite. Tout organisme qu'une gestion impure soumet à l'épuisement peut être encore souple, malléable, apte à la performance[21]. Trop et mal utilisé, subissant une indécision chronique, spectateur de l'envahissement de la gangrène, le système endure ces maux. L'asphyxie monte et il ne sait pas l'empêcher. En son sein, de fortes personnalités se montrent incapables d'imposer des modalités efficaces, et propres, d'élaboration de la décision. M. Fillon, Premier ministre, prenait acte, chaque semaine, de décisions dont il ignorait qu'elles eussent jamais été proposées au président de la République. M. Valls, Premier ministre, s'incline, sans murmure, devant le désaveu prononcé par sa ministre de l'Écologie d'une décision publique légale et décentralisée qu'il avait lui-même appuyée de son « autorité[22] ».

Étouffé, le système suspend son mouvement. Des corporations se constituent en groupes d'enfants gâtés, repliés sur leurs travers de prétendus mal aimés. Des sectes méprisantes des intérêts de ceux qui ne vivent pas dans la cage de leurs usages entrecoupent, de temps à autre, leur routine par un éclair d'ouverture, pour lâcher de la pression. Un système à bout de souffle, c'est une société factice, entretenue dans l'illusion de son utilité, et qui déploie, pour s'en convaincre, des fortunes d'ingéniosité. Quelques grands fauves individualistes essaient de passer, seuls, au travers des ordres établis, à la chasse de proies fantomatiques, de gibier lâché par erreur et de renards empoisonnés. Parfois, rarement, quelqu'un dit : « J'oppose mon arbitraire à cet effritement des choses et n'écoute point ceux qui me parlent de pentes naturelles[23]. » Mais la réalité finit par se conformer à ce que la société croit d'elle-même.

## L'art de gouverner est celui d'organiser la décision

Louis XIV savait que les grandes fonctions, comme les grands noms, abaissent ceux qui ne savent pas les soutenir. Il prépara son petit-fils à l'exercice du pouvoir. Le duc de Bourgogne, dont « le principe était qu'un roi était fait pour ses peuples, et non les peuples pour leur roi[24] », conçut, dans cet apprentissage, des résolutions de gouvernement méticuleuses. La mort le prit avant son grand-père. Il n'accéda jamais au trône. Cette malédiction a poursuivi la démocratie. La démocratie a pour principe d'ouvrir les accès au pouvoir. Mais, derrière toutes les apparences, elle ne prépare pas à son exercice. L'expérience s'y acquiert niveau après niveau, et mène jusqu'à celui de l'incompétence. Heureusement, comme au théâtre, l'acteur entre, presque toujours, dans son rôle. Sauf désastre, l'aptitude à la comédie supplée aux carences de la formation morale. La plupart des dirigeants politiques sont parvenus au pouvoir pour en faire l'expérience, sans y avoir jamais été préparés. Quelques-uns croient en détenir des clés pour les avoir découvertes dans une profession publique. Mais les techniques acquises dans un métier déforment la raison au lieu de l'affranchir. Certains sont parvenus au sommet sans avoir préalablement exercé des responsabilités qui les mettent à même de conduire l'État dans l'ordre et la dignité.

De Gaulle savait tôt, par l'apprentissage de la discipline, par la réflexion de l'officier, par la culture de l'historien, par l'expérience de la guerre, que le commandement ne se négocie pas. Président de la République, il fit un jour remontrance à son secrétaire général d'avoir fait lire à son destinataire, Premier ministre, le projet d'une lettre directive qui allait lui être adressée. N. Sarkozy, lui, faisait convoquer, du matin pour l'après-midi, des réunions dont la publicité lui importait plus que le sérieux de l'objet et la qualité du contenu. Entouré de plusieurs de ses collaborateurs, en l'absence du ministre responsable, débarquant d'un avion, lisant un texte qui venait de lui être remis, il délivrait lui-même messages, encouragements personnels, réprimandes aux uns, promesses de promotion aux autres, décorations et annonces de lois nouvelles.

Dans les débuts du quinquennat présidentiel de F. Hollande, des ministres avaient pris la singulière habitude d'exprimer publiquement leurs désagréments. À peine nommé, M. Valls, Premier ministre, les pria, avec une netteté scolaire, de respecter six principes de gouvernement. L'évidence de ces préceptes, placée en regard du caractère hypothétique de leur respect loyal, donnait à ce geste d'autorité les allures d'une pantomime de maître d'internat. La plus déroutante de ces recommandations portait sur « l'intégration des contraintes de la communication ». Intégration dans quoi ? Les politiques de notre temps ont mûri dans et par l'art de la communication. Leur attention est, dans ce domaine, toujours affûtée et en alerte. Les questions juridiques et d'organisation sont, elles, davantage déléguées à l'emprise de leurs cabinets et dépendantes de leurs négligences. Dans les recommandations du Premier ministre, les critères de collégialité, d'efficacité, de solidité et d'économie juridique, qui sont d'ordre technique, étaient placés sur un même plan que celui de la communication, qui est de nature politique.

Sous cette présentation, elle-même conditionnée par les équivalences simplificatrices d'une expression conforme aux conventions de la communication publique, il fallait aller chercher l'essentiel : de la communication, désormais, dépendrait tout le reste. Plus franc eût été de prescrire : « Intégrer les choix techniques dans les contraintes de la communication », plutôt qu'intégrer la communication, avec ses « contraintes », dans des choix techniques. La formulation des directives du Premier ministre trahissait ce biais constant d'une faiblesse du langage qui est la maladie la plus profonde des méthodes de gouvernement.

## Parler, diriger, décider

L'être politique est dans ses actes. Mais il se forge dans son langage ; et il agit par son langage. Parler autrement, c'est penser autrement, mais aussi, si l'on est cohérent, agir autrement. Encore faudrait-il parler proprement. On peut, à la rigueur, imputer à une inculture mathématique mineure le discours tenu, trois années durant, sur l'« inversion de la courbe » du chômage. Mais le mensonge politique est constitué lorsqu'il est articulé sur une impropriété syntaxique ou un amphigouri délibéré. L'usage de la langue est le plus exact révélateur de la sincérité, de la politesse et de l'autorité dans les sociétés. Les sémiologues pénétrants que sont devenus les commentateurs politiques auraient à développer toute une herméneutique de la dislocation anaphorique (« la France, elle pense ; la République, elle dit ») dans le langage du chef de l'État et de son Premier ministre. Elle révèle, mieux que tout, la difficulté persistante à dissocier le verbe des proclamations de campagne électorale et le parler d'État.

Dans les années 1980, l'expression « É(é)tat de droit » a été une des rengaines de la parole publique quotidienne. Une ambiguïté intentionnelle a fait alterner, dans une même formule, jadis forgée pour un sens précis par la philosophie du Droit, l'usage de la majuscule et celui de la minuscule. « État » était employé par ceux qui voulaient faire accroire que l'avènement d'un président de la République et d'une majorité parlementaire socialistes mettait un terme à une situation dans laquelle l'appareil public fonctionnait selon des mœurs proches de celles d'une jungle sans autre loi que celle de la tribu ; « état », de recours plus rare en ces temps de polémique, était plus modestement utilisé par ceux qui souhaitaient exprimer, s'il en était besoin, l'évidence de la supériorité morale des institutions juridiques sur la barbarie des rapports de force. Ces rappels ont été, à l'époque, d'une certaine utilité. Ils ont permis, notamment, d'atténuer progressivement les excès de comportement dont se délectaient des « coupeurs de tête » et autres « chasseurs de sorcières » dans l'appareil public. Ils ont aussi établi des limites au renforcement des pouvoirs voulu, au moins verbalement, au rebours de la doctrine d'alors du parti socialiste, par le Premier ministre confronté, décontenancé, aux réalités du terrorisme. Mais l'État de droit est une tautologie. L'état de droit est une nécessité sociale. Un principe fonde mais ne fait pas une politique. Le langage des politiques ne fait pas que révéler ces confusions, il les met en œuvre.

Leur langage détermine le paraître des politiques, et leur style traduit la réalité de leur autonomie de pensée et de leur autorité. On se souvient de l'exercice oratoire parfait auquel s'astreignait le général de Gaulle pour ses conférences de presse. Ses discours étaient de sa main. Il ne s'en remettait pas à une de ces plumes qui garantissent le cotonneux du propos ou s'efforcent d'imiter le ton du maître ; encore moins à un mentor qui cherche à imposer ses phrases, dont le texte est relu trop vite, et auquel, dans l'avion, à la va-vite, pour éviter une crise de nerfs du rédacteur vaniteux, on concède une place de virgule ou un adjectif saisissant. Les politiques font rédiger leurs discours. Des mots choisis pour leur pertinence en marketing s'y combinent avec d'autres censés révéler des souches culturelles. Un rythme et un enchaînement sont plaqués sur une trame pour que l'ensemble corresponde à la circonstance de l'énonciation et au style personnel de l'orateur. Une couche de phrases de Normale sup', conformes à la syntaxe, recouvre une tranche plus douteuse de bla-bla de com'[25], elle-même posée sur une tartine de langue techno. Les diplomates savent encore suggérer des mots et des constructions qui entrent dans les cadres de l'expression précise, nuancée et appropriée. Mais leur profession ordinaire n'étant ni de décider ni de diriger, encore moins de soulever les foules, leurs suggestions aux politiques doivent aussi être enveloppées. Et la manie de l'expression molle, certes préférable à la harangue mussolinienne, a fait tant d'adeptes que le moindre écart passe, sinon pour une forte et originale pensée, au moins pour un signe interprétable.

La vogue de la communication oblique est liée, sans doute pour une part, à l'anglicisation subreptice du langage public. Les déformations du transfert linguistique, la perte de précision due aux dérives françaises de la polysémie propre à l'anglais ont engendré une forte fréquence des perversions du sens. Le vocabulaire des footballeurs s'est aussi emparé du langage politique. « C'est vrai que », « c'est compliqué », « tout sera fait pour », « avoir vocation à » sont les tics de langage qui remplacent le propos direct et franc, dont on récuse et craint la droite violence. Le politique aime les mots guerriers mais les voudrait sans aspérité. Quand plus rien n'est martial, au moins le ridicule s'éloigne. Mais quand tout s'oriente vers la pauvreté de l'expression et que le langage martial ressurgit, on se rapproche du style matamore. Accepter d'être dupe des mots est la loi de la vie politique telle que la veulent ceux qui ont intérêt à perpétuer le leurre de l'autorité tranquille, jusqu'à ce que le simulacre se désagrège en impuissance.

Il y a trois classes de locuteurs parmi les politiques. Les plus nombreux sont ceux qui, par leur langage, s'efforcent de paraître. Quand ils sont parvenus près du sommet dans leur catégorie, leurs plumes les font ressembler au personnage qu'ils voudraient être. Sont nombreux aussi ceux qui, à l'opposé, s'abstiennent de paraître, par scepticisme, conscience de leurs limites ou incapacité à affronter la concurrence des plus mirobolants. Ils préservent une part d'authenticité louable mais sans avenir. Quelques-uns enfin, rares, affichent une évidente identité de leur « être » et de leur « paraître ». Cette coïncidence et cette adéquation sont exceptionnelles. Elles font d'eux des orateurs écoutés, en tout cas respectés. Ceux-là savent s'affranchir du prêt-à-parler. Ils pensent et rédigent eux-mêmes. À la longue, il peut leur arriver de ne plus écouter qu'eux-mêmes. À ce stade, ils deviennent d'habiles commentateurs de leur propre gloire, et ne savent plus être des décideurs publics éclairés et déterminés.

Trois facteurs influent sur la qualité de parole publique : la pertinence du choix du lieu d'où l'on parle, la conscience de la lassitude de l'auditeur, le délai entre la parole et l'objet du propos. Les journalistes sollicitent et obtiennent maintenant des réponses immédiates, depuis l'étranger, devant un chef d'État hôte, ou sur un trottoir, au débotté, à la sortie d'un événement privé, à des questions qui sont détachées de la circonstance ou éloignées du rang de l'interlocuteur. Les responsables publics acceptent d'être ainsi traités. Ils s'y croient même tenus et abaissent ainsi leurs fonctions. Ces manières révèlent l'abrogation de la distance. L'autorité s'ébroue dans une forme de familiarité. L'art de diriger reconnaît divers types de chefs. Mais il n'est pas de vie politique sans autorité. Dans le commandement militaire, on ne peut s'abstraire du courage et de l'exemple. Dans la direction d'une entreprise, on ne peut faire abstraction de la qualification technique et de la compétence financière. Le facteur commun, c'est l'organisation de la bonne distance avec les faits, les gens et les choses. L'autorité ne va pas sans prestige, le prestige sans mystère et le mystère sans distance, notait de Gaulle. L'efficacité ne réside pas dans la seule considération du détail mais pas non plus dans le contentement des esprits noyé dans des généralités absconses.

## Distance, consultation, séparation des pouvoirs

Alexandre dirigeait des armées aussi nombreuses que celles de Napoléon. Au milieu de la bataille, il pouvait être atteint d'un coup de lance.

Napoléon et Wellington ne se voyaient pas, mais ils pouvaient encore, à distance du combat au corps à corps, être victimes d'un boulet ou d'une charge. Le chef de guerre d'aujourd'hui peut être à des milliers de kilomètres du théâtre des opérations. Le capitaine d'équipe sportive, joueur comme un autre, dirige, comme il peut, depuis l'intérieur du jeu. Le patron de PME maîtrise et contrôle lui-même les processus industriels, mais il doit savoir s'en éloigner pour conquérir des marchés et gérer son équilibre financier. Le P-DG de multinationale n'a de regards que pour les grands blocs de gestion, même s'il est nécessaire qu'il sache, s'il le faut, entrer dans les détails. Le seul qui puisse être grand sans avoir à choisir sa distance avec des exécutants est le chef d'orchestre. Aux responsables politiques, les institutions imposent, comme au chef d'orchestre les conventions de la musique classique, la norme de distance à respecter entre lui-même et ses exécutants. Mais les gourous qui les encerclent ont la passion de régler cette distance. Ils croient détenir les clés de la présence et de l'ascendant qui conduisent aux triomphes ou à l'échec. Ils définissent des codes superflus. Ils font des mises en scène grandioses du plus infime des événements ou posent des emplâtres spectaculaires sur des blessures mineures. Ils négligent que la lucidité, l'intelligence, la compréhension autonome des faits sont les vrais seuls atouts du responsable politique digne de prospérer. En politique, les codes ne peuvent et ne doivent maîtriser complètement les tempéraments individuels.

Les foules, c'est bien le péril qu'elles entretiennent, veulent être subjuguées par le personnage politique. Leur ferveur est, souvent, toute de vulgarité. Mais dans la salle de concert, le public est éperdu d'émotion au spectacle du chef d'orchestre élégant, sensible, qui sert la musique. Celui qui, d'une main, règle imperturbablement la cadence, pendant que de l'autre il suggère, inspire, module les nuances, plie la musique jusqu'à l'extase, celui-là est salué, à la fin de la partition, par un silence de saisissement absolu, prolongé, respectueux, bien plus expressif que toute explosion d'enthousiasme surfait. Voilà ce que pourrait être le personnage politique de ce temps, s'il n'avait pour préoccupation essentielle d'aller au plus pressé, de complaire aux plus nombreux, de tordre, par des révérences au pragmatisme, ses convictions les plus élevées. L'économie des gestes, la dissimulation des hésitations, qui implique le secret des réflexions, les consultations sans équivoque, la vue permanente sur les buts et le privilège du long terme, la référence aux objectifs dans le choix des axes de progression et la justification des louvoiements inévitables, l'expression droite et claire des instructions, l'application froide des prescriptions, la discipline stricte qui implique de sanctionner la faute, volontaire ou non, tels sont les principes éternels de l'autorité. Ces constantes demeurent, même dans un monde où progresse, partout, l'idée de se passer des chefs.

L'apprentissage de l'autorité en démocratie comporte un grand danger, celui d'éveiller le démagogue. Plus grand encore est celui de nourrir la tyrannie en déléguant le pouvoir du peuple. La tyrannie des petits chefs, roitelets, conseilleurs, maîtres du discours public, notables et apparatchiks s'empare facilement des redoutes avancées du chef de guerre politique. La distance avec laquelle il exerce son autorité peut, alors, amoindrir la considération pour sa personne à proportion de celle qu'il voue aux personnes. Il ne porte plus son regard que sur les objectifs et néglige les effets des modalités. Or celles-ci déterminent l'humanité et la régularité des moyens employés. Toute erreur devient une faute. La garantie de la faute est dangereuse. Elle implique une évaluation prudente, qui ensable le dynamisme du chef dans des détails incertains. La punition de la faute est nécessaire. Elle doit passer avant l'affection pour les personnes, ce qui est mal payé en retour. La figure du chef est idéalisée. Elle est d'excellence, voire de perfection. À la fin, cette obligation rappelle à la nécessité de maintenir la proximité des personnes.

Dans les modes d'exercice de l'autorité, l'humilité reste souvent à explorer : « Je suis le chef. Je suis le maître. Je suis le responsable. Et je les sollicite de m'aider. Ayant bien compris que le chef n'est point celui qui sauve les autres, mais celui qui les sollicite de le sauver[26]. » La mystique du chef a servi les plus infâmes constructions idéologiques du XX^e^ siècle. La démocratie prétend être le gouvernement du peuple par lui-même. Elle doit prouver sa capacité à se rapprocher encore de son idéal sans enfreindre son éthique. Dans un système de décision, la place la plus éminente revient à la consultation. Pour les autorités publiques, les résolutions d'action sont précédées de consultations dont le processus est formalisé. Ce formalisme est cependant loin d'englober tout le fonctionnement des institutions. Les avis irradient et innervent le pouvoir. Des cercles concentriques décrivent incomplètement la sphère d'influence du pouvoir. Des canaux divers la traversent. Collaborateurs éblouis par leur proximité du chef, lobbyistes intéressés au succès de leurs démarches, journalistes, inconstants mais nécessaires, parlementaires dont il faut flatter le col quand leur esprit critique est aiguisé par leur intérêt électoral, tous enrobent l'autorité politique d'une gangue qui lui apporte à la fois chaleur, acidité, protection, stimulation et confort. Consulter est l'exercice le plus productif ou le plus dévastateur de l'activité politique.

Converser, rencontrer, peut vouloir dire consulter, ou influencer. C'est la presse qui en décide car elle dessine le cadre, et opte, à son gré, pour l'innocence ou le scandale. Un secrétaire général de la présidence de la République s'entretient avec un ancien Premier ministre[27]. Une conjonction d'impairs et de présupposés établit l'étrangeté de la rencontre. Ce n'est pas un événement, mais on peut en fabriquer un postiche de scandale. Il est banal que deux hauts personnages du milieu politique se parlent. Il eût été irréprochable qu'ils le fissent à l'Élysée. Ces murs en ont entendu bien d'autres ! Le choix d'un lieu extérieur fait de cet entretien, normal, une particularité. Résulte-t-elle d'un scrupule vain et maladroit ou d'une prudence factice, qui prêterait à soupçon ? Il est de tradition française que deux personnages politiques, pour se parler, partagent un repas. Il est de bonne politesse que ce repas soit de qualité, même si la note de restaurant, évidemment à la charge du contribuable, a été de quelque inconvenance en cette période de misère. Il est classique qu'un repas donne lieu à un échange confiant de points de vue, et il est de pratique déloyale que son contenu soit dévoilé à des tiers. Celui qui a livré à la presse sa version des propos tenus éprouvera, dorénavant, quelque difficulté à pouvoir compter sur la franchise de parole de ses convives. Son impolitesse lui vaudra une réputation de colporteur d'indiscrétions. Il est de meilleurs destins pour un personnage éminent que de se mettre à la merci de tous les manipulateurs. Il est aberrant de considérer que les interlocuteurs devaient s'abstenir de parler du remboursement, par un parti, des dettes électorales publiques d'un candidat en situation d'illégalité. Ce procédé, juridiquement discutable, était en outre préjudiciable au contribuable, chose assez sérieuse pour être abordée et que soit évoquée la position de l'État dans la protection des fonds publics. Il est naïf de penser qu'une pression en faveur de poursuites ait pu être formulée, au moins parce que ces choses-là sont moins inélégantes quand elles s'expriment avec subtilité et s'entendent à demi-mot. Il est, aussi, ridicule que l'autorité gouvernementale, maîtresse de l'action publique par l'intermédiaire du parquet, croie devoir se voiler dans une prétendue virginité judiciaire pour refuser d'entendre qu'il pouvait y avoir lieu à des poursuites, dont le fondement n'est pas de seule légalité formelle mais aussi de défense des intérêts du budget de l'État. Si le parquet n'avait, en définitive, résolu d'agir, il y aurait eu, en ultime appréciation, carence de l'État. L'aurait-il signalée que M. Fillon aurait eu raison de le faire. On voit ainsi combien l'exercice du dialogue entre représentants du pouvoir et représentants de l'opposition est, s'il n'est pas institutionnel, acrobatique.

De la consultation en matière politique, le résultat dépend du degré de conformité entre l'opinion et la décision envisagée, mais pas seulement : c'est la manière de procéder qui fait verser le processus au succès ou au désastre. Pour cette raison, un rapport droit et direct entre un gouvernement et une institution peut tourner au fiasco. Des conditions de loyauté respective peuvent ne pas être remplies. Lorsqu'un ministre de l'Éducation veut réformer l'organisation du temps de travail dans les écoles, il fait (s'en rend-il compte ?) payer son geste par des collectivités territoriales. Bloqué par sa maladresse, il se résout ou à céder, par une subvention, à leurs objurgations financières, ce qui est contrevenir à la répartition des charges publiques, ou à faire sanctionner l'« indiscipline » des collectivités, ce qui est brandir la force à l'encontre de leur liberté. Dans ce cas, le principe même de la consultation était absurde : la décision entrait dans le plein travers de la répartition légale des compétences entre collectivités publiques. Jouer dans cet enchevêtrement relève de la tentative de manipulation, pas de la consultation. Quand des commissions parlementaires entendent directement des collaborateurs de ministres, elles outrepassent la responsabilité politique propre de chaque membre du gouvernement. Cela peut agréer à un ministre, incertain de gagner la partie dans un dialogue techniquement vigoureux, mais perturbe la répartition des rôles institutionnels. Lorsque la Cour des comptes est sollicitée de fournir son avis au gouvernement ou au Parlement, elle collabore à la production de la décision. Sans doute n'est-elle pas la moins compétente pour ce faire. Mais, à la différence du Conseil d'État qui sépare strictement son contentieux de ses consultations administratives, elle se trouve placée dans les positions conjuguées de conseilleur, de censeur, voire de juge et de certificateur, missions incompatibles entre elles.

Ces accommodements avec la netteté et la responsabilité dans la séparation des pouvoirs, en apparence peu pernicieux, en outre commodes, sont, en profondeur, destructeurs d'équilibres institutionnels. Ils constituent des conflits de fonctions, au fond pas très éloignés, dans leurs mécanismes, des conflits d'intérêts pourchassés par ailleurs. Consultant un synode sur des points majeurs de la doctrine de l'Église, le pape donne une orientation, affiche une méthode, prend le temps de la discussion libre, en soumet les relevés à la délibération collégiale, en fait extraire des jus successifs. Mais il réserve sa décision finale. Son autorité n'est nulle part affaiblie par sa méthode, respectueuse des voix de tous, sans abdication de ses prérogatives. La démocratie politique serait-elle incapable de produire des montages aussi ingénieux ? Ne sachant les inventer, le pouvoir politique démontre sa loyale bonne foi à l'égard des institutions en multipliant les dessaisissements de sa propre responsabilité, par exemple vers de « hautes autorités » indépendantes. Mais l'indépendance de celles-ci est protégée tant qu'elles sont dirigées par des amis politiques, et leurs moyens rognés dès que leur direction hérite d'un pouvoir antérieur.

Dans ce contexte, la consultation du Parlement est prisonnière d'un formalisme dévoyé. L'élu politique pense pouvoir être législateur, créateur de droit. Il s'ingénie à truffer des projets de lois avec ses amendements. Ses interventions sont agréées, voire suscitées, par le gouvernement, sinon promises au panier. Elles peuvent, hypocritement, témoigner d'un rôle actif dans la fonction de législateur. Mais rien ne peut dissimuler complètement la profondeur de la fosse où sont jetées les propositions d'initiative parlementaire. Consulté par le prince détenteur du pouvoir, invité à tester, par prévention, les réactions possibles à un projet gouvernemental, l'élu est, au fond, traité comme les membres de ces groupes de témoins que consultent les sociétés de marketing. Il est, en définitive, tenu à l'écart des processus d'élaboration de choix essentiels et prié d'approuver sans trop barguigner les mesures gouvernementales dès lors qu'elles sont issues de son camp. Il se sent, la plupart du temps, acteur d'un théâtre d'ombres, exclu de la fonction de décision étatique, et cantonné dans son office de représentation. Il peut alors s'abandonner aux délices et aux amertumes d'une forme d'irresponsabilité.

Rien n'interdirait qu'un ministre soit, dans le domaine de sa compétence, assisté d'un comité parlementaire. Il pourrait le réunir lui-même, chaque semaine ou chaque mois, pour le consulter librement, sans engagement, ni vote, ni comparution de subordonnés, sur les axes et le contenu de sa politique. Écouter, prendre le pouls, sans faire procéder à un relevé de la discussion, sans que soit sollicité quelque engagement de prise de position, sans qu'il y ait lieu ni à décision collégiale ni à propos publiquement rapportés, voilà qui mériterait d'être expérimenté, sans qu'il y ait besoin d'un texte. Tester des orientations avant même tout contact avec les professions concernées, préciser des intentions avant présentation au Parlement d'un projet mis en forme juridique convenable : voilà qui pourrait permettre de déminer quelques conflits inutiles tout en assurant, auprès des élus, une information de courtoisie, préalable à celle de la presse. Si informel soit-il, un tel dispositif ne peut prendre vie et fonctionner convenablement que si quelques précautions rigides sont respectées. Il importe que ce collège ne soit noyé ni sous le nombre des participants ni sous celui des consultations. Il devrait être peu nombreux, réuni à périodicité fixe, pour une durée libre mais brève, et composé, puisque de rôle seulement informatif et consultatif, sans souci d'équilibre politique. On peut imaginer qu'y figurent un représentant de chaque groupe parlementaire ainsi que le président et le rapporteur général de la commission principalement chargée des dossiers du ministre concerné dans chacune des deux assemblées. La règle voudrait qu'il n'y eût aucune publicité des échanges. Les inévitables fuites, réelles ou imaginaires, ne devraient, pas davantage, susciter infirmation ou confirmation : ce collège ne prend aucune décision, et aucune décision ne s'y prend ou ne s'y révèle. Les cumuls de participation seraient prohibés. Chaque comité ministériel aurait ainsi une composition différente, et les groupes parlementaires seraient laissés libres de désigner leurs représentants pour chaque séance.

Peut-on vraiment introduire, pour plus d'efficacité, un mode de relation supplémentaire entre l'autorité exécutive et l'autorité législative déjà encombrée de durées de sessions interminables ? Il serait profitable que les assemblées reçoivent pour examen des projets purgés de leurs absurdités technocratiques flagrantes ; nettoyés de leurs éléments d'intransigeance absolue, ou clairement construits, sur des pivots irréductibles, à soutenir ou abattre d'emblée par le vote avant de passer aux détails ; protégés, en cas de blocage, de la tentation démagogique du recours au vote populaire. Il serait plus sain et moins frustrant que les membres du Parlement puissent entrer dans la conception des orientations plutôt que de tenter d'intervenir dans le pilotage quotidien des actions ; et plus digne, pour eux, de détenir une responsabilité authentique plutôt que de se débattre dans un partage des rôles confus et asservissant.

Selon ces lignes directrices, le chemin à suivre, par exemple, pour la rénovation des collectivités territoriales aurait été moins tortueux. Les versions se sont accumulées. Douze, treize, quatorze ou quinze régions ? Pendant des mois, nul n'a plus su où en était la perspective des regroupements, ni sa logique. Compétence générale des collectivités, ou compétences spécialisées ? Qui aurait pu encore dire, après plusieurs revirements, l'état de la question ? Départements sauvegardés ou sacrifiés, leurs assemblées préservées ou dissoutes ? Les bouleversements seront-ils évités en milieu rural ? Quelle est la doctrine, où sont les préférences ? La consultation de comités parlementaires, avant la révélation des intentions, aurait pu éviter l'étalage de ce salmigondis. Elle aurait pu ouvrir le chemin de l'adhésion, indispensable, des collectivités décentralisées à la rénovation de leurs fonctions et des financements publics. Car c'est une entreprise de clarification préalable qui pourrait, seule, permettre d'établir les principes d'un nouvel agencement du système fiscal, d'une nouvelle architecture des missions publiques et de l'assainissement des bases de financement, pour parvenir à une redistribution consensuelle des missions et des ressources entre l'État et les collectivités décentralisées.

## Durée des mandats, primaires et autorité dans l'État

Peu de décisions publiques emportent l'unanimité. Ces raretés sont, sauf circonstances exceptionnelles, hors de portée. Les périodes qui les permettent sont, au fond, peu souhaitables. L'unanimisme est une maladie grave. Les processus de décision en démocratie résultent de conventions de modération des comportements. Ces règles ne sont pas figées, pas non plus contingentes. Il est loisible de les faire évoluer. Des secousses trop nombreuses les rendent toutefois confuses et moins respectables. L'impatience des bouleversements constitutionnels est une pathologie d'instables, plus agités que civilisés. Il suffit de quelques années pour s'apercevoir que telle modification constitutionnelle a résulté d'une impulsion de l'instant et non d'une profonde nécessité. Les inconvénients antérieurs étaient moindres que ceux du changement opéré. L'effet attendu a été annihilé par tel ou tel facteur initialement inaperçu. Ainsi en va-t-il de la réduction à cinq ans de la durée de mandat du président de la République. Ce fut une réforme d'illusionnistes. L'efficacité, en démocratie, repose sur d'autres fondations. L'alignement de la durée des mandats de différents pouvoirs est une solution superficielle à des difficultés structurelles. Au cœur du problème de la décision démocratique efficace, le déterminant essentiel est la façon de prendre des décisions. Mettre en place des mesures utiles et tolérables, ni césariennes ni inoffensives, de fond et non d'apparence ; faire en sorte de n'avoir pas à les retirer, dans la panique, face aux déversements de l'irrationalité : telles sont les questions. La décision franchement idiote, provocatrice et autodestructrice est inhabituelle mais possible. Ce cas mis à part, la décision gouvernementale a deux versions. La décision exécutable est celle qui intervient lorsqu'elle est mûre pour une mise en œuvre sans surprise. Sa publication ne découvre ni ne déclenche un détonateur inaperçu par les entourages de conseilleurs. L'autre type, caricatural, est la décision mirifique, ensablée d'avance, dont on ne peut maintenir très longtemps la perspective, car elle est irréalisable. Les bureaux, ceux du ministère des Finances en particulier, excellent à étouffer ou dénaturer les idées perturbatrices de l'ordre établi. Ils bricolent des formules subtiles qui prétendent tenir la promesse mais font obstacle à ses effets. Un projet réaliste sans envergure et une intention magnifique sans substrat peuvent être d'une opportunité équivalente. La bonne fin du processus est cependant indépendante de la nature de la mesure. Elle dépend du style de son annonce et de la méthode de sa mise en œuvre.

Souvent, l'autorité est affaiblie avant même que la décision puisse intervenir. Le mode d'énonciation publique des motifs d'un projet peut être indigent. Le politique, sous l'influence de ses conseillers en communication, s'essaye à un équilibre impossible. Tiraillé entre deux styles, le coup de menton déterminé et la confidence personnelle, il expose, dans chacun de ces registres, une image retouchée. On lui fait croire qu'il s'est montré authentique, mais l'image produite est perçue comme un travestissement payé, par surcroît, du prix de l'impudeur. L'orateur, fût-il Premier ministre, qui affiche ses convictions *comme* père de famille, *comme* citoyen, *comme* socialiste et *comme* patriote, donne prise au ridicule. Il n'entend pas le titi, dans la salle, qui complète : « Et comme abonné au gaz et à l'électricité ? » Il y a d'autres façons d'abaisser l'autorité publique. Le mécanisme de désignation des candidats aux élections présidentielles en est une, éminente.

En 2011, le parti socialiste a choisi de sélectionner son candidat à la présidence de la République par un scrutin ouvert à toute personne qui verserait une participation financière, symbolique, aux frais de son organisation. Dans ces élections primaires dites citoyennes, il s'est, avec une inconscience sympathique, piégé pour l'avenir. Des électeurs qui pouvaient être hostiles aux orientations du parti ont eu le droit de participer au vote. D'aucuns l'ont fait et, à l'avenir, se reprendront à ce jeu, dans le but d'influer sur le sort d'un candidat qui, par sa réputation, favoriserait leur propre camp. L'effet quantitatif de cette ouverture est probablement négligeable. Il est politiquement significatif. Car, en somme, les primaires peuvent ainsi duper le votant et, au premier chef, le militant. Son bulletin est indifférencié, au milieu de ceux d'autres votants supposés sympathisants. Il est dépossédé de son pouvoir dans le parti. Dans un concours copieusement télévisé, le talent médiatique des candidats prime sur leur statut dans l'appareil du parti, relégué au rang de facteur subsidiaire. Les primaires, au fond, rapprochent heureusement un parti de l'idée que s'en faisaient les révolutionnaires de 1789. Le club des Jacobins était un lieu de libre discussion. Ce sont la guerre et la guillotine qui en firent un parti totalitaire[28]. Il est resté quelque chose de cette déformation. Dans les partis, « l'opération de prendre position pour ou contre s'est substituée à l'obligation de la pensée[29] ». Après les primaires, le naturel reprend le dessus, et pour reconstituer une position personnelle au sein d'un parti il n'est plus que de livrer une guerre de coups bas, malédiction à laquelle aucune organisation de pouvoir n'échappe quoi qu'il en soit.

La conséquence principale des primaires est autre, et plus grave. Elle est que, sans même qu'il leur soit porté atteinte, les institutions publiques sont profondément affectées. C'est un bouleversement vicieux. Les primaires amoindrissent l'autorité d'un président de la République sans que, pour autant, aucun autre titulaire de pouvoir public bénéficie de cet affaiblissement. En 2011, l'opinion publique a porté aux primaires de la gauche un intérêt passionné. Cette frénésie a presque dépassé le niveau de l'exaltation pour les élections présidentielles qui ont suivi. C'est dangereux, à plusieurs titres. Des primaires spectaculaires font, sur décor de sondages, comme une répétition générale de la pièce que le suffrage universel jouera ensuite selon le même livret. Elles ouvrent des perspectives inouïes de redistribution cachée des pouvoirs. Le résultat des candidats secondaires oblige le futur président. Il entrave sa future liberté de manœuvre. MM. Valls et Montebourg ont, en 2012, forgé leurs destins ministériels en s'insinuant dans cette formidable machine à doper leur présence médiatique alors qu'ils ne pouvaient, ni l'un ni l'autre, sérieusement espérer aller jusqu'au bout du processus. Les moitrinaires de la droite, si elle emporte les élections présidentielles en 2017, lieront, de même, les mains du futur président de la République. Aux États-Unis, des élus du parti républicain se sont avisés, en octobre 2015, que les deux candidats les mieux placés dans les intentions de vote aux primaires étaient ceux qui, n'ayant aucune expérience politique, avaient tous les attributs des moins capables d'exercer le mandat présidentiel.

Un président de la République élu qui se prêterait à la mascarade de primaires avant de solliciter le renouvellement de son mandat se placerait, ayant précédemment incarné le peuple, dans la main d'un parti. La caution que lui apporterait un succès aux primaires serait, au mieux, inopérante ; au pire, elle abîmerait ses chances. De toutes les manières, élu de tous les Français, il se serait rétréci dans le rôle du candidat d'une fraction d'entre eux. Une popularité constatée au moment des primaires, plusieurs mois avant des élections présidentielles, peut en outre, car ces choses-là vont vite, se dégrader avant le scrutin. L'erreur de désignation serait sans retour, et le retrait de la compétition impossible à envisager. Un échec aux primaires d'un président de la République dont le mandat serait renouvelable le pousserait, sans l'y contraindre, à se retirer. Ce serait une manière de licenciement, par un parti, d'un élu préalablement désigné par le peuple, une forme de mépris du citoyen. Il y a une part de cynisme fasciste, soviétique ou maoïste dans cette idée que le parti aurait le dernier mot quand bien même le peuple détient seul en démocratie le droit de se désavouer. Ce pouvoir exorbitant serait de surcroît inutile. L'échec du candidat au renouvellement de son mandat scellerait probablement aussi celui d'un concurrent de substitution, promu par l'esprit de division. Brutus ne remplace pas César. Imaginons que le président candidat à sa propre succession refuse de se prêter au cérémonial de désignation organisé par le parti, renverse la barrière fermée par son propre camp et se représente de toute façon, soit qu'il tienne le résultat défavorable pour non avenu, soit qu'il contourne l'étape des primaires sans que le parti y ait, au moins implicitement, renoncé. Cette option serait interprétée comme un coup de force ou comme une dérobade. Elle l'abaisserait de toute façon. Le président sortant passerait pour un de ces potentats africains qui veulent rompre les interdictions de renouvellement de mandat.

Les primaires risquent de déboucher, *in fine*, sur un mandat présidentiel unique de cinq ans non renouvelable. En clôture de mandat présidentiel, le désir d'alternance est souvent souterrain mais fort. Les circonstances peuvent le contrecarrer mais aussi le transformer en fait majoritaire. À l'approche du terme, le spectacle des enfantillages d'une campagne de primaires peut suffire à faire la différence. En organisant des primaires, un camp contraint l'autre à faire de même. Les palinodies médiatiques épuisées, le suffrage réel sera réduit à la fonction d'avoir à les surmonter. Le camp du président de la République en exercice peut, souplement, se donner des motifs de s'affranchir de ces corvées. Si c'est l'opportunité qui, seule, lui fait, devant la perspective favorable d'un renouvellement de mandat, renoncer aux primaires, c'est que, de toute façon, les principes sont déjà perdus. Si les deux camps s'attachent à vouloir des primaires, il leur faudra supputer les avantages respectifs de l'organisation en premier ou en second. La chronologie des épreuves est une des clés de la maîtrise de l'opinion publique. Le temps prime sur le fond et la tactique supplante l'idée politique. La campagne des primaires étouffe, pour un moment, toute autre expression politique. Elle encombre l'actualité médiatique comme si elle précédait un premier tour d'élections présidentielles. De la sorte, elle fait de celles-ci une compétition à quatre ou six tours (chaque camp est supposé se livrer à des primaires à deux tours) au lieu de deux, dans laquelle aux affrontements succèdent des accommodements tactiques au détriment de la saine différenciation des idées. Pour une bonne partie de l'opinion publique, ce tournoi devient aussi compliqué à suivre que la progression des compétiteurs au sein des poules dans une Coupe du monde. Par là, elle contribue à discréditer la politique en jeu.

Qu'il le veuille ou non, des primaires font d'un candidat aux élections présidentielles le candidat du parti organisateur. Pour tromper le monde, le parti donne le droit d'y voter à d'autres qu'à ses membres. Ce faisant, à gauche, on se réfère, non sans paradoxe ni vergogne, à une conception citoyenne. À droite, sans qu'il soit besoin de nommer le processus, cela consiste, à la faveur d'un geste vers le centre, à briser un enfermement. Cette ouverture factice permet de poser les bases d'une association avec les franges des électorats. Ainsi, les primaires consacrent une vision politique binaire, celle de l'affrontement de deux camps, tout en permettant d'engager des électeurs en marge. Les partis esquivent, de la sorte, leur fonction d'incarnation d'options politiques fermes. Par cette dérobade, ils révèlent leurs propres doutes sur leur capacité à s'identifier par des thèmes majeurs pour structurer l'opinion autour d'eux. Une campagne de primaires étouffe, dans le champ politique, toute autre gesticulation. Elle encombre l'actualité médiatique pendant plusieurs mois. Elle vole plus d'un an au temps politique, déjà amputé de deux ans par le raccourcissement du mandat présidentiel. La course à l'Élysée commence à mi-temps du mandat. Comme s'il était besoin de ce facteur supplémentaire de soupçon, l'intérêt électoral pèse, pendant toute cette période, sur la sincérité des mesures gouvernementales. Le mandat présidentiel est comme raccourci par une captation du temps par les partis. Dans son premier mandat, après son élection, il reste deux ans à un président de la République pour se défaire de la séquelle des primaires et restaurer sa liberté avant de consentir à de nouvelles compromissions. Dans son second mandat, non renouvelable, c'est pire : il joue le sort d'autres que lui, alors que déjà, à la première minute, ils se trémoussent autour de son trône. Des primaires offrent un choix multiple mais restreint, qui prend le pas sur le choix plus ouvert qu'offre à tout citoyen une élection présidentielle. Confondue avec une répétition générale des élections présidentielles, une campagne de primaires oblige les deux plus grands partis à se battre sur les préparatifs eux-mêmes, en calculant leurs avantages respectifs à organiser leurs primaires en premier ou en second rang chronologique. Malgré les faux-semblants, elle concentre l'attention publique sur un choix d'hommes d'appareil. Dans un débat propre à chaque camp, les idées sont moins distantes les unes des autres que dans un premier tour d'élection présidentielle. Elles sont si peu distinctes qu'elles en deviennent secondaires. Après les affrontements initiaux, des accommodements tactiques feront, de toute façon, disparaître la saine différenciation des programmes. En opérant un tri entre des personnes, les primaires se substituent en quelque sorte au premier tour des élections présidentielles. Elles les dénaturent et les déconsidèrent. Les présidentielles prennent l'apparence d'une opération à au moins quatre tours, parmi lesquels le premier devient, après l'étape des primaires, le troisième. Comme tous les spectacles télévisés à grand public, le processus des primaires connaîtra usure et lassitude. L'affrontement d'individualités armées de leurs ambitions et dressées sur leurs ego, mais qui prétendent redevenir fraternelles dès la fin du jeu, dégrade un peu plus l'opinion que porte le public aux mœurs de la classe politique. Les primaires, même si le vote est accessible à tous, y compris à ceux qui pensent pouvoir contribuer au choix d'un adversaire dont la candidature serait la plus utile au succès de leur candidat préféré, enferment le président de la République futur dans les rets d'un parti auteur et initiateur du processus. S'il accepte, pour être élu, de s'emprisonner dans un procédé partisan, tout candidat retournera, une fois élu par le suffrage universel, à sa nature d'homme d'appareil.

Pourquoi le processus des primaires, qui est légitime, éclairant, efficace aux États-Unis, serait-il pernicieux en France ? Faut-il démontrer que les institutions publiques française et américaine restent fondamentalement différentes, même si leurs modes de fonctionnement ont tendance à se rapprocher ? Les deux grands partis sont, aux États-Unis, les promoteurs de débats publics permanents. En France, les partis sont, petits ou grands, obsédés d'étouffer leurs querelles idéologiques internes pour pouvoir exprimer une doctrine homogène. Mais, en organisant des primaires, ils esquivent leurs responsabilités de conception, de représentation et d'incarnation de la pensée politique. Ils font douter de leur légitimité à structurer l'opinion publique. Les primaires, en définitive, dégradent ce que la fonction des partis politiques a d'éminent, et elles altèrent les fondements d'autorité du président de la République. Aux États-Unis, le président est un chef de majorité sans Premier ministre. En France, élu par une majorité des Français, il se refuse, au moins officiellement, au rôle de porte-parole d'une fraction majoritaire. Face au risque d'avilissement de son statut, il est nécessaire que le président de la République adapte les modalités de son autorité de l'État. Ce que d'aucuns voudraient réaliser par de nouveaux changements de la Constitution peut se faire par des gestes simples. Ouvrir les frontières entre les sectes politiques serait un premier pas. Peu de chefs politiques s'essayent, et encore moins parviennent, à décloîtrer des acteurs politiques tout en renonçant à les asservir. N. Sarkozy fait partie de ceux qui ont tenté de « fraterniser avec des rustres ». Ses tentatives auraient pu passer pour sincères si elles avaient débouché sur une transformation profonde de la nature des relations entre les partis. Malgré la réprobation de la biologie, du droit canon et de la loi civile, l'action politique ne se détourne jamais de l'attraction de la consanguinité. Les politiques, décidément et durablement, ne veulent s'entourer que de leurs affidés. Il ne leur reste que d'agir sur les structures qui leur permettent de prendre leurs décisions, ou au sein desquelles ils les prennent.

## Ministres, secrétaires d'État, administrations

Saint-Simon disait des secrétaires d'État qu'ils sont « entraînés par la multitude des affaires, par la foule de ceux qui en ont à eux, par le fatras d'expéditions de toute espèce, n'ont pas le temps de travailler avec la suite et l'application nécessaires à chaque chose importante, sont moins occupés à bien faire qu'à tout faire, surtout de se conserver dans une place qui les fasse régner, laissant ainsi beaucoup de choses médiocres en arrière, qui néanmoins sont grandes pour ceux qu'elles regardent et essentielles pour l'ordre et la bonne administration ; enfin qui ne peuvent se défendre d'être en proie à leurs commis dont l'insolence s'augmente à raison de la nécessité dont ils deviennent à leur ministre, et du besoin que chacun, sans exception, a d'eux[30] ». Sous toutes les républiques, des plus parlementaires aux plus présidentialisées, les ministres ont, de même, été obsédés par leur carrière et en proie à leurs conseillers. Officiellement, et sans doute sincèrement, ils sont, avant tout, mus par la préoccupation de l'intérêt général. L'intérêt de leurs électeurs est aussi un ressort essentiel. S'y ajoute la préoccupation, qui parfois prédomine sur le reste, d'éviter une interpellation inconfortable, une campagne de presse assassine, ou la déception des proches qui portent, et que portent, les succès de leurs chefs. Sur un dossier, sur une décision, le ministre produit en général, dans les termes suggérés, l'avis, circonstancié ou improvisé dans l'urgence, de son cabinet. Cette dépendance, utile, a des revers. L'opinion, guidée par les journalistes spécialisés, ne croit guère à la responsabilité autonome des ministres de petite envergure. Ils sont les porte-parole de leurs cabinets, pas plus que des figurants, surtout en temps de crise. Leurs administrations, soumises aux injonctions des cabinets, sont déconsidérées, humiliées, anémiées, débordées. La fonction publique a cessé de jouer sa fonction d'aristocratie républicaine. Les ministres s'étant perdus, avec leurs cabinets, dans le déminage de dossiers et la prévention des affaires qui procurent des ennuis immédiats, la prévoyance de l'État s'exerce mal.

Ces anomalies de fonctionnement ont été aggravées par des facteurs qui, bien utilisés, auraient dû, au contraire, alléger le poids de la charge ministérielle. Le nombre des ministres est excessif. Les gouvernements sont obèses, leur train poussif. Les liens des ministres avec les circonscriptions, cantons ou communes où leur élection a fondé leur ascension, les détournent de leur tâche première. La boursouflure de leurs cabinets renvoie les fonctionnaires des administrations subordonnées à un sentiment d'impuissance résignée. Pas plus de dix ministres suffiraient à gérer l'État, et avec plus de cohérence et de hauteur de vue. Mais la maladie du surnombre est incoercible. Elle a contaminé l'Union européenne. Le président de la Commission européenne entrée en fonctions en fin d'année 2014, confronté à l'irrationalité d'un effectif des commissaires aligné sur le nombre des États membres, a résolu de hiérarchiser son équipe. Sept vice-présidents, assistés de cabinets mais pas d'administrations, encadrent vingt commissaires, en nombre ainsi un peu réduit, mais dotés à la fois de cabinets et d'administrations. C'est apporter à un vrai problème, le nombre et la dispersion, une solution de moindre mal, la coordination. Ce n'est pas, pour autant, établir une autorité cohérente. Au moins y aura-t-il eu un effort significatif. Cet édifice bancal va connaître une atmosphère renouvelée. Mais la psychologie des organisations publiques pourra, à coup sûr, enrichir son catalogue des plus fines pratiques de l'art de détourner les meilleures intentions de management. Un chef ne dirige pas efficacement plus de trois à cinq subordonnés, dix au maximum.

Dans l'espoir, très hypocritement soutenu par certains, de stabiliser et rationaliser, en moindre nombre, les structures administratives gouvernementales, les gouvernements récents ont restauré la fonction de secrétaire général des administrations centrales. Introduite dans tous les ministères, elle devait permettre à son titulaire d'avoir une vision générale, c'est-à-dire à la fois exhaustive et d'ensemble, des affaires. Elle a cependant été d'emblée rognée d'exceptions de compétence, de droit ou de fait. Le véritable substitut général du ministre reste, partout, le directeur de son cabinet. Derrière l'idée du rétablissement et de la généralisation du titre de secrétaire général, pas toujours honorablement illustré dans le passé mais nappé d'un certain prestige, il y a eu celle d'une répartition des attributions des ministères qui fut établie dans une certaine permanence, organique et budgétaire. Les limites de compétence des administrations centrales placées sous l'autorité de secrétaires généraux pourraient être celles des secrétaires généraux eux-mêmes, déterminées en calque des missions réparties par la loi budgétaire, moins contingentes que celles des portefeuilles des ministres. Ce principe est préfiguré par le fait que quelques secrétaires généraux sont communs à plusieurs ministères. L'extension d'une organisation administrative uniforme a eu, rapidement, des effets de gâchis. L'aura qui émanait de la fonction de secrétaire général ne s'est pas étendue sur l'être administratif dans son entier. La banalisation du poste a dégradé l'image du titre. Au ministère des Affaires étrangères, le secrétaire général fut un personnage considérable. Il y est devenu moins éminent. Au ministère de la Défense, le secrétaire général a été un grand argentier redouté de tous, jusqu'à ce que le chef d'état-major des armées se libère de la tutelle de ce gringalet encombrant.

Le secrétaire général d'un ministère est doté d'une compétence de coordination, mot dont on sait qu'il est le verso ou, plutôt, le contraire du commandement. Lorsque, dans le magma d'un organigramme flottant, le commandement se trouve défaillant, on lui substitue de la coordination. Ce concept mou, entendre par là qu'il ne pousse pas très loin les contraintes de la rationalisation, a pour ambition d'accommoder les antagonismes. Il permet, gracieusement, de les laisser subsister. Les secrétaires généraux des ministères, adossés à leurs missions de coordination, se sont, tels des ministres, empressés de s'entourer en abondance, pour les aider à coordonner, de directeurs, directeurs adjoints et chefs de cabinet, conseillers techniques et chargés de mission, directeurs et chefs de projets transversaux (traduire : autorisés à se mêler de tout ce qui se raccroche peu ou prou à leur intitulé de projet, quand il y en a bien un). Le comportement de l'institution a été, ainsi, dévié, sans tarder, de son objectif. L'ascendant qu'elle devait avoir sur les services a été sapé par l'inflation de ses moyens propres. S'accommodant des restrictions, suçant la substance des services subordonnés et déconcentrés, le secrétariat général se rend visible et apparemment responsable. Il facilite, en définitive, plutôt qu'il ne restreint, l'éclosion de portefeuilles ministériels disparates ou incongrus. Des ministres sans administration propre peuvent s'appuyer sur ces structures pivots, qui tiennent leur mission d'une lettre du Premier ministre. Ces îlots de stabilité, auxquels, cependant, rien ne garantit la pérennité, sont l'esquisse d'une organisation plus proche de l'austérité. Ils sont les fondations sur lesquelles peuvent s'appuyer des gouvernements dont la composition peut varier librement au gré de l'opportunité politique. Mais pour soigner les maladies de l'incohérence qui affectent les organismes chargés de produire la décision publique, il est encore nécessaire de trouver d'autres remèdes.

Dix ministres suffiraient à gouverner l'État. Limiter leur nombre, définir par un texte une loi organique, voire une Constitution, la structure du gouvernement, il ne manque pas de personnages politiques pour l'avoir préconisé. De temps à autre, une contraction de l'effectif gouvernemental est présentée comme exemplaire, puis vite abandonnée ou dénaturée par une inflation de ministres délégués et secrétaires d'État. Ce serait une faute de cristalliser un schéma d'organisation. Les circonstances changent, les buts politiques évoluent de même. La délimitation des portefeuilles doit pouvoir varier. Tout organisme complexe, quel que soit son degré de complexité, peut être efficacement dirigé dans une architecture pyramidale. Il y a cependant d'évidents avantages, pour la qualité de la direction de l'ensemble, à ce que le nombre des ministres soit contenu à quelques-uns. Il faut que l'État soit préparé aux conséquences de cette position de principe. Les ministres ont des missions et des objectifs, par rapport auxquels on doit pouvoir mesurer des résultats, dont ils doivent normalement rendre compte. Ils constituent, en principe, l'étage stratégique de la décision d'État. L'intitulé du ministère, le nom du portefeuille, décrit la mission. L'ambiguïté commence là. Car certains ministères ont des intitulés organiques et non pas fonctionnels. Ils sont inégalement disposés face à leurs obligations de résultat. Les ministres dirigent une administration et l'ambiguïté se prolonge par là. Certains ministres partagent une administration, ou disposent *en tant que de besoin*, selon une formule consacrée, des services placés sous les ordres d'un autre. Il y a, par tradition française, une strate intermédiaire entre le niveau politique et le niveau administratif, une interface, qui est le cabinet. Le directeur du cabinet, généralement haut fonctionnaire en même temps que sympathisant politique avéré, est le suppléant du ministre. Cette articulation pourrait être rendue plus franche. Les ministres, chargés de définir et atteindre les objectifs politiques, pourraient être secondés et suppléés par un secrétaire d'État plutôt que par un directeur de cabinet. À la rigueur, deux ou trois secrétaires d'État auprès d'un ministre, pas plus, pourraient couvrir les champs administratifs correspondant aux missions. La délimitation d'attributions des secrétariats d'État serait organique (Trésor et budget, fonction publique, police, armées). Ils seraient constitués d'administrations centrales (chargées des réglementations et de la gestion), elles-mêmes appuyées sur des opérateurs. Il existe déjà nombre d'opérateurs, placés sous des tutelles plus relâchées que strictes. Responsables de la mise en œuvre concrète des actions, et mieux tenus en main, ces opérateurs pourraient être plus nombreux. Les armées constituent, d'une certaine manière, un opérateur sous les ordres de leur chef d'état-major. Les services publics de sécurité civile pourraient être regroupés en un opérateur.

Le secrétaire d'État, personnage ouvertement politique, et d'extraction politique, se substituerait à cet être hybride, mi-fonctionnaire, mi-politique, qu'est le directeur de cabinet de ministre. Il pourrait être assisté par quelques collaborateurs directs. Cinq, ce qui est l'effectif des cabinets de commissaires européens, suffiraient pour fournir un appui spécifiquement politique au ministre. Les cabinets ministériels, placés sous l'autorité des secrétaires d'État, auraient à se comporter comme assistants d'autorités et non pas comme superviseurs et encore moins comme décideurs, n'ayant aucune autorité propre et nulle délégation de signature. Peu de domaines doivent être réservés à ce cabinet : relations avec les parlementaires, avec la presse, communication externe. À ces titres, sa participation à l'élaboration de la décision est inévitable. Mais la pratique de son emprise ultime, voire exclusive, sur la décision est à repousser. L'interdépendance entre membres du cabinet et fonctionnaires des directions, l'imbrication quotidienne de leur travail sont malsaines. Elles organisent l'irresponsabilité généralisée. Budget, personnel, maîtrises d'ouvrage, élaboration de textes juridiques, relèvent de la mission normale des directions d'administrations centrales. Les secrétaires généraux, plus stables que les membres de cabinets, durablement placés à la frontière de ce qui ne peut et ne doit pas être demandé aux administrations, ont la capacité de faire contrepoids à cette pesée.

Comme tout schéma d'organisation, celui-ci réclame une claire conception préalable. Pour être viable et productif, il veut aussi un respect intangible des règles du jeu. Depuis longtemps, les sociétés industrielles et commerciales savent comment distribuer à des filiales leurs centres de coûts, de production et de profits. L'État, dont le Trésor gère, comme une banque de participations, un portefeuille de titres financiers, a encore beaucoup à apprendre dans le champ, différent, des techniques de filialisation des missions. Ce n'est pas qu'il en soit incapable, et différentes approches seraient possibles. Mais la difficulté principale tient à l'incapacité de mesurer le résultat en termes économiques. Les dépenses d'éducation, de santé, de défense, de police, d'assistance sociale sont, depuis les tours de guet de la direction du budget, mesurées en valeurs de coûts. L'éclatement des centres de décisions est considéré comme un facteur de coût. La décentralisation est supposée augmenter les charges, ce qui n'est que trop vrai lorsqu'elle est mal conçue. La déconcentration disperse la maîtrise des dépenses. Toutefois, comme le gigantisme est, au-delà de certains seuils, manifestement inefficient, il faut tronçonner et déléguer un peu, depuis le haut. Il reste que les dépenses ne sont jamais regardées pour leur contrepartie en produit. La mesure de ce produit est objectivement difficile. Elle relève plutôt du long terme. Les actions de courte échéance, législatives ou réglementaires, fiscales (sanctions des fraudes, récupération sur les mesures d'optimisation fiscales) ou budgétaires (amputations de crédits, annulations de reports), sont, elles, toujours considérées comme rentables car immédiatement constatées, ce qui est discutable. Myopie et astigmatisme conjugués ont laissé le champ libre à une multiplication empirique des opérateurs, sans réflexion sérieuse préalable sur une politique cohérente de filialisation des missions de l'État. Ces opérateurs, de statuts publics et privés presque aussi divers que leur nombre, ont enserré l'État dans leur réseau. Ces nouveau-nés juridiques, à peine adolescents, ruent dans les disciplines et doivent être repris en main. Toute l'exécution des missions publiques pourrait, tâche par tâche, être confiée à des opérateurs techniques. Mais il faudrait unifier les conditions de la surveillance de l'État, depuis l'assignation des missions jusqu'au contrôle de gestion. Le schéma est simple. L'État stratège, par ses ministres, doit distribuer les objectifs et apprécier les résultats. Un ministre préside le conseil de surveillance de l'opérateur. L'État responsable budgétaire dirige la gestion de l'opérateur. Un secrétaire d'État préside le conseil d'administration. Un commissaire aux comptes et un comptable public assurent les contrôles de régularité budgétaire et comptable. Au niveau territorial, sur les associations, sur les établissements publics à compétence territoriale ou sur les structures territoriales des opérateurs nationaux, les représentants locaux de l'État assurent l'équivalent de ces contrôles. L'État aura-t-il la sagesse, sans rien abdiquer de ses prérogatives, de s'abstenir d'une immixtion excessive dans le quotidien de la gestion ? Le ministère des Finances saura-t-il concilier l'autonomie de mise en œuvre des missions par les opérateurs avec la rigueur des engagements budgétaires ?

Une autre option d'organisation reste possible : elle consisterait à restaurer des organismes administratifs centraux de conception, de gestion et de réalisation. Cette option est compatible avec une gestion ou très centralisée ou très déconcentrée sous l'autorité des représentants locaux de l'État. Faudrait-il encore que ces derniers reçoivent, pour la part qui n'est pas confiée à leurs seuls initiative et bon sens, des instructions étayées d'orientation et de contrôle et les moyens correspondants. Tous ces choix ont leur cohérence et leurs arguments de validité. Ils peuvent être expérimentés, en petit nombre pour ne pas aggraver la complexité du tableau, et sous réserve de bonnes précautions préétablies. Leur compatibilité doit être évaluée au cas par cas, mais c'est une entreprise de clarification d'ensemble qui est indispensable. Dans cette architecture, les portefeuilles ministériels ont à être structurés en missions. La ligne de séparation entre des missions est toujours imparfaite. Il y a peu de missions politiques qui n'engagent, par solidarité ou communication de logiques et ressources, différentes branches de l'État, sinon toutes. Les interférences, les chevauchements sont inévitables. C'est pourquoi les opérateurs peuvent, à la croisée des préoccupations, être de bons instruments d'exécution de tâches : un opérateur, un produit. C'est net. Les conseils de surveillance et d'administration, qui les orientent et les dirigent, doivent être interministériels, voire mixtes (public et privé), afin que les différents constituants d'une mission soient, en permanence, insérés dans la gestion. Les administrations centrales, elles, doivent être articulées en secteurs de compétence organiques, avec des moyens spécifiques, afin d'éviter la dispersion de la décision qui les gère. Ce sont elles qui, sous l'autorité directe des secrétaires d'État, sont chargées d'appliquer, chacune pour leur part, les politiques. Les ministres, qui constituent le niveau de responsabilité des politiques, pourraient y prélever quelques petites structures de mission, organismes légers de secrétariat et de soutien des comités interministériels qui réunissent les ministres pour définir les politiques.

Dépositaires de la cohérence des politiques, ces organismes assureraient l'allocation des moyens correspondants. Dans cette conception, un ministre de l'Économie serait, par exemple, assisté de secrétaires d'État chargés de la prévision économique et du Trésor public, des interventions et contrôles dans les secteurs économiques. Un ministre du Territoire serait secondé par des secrétaires d'État chargés des Infrastructures et de l'Aménagement, de l'Urbanisme, de l'Architecture et du Logement. Un ministre de l'Intérieur pourrait s'appuyer sur des secrétaires d'État chargés de la Protection des institutions et de la Sécurité publique, de la Réglementation et du Contrôle de légalité, des Relations avec les collectivités décentralisées.

Sans doute pourrait-on, dans une réforme de l'organisation de l'État cohérente avec celle des collectivités décentralisées, éviter les superpositions de compétences. Il existe au sein de la Commission européenne un portefeuille de la culture qui est à un tel point peu nécessaire et si pauvre qu'il a été confié au plus discutable des commissaires. Malgré la « règle de subsidiarité », malgré l'« exception culturelle », les dossiers français de la culture relèvent ainsi de cinq compétences cumulées, celles des communes, des départements, des régions, de l'État et de la Communauté européenne ! Puisse la réforme des collectivités décentralisées nettoyer intelligemment ces redondances, en identifiant la bonne distance de la décision. Si le département est promis à la disparition, ce serait une erreur encore pire de le dissoudre dans une région rendue, après concentration, encore plus lointaine de l'administré.

## Pathologie d'une dyarchie

Toute communauté humaine a, au minimum, deux visages. Son système d'autorité révèle ses pulsions contradictoires. Il peut en outre les encourager simultanément. Lorsque les affrontements sont entravés, ou simplement irrésolus, la démocratie sauve la face. Les ferments de discorde restent vivants, mais la paix civile règne. Que ces antagonismes viennent à être pointés, dénoncés ou aiguillonnés et, d'un mot, un clan se persuade d'être investi du devoir supérieur de s'emparer pour lui seul du destin commun. C'est la justification la plus vulgaire du messianisme politique et de l'intolérance. La dyarchie institutionnelle française, qui passe pour une simple curiosité constitutionnelle, constitue en réalité, au cœur de cette difficulté, à la fois un symptôme de cette pathologie et un baume pour en apaiser les effets.

La démocratie française a toujours été, quant à l'organisation du pouvoir, partagée entre deux penchants. Depuis la Révolution, le pouvoir extrême du peuple puis, plus tard, celui de l'institution représentative qui prétend l'incarner ont alterné avec celui du monarque, en définitive républicain, qui détient la capacité d'exercer, d'empêcher ou d'abdiquer la décision. Des phases d'assujettissement d'un ou plusieurs des pouvoirs, par coups d'État ou renoncements forcés, se sont succédé. Parfois elles se sont mélangées à des épisodes de concentration du pouvoir par plébiscites, dictatures de l'ordre, de la démagogie ou de l'emprise parlementaire. Un type de démocratie dirigée l'a presque toujours emporté sur une forme de démocratie acéphale. Si on en croit Max Weber, les intérêts des dominés peuvent y être mieux protégés des logiques impersonnelles des bureaucrates et des marchés. Il y aurait donc eu, dans notre système politique, de la sagesse à préserver une manière de charisme du souverain. Son empire est toutefois tempéré par un bicéphalisme d'essence ambiguë. Par scrupule d'équilibre, à moins que ce ne fût par simple héritage, un responsable a été interposé entre le monarque et la représentation du peuple. Une dyarchie, à signification variable, est née de la Constitution de 1958. Elle a, avec les mascarades de la décision, des liens inavouables. Le juridisme et le journalisme ne les détectent pas.

Nombre de voix se sont élevées pour que ce dédoublement du pouvoir exécutif, partagé entre le président de la République et le Premier ministre, soit aboli. L'autorité pourrait être concentrée en un point unique. Elle instaurerait un régime présidentiel. La Constitution confère au Premier ministre un rôle propre. L'un d'entre eux s'émut, il y a quelques années, de s'entendre qualifier de collaborateur par le président de la République. Mais, de même qu'il fut, d'un bref oukase, privé de la résidence d'agrément qui lui était attribuée dans le parc du château de Versailles, il aurait pu, d'un geste, être réduit à une encore plus basse condition. En sondant les grandes et petites raisons qui ont, assez souvent, empêché ou, au contraire, poussé les présidents de la République dans l'emploi de moyens mesquins pour peser sur les grands équilibres de pouvoirs, on établirait une typologie instructive des modes d'exercices du pouvoir. La dyarchie a ceci de particulier qu'elle pose en équivalents les penchants pour l'évitement et ceux pour la concentration du pouvoir. Elle permet, au surplus, de s'adonner aux charmes des deux, et même simultanément.

La propension à l'évitement est la marque la plus évidente des pouvoirs qui n'osent plus tout à fait se démontrer dans l'abus. Elle est, dans l'exercice du pouvoir, partout, toujours, dans tous les domaines, connectée à celle de l'excès de sa concentration. Vis-à-vis de l'action de leurs ministres, le président de la République et son Premier ministre peuvent, à tout moment, se démarquer. Chacun peut, de son côté, allonger ou raccourcir les rênes dans l'exercice quotidien de l'autorité ; désavouer, implicitement ou explicitement, les personnes elles-mêmes ou ce qui leur reste d'autonomie dans la conception de leurs politiques. Le ministre rétif, incapable ou incontrôlable est toujours sous la menace d'un remaniement gouvernemental qui l'exclurait de la scène, ou d'une humiliation plus ou moins publique.

Face au pouvoir législatif, une somnolence complice, hypocritement appuyée sur le vertueux principe de la séparation des pouvoirs, peut prendre des allures d'abdication. L'exécutif a ainsi, au nom d'une acception passive et dévergondée du sens de l'autonomie des assemblées, fermé les yeux sur le développement de la pratique de la réserve parlementaire. Cet usage confère à chaque parlementaire, individuellement, un pouvoir propre d'engagement des dépenses de l'État ! Cette pratique, longtemps maintenue secrète et qui donne lieu, maintenant, à publication de la liste des faveurs de clientèle consenties pour le compte du contribuable, est un des scandales, constitué par abandon de pouvoir, parmi les mieux défendus de la République.

Vis-à-vis de l'institution judiciaire, le pouvoir exécutif affiche une retenue, prétendue loyale et sincère, qui veut conforter l'idée sacrée de l'indépendance de la justice. En réalité, c'est une intransigeance corporatiste sourcilleuse, proche de la vindicte assoupie et toujours prête au réveil, qui préserve cette dignité. Il ne faut pas la chatouiller, bien que ses mœurs soient un peu brouillées. Sa contrepartie est, au bénéfice du pouvoir exécutif, une subtile commodité à se défausser des difficultés d'ordre public parfois procurées par l'acte judiciaire. Mais de hautes proclamations d'indépendance absolue de la pratique juridictionnelle ne peuvent suffire à apaiser l'indignation que suscitent des lois devenues injustes, et encore plus des procédures inappropriées à l'esprit de vengeance rapide des victimes. Malgré des promesses répétées, aucun pouvoir n'a encore supprimé la subordination des parquets au pouvoir exécutif. À juste raison : quel défenseur de la société serait donc un gouvernement que la politique pénale laisserait indifférent ? Autonomie des procédures judiciaires, indépendance de la magistrature et subordination des parquets sont des choses dissociées, mais volontiers confondues par le politique, dans la commodité de l'évitement. Ce serait un parti sincère et droit que d'assumer avec clarté, voire faire publier, les instructions qu'un garde des Sceaux peut, légitimement, et doit, politiquement, donner à ses procureurs. La négligence, lâche et durable, dans laquelle est tenue la protection du secret de l'instruction, dont la violation est rarement poursuivie tant sur le plan judiciaire que disciplinaire, démontre la faiblesse des remparts institués contre la pression du public sur la justice et les lynchages médiatiques. Il faudra bien qu'un jour le dilemme soit tranché : ou secret protégé, et sa violation sanctionnée, ou instruction publique des affaires, à l'américaine, avec accès de la presse à l'audience.

Vis-à-vis des armées, la tentation de l'évitement a pris des formes encore plus subtiles. L'ultime gravité de la décision d'emploi de la force armée, la promptitude extrême qu'elle peut nécessiter sont considérées comme des difficultés particulières à surmonter. Des présidents de la République ont fait preuve d'une détermination simple et rapide pour engager des forces en guerre. Leurs communicants se sont plu à le souligner : V. Giscard d'Estaing osa, pour Kolwezi, une opération incertaine ; l'indécision légendaire de F. Hollande fut brillamment démentie pour l'intervention au Mali, moins par ses tergiversations en Syrie, mais au moins s'affirma-t-il dignement en chef de guerre. À la différence de la plupart des décisions politiques, celles-ci ont des objectifs simples, que les militaires s'efforcent de faire formuler avec clarté. Les états-majors établissent et font approuver des plans programmés dans le détail des capacités. La décision devient un choix entre des options bien formulées et évaluées. Le risque est réel, concret, de court terme. La proposition de prise de risque faite par le commandement des forces est nette, proportionnée, adaptée. La répartition des compétences est assurée : au sommet, la décision de principe assortie d'une stratégie et, au niveau de la mise en œuvre, le choix des moyens, dans les limites prescrites ou imposées par l'état des forces. Le pouvoir politique est ainsi mis en mesure de prendre des décisions rapides et nettes. Mais, là commencent aussi les ambiguïtés. Le politique fixe le niveau des moyens mais il en respecte rarement la contrainte. Les interventions extérieures n'ont jamais été aussi nombreuses que depuis la renonciation, d'ailleurs encore implicite, à la construction d'un second porte-avions. Le budget des armées n'a jamais été tenu si éloigné de sa norme que depuis son encadrement par des documents stratégiques publics. Les contrats de missions assignées aux armées par ces documents stratégiques sont aussi peu respectés que solennellement réitérés puis contredits sous la pression de l'urgence. L'autonomie nationale de décision d'intervention reste la plus forte alors qu'on affirme davantage, tant qu'on reste à l'abri des événements, l'ambition d'une politique européenne de défense et de sécurité commune. Une défense européenne unifiée eût été, au demeurant, fort embarrassée d'avoir à répliquer militairement aux manœuvres russes en Ukraine. Son inexistence a évité aux pays européens de se placer dans le piège d'une reculade dégradante.

L'obsession sécuritaire engendrée par la menace terroriste mondialisée altère la figure de l'autorité. Les conditions démocratiques de son exercice s'abîment d'elles-mêmes. La dégradation des droits de la personne menace. Les exceptions au droit commun se multiplient, pour un temps de moins en moins limité. De circonstancielles, les mesures tendent à devenir permanentes. Leur gravité tend à échapper à la juste proportion nécessaire. Le caractère le plus symptomatique de ces dangers est qu'ils envahissent deux registres à la fois, celui de la prévention des troubles et celui de la répression des actes commis. Entre l'intervention sur les causes et celle sur les effets, il n'est en effet pas possible de choisir, elles sont toutes deux nécessaires. Mais l'une se confronte à une menace réelle et immédiate, qu'il faut éliminer rapidement. Pour ce faire, l'exception au droit commun peut être, provisoirement, légitime. L'autre est de longue haleine, elle fait face à des développements virtuels. Elle est permanente. Introduire l'exception dans son domaine, c'est autoriser une dérive dans l'art démocratique de gouverner. « Aujourd'hui, il est possible d'engager des poursuites à l'égard d'un individu avant même toute tentative[31]. » On assiste ainsi à « une sorte de dilatation de la responsabilité pénale qui englobe des comportements de plus en plus éloignés de l'infraction » et tend à une « justice prédictive », qui entraîne dans son sillage une police prédictive.

Cette distinction rejoint une vieille ligne de clivage, qui sépare le concept libéral du concept dirigiste de doctrine de gouvernement. Deux visions s'opposent. Il faut choisir entre modeler la société pour lui épargner les drames, ou compter sur ses mécanismes de progrès spontanés et canaliser les excès qui la troublent. Mais l'obsession sécuritaire comble leur séparation. Les gouvernants penchent instinctivement, culturellement, d'un côté ou d'un autre. Dans l'embarras d'un choix rationnel, qui paraît impossible devant la menace, leur irrésolution renforce la tentation naturelle : éviter le problème, faire un peu de tout. Les politiques de sécurité, ainsi, se travestissent. Les mascarades se généralisent. Le scrupule des sociétés démocratiques est adopté, pour la semblance, par des régimes autoritaires. Lorsque la Russie annexe la Crimée, qu'elle fait occuper, en Ukraine, les bureaux officiels et les commissariats de police, ce sont des civils, organisés et armés comme des militaires, mais civils d'apparence, qui opèrent. Le travestissement prend, dans les démocraties occidentales, des formes moins élaborées, plus encadrées par la loi. On n'y voit pas, ou moins, des casseurs de manifestants déguisés, comme à Téhéran ou à La Havane, en militants. Le recours à des milices et à des mercenaires est une pratique aussi vieille que les combats politiques et les conflits armés. Dans la guerre d'Algérie, l'État français y a eu recours contre ses adversaires successifs, FLN puis OAS. L'emploi par des démocraties d'organismes commerciaux de soutien ou de substitution dans des missions de sécurité est, pour elles, une manière coûteuse d'éviter, devant l'opinion, la responsabilité directe d'un coût[32] ou d'un échec. Le masque d'organisations non gouvernementales, pacifiques et subventionnées, est, de tous côtés, devenu une habileté, parfois macabre, de désistement devant la responsabilité.

Dans ce mouvement, de proche en proche, les guerres conventionnelles habillent le terrorisme et se réintroduisent au sein même des peuples. Le terrorisme classique, si l'on peut ainsi dire, défie les sociétés de l'intérieur, par des gestes criminels, isolés ou de grande ampleur, inscrits dans une stratégie de longue durée mais ponctuels. La guerre en Syrie a poussé cette stratégie sur une voie renouvelée, celle de la conquête territoriale, avec des buts ethniques et religieux qui renouent avec l'histoire la plus ancienne. L'intrusion de la guerre moderne dans la vie quotidienne des populations enfume le terrain des hostilités, brouille les objectifs, inhibe l'emploi des moyens aériens, perturbe les références morales et rend plus difficile la décision des autorités des pays démocratiques. La décision d'État, quand elle porte sur la guerre, revêt une image qui fascine. Depuis le chef des armées jusqu'au plus modeste exécutant, l'emploi de la force armée relève de niveaux de commandement dont la chaîne est claire, avec des responsabilités bien étagées. La lecture de ces processus est immédiate. Tout ce qui les apparente à une gesticulation, procédé souvent utile mais faillible, les rend vulnérables à la critique. La volonté de mystification accompagne toujours une équivoque dans la définition de la mission, qui provoque l'impuissance militaire. Dans l'affaire Mahé[33], dans l'opération Turquoise[34], les armées ont été placées par le pouvoir politique, en raison d'une définition nébuleuse de la mission, dans des situations d'impuissance. La fausseté dans l'appel aux devoirs produit des effets tragiques. La justice est invitée à chercher des qualifications criminelles à des actes commis de bonne foi.

Dans son penchant pour l'évitement, la décision politique s'épanouit grâce aux commodités de la dyarchie. Plusieurs Premiers ministres, MM. Mauroy, Rocard, Balladur, Valls, ont expérimenté, à divers titres, les joies budgétaires amères du partage des charges dans la politique de défense face à un président de la République chef des armées irrécusable. La dyarchie, face visible, car institutionnelle, de la passion pour l'évitement au sommet de l'État, s'étend à tous les domaines, sans être ébranlée par l'ambivalence qui la caractérise. MM. Chirac et Jospin furent Premiers ministres souffrant les désagréments de la cohabitation, mais ont tiré parti de l'existence d'une double tête. MM. Mitterrand et Chirac furent présidents de la République en cohabitation et bénéficièrent de l'action de leurs Premiers ministres. La suppression du dédoublement du pouvoir exécutif est un thème cyclique de réforme constitutionnelle. C'est un dessein d'une grande vanité juridico-politique. Ce n'est pas un hasard, ses plus ardents partisans sont parmi ceux qu'il est exclu de voir, un jour, bénéficier des agréments de ce pouvoir biface.

## Se dérober ou commander

Gouverner en démocratie, c'est, au premier chef, accepter la responsabilité des décisions qu'il vous est attribué de prendre. Cette acceptation donne le droit, et le devoir, de récuser l'immixtion des autres pouvoirs dans votre domaine, et celui de les cantonner dans le leur. Lorsque le président de la République et le chef du gouvernement laissent, sur la proposition du parti majoritaire, l'Assemblée nationale se prononcer sur la reconnaissance d'un nouvel État souverain, qui est une prérogative de l'exécutif, la signification de leur complaisance est loin d'être mineure. Ou l'exécutif se range au vote et se laisse dicter sa conduite, ou il se dérobe à l'injonction qui lui est faite, et il n'en aura pas moins consenti à une lâcheté. Ce n'est pas une consultation ni une délibération du pouvoir législatif, c'est une abdication de l'exécutif.

La dérobade d'un État est admissible. Mais elle doit être réservée aux relations extérieures qui, sans ce recours, pourraient mener au pire. Dans l'art de la diplomatie, c'est une habileté courante. Dans les actions clandestines, c'est un principe d'efficacité. Dans un roman de John le Carré, les représentants des services de Sa Majesté, pour un de ces marchandages que la morale officielle réprouve, expliquent à leurs interlocuteurs, qui doutent de la loyauté de leur parole, que « ceux qui mentent » ne sont pas eux : « Non, ça c'est les politiques… » Quand des otages sont libérés au Sahel grâce à des contacts pris par un intermédiaire privé, que des navires sont, dans des zones de piraterie, protégés par des vigiles accrédités plutôt que par des forces militaires, que des écoutes sont réalisées par des sociétés privées mandatées plutôt que par des services de l'État, ce pourrait être seulement un mode de réalisation d'actes que la raison d'État justifie. Mais, la plupart du temps, c'est essentiellement la volonté des politiques d'éloigner d'eux la responsabilité de leurs actes qui explique ces procédés. Des professions privées éclosent pour travestir des professions publiques, et, dans une connivence étroite, derrière leurs masques, bénéficient pour leur recrutement de la fascination pour la violence entretenue par les jeux vidéo, embrigadent dans l'univers professionnel civil des métiers que, normalement, la démocratie et sa justice réservent à des institutions publiques.

Toutes les formes du partage confus du pouvoir, toutes les voies de la diffusion pernicieuse des influences se font complices dans les processus de dégradation accélérée de la dignité du pouvoir. Chaque année, depuis quelques-unes, le président du Conseil constitutionnel renouvelle au président de la République des vœux où l'on distingue, sous l'arabesque, l'appel direct à plus de rigueur juridique. « À plusieurs reprises, disait-il au début de 2014, des dispositions législatives ont été adoptées alors qu'elles contrevenaient directement à l'autorité de la chose jugée par le Conseil », allant jusqu'à préciser que, « par instruction, le ministre du Budget (avait) repris une mesure législative censurée par le Conseil ». De ces dérives, l'adresse au président de la République atteste, avec une insolence courtoise, qu'il est responsable. L'autorité de l'État répartie sur plusieurs têtes, camouflée derrière les paravents de la responsabilité gouvernementale et de la souveraineté parlementaire, l'a pourtant mis à l'abri de cette culpabilité. Les politiques savent entretenir le discrédit du juridisme, et par là s'exonérer des reproches trop savants.

Quand on ne sait pas, ballon au pied ou en main, franchir frontalement un obstacle, le jeu veut qu'on le passe à un partenaire. Tel est le rôle de la Communauté européenne en politique française : recevoir les passes, pour dispenser le membre français de l'équipe d'avoir à résoudre les difficultés par son propre talent. La Communauté européenne, initialement construite sur des objets concrets spécialisés, est désormais dotée des compétences qui permettent, malgré les bonnes intentions contraires et la règle dite de subsidiarité, de faire appel à elle dans tous les domaines. Même pour la culture, domaine pour lequel, en France, l'exception nationale est ardemment revendiquée, l'Europe dispose d'un commissaire, d'une administration et d'un budget. Celui-ci est, d'ailleurs, à la dimension des finances européennes, ridiculement faible. Cela rapproche le système européen du français : l'existence d'une structure politico-administrative est déconnectée de son utilité et indépendante de sa capacité de décision. Le domaine de l'agriculture est, depuis des lustres, presque entièrement délégué à la Communauté, alors que celui de l'énergie, qui requerrait une politique commune, n'y est pas vraiment reconnu et demeure sans appui sérieux. Et combien de projets locaux, parfois minuscules, bénéficient de financements européens sans que l'État français y participe[35]. Quelle commodité, pour se désister d'entreprises dont on ne peut soutenir le poids budgétaire, ou pour se tenir à l'écart de querelles de clochers !

Au fur et à mesure que l'institution européenne reçoit les dossiers que le système d'indécision français lui transfère, elle s'imprègne, avec les perfectionnements de sa nature multiculturelle, des logiques de notre propre impuissance. Les derniers renouvellements du Parlement européen et de la Commission auraient pu permettre une remise en ordre. Elle a été ratée. Sans recourir à de nouveaux changements de traités, sans examiner l'intérêt éventuel de la constitution d'une aire de décision particulière dans la zone de l'euro, sans même imaginer le retour pourtant souhaitable de certaines compétences dans le domaine étatique, quelques gestes méthodologiques décisifs auraient pu être accomplis. Le nouveau président de la Commission, probablement conscient de la dépréciation d'image de l'institution européenne (« C'est la faute de Bruxelles ! » dit-on un peu partout) mais laissé à lui-même, a, par exemple, institué un vice-président de premier rang chargé de réguler l'envahissement tatillon de la législation européenne. Il s'est entouré de vice-présidents coordonnateurs des affaires spécialisées confiées à leurs collègues commissaires, et a institué un commissaire chargé des migrations. Ces signes d'une préoccupation, estimable, de s'attaquer à l'essentiel ne résolvent pas, par eux-mêmes, la difficulté principale : la profusion administrative, la démesure des ambitions réglementaires, voire gestionnaires, d'administrations trop nombreuses placées sous les ordres de commissaires eux-mêmes trop nombreux, le partage incertain du pouvoir entre Commission, Conseil et Parlement. En somme, la nouvelle Commission européenne a hérité d'un problème d'organisation du pouvoir à l'image de celui de la France. Lorsque, en 2015, elle veut élaborer, ce qui est bien nécessaire, une *meilleure réglementation*, c'est-à-dire, peut-on supposer, plus simple, plus lisible, et de mise en œuvre plus rapide, d'abord c'est à un bureau privé qu'elle confie le soin de lui inventer des propositions, puis elle introduit dans ses procédures une consultation publique de douze semaines préalable à toute nouvelle proposition, suivie d'une consultation publique de huit semaines après l'adoption d'une proposition par la Commission et, pour finir, une consultation publique de quatre semaines avant l'intervention des actes d'exécution !

Le recul historique permet, dit-on, de porter sur une époque un regard plus objectif que l'observation contemporaine. L'aperçu historique est soutenu par une documentation et des chiffres qui donnent la mesure des phénomènes. Privé de sensibilité culturelle, il peut aussi méconnaître des évolutions dissimulées. Verra-t-il bien, dans notre époque, les liens discrets mais puissants qui instituent une cohérence entre la dégradation du langage, la force de dogmatismes à peine ébranlés par leurs échecs et l'organisation défaillante du pouvoir ? L'avilissement du vocabulaire, de la syntaxe et de la grammaire utilisés dans le milieu politique et médiatique français est sans indicateur. On le sent rampant, ou affleurant, général mais insoupçonné dans la profondeur de ses conséquences. La lassitude de l'opinion à entendre le discours public est un signe de sa force. L'ennui flagrant du public devant la parole politique fournit cependant une mesure minorée de la distorsion entre le langage et la pensée. C'est la capacité à enfanter de la doctrine qui est atteinte. Quelques-uns parmi les personnages politiques (au hasard : comptez-les) s'expriment encore dans une langue de correction indubitable. Dans cet échantillon de taille plutôt faible, dénombrez ceux qui en usent pour formuler une pensée originale ! Stendhal déplorait que la démocratie contraigne à flatter son barbier. Lorsque le niveau de l'éducation désespère l'exigence de l'expression, la richesse de langue des agrégés de lettres est mise au service de la pauvreté du message, seule apte à rendre la communication politique ordinaire accessible à tous. C'est par ces amarres que la politique est agrippée à la platitude des concepts. Abandonnant son statut de langue de culture, avec la complicité des médias eux-mêmes en course quotidienne à la poursuite de l'instantané, la langue politique est devenue, à l'instar de l'anglais passe-partout et avec encore moins de diversité, une langue de service. La simple préservation des racines et valeurs culturelles de la langue exigerait de rétablir la richesse et la probité du langage en politique, car il est le seul, avec la publicité, qui soit quotidiennement entendu par presque tous. Refonder la pensée de la politique sur un niveau d'expression qui soit à hauteur de culture serait un bienfait intellectuel et moral. Les partis politiques devraient alors tolérer qu'une expression individuelle, indépendante d'eux, puisse être restaurée. Faute qu'ils le veuillent ainsi, leurs modes d'action restent enlisés dans le dogmatisme.

Pris par la décrépitude du langage et l'inertie des dogmatismes, le monde politique porte au pinacle un profil psychologique qui se formule en oxymore, celui du dogmatique pragmatique. Comme certains le sont de rhumatismes, le dogmatique reste, tout en devenant pragmatique, perclus de préjugés. Mais il les contredit tous les jours, par tâtonnements et allers-retours, tout en persistant à les proclamer. Un jour il en affirmera d'autres, qu'il a décidé de rendre compatibles avec les premiers. La réalité objective est que le politique a cessé de penser la politique. Il pense sociologie, droit, réglementation, gestion, budget, carrière, toutes choses nécessaires mais suicidaires dès lors qu'on a cessé de penser la politique. Le politique nie son aveuglement. Il croit penser en termes politiques parce qu'il maîtrise quelques approches sociologiques. Il comprime en un seul deux modes de pensée, qui sont de deux niveaux différents. L'un relève de l'imagination constructive, de la chimère parfois, de la morale toujours, en tout cas de la vision et de la réflexion individuelles.

L'autre s'enferme dans le sondage, le milieu, les préjugés d'appartenance, les réseaux et les conditionnements. Et il vêt tout cela d'un vocabulaire idéologico-pragmatique. La lassitude et la désillusion finissent toujours, on le sait, par châtier l'audace intellectuelle, tandis que le conformisme intelligent, le plus souvent, assure une carrière. Il se croit, dominant le siècle, plus près des réalités. Mais les données sociologiques ne sont plus celles qui déterminent exclusivement les votes. Le milieu social ne prescrit plus, seul, sa loi solidaire. Les syndicats ouvriers s'étonnent de la fascination qu'exerce l'extrême droite sur certains de leurs ressortissants. Des militants de gauche se désespèrent des recommandations libérales de divers économistes de leurs amis. La droite se désoriente dans les multiples chemins où la conduisent ses souches historiques.

Le comportementalisme a ouvert aux politiques des perspectives que certains veulent croire innovantes. Le gouvernement allemand, après les tories britanniques, aurait recours, dit-on, à des collaborateurs scientifiques qui le secondent afin de définir « la méthode douce pour inspirer la bonne décision[36] ». Intuitivement, implicitement ou à l'imitation de méthodes introduites par B. Obama (malgré son succès mitigé dans la mise en œuvre initiale d'un système de sécurité sociale), les politiques ont commencé à infléchir leurs attitudes. On en voit quelques-uns s'efforcer, devant une administration ou des adhérents de partis déconcertés, de substituer aux contraintes, obligations et interdictions les incitations et mécanismes qui orientent l'adhésion et les choix. À gauche comme à droite, ces méthodes séduisent. Leurs initiateurs les voient comme la véritable troisième voie de la politique.

Une troisième voie nouvelle, après les formes diverses qui ont toujours échoué en France, est-elle possible ? Elle pourrait être ouverte vers une recherche de plus d'efficacité publique. Encore faudrait-il inventer une meilleure capacité d'influer sur le cours des choses. Les petits coups de coude théorisés par des psychologues, sociologues et ethnologues ont toutes les chances de déboucher sur des sophistications de la communication politique. Exploiter la connaissance scientifique des conditionnements, des préjugés, des illusions sur le bien-fondé des choses, ce pourrait être à l'origine de décisions plus acceptables. Mais enjôler l'électeur, abuser son libre arbitre, c'est faire œuvre de gourou, pas de penseur et pédagogue politique. Adapter le langage dans le seul but de mieux l'utiliser pour guider les pensées, tirer parti de la passivité des masses et de l'inertie intellectuelle des individus afin de les pousser à faire des choix préalablement définis comme conformes à leurs intérêts, ce serait, au bout du chemin, une démarche sans originalité, vieille comme le monde, et plutôt vicieuse. Étayée par les connaissances scientifiques modernes, elle se situe au-delà de ce que redoutait Orwell.

Le cadrage, l'architecture des choix par l'organisation du contexte dans lequel se prennent les décisions, constitue une option plus légitime. L'environnement des décisions oriente, on le sait, le contenu des décisions. Aucun système politique n'échappe à cette détermination. Cette fatalité impose de rechercher les cadres qui, laissant possibles tous les choix de fond, préservent les conditions de qualité de la prise de décision : perception authentique des réalités, indépendance du mécanisme, responsabilité de l'auteur de la décision. La dyarchie à la tête de l'État est un des déterminants de la faiblesse de l'outil de décision politique français. Cette articulation du pouvoir exécutif a pourtant un avantage qui est de se prêter à différents modes de fonctionnement. De la personnalité des protagonistes, de leurs relations réciproques, peuvent découler aussi bien des décisions mauvaises que satisfaisantes, prises selon des processus bien ou mal conduits. La structure supporte le bon sens et son contraire. Mais elle porte en elle une malédiction. Sa plasticité lui permet de tolérer à la fois l'évitement de la responsabilité et la concentration de la décision. Elle incite ainsi à la centralisation tout en laissant la porte ouverte à la confusion. Un des deux penchants prévaut généralement. C'est, paradoxalement, hors d'une période de cohabitation que la seule rupture manifeste entre les deux têtes de l'exécutif s'est affichée[37]. Mais l'ambivalence fondamentale du système, cet équilibre incertain entre soumission et sacrifice du Premier ministre, ne disparaît jamais. La dualité entre chef de l'État et chef de gouvernement existe, sous bien d'autres aspects, dans de nombreuses autres démocraties. D'aucuns estiment qu'il faudrait en France la reconsidérer. Ils préconisent sa remise en cause par des voies constitutionnelles, ce qui rendrait la réforme irrévocable et incline à la prudence. Un petit coup dans le cadre pourrait suffire à modifier, fondamentalement, le mode de fonctionnement et les effets de la structure bicéphale. Qu'un président de la République enjoigne à son Premier ministre d'installer sa personne et ses collaborateurs... à l'Élysée, et ce serait une révolution institutionnelle.

D'un point de vue juridique, la situation n'appellerait aucune disposition spéciale. Mais le système de décision politique serait bouleversé. Même lieu de pouvoir, collaborateurs voisins de bureau à bureau ou, encore mieux, confondus, rétrécissement des équipes, communication interpersonnelle sans entrave ni intermédiaire, substituabilité facilitée dans la direction des dossiers, blocage des conflits, possibilité de supprimer le secrétariat général propre à la présidence de la République, dont les débordements sur les pouvoirs institutionnels sont imparables autant que pernicieux, responsabilité concentrée dans un lien de loyauté et de cohérence parfaites : que d'avantages ! Et le système est aisément réversible... Mais sa reconsidération serait interprétée comme un affaiblissement de l'autorité du président de la République. Elle engendrerait, aussi, des coûts de reconstitution des anciennes structures qui seraient dissuasifs. Il y aurait donc de bonnes chances que cette architecture demeure en place au moins pour la durée d'un quinquennat, fournissant à son auteur la marque durable d'une réforme de structure rapide, économique, et de grande franchise démocratique. Chiche ?

# Ailleurs ou autrement

> « Hochedé fait la guerre sans grands mots, comme un forgeron qui forge pour le village. "Qui êtes-vous ? – Je suis le forgeron du village." Et le forgeron travaille heureux. »
>
> Antoine DE SAINT-EXUPÉRY, *Pilote de guerre*

## *Consensus improbable, union impossible*

En novembre 2013, l'Union des démocrates et indépendants (UDI) et le Mouvement démocrate (Modem) sont convenus d'un rapprochement, baptisé l'Alternative. Ces deux partis centristes, issus de scissions, ne se sont jamais donnés complètement ni durablement, qui à la droite, qui à la gauche. L'un s'est enfui de la maison familiale au temps du patriarcat possessif de l'ancien président de la République. L'autre, après avoir fait, en 2012, pencher la balance en faveur de celui qui est devenu président de la République, s'est pris de la vanité de donner des leçons qui furent dédaignées. Tous deux, après l'élection présidentielle, se sont vus moribonds. L'un orphelin, l'autre désemparé, l'un ayant opté pour le candidat battu, le président de l'autre ayant, au contraire, choisi le futur vainqueur sans en être récompensé. Ils ont alors uni leurs morosités. Ayant subi de sérieuses blessures électorales, ils ont, à l'approche de nouveaux scrutins, municipal, européen, sénatorial, rééduqué leur souplesse tactique en négociant entre eux. Grâce à leur entente, ils ont reconstitué un peu de masse musculaire. Leur appétit s'est, en 2014, assouvi sur quelques résultats. Dès 2015, leurs bannières ne battaient déjà plus ensemble pour les élections départementales puis se sont mélangées, pour les régionales, afin de s'attribuer, discrètement, presque secrètement, quelques strapontins. La troupe reconstituée de N. Sarkozy, animée par un dessein plus franc, a empoché les résultats sans faire trop de détail. L'Alternative, par son intitulé, dénotait d'amples ambitions et les a enfermées dans un projet sans envergure. Elle illustre l'impasse au fond de laquelle bute un esprit centriste sans doctrine.

Dans son acception rigoureuse, le mot, plus adjectif que substantif, désigne une situation de choix entre deux éventualités. Conservé à son exactitude, il correspond à une étape électorale dans le système politique. Des forces antagonistes y trouvent l'occasion d'alterner au pouvoir. Le corps électoral est placé face à un choix binaire ; il se fractionne en deux. C'est un jeu aisément compréhensible, de logique pauvre. La victoire consiste en l'occupation du terrain. Le but de chacune des deux équipes est de chasser l'autre du champ. C'est tout. Il n'y a pas de ballon, pas de points, seulement des mêlées périodiques, parfois des intrusions fulgurantes, qui laissent la pelouse exsangue. À la fin du temps réglementaire, une équipe reste sur l'herbe, que l'on remet en état, puis on recommence. Le nombre des équipes est verrouillé. Le jeu est rarement perturbé par un troisième larron. Un tiers parti peut s'aventurer puis s'éteindre, ou s'allier et trahir un camp au bénéfice de l'autre. Il est ensuite exterminé, la souche étant toutefois conservée pour un usage futur. Au sens qui vient d'être dit, l'alternative décrit une réalité, pas un projet.

Dans le langage usuel, « alternative » signifie aussi, à l'instar de l'anglais, chacune de deux possibilités. Une revue de ce nom a soutenu, avant la chute du bloc soviétique, les dissidents d'Europe de l'Est dans leur combat pour la liberté. Elle évoquait alors le rêve d'une alternance, d'un remplacement, une autre perspective que l'asservissement des esprits. En ce sens, un honorable relâchement de la langue sommerait la majorité au pouvoir de laisser sa place. À qui ? À un grand mouvement populaire d'union sacrée ? À une confédération qui, grappillant à gauche de la main droite et à droite de la main gauche, rassemblerait un magot électoral gagnant ? C'est un cas typique de ce que le *globish* des communicants peut conduire seulement à la confusion des significations. Il échoue à obtenir l'accord des contraires. Le ton policé des partis modérés sied à la démocratie mais transcrit parfois la simple indigence des fondements conceptuels. Les sous-entendus rendent le message inaccessible, et préparent un plongeon vers l'autodestruction en passant par l'équivoque. Dans un match de foot ou de rugby, ce sont les tactiques les moins subtiles qui sont les mieux comprises et mènent à la victoire. Dans l'art tauromachique, l'alternative, à l'espagnole, a un sens de renouvellement des générations. Il eût pu se faire qu'un accord politique correspondît à quelqu'un ou quelque chose de nouveau : un remplacement de gérontes par de jeunes talents, un vent d'idées neuves qui façonne l'espoir. Mais la nostalgie d'attachements communs, une alliance de chapelles font un alliage impur et friable, pas un programme commun. Le refus de la fréquentation des extrêmes ne soude pas une unité. La perspective de scrutins proches ne suffit pas à susciter un souffle enivrant. Causée par l'exclusion des deux grands blocs partisans et non par un enthousiasme collectif, l'agglomération des ambitions est vouée à la dilution. Dans leur phase dominatrice, les grands partis pensent ne plus avoir, ou ne pas avoir encore, besoin d'alliés peu constants. Le moment venu, ils exhibent leurs appâts. L'union des modérés est, chaque fois, écartelée. Ce jeu est-il indéfiniment répétitif ? La quête du consensus est-elle perpétuelle et vaine ?

L'espoir du consensus politique n'a connu que des échecs. Des crimes terroristes ont, en janvier puis en novembre 2015, provoqué l'illusion et jamais plus que l'apparence friable de sa possibilité. En quelques jours, l'union à laquelle le pouvoir exhortait l'opinion était décrépite. Edgar Faure, artiste de la virevolte et de l'opportunisme, aimait l'idée du consensus. Peut-être en a-t-il même introduit l'usage du mot dans la V^e^ République. Dans sa bouche, ce mot, prononcé avec un rictus amusé, prenait une saveur gourmande. Sans succès : la syntaxe et le vocabulaire politique de cette période ne resteront pas, dans l'histoire nationale, comme des exemples d'harmonie. Le consensus est un objet intellectuel mou, fuyant, de ceux qui sont inconciliables avec un bon accord, concret, net et carré. Il est pragmatique mais ambigu, jusque dans son expression parlementaire. La majorité d'idée(s)[1] est un concept qui réconcilie l'immatériel et le dénombrable, la courtoisie d'une entente provisoire et la discipline d'un agrément clair. Mais le consensus de gouvernement est chose impossible. À supposer qu'il devienne plausible, réalisable, sa conclusion ne serait que l'acceptation, provisoire, d'une interruption instable d'hostilités inévitables.

L'impossibilité du consensus est structurelle, intrinsèque à la démocratie. La démocratie est, par essence, division, dispersion, multiplicité des points de vue et concurrence, rationalisée mais sans limites, pour l'accès au pouvoir. Elle est donc la capacité théoriquement donnée à chacun, en toute sécurité, d'accéder au pouvoir. Aboutir au consensus est d'une exigence si inaccessible que le vocabulaire politique, pour le transcender, lui consent maintenant de l'emphase. On le dénomme volontiers *union nationale*, rien de moins. L'union nationale, ce serait, quitte à injurier, par cette diminution de sens, ceux qui sont morts en son nom, un consensus augmenté par l'émotion collective, bonifié par un allant bien orchestré et même soutenu par quelques sacrifices budgétaires. Le consensus est chimérique, l'union nationale encore plus. Regardons les faits en face, et disons-nous ces évidences les yeux dans les yeux !

## *Le constant, le certain, l'inéluctable, l'inévitable, l'indispensable*

Plus que toute activité intellectuelle et même plus que toute expression artistique, la vie politique offre des spectacles de réalité transfigurée. L'historien du futur pourra-t-il seulement retrouver des traces pures des événements politiques ? « L'histoire ne retient pas les faits, elle ne retient que leur écho[2]. » Aujourd'hui, l'écho des événements est immédiat, démultiplié à l'infini. Il s'évanouit dans la profusion des interprétations. De la moindre communication, des journalistes font un fait significatif. Mais la polémique prédomine et l'emporte sur le sens. Le culot et le ridicule ne tuent plus personne et peuvent encore persuader beaucoup de monde. Le commentaire commente le commentaire du commentaire, en suivant des cheminements de pensée dont les contradictions disparaissent sous la prétention intellectuelle.

En mars 2014, quelques jours avant le premier tour d'élections qui n'étaient que municipales, c'est du discrédit d'un ancien et probable futur candidat à la présidence de la République que la classe politique débattait sans vergogne. Une joute morale se construisait sur la misérable chronique de relations personnelles au sein de cabinets de ministres. Les principes déontologiques les plus élevés du comportement républicain étaient appelés en renfort. Tandis que des juges diligentaient leurs procédures, il se trouvait de farouches défenseurs de l'indépendance de la magistrature pour reprocher à des ministres leur ignorance, certes peu vraisemblable mais au moins vertueuse, de faits devenus publics. La publication d'une pièce de dossier d'enquête révélait de médiocres procédés au service d'ambitions, et voilà que l'exigence de la transparence s'effaçait devant celle de la protection de la vie privée et du secret professionnel. Et c'est au nom de la protection contre le totalitarisme qu'on en a vu certains demander le contrôle des écoutes judiciaires par la voie politique et administrative !

Face à ces éruptions, les pouvoirs embarrassés usent de procédés invariants : modérer la température, traiter au même niveau l'évidence, la superficialité, le plausible et le profond, et opposer des promesses dans le registre juridique, celui qui coûte le moins. Adepte de cette ligne de conduite, le président de la République, ayant reçu une délégation d'un syndicat de magistrats contrariés par les remontrances adressées à leur profession, a fait annoncer un projet de réforme constitutionnelle sur la justice. Les indispositions se purgent par des annonces de textes. Même si ce n'est pas nécessaire, mais afin qu'il n'y ait aucun doute sur le sérieux des résolutions, on peut aller jusqu'à envisager de réformer la Constitution. L'élaboration puis la négociation parlementaire d'un projet nourriront dissensions et polémiques. Peut-être faudra-t-il renoncer, faute de majorité qualifiée, à ces intentions et, selon une règle du jeu bien rodée, faire porter la responsabilité de ce renoncement à ceux qui étaient à l'origine de l'initiative. Notre démocratie est-elle encore si adolescente ? Ne peut-elle, par la régulation et un minimum de vertu, endiguer les débordements verbaux sans recourir à des modifications de la loi suprême ?

Il est douteux qu'une médication juridique supplémentaire, même lourde, suffise à entraver la progression d'un mal de société à l'œuvre depuis, au moins, les années 1970. La thérapeutique de la proclamation juridique, préférée à l'action concrète quotidienne et discrète, est un aveu de sordide impuissance. Elle engendre la défiance envers les institutions, ronge leur crédit et celui des dirigeants à qui elles ont été confiées. La révolte contre l'impotence de la classe politique s'exprime aujourd'hui dans des modes mineurs, humeur morose, manifestation publique de tous les mécontentements, attente, suscitée et entretenue par les médias, de surprises heureuses dérisoires. Mais elle se dispose à prendre des volumes plus substantiels. À l'abstention électorale croissante, au rejet de tout ce qui émane des appareils publics, au dégoût généralisé de l'impôt et au mépris de la classe politique correspond la progression d'une sorte de tentation nihiliste. Un jour prochain, c'est inévitable, ce mouvement poussera sur la scène ou des personnages recuits dont la sagesse est supposée émaner de leurs échecs passés, ou des porte-parole à la brutalité irresponsable encore méconnue qui, incapables d'éradiquer les maux, pourraient les précipiter et les aggraver. La révolution que, les yeux brillants de références historiques ou de rêves écologistes, des agitateurs d'éloquence et des comploteurs de ruralité absolue préconisent n'est plus, par sa violence, à l'échelle de mœurs affadies. La société moderne est essentiellement compatissante. Elle sait même, comme après les attentats de novembre 2015, concentrer sa compassion sur un mode de vie festif presque plus que sur les personnes. Elle traite ses miséreux honteusement mais elle les fait survivre. Elle désavoue ses privilégiés mais du bout des lèvres, et elle les protège. D'autres tentations extrêmes sont, elles, plus dangereuses. Par leur vocabulaire, elles exacerbent les antagonismes latents. Elles ne restent sans effet que pour autant que les circonstances ne nous portent pas au bord d'une conflagration.

Le vrai péril est celui de la passivité, même involontaire, et celui de l'absence d'imagination concrète, simple et constructive. L'évitement obstiné des problèmes, l'utopie bavarde, la démagogie juridique, les excès de l'esprit de précaution et de sophistication, la condescendance idéologique, tels sont les vrais ennemis, ceux qui peuvent, selon le mot d'Orwell, nous installer dans l'« horreur de la politique[3] ». Orwell avait choisi la pauvreté et risqué sa vie pour ses convictions. Il préférait les enseignements du monde réel à ceux des prétendus experts et haïssait « les nauséabondes petites orthodoxies qui se disputent notre âme[4] ». Il croyait qu'une société politique civilisée ne peut se fonder que sur la *decency* et pensait que « la grande masse des gens n'a jamais la moindre occasion de mettre sa décence innée au service de la gestion des affaires, de sorte qu'on en arrive presque à conclure cyniquement que les hommes ne sont honnêtes que lorsqu'ils n'exercent aucun pouvoir[5] ». Il y a sans doute eu, en 2012, quelque espérance d'une *décence ordinaire* pour mener à l'élection un président de la République qui se revendiquait comme normal au détriment d'un sortant qui n'avait pas voulu résister aux tentations de l'abus de pouvoir. La suite des événements a montré la vacuité de cette attente et, désormais, l'impossibilité durable de la satisfaire. C'est à une forme de désespoir que peut conduire l'horreur de toutes les manières de faire de la politique. Une société ne peut pas durablement survivre, et encore moins progresser, dans la haine d'elle-même.

## *Espérer un ailleurs et faire autrement*

Prise entre des systèmes idéologiques devenus incertains, l'opinion publique ne sait comment sortir de sa claustration. L'Europe aurait pu fournir un idéal et un exutoire. Mais la classe politique, les gouvernements, les responsables et parlementaires européens se sont exprimés pour sa cause de manière phraseuse ou péremptoire. Si bien que l'Europe, encore ressentie comme nécessaire, l'est aussi comme oppressive. « L'institutionnalisation contraignante et compliquée de l'Union européenne[6] » concourt à ce que l'Europe soit, comme la France et plus encore, atteinte par l'opprobre de sa technocratie. Pour qu'elle puisse encore incarner l'espoir, il aurait fallu qu'elle ait des moyens reconnus efficaces, que les politiques européennes soient intelligibles, que l'architecture et le fonctionnement des institutions soient compréhensibles, que le Parlement européen soit élu sur des listes dont la composition échappe à l'empire idéologique de partis nationaux mus par leurs intérêts nationaux. L'opinion publique ne peut pas être touchée par une foi qui n'anime pas les responsables eux-mêmes. Pour résoudre nos problèmes internes, l'intrusion de nouvelles contraintes externes n'est pas la bonne solution. La fierté nationale, qui, heureusement, subsiste, peut, au-delà d'une lassitude bougonne, aller jusqu'à revêtir des formes de rejet plus décisives. L'opinion n'a plus, en somme, de certitude que dans la réprobation des comportements de la corporation politique.

Si Orwell disait vrai, si les gens ne sont décents que quand ils sont impuissants, la perspective d'une tierce voie entre deux blocs restera une éternelle utopie. Quand les situations politiques sont sans issue apparente, l'idée d'une percée possible entre les orthodoxies ressurgit. Une circonstance, ou une personne élue par la providence, peut, pour quelque temps, fournir l'illusion de l'existence d'un chemin. Depuis les élections municipales de 2014, le Front national a fait une irruption rageuse dans le jeu électoral local. Il y a affirmé son intention de ne consentir à aucune tactique d'entente avec des concurrents. Cette position claire, au demeurant d'une tenue civique et morale supérieure à celle de manipulations discrètes d'alliances inavouables, a fait monter des clameurs de fin de la bipolarisation de la vie politique. Après les élections départementales puis régionales de 2015, des analystes respectés ont ajouté leur crédit à cette thèse, en ne voyant pas que le divorce des extrêmes et la dissolution du centre dans ses alliances de survie sont comme une extrasystole dans le rythme d'un système perverti par ses excès. Il n'y a de place pour un troisième acteur politique majeur que dans une coalition, *a priori* exclue, ou dans une structure institutionnelle qui l'autorise et l'organise. Le compromis et la complicité avec les grands promettent la perte d'identité. Un troisième acteur ne peut trouver, dans le système français, que trois voies d'accès au pouvoir : la catastrophe nationale, le coup d'État, l'élection présidentielle. Parvenu au pouvoir, il n'aurait que deux façons d'organiser son empire : la restructuration d'un des deux camps autour de lui, avec une majorité composite, plurielle (selon le vocabulaire de la gauche), dominatrice mais promise à la dissension ; ou l'instauration d'un mode de scrutin qui permette l'expression de la pluralité des opinions et rende viable leur représentation politique.

Pendant des années, les acteurs de la chose publique, anéantis par le diktat ressassé de Crozier – « on ne change pas la société par décret » –, dont ils n'avaient lu que le titre, ont, confondant l'État et la société, renoncé à transformer l'État. Il était alors temps encore de se lancer dans l'ouvrage. Des décisions simples et déterminées auraient pu faire l'office. Des concertations trahies par des faits accomplis, des coups de bouc autoritaires contredits par des reculades piteuses ont installé l'échec. Hypnotisés par des gourous pédants, victimes de la vogue de la *serendipity* – cette étrange loi qui promet, aux décisions prises, des effets inattendus, voire contraires à ceux recherchés –, les responsables politiques ont mélangé inhibition et précipitation. Ils ont multiplié, par précaution, les études d'impact et se sont fait aveugler par ce qu'elles ont de trompeur, car elles identifient rarement les effets politiques réels. Ce qui se passe dans une société privée de certitudes résulte du langage et des images, des perceptions et de la passion, plutôt que de logiques paramétrées. Des consultants dogmatiques, ignorants des réalités de l'État, n'ont pas vu venir des orages prévisibles. Discrédités, sauf à leurs propres yeux, ils persistent à souffler, depuis la coulisse, des conseils inopérants et des répliques emphatiques, dans une mise en scène pitoyable. Pour faire changer réellement le contenu de la politique et les conditions d'exercice du pouvoir, une seule voie s'ouvre encore : celle d'une réforme décisive, sélective, originale, enthousiaste, sûre d'elle-même, sans arrogance ni sous-estimation des obstacles. Il faut à l'innovation non pas un vocabulaire, une grammaire et une syntaxe de la réforme, mais, simplement, de la modestie, du réalisme, du concret et de la rapidité d'exécution. Faut-il ajouter : du désintéressement ? Car, au goût du pouvoir, il faudrait substituer le goût d'agir ; à la bouffissure et à l'affectation, substituer la passion du réel ; à la prétention théorique, l'humilité pratique ; et à l'impudence, la vertu.

Les idées réformistes veulent bousculer des remparts et se fourvoient la plupart du temps. La marche de la réforme ne peut progresser que si elle passe par des portes entrouvertes. Elle échoue si elle se contente de la force ou de l'incantation. Elle doit emprunter des itinéraires modestes mais à vive allure et sans hésitation. Plutôt que de changer la Constitution, il serait bien suffisant de changer quelques lois et décrets. Plutôt que d'accumuler les lois pour conformer la société à un modèle, il faut la libérer, vite, de ses entraves au progrès. À la proclamation quotidienne de la réforme, il faut substituer un travail sérieux, approfondi, rapide, clair, directif, de mise en œuvre d'actes modestes, concrets, bien délimités et bien préparés. Aux certitudes idéologiques, il faut substituer des convictions vérifiées. À l'improvisation dans l'événement, il faut préférer la planification méthodique. À la complexité, il faut substituer la simplicité, la clarté, la lisibilité, choses qui se décrètent et s'imposent. Chacun sait qu'un *ailleurs* est utopique. Les dieux de la vertu finissent toujours par avoir soif du sang des autres. Cicéron, qui avait encensé

César et combattu son absolutisme, croyait que, par la force des idées, il pouvait livrer bataille contre le despotisme de son successeur. La force logique du pouvoir le fit assassiner. Les imprécateurs des temps présents bénéficient de plus d'indulgence. Mais il est d'usage obligatoire que leur pensée se coule dans un dogmatisme. Or peu importe que la réforme soit de gauche ou de droite. Gauche, droite : la plupart des personnes s'y reconnaissent par fidélité familiale, culturelle, affective, plus que par raison. À tout prendre, cette dialectique des attachements vaut mieux que le consensus dur, qui serait une tyrannie, et même que le consensus mou, cet « extrémisme du Juste Milieu[7] ». La raison, aujourd'hui, dans les flots de la déraison collective, guiderait vers *ailleurs*. Mais, ailleurs est dans l'univers du virtuel. *Autrement* est dans le domaine du tangible et du possible. Il faut adjurer les politiques de s'en souvenir et de l'accepter. C'est au prix de leur consentement à cet effort qu'ils pourraient se remettre de l'opprobre qui les accable et que la politique pourrait cheminer de sa disgrâce actuelle vers une forme de rédemption.

Décembre 2015

# Notes

## Pauvre(s) politique(s)

1. Alessandro Baricco, *Homère, Iliade.*
2. Le duc de Grammont dans Edmond Rostand, *Cyrano de Bergerac.*

## I
## Impudence du politique, impotence de l'État

1. « La politique a-t-elle finalement encore un sens ? », dans colloque *Hannah Arendt. Politique et pensée.*

2. Convenons qu'il est exceptionnel de voir un élu (Jean Lassalle, député, en 2006) prendre sa responsabilité politique à ce point à cœur qu'il mette sa santé en péril dans une grève de la faim authentique afin d'attirer l'attention du gouvernement sur le sauvetage d'une entreprise… et y parvenir.

3. Simone Weil, *Note sur la suppression générale des partis politiques.*

4. Simone Weil, *L'Enracinement.*

5. Les performances économiques de la Suède ont été brillantes, au regard des critères qui, au même moment, condamnaient les résultats de la gestion de l'économie française. Elles faisaient du modèle suédois un type d'organisation non sans défaut mais original, consensuel, courageux. Par des mesures politiques modérées mais sans ambiguïté, il instituait un cadre juridique clairement favorable à la prospérité.

6. Discours de J.-F. Kennedy, 1961.

7. Se souvenir des suites du 13 mai 1958, ne pas oublier le destin éphémère de la fraternisation « black, blanc, beur » autour de l'équipe de France de football après sa victoire en coupe du monde de 1998, se référer à la brièveté des effets de la manifestation dite d'union nationale suscitée par les attentats de janvier 2015.

8. Joseph Conrad, *Au cœur des ténèbres.*

9. Dans *Lettres écrites de la montagne.*

10. La notion de puissance publique est plus large que celle d'État. Elle englobe tous les opérateurs publics financés par des prélèvements obligatoires et dont les actions sont déterminées par le législateur. Elle comprend les collectivités territoriales, l'appareil de la sécurité sociale, une myriade d'établissements publics. Le partage et la transfusion des dépenses entre

acteurs caractérisent cette sphère, dont il est nécessaire de conserver à l'esprit qu'elle constitue un ensemble.

11. À l'origine, la proportion portait sur une classe d'âge. Le politique transcrivait en objectif administratif une conception de sociologue, au demeurant compréhensible. La faute du politique, surtout technocrate de formation, est d'avoir voulu, ou toléré, que cette idée soit immédiatement dégradée en formule comptable et en directive de résultat.

12. Charges hors coûts et gestion du personnel. Noter qu'une autre étape aurait pu et pourrait encore consister à franchir un pas nouveau avec la décentralisation de la gestion du personnel (hypothèse excluant le contrôle de qualification dont on ne voit pas qu'il puisse, sans extrême danger, échapper au monopole de l'État).

13. Loi du 9 mai 2014 : « Un salarié peut, sur sa demande et en accord avec l'employeur, renoncer anonymement et sans contrepartie à tout ou partie de ses jours de repos non pris, qu'ils aient été affectés ou non sur un compte épargne temps, au bénéfice d'un autre salarié de l'entreprise qui assume la charge d'un enfant âgé de moins de vingt ans atteint d'une maladie, d'un handicap ou victime d'un accident d'une particulière gravité rendant indispensables une présence soutenue et des soins contraignants. »

14. Illustré par l'image populaire et dérisoire d'un ministre en marinière de fabrication française.

15. La formule est empruntée à Michel Richard, *La République compassionnelle*, 2006.

16. La formule est aussi de Michel Richard, *ibid.*

17. Du nom d'une jeune femme assassinée en 2005 alors qu'elle faisait du sport en forêt.

18. Noël Mamère, député, maire de Bègles, *Le Monde*, 28 octobre 2015, « Drame de Puisseguin : qui est indécent ? ». « Doit-on se taire quand une catastrophe humaine, avec des pertes irréparables, vient de se produire ? » « Le choix du tout-routier l'a emporté sur le rail et nous expose à d'autres tragédies. L'indécence ne consiste pas à rappeler cette évidence, mais dans la démesure et la faiblesse des pouvoirs face aux lobbies. »

19. Maurice Genevoix, *Ceux de 14*, *Sous Verdun*.

20. On peut penser à : « Monseigneur, il y a beau temps que ma voix et mon visage sont à tout le monde… Du moins avais-je, autrefois, quelques hardes que je portais pour moi seul ; à huis clos, ce miroir me renvoyait l'image du vrai Kean que j'étais seul à connaître. Quand je m'y regarde aujourd'hui, je n'y vois plus qu'une gravure de mode. Grâce à la bienveillance de Votre Altesse, je suis devenu public jusque dans ma vie privée. » *Kean*, dans la pièce d'Alexandre Dumas, adaptation de Jean-Paul Sartre.

21. Michel Schneider, *Miroirs des princes*.

22. *Ibid.*

23. *Ibid.*

24. Cette analyse pénétrante est empruntée à Javier Cercas. Commentaire de *Mirabeau o el politico* de José Ortega y Gasset, dans *Anatomie d'un instant*.

25. R. W. Emerson, *Representative Men*, *Uses of Great Men* : « *It is natural to believe in great men (…).The idea dignifies a few leaders, who have sentiment, opinion, love, self-devotion ; and they make war and death sacred ; but what for the wretches whom they hire and kill ? The cheapness of man is every day's.* »

26. « Les querelles de la politique n'ont pas le sens commun (…). J'envoie au diable les ultras et les jacobins, la droite, la gauche et le centre. Dans le fait, je sais par expérience qu'il ne faut pas se mettre sur le pied de dire au public ce que chacun pense et dit publiquement ; la vérité n'est bonne à rien. Ainsi prenez-y garde vous-même, car mieux vous la direz et plus elle vous nuira. » Paul-Louis Courier, *lettre à Viollet-Leduc*.

27. « Les choses ne paraissent point pour ce qu'elles sont, mais pour ce qu'elles paraissent être. » « Ce qui ne se voit point est comme s'il n'était point. » « Il y a bien plus de gens trompés que d'habiles gens. »

28. « Le peuple est de glace aux vérités, et de feu pour les mensonges. »
29. « *All political parties die at last of swallowing their own lies.* »
30. « Le peuple n'a aucune espèce de droit sur la vérité politique. »
31. « L'attaque directe et consciente contre l'honnêteté intellectuelle est le fait des intellectuels eux-mêmes. »
32. Czeslaw Milosz, dans *La Pensée captive* : « L'homme est un être si plastique qu'on peut même imaginer un jour où le citoyen véritablement respectueux se traînera à quatre pattes, avec une queue de plumes au derrière, en signe de parfaite conformité avec le milieu où il vit. »
33. Dans *Marie-Antoinette.*
34. *Le Prince.*
35. Jean Giono, dans sa préface des *Œuvres complètes* de Machiavel.
36. Machiavel, *Discours sur la première décade de Tite-Live.*
37. *Ibid.*
38. Conrad, *Sous les yeux de l'Occident.*
39. Dans *Le Comte de Monte-Cristo.*
40. *L'Art du mensonge politique*, attribué à Jonathan Swift.
41. Quand la scène se passe devant caméras et micros, on dit maintenant la « repentance »...
42. Christian Morel, *Les Décisions absurdes. Sociologie des erreurs radicales et persistantes.*
43. Attribué à J. Swift, *L'Art du mensonge, op. cit.*
44. *Ibid.*
45. Régis Debray, *L'Obscénité démocratique.*
46. Les crimes contre l'humanité font exception à la règle de la prescription. On le comprend. Encore faudrait-il que d'autres cas ne s'ajoutent pas à cette exception unique ; et que les règles, multiples, de computation des délais de prescription en matière fiscale ne viennent pas accréditer l'idée qu'on peut continuer d'aller à l'encontre du principe de la prescription, qui est d'être d'application générale.
47. Dans *Mémoires.*
48. « On fait souvent du bien pour pouvoir impunément faire du mal. » La Rochefoucauld, *Maximes.*
49. Formule de Jules Renard, qui l'appliquait, dans son *Journal*, à on ne sait qui, mais qui, convenons-en, pourrait aller bien à certains hommes politiques parmi les plus honorables.
50. Régis Debray, *L'Obscénité démocratique, op. cit.*
51. Au-delà des plafonds légaux et, ne l'oublions pas, aux frais des contribuables et donateurs.
52. Le directeur de cette campagne financée par escroquerie fut promu préfet, en récompense de son dévouement inconditionnel. D'abord accepté en pension de sinécure, puis nommé en poste territorial par le successeur de son mentor, à un âge qui le rend presque digne des aventures de Lucien Leuwen, il incarne un détestable exemple de ce que les bonnes manières entre gens d'un même monde ont, en politique, tendance à remplacer les bonnes manières qu'on doit à la République.
53. Ce serait un cas d'école de sanction disciplinaire dans la fonction publique. Est-on bien sûr de n'en avoir jamais eu l'occasion ?
54. Les défaillances fiscales d'un éphémère secrétaire d'État ont, en 2014, fait l'objet d'une information administrative que le chef du gouvernement était en droit d'obtenir sans qu'il y eût besoin du dépôt d'une déclaration de l'intéressé, évidemment muette sur son incivisme. Bien entendu, ses mauvaises manières de débiteur privé n'y figuraient pas non plus.
55. Il faudra se souvenir longtemps, dans l'enseignement du droit public, de l'extravagante querelle juridique dont a pu se prévaloir une ancienne directrice du cabinet d'un président de la République, par ailleurs membre du Conseil d'État, pour faire considérer des décisions d'attribution de marchés publics, prises au nom de la présidence de la République et constitutives

de favoritisme, comme des actes non détachables de l'irresponsabilité d'un président de la République pour les actes pris en cours de mandat.

56. Déroulement de l'élection présidentielle avec la question du parrainage, du financement de la campagne, de l'expression des candidats dans les médias ; calendrier des élections législatives et de l'élection présidentielle ; statut juridictionnel du président de la République ; responsabilité des ministres pour les actes accomplis dans l'exercice de leur fonction avec la suppression de la Cour de justice de la République ; modes de scrutin pour les élections des parlementaires avec une attention portée à la diversité des courants de pensée et d'opinion et le renforcement de la parité ; non-cumul de mandats ; prévention des conflits d'intérêts.

57. Loi du 11 octobre 2013 relative à la transparence de la vie publique.

58. Pierre Hadot, *Éloge de la philosophie antique.*

59. Jeremy Bentham, *Déontologie ou Science de la morale*, 1834.

60. Un historien a attribué les dérives fiscales et civiles de T. Thévenoud, député, connues en 2014 à l'occasion de sa nomination au gouvernement, à une sorte d'héritage de tradition monarchique. Si c'est le cas, il manque un chaînon : cet héritage a été assumé et réhabilité par l'octroi d'une grâce du souverain peuple. La prétention au privilège appartient à toutes les cours et nomenklaturas de tous les siècles.

61. Article 13.

62. Paulin Ismard, *La Démocratie contre les experts. Les esclaves publics en Grèce ancienne.*

63. *Ibid.*

64. Max Weber, *Le Savant et le Politique.*

65. Jeremy Bentham, *Déontologie ou Science de la morale.*

66. *Ibid.*

67. Bruno Le Maire se déclare, en 2014, candidat à la présidence de l'UMP. Son geste est audacieux, confronté aux intentions de l'ancien président de la République, dont il fut un ministre. Auteur d'un livre qui n'a d'autre objet que lui-même, il dit à la presse que son image ne constitue pas sa préoccupation. Mais il accomplit un « devoir de vérité » en éclairant le public sur sa personne…

68. Jeremy Bentham, *Déontologie ou Science de la morale.*

69. Stefan Zweig, *Marie Stuart.*

70. On exceptera les incursions psychanalytiques lumineuses de Michel Schneider : *Big Mother*, *Miroirs des Princes.*

71. Ce seul examen avait mobilisé une capacité et consommé un temps de… consultation considérable, débouchant sur un résultat modeste et lacunaire.

72. Comme on le dit maintenant, en employant un terme qui semble dénier la valeur du mot « opinion ».

73. Marc Bloch, *L'Étrange Défaite*, 1940.

74. Erik Orsenna, *L'Exposition coloniale.*

75. Je préfère exclure, et à peine mentionner, la tentation de l'autoritarisme. Ses formes les plus violentes sont, on veut le croire, désormais devenues impossibles dans notre démocratie. Mais des formes dégradées, médiocres, indécentes et pernicieuses sont à l'œuvre, avec patience et acharnement.

76. Dans le langage pseudo-technico-scientifique courant, on dirait « externalités », « externalisations ». Le mot « excroissance » est mieux adapté à ce phénomène de prolifération autoentretenu et défigurant.

77. *Le Pont de la rivière Kwaï* : roman de Pierre Boulle, film de David Lean.

78. Jean-Noël Jeanneney, *L'État blessé.*

79. *Ibid.*

80. Service d'action civique.

81. Paul Quilès, *communiqués à la presse* et *blog*.

82. « La "banlieue" fut créée avec la politique de la ville (...). (Après les émeutes de 1979) toute la politique urbaine et de la ville sera une politique de banlieue. Tout ministre se doit de se déplacer en banlieue, déplacement qui est une sorte de baptême du feu subi avec plus ou moins d'héroïsme ou de bonheur. En face, les jeunes de banlieue se sentent valorisés par cette stigmatisation. » Bernard Maris, *Et si on aimait la France*.

83. « En trente ans, dans les quartiers sensibles, tout a changé sauf la politique de la ville. » Christophe Guilluy, *Fractures françaises*.

84. Czeslaw Milosz, *La Pensée captive*.

85. Milosz, pour décrire cet état d'esprit, se réfère au Ketman de la culture persane et cite Gobineau (*Religions et philosophies de l'Asie centrale*) : « Le possesseur de la vérité ne doit pas exposer sa personne, ses biens ou sa considération à l'aveuglement, à la folie, à la perversité de ceux qu'il a plu à Dieu de placer et maintenir dans l'erreur. » « Le Ketman enorgueillit celui qui le met en pratique. Un croyant se hausse, par ce fait, en état permanent de supériorité sur celui qu'il trompe (...). Vous marchez dans la clarté devant vos ennemis. C'est un être intelligent que vous bafouez, c'est une bête dangereuse que vous désarmez. »

86. Giorgio Agamben, *Qu'est-ce que le commandement ?*

87. En septembre 2014, le ministre du Travail annonce, avec une bonne conscience admissible, qu'il donne instruction à Pôle Emploi de pourchasser les fraudeurs à la demande d'emploi. Indignation générale ! Vertus outragées ! La déclaration du ministre pourrait impliquer que les contrôles étaient, jusque-là, inexistants ou insuffisants. Mais ce n'est pas cet aveu qui indispose. La directive du ministre serait inopérante, des conditions préalables devant être levées. Cette insuffisance manifeste ne gêne personne. Non, ce qui ne va pas, c'est que, dire cela, « ça ne se fait pas ». Il est inconvenant de culpabiliser les chômeurs lorsque le taux de chômage atteint un niveau désastreux. Cette incongruité est indigne. Toutes les exaspérations sont respectables. Celle-là est intelligible. Faut-il l'avoir envisagée pour savoir se l'épargner.

88. Paul-Louis Courier, *Lettre X au rédacteur du « Censeur »*.

89. Régis Debray, *L'Obscénité démocratique*.

90. Le mot est de Pierre Massé, un des premiers commissaires au Plan.

91. *Le Plan ou l'Anti-Hasard*, titre d'un livre de Pierre Massé.

92. Révision générale des politiques publiques, vaste audit à l'intérieur des administrations publiques lancé sous la présidence de N. Sarkozy.

93. En passant sur les détails, il s'agit d'un versement de fonds publics aux entreprises, proportionnel à la partie de leur masse salariale constituée des plus faibles salaires.

94. Clément Rosset, *Faits divers*.

95. « Nous sommes tous américains », affirmait un célèbre éditorial.

96. Allocution devant les auditeurs de l'Institut des hautes études de la défense nationale, septembre 1982.

97. Elle perturbait la doctrine du parti socialiste, hostile à l'ordonnance de 1959 par laquelle le général de Gaulle avait fait définir l'organisation globale de la défense. *Cf.* article de Jacques Isnard, *Le Monde*, 28 septembre 1982.

98. Elle trouvera un écho sinistre après les attentats de janvier 2015. M. Valls, Premier ministre, en a alors, au moins par ses propos, restauré l'esprit.

99. Antoine de Saint-Exupéry, *Citadelle*.

## II
## Face à l'impuissance

1. Zeev Sternhell, *Ni droite ni gauche. L'idéologie fasciste en France.*
2. Steve Fuller, sociologue et épistémologue américain, par exemple.
3. Max Weber, *Le Savant et le Politique.*
4. Alexis de Tocqueville, *Considérations sur la Révolution. Notes préparatoires pour « l'Ancien Régime et la Révolution ».*
5. Régis Debray (et Renaud Girard), *Que reste-t-il de l'Occident ?.*
6. *Ibid.*
7. *Ibid.*
8. « Notre siècle est légalitaire, juridicomane, légalomane. » Philippe Muray, *Le Portatif.*
9. Alexis de Tocqueville, *Considérations sur la Révolution. Notes préparatoires pour « l'Ancien Régime et la Révolution ».*
10. Pierre Viansson-Ponté, « Quand la France s'ennuie... », *Le Monde*, 30 avril 1968.
11. Raymond Aron, *La Révolution introuvable.*
12. Alexis de Tocqueville, *Considérations sur la Révolution, op. cit.*
13. Bakounine, *Étatisme et anarchie.*
14. Marcel Gauchet, *La Démocratie contre elle-même.*
15. Jules Renard, *Journal.*
16. Stefan Zweig, *Conscience contre violence, Castellion contre Calvin.*
17. La Rochefoucauld, *Maximes.*
18. Max Picard, cité par Alain Finkielkraut, France Culture, 22 septembre 2013.
19. Encore que, pour un immigré en situation irrégulière, celui qui détient des papiers en règle soit un privilégié... Le privilège existe dès lors qu'il suscite l'envie. On reprochera à cette idée de ne pas être quantifiable. Ce pourrait l'être. De toute façon, les sociétés ne vivent pas que dans le mesurable et les peuples ne sont pas mus par les statistiques.
20. Exemple, parmi d'autres, les journalistes, qui ne sont, pour la plupart, ni pauvres ni riches, bénéficient, avec leur carte de presse, d'accès gratuits à des expositions et manifestations, ou de remises de prix sur divers produits. Avec un sens certain de la psychologie, de grandes entreprises font donner le privilège de la carte de presse à des collaborateurs de services de communication.
21. Ainsi que les dénomment parfois ceux qui ont adopté l'idée répugnante mais réaliste qu'il existe des gens d'« en bas ».
22. Faut-il rappeler que Tocqueville pensait que la passion de l'égalité prédominait, en France, sur la passion de la liberté ? Serait-ce que la prétention à la liberté, romantique, respectable, prestigieuse, n'avance, le plus souvent, qu'en avant-garde de l'exigence d'égalité qui, isolée, s'enliserait dans l'envieux, le médiocre et l'inefficace ?
23. « Lip, c'est fini » : Pierre Messmer, Premier ministre, en 1973.
24. « Je ne peux pas apporter une réponse à une question industrielle » : Lionel Jospin, Premier ministre, en 1997 (fermeture d'une usine de Renault à Vilvoorde). « La Banque publique d'investissement aura vocation à maintenir l'activité et non pas à aider les canards boiteux » : Jean-Pierre Jouyet, président en instance de nomination de la Banque publique d'investissement (et ultérieur secrétaire général de la présidence de la République), en 2012 (à propos de la fermeture de hauts-fourneaux de l'usine d'Arcelor-Mittal à Florange).
25. « Une foule en vrac, s'il est une seule conscience où déjà elle se noue, n'est plus en vrac. Les pierres du chantier ne sont en vrac qu'en apparence, s'il est perdu, dans le chantier, un homme, serait-il seul, qui pense cathédrale. » Antoine de Saint-Exupéry, *Pilote de guerre.*

26. Thomas Mann, *La Montagne magique*.

27. Albert Camus, *Carnets*.

28. *cf.* p. 130.

29. Philippe Muray, *Essais, On a marché sur le oui*.

30. Machiavel, *Sur la première décade de Tite-Live*.

31. Le journal *Le Monde* nommait ainsi deux conseillers de F. Hollande : l'un, E. Macron, présumé proche de la droite, finit par s'imposer comme ministre de l'Économie ; l'autre, A. Morelle, doté d'états de service indubitablement de gauche, finit par sombrer dans une minable affaire d'abus de facilités d'État. Ils se partageaient la rédaction des discours économiques du président de la République.

32. Machiavel, *Sur la première décade de Tite-Live*.

33. Ce qui est une façon implicite, intrinsèquement contradictoire, de consacrer leur équivalence.

34. Qualification de Chateaubriand, cité par Jean-Pierre Rioux (*Les Centristes. De Mirabeau à Bayrou*) pour décrire la composition de l'« amphibie juste-milieu ».

35. Dont l'illustration la plus mémorable a été donnée en 2014 par une déclaration puissamment métaphorique du président de la formation dite du « Nouveau Centre » : « Au centre, on n'est pas chargé d'être la roue de secours du *Titanic*. »

36. Paul-Louis Courier, « Deuxième lettre particulière », *Pamphlets politiques*.

37. Montesquieu, *Discours sur Cicéron*.

38. Plutarque, *Les Vies des hommes illustres*, dans la traduction de Jacques Amyot.

39. Stefan Zweig, *Les Grandes Heures de l'humanité*.

40. Montesquieu, *Discours sur Cicéron*.

## III
## Abattre pour reconstruire

1. Donnée citée par Christophe Guilluy, *Fractures françaises*.

2. *Ibid.*

3. Le revenu minimum d'insertion (RMI) était prévu, à sa création, pour 400 000 allocataires. Devenu revenu de solidarité active (RSA), il est attribué à plus de 2 millions de personnes.

4. Plus de 70 milliards d'euros ; 3 % du PIB.

5. Les personnes isolées et les familles sont assistées tantôt par le centre communal d'action sociale, tantôt par le département, selon une distinction que, souvent, la réalité dénie.

6. L'Observatoire national de l'action sociale note, par exemple (rapport intitulé *Décentralisation et solidarités, les indispensables réformes*, mai 2015), que les établissements médico-sociaux pour personnes âgées dépendantes ont à établir, pour l'hébergement, la dépendance et le soin, des tarifications distinctes à destination d'autorités de tutelle séparées (Assurance-maladie, département, Agence sanitaire).

7. Par exemple, hors Île-de-France : Bas-Rhin, Bouches-du-Rhône, Gironde, Haute-Garonne, Hérault, Ille-et-Vilaine, Loire-Atlantique, Nord, Rhône, Seine-Maritime.

8. Le nombre des cantons a été divisé par, approximativement, deux. Le nombre des conseillers généraux est resté le même.

9. Voir Jean-Luc Bœuf, *La Nouvelle France*, 2015.

10. Loi du 7 août 2015 portant nouvelle organisation territoriale de la République, dite loi NOTRe.

11. La diminution prévue est de 11 milliards d'euros entre 2015 et 2017, ce qui ramènera en trois ans les dotations de l'État aux collectivités territoriales au niveau des dotations de celles d'il y a plus de dix ans.

12. Le produit de l'IRPP et de l'IS serait, comme celui de tous les autres impôts, recouvré au bénéfice de l'ensemble des missions publiques, toutes collectivités publiques confondues.

13. La Direction générale des collectivités locales aurait dû, en logique de franche décentralisation, disparaître. Mais la complexité d'un système administratif justifie et assure la survie de son géniteur.

14. Article premier de la Constitution.

15. Un décret du 26 janvier 2015 parachève le paradoxe en créant, parce que les régions ont reçu de nouvelles délimitations qui devraient simplifier le dispositif, un « coordonnateur national de la réforme des services déconcentrés de l'État », bien entendu assisté par une nouvelle administration sous forme de mission interministérielle de coordination.

16. Article 72 de la Constitution.

17. Article 72 de la Constitution. d° ; on remarquera l'intérêt de l'expression « avoir vocation à », devenue, depuis, une des scies les plus assidues de la communication politique. Lorsqu'elle apparaît on peut toujours soupçonner, sous cette couverture verbale fuligineuse, un aveu d'embarras et une absence de courage dans les choix.

18. Loi du 27 janvier 2014 : « Une collectivité territoriale peut déléguer à une collectivité territoriale (...) ou à un établissement public de coopération (...) une compétence dont elle est attributaire. » « Sauf lorsque sont en cause des intérêts nationaux, l'État peut déléguer par convention à une collectivité territoriale (...) l'exercice de certaines de ses compétences. »

19. Spinoza, *Traité politique.*

20. Dans les débuts de la guerre d'Algérie, un ministre de l'Intérieur qui conduira plus tard la gauche au succès présidentiel ne montra pas de répugnance pour la peine de mort.

21. Par exemple, les cris d'orfraie que l'on entendit pousser par la droite en 2013 à l'occasion de la « répression » des manifestations des opposants à la loi autorisant le mariage des homosexuels.

22. Du type : « Regardez comme je sais me comporter quand la sécurité du pays est en cause, faire spontanément abstraction de nos conflits quand l'unité de la nation s'impose et, même si je n'en pense pas moins, passer sous silence, dans l'intérêt général, nos divergences d'appréciation de la situation. » Il en fut ainsi, par exemple, pour l'intervention militaire en Libye en 2011. Aussi bien, un peu de lucidité critique eût aidé à la mettre en œuvre dans des conditions menant à une sortie de crise moins désastreuse.

23. C'est-à-dire des buts et missions en correspondance avec les moyens octroyés. Certes, les moyens budgétaires n'ont jamais été alignés sur les capacités requises. Mais, au moins, les responsabilités ont été clairement établies.

24. Dont on a pu voir un exemple particulièrement habile dans l'intitulé donné, à sa création, à la direction chargée du « renseignement intérieur ».

25. Article « Sécurité publique », *Histoire et dictionnaire de la police*, 2005.

26. *Ibid.*

27. *Ibid.*

28. Laquelle emploie, notamment, des moyens... militaires.

29. Cette idée se rapproche de celle de « sûreté », apparue dès 1800, compromise depuis par le régime de Vichy, mais qui subsiste encore dans la dénomination de l'échelon judiciaire des directions départementales de sécurité publique. Elle renoue en somme avec une ancienne et prestigieuse tradition, à la fois dénaturée, déconsidérée et affadie.

30. La DGSI, la PAF et les unités particulières de la gendarmerie nationale (gendarmerie maritime, de l'air, de l'armement, prévôté) ne sont pas mentionnées, l'analyse étant ici concentrée sur l'organisation territoriale, à l'exclusion des domaines spécialisés.

31. Article 5, article 16.

32. Loi du 20 novembre 2015 prorogeant l'application de la loi du 3 avril 1955 relative à l'état d'urgence et renforçant l'efficacité de ses dispositions.

33. Loi du 30 novembre 2015 relative aux mesures de surveillance des communications électroniques internationales.

## IV
## Réinventer la liberté d'agir

1. « Les grands politiques voient trop de choses, et souvent il vaudrait mieux n'en pas voir assez que d'en voir trop. Dans les traités qu'ils font, ils multiplient trop les clauses, ils donnent la torture à leur imagination pour prévoir tous les cas qui pourront arriver. Ils croient qu'en mettant article sur article ils préviendront toutes les disputes et toutes les froideurs ; ce qui est très ridicule : car plus vous multipliez les conventions et plus vous multipliez les sujets de disputes. » « Il y a souvent plus de petitesse d'esprit à affecter des précautions inutiles qu'à n'en prendre pas assez. » Montesquieu, *De la politique.*

2. Article de présentation de l'ouvrage de Robert Badinter et Antoine Lyon-Caen, *Le Travail et la Loi*, dans *Le Monde*, 15 juin 2015.

3. Adresse du président du Conseil constitutionnel au président de la République à l'occasion de la présentation des vœux en 2014.

4. Durée dont on ne dira jamais assez qu'elle est inadaptée à la meilleure efficacité comme au jugement serein des actes. Mais peu importe, n'y cherchons pas un prétexte à inventer des préalables, et prenons-la telle qu'elle est.

5. Citation extraite de l'article cité *supra*. MM. Badinter et Lyon-Caen, joignant les travaux pratiques à la leçon théorique, se sont donnés la peine de rédiger, en cinquante articles brefs et lumineux, des principes de rénovation du droit du travail dont 90 % pourraient, sans doute, être adoptés tels quels par tous les partis politiques.

6. Montesquieu, *De l'esprit des lois*, livre VI, chapitre XI.

7. *Ibid.*, livre VI, chapitre XII.

8. *Ibid.*, livre VI, chapitre XIV.

9. « Ceux, quels qu'ils soient, qui ont le pouvoir de manœuvrer en secret toutes les affaires, ont absolument l'État à leur discrétion. » « Ce sont les hommes ayant eu pour ambition de détenir à eux seuls le pouvoir absolu, qui ont chanté cet invariable refrain : l'intérêt de l'État exige que ses affaires soient traitées dans le plus grand secret. » Spinoza, *Traité de l'autorité politique.*

10. A. Tocqueville, *Notes préparatoires à « l'Ancien Régime et la Révolution ».*

11. *Ibid.*

12. En avril 2013.

13. Article 4.

14. Arnaud Leparmentier, « La proportionnelle se révèle gage de démocratie, de simplicité et d'efficacité », *Le Monde*, 20 mai 2015.

15. Montesquieu, *Mes pensées. Éducation politique et économie politique*, chapitre X : « Princes ».

16. *Ibid.*, chapitre IV : « Puissance des États ».

17. Le mandat des députés est national, pas local, car ils représentent, en chacun d'entre eux, la Nation, et la Nation est indivisible. Il faut inlassablement rappeler ce principe, hérité de la Révolution et passablement maltraité. Les députés avec, ce qui est plus grave, la complicité des pouvoirs publics d'État ne manquent pas de vouloir complaire à leurs clientèles locales en se donnant abusivement du qualificatif de « député de … » suivi, presque toujours, du nom

du département, parfois de la ville centre de la circonscription, voire du numéro de la circonscription du département concerné. Dans les années 1970, J.-J. Servan-Schreiber, appelant à sa rescousse à la fois le nom de la région, à l'époque à peine renaissante, l'évocation historique d'un défi au monarque centralisateur et, peut-être même, le prestige de la croix, se faisait, en toute humilité, donner du « député de Lorraine ». La presse traduisait : « duc » de Lorraine ! La pratique moderne de la réserve budgétaire parlementaire distribuée par chaque député selon son bon gré individuel est la consécration de cette conception féodale de la démocratie.

18. Du 21 février 2014.

19. Ce qui exclut une *valeur* unitaire, monétaire et budgétaire, du suffrage. Personne, même parmi les donneurs de leçons d'éthique, ne s'est jamais avisé de ce que cette notion de valeur monétaire unitaire comportait de blessant pour la dignité du suffrage.

20. *Le Monde*, 14 octobre 2014.

21. « Il ne faut pas s'exagérer l'influence qu'exercent sur la destinée des peuples les vices de la machine administrative. Les principales sources du bien et du mal sont toujours dans l'esprit qui la meut. » Alexis de Tocqueville, *Considérations sur la Révolution, op. cit.*

22. Dans l'affaire dite du barrage de Sivens, en octobre et novembre 2014.

23. Antoine de Saint-Exupéry, *Citadelle*.

24. Saint-Simon, *Projets de gouvernement*.

25. Ou l'inverse, selon la hiérarchie entre les équipes, leur composition et leur facilité d'accès au sous-chef et au chef.

26. Antoine de Saint-Exupéry, *Citadelle*.

27. Il est fait ici référence à cette affaire de rocambole fabriquée par la révélation, en novembre 2014, d'un entretien entre F. Fillon, ancien Premier ministre et virtuel candidat à la présidence de la République, et J.-P. Jouyet, secrétaire général de la présidence de la République. F. Fillon y aurait incité le pouvoir à diligenter des poursuites contre l'ancien président de la République, qui a fait rembourser par son parti, au lieu de les assurer lui-même, les avances budgétaires et dépassements irréguliers des dépenses de sa campagne.

28. Voir Simone Weil, *Note sur la suppression générale des partis politiques*.

29. *Ibid.*

30. Saint-Simon, *Traités politiques, projets de gouvernement*.

31. Mireille Delmas-Marty, *Le Monde*, 4 juin 2015.

32. Le service rendu est dit, alors, externalisé (ou, pire dans l'expression, réalisé par *outsourcing*), c'est-à-dire imputé à un organisme extérieur à l'État et, idéalement, noyé dans une commande globale qui le rend invisible.

33. Du nom d'un coupeur de routes en Côte d'Ivoire, assassiné, en 2005, par des militaires français en vertu d'un ordre ambigu, donné dans un cadre de mission inexécutable défini par un mandat de l'ONU qui assignait à des militaires une tâche de police sans moyens juridiques.

34. Nom de l'intervention de l'armée française au Rwanda, en 1994, dont le but, humanitaire, défini par l'ONU, était l'empêchement d'un génocide, y compris par la force. La conformité de l'action à ce but a été altérée par des ordres de stricte neutralité vis-à-vis des factions en conflit, par l'absence de mandats d'arrestation, et fragilisée par des témoignages mettant en cause la sincérité des intentions.

35. Sinon par un retour sur sa contribution globale, inidentifiable projet par projet, mais qui incite à tendre la sébile. Le financement de la Communauté européenne par les États, et non par une fiscalité directe, constitue pour un gouvernement une incitation à faire consommer les enveloppes européennes. Ces subventions, de surcroît, dispensent l'État de sa contribution à des projets locaux. Accessoirement, elles permettent de se dégager de dossiers politiquement embarrassants en faisant en sorte que la Commission européenne les soutienne ou leur torde le cou (voir l'affaire du lac de Sivens en 2014).

36. Selon le sous-titre, français, d'un livre à succès d'universitaires américains : Richard Thaler et Cass Sunstein, *Nudge. Improving Decisions about Health, Wealth, and Happiness*, Yale University Press, 2008. Inspiré des principes de l'économie comportementale, ce livre soutient l'idée qu'on peut guider les personnes vers le bon comportement ou la bonne décision en les poussant du coude (*nudge*) plutôt qu'en leur infligeant des normes et obligations.

37. Lorsque Jacques Chirac, Premier ministre, a claqué la porte au nez du président de la République Giscard d'Estaing dont il avait soutenu l'élection.

## Ailleurs ou autrement

1. La majorité d'*idée* est celle qui peut réunir sur une idée, pour sa promotion ou sa défense, une majorité de parlementaires ou de citoyens. Elle est distincte de la majorité d'*idées*. La différence ne relève pas du seul exercice de la quadrisection capillaire. Elle n'est pas du tout indifférente, encore moins innocente. Des idées qui se rassemblent pour une majorité, c'est un consensus, le fondement d'une alliance. Temporaire. Des idées qui se rassemblent pour fusionner, c'est le fondement d'un parti, peut-être d'une tyrannie.

2. Henri Pirenne, cité par Simon Leys, dans *Les Idées des autres, idiosyncratiquement compilées.*

3. « Ce que j'ai vu en Espagne, et ce que j'ai vu depuis du fonctionnement des partis de gauche, m'a donné horreur de la politique (...). » Cité par Simon Leys, *Orwell ou l'Horreur de la politique.*

4. Cité par Simon Leys, *Le Studio de l'inutilité.*

5. Cité par Bruce Bégout, *De la décence ordinaire.*

6. Euphémisme de Paul Thibaud, « Nostalgie républicaine ou refondation », article dans la revue *Études*, mars 2015.

7. Expression de Philippe Muray, dans *L'Empire du bien.*

# Table

Cet ouvrage a été composé
en Adobe Garamond Pro
par Nord Compo
à Villeneuve-d'Ascq (Nord).

Achevé d'imprimer en mars 2016 sur rotative numérique Prosper
par Soregraph à Nanterre (Hauts-de-Seine).

Dépôt légal : avril 2016
N° d'édition : 7381-3384-X
N° d'impression : 15066

L'imprimerie Soregraph est titulaire de la marque Imprim'vert® depuis 2004.
Ce livre est imprimé sur papiers issus de forêts gérées durablement.

*Imprimé en France*